国家社会科学基金重点项目"基于利益相关者分析的微电网开发模式与风险研究"成果

合作、治理与价值补偿：
微电网呈现的管理挑战

龙 勇 刘 超 等/著

科学出版社

北 京

内 容 简 介

本书以智慧能源领域的新生事物微电网作为管理创新研究对象，从一个侧面展示了新一轮科技革命引发的管理挑战。作者从微电网经济属性出发，研究其对传统电力系统垄断格局的局部突破，建立多重利益相关者合作开发机制，揭示新科技革命对传统竞争关系的重塑作用；设计了项目价值补偿、跨行业合作等新机制，构建了新兴产业借助创新实现经济回报从而克服既有市场难以盈利的困境的新思路，初步建立起面向科技革命未来的新型管理模式和治理机制。本书研究视角独特，选取当前新一轮科技革命中对产业关系具有重塑意义的微电网引发的管理挑战为研究对象，富有启发性和代表性。

本书适合研究管理变革与创新、面向新科技革命的组织变革和竞争分析等方向的高校师生参考，也可供关心智慧能源、新科技革命相关经济管理问题的研究者和从业人员阅读。

图书在版编目（CIP）数据

合作、治理与价值补偿：微电网呈现的管理挑战 / 龙勇等著. —北京：科学出版社，2024.11
ISBN 978-7-03-074889-8

Ⅰ.①合…　Ⅱ.①龙…　Ⅲ.①电网-电力工业-工业企业管理-研究-中国　Ⅳ.①F426.61

中国国家版本馆 CIP 数据核字（2023）第 023269 号

责任编辑：王丹妮 / 责任校对：王晓茜
责任印制：张　伟 / 封面设计：有道设计

科 学 出 版 社 出版
北京东黄城根北街 16 号
邮政编码：100717
http://www.sciencep.com

中煤（北京）印务有限公司印刷
科学出版社发行　各地新华书店经销

*
2024 年 11 月第　一　版　开本：720×1000　1/16
2024 年 11 月第一次印刷　印张：23
字数：450 000

定价：276.00 元
（如有印装质量问题，我社负责调换）

序　言

　　作为一名管理学者，笔者内心一直期盼着一场触动管理基础的产业变革，因为只有在这样的情境中，管理理论的进步才是激动人心的。

　　在数十年的企业管理研究生涯中，笔者沉迷于以"常规"竞争性市场活动为基本内容的管理研究。尽管这类研究对管理理论有所贡献，并随经济形势与竞争态势的发展而不断翻新；但这种对原有理论的延续与修补已越来越不能唤起笔者的研究激情了。追忆管理学开山鼻祖泰勒百余年前参与美国东方铁路运价听证会，正是得益于垄断行业的市场扭曲才彰显了管理的力量，从而使科学管理思想为社会所接受。因此，竞争不那么充分，或出于垄断、技术进步、行业管制等各种原因而扭曲了市场关系的产业，有可能是开展触及管理理论基础创新研究的机遇。幸运的是，当前恰好处于这样的理论创新风口：当今管理理论变革的一个重要领域，正好提供了在技术架构不成熟或本就竞争不充分的新兴行业中，通过观察新一轮科技革命重塑产业关系的过程来找到创新的契机，并铸就管理理论服务未来经济活动的能力。

　　因此，当智慧能源领域的"暗流"突然涌现在面前时，笔者意识到这不仅是电力、能源领域的技术创新和产业变革，也是以人工智能、大数据为特征的新科技革命对所有产业关系和竞争规则的重塑。其中最引人入胜的是它引发了传统垄断行业的"乱象"：这种变革发生在垄断行业远比发生在竞争性行业更具吸引力，不仅在于原有的垄断关系受到冲击，更在于可能建立基于数据资源或"智慧"的新垄断，并延伸到所有产业甚至社会生活的方方面面。

　　于是，当"微电网"——这一智能电网的"微型样本"在自然垄断的电力行业中刺破一个"小孔"时，即在有限的程度上把电力产业终端市场的垄断网络撕开一个小口，就引发了笔者极大的研究热情。从中，笔者感受到技术创新对垄断机制的挑战，并在持续十年的研究中日益认识到这种源于新一轮科技革命的智慧化、大数据对全行业变革和重塑管理机制的决定性意义。从此以后，笔者把原来持续 20 年在企业合作战略研究上的精力转移到微电网、电力终端市场上综合能源系统对市场及组织管理变革的研究上，先后承接了国家电力规划部门、国家社会科学基金和中国工程院、国家及地方发展和改革委员会的相关课题。

时至今日，相对于分布式发电、储能电池等"近亲"，微电网显得不那么引人关注，但它静悄悄地改变着我国电力服务模式，并引发电力能源产业关系的变革。更重要的是，微电网还向我们展示了新科技革命引发的产业关系治理和管理机制创新的挑战，使我们看到数字化时代普遍存在的管理变革要求。这就在管理学上具有了普遍的意义。

微电网的这种影响力来源于它是一个"网"，而非如储能电池、分布式发电那样相对局限于一个技术环节，因此微电网借助它具备用户参与、发电商或系统集成商介入等技术平台而天然拥有改变电力能源产业终端网或用户侧市场关系的能力。这也是微电网对管理学者的吸引力，我们可以从中挖掘管理创新的"富矿"。

当然，作为笔者在该领域的第一部心得，本书并不试图一口气把该领域的管理创新说透，而是首先聚焦于现实问题的解决，即归纳微电网发展中的管理困境及其解决之道；以便为进一步构建包括新型产业关系治理和管理机制创新在内的未来管理变革图景打下基础。

具体来说，微电网发展在管理创新方面遇到的难题有两个方面，也是本书重点研究的问题。一是如何协同众多的利益相关者，让具有不同诉求甚至利益冲突的利益主体能以合作的理性参与微电网的产业发展；二是如何化解微电网产业发展初期的成本门槛，把微电网便于吸纳清洁能源发电、多能互补的低碳贡献和满足用户个性化能源服务的潜在优势，转化为有效需求和合理回报。

本书围绕这两个主要问题，聚焦于分析如何建立包括复杂利益相关者关系的微电网合作开发模式，为不同社会利益相关者群体参与项目建设提供参考。微电网合作开发涉及众多的项目内部、外部及广义上的利益相关者，如政府、用户、项目业主、社会公众等，利益相关者的利益诉求各不相同、关系复杂，对项目成功建设运营产生重要且独特的影响。因此，本书在梳理微电网项目的类型和配置、各利益相关者的诉求前提下，构建包含多方利益相关者互动的合作开发的治理模式，为各利益相关者之间的利益冲突缓解和利益平衡提供思路，并为诸多社会利益相关者参与项目建设提供参考。

此外，本书还建立了微电网合作开发的风险防范体系，形成相关风险防范的理论范式和方法。微电网是智能电网的一种新形式，属于电气工程领域的高新技术项目。针对微电网多方参与的合作风险、技术风险引发的项目投资与经营风险，研究其风险来源、成因、内在机制及解决办法，建立合作风险防控体系，充实微电网项目管理、高新技术发展管理中新的风险防范理论和方法。

本书是笔者在数十项微电网项目调研基础上完成的研究结果，所提出的微电网项目投融资合作开发、项目资源转让等项目建设开发模式和项目价值补偿与社会责任的双向利益传导及激励机制，可以作为微电网投资者（业主）投资决策工作、相关政策完善的参考，以期促进我国智慧能源产业和低碳环保经济的发展。

本书是在笔者主持的国家社会科学基金重点项目"基于利益相关者分析的微电网开发模式与风险研究"成果报告基础上完成的，并得益于承担国家发展和改革委员会有关西部大开发的专项"重庆地区微电网项目建设研究"所积累的丰富案例资料，更是项目组师生共同努力的结果。本书的主要作者是重庆大学龙勇，重庆师范大学刘超，四川外国语大学潘成蓉、汪於，重庆大学博士生汪谷腾、硕士生杨仁宽和田智鑫；在书稿整理、改写和校对中，重庆大学研究生谢炳强、杨雨凡、马若涵、李家鑫、董建楠参与了大量工作，重庆师范大学刘超还承担了初稿的部分统稿工作。

在上述项目研究和本书写作中，得到清华大学雷家骕教授、天津大学张维教授和陈卫东教授、武汉大学方德斌教授、大连理工大学王国红教授、重庆大学孟卫东教授和赵骅教授的指导与支持；项目调研中得到众多微电网项目开发机构、产业管理和研究规划部门的支持；本书的出版得到科学出版社编辑的指导、支持与鼓励。但由于笔者水平所限，且希望著作早日面世，难免存在不足之处，恳请同行专家、学者和广大读者批评指正！

龙　勇

谨识于重庆学林雅园

2024 年 2 月

目　　录

第1章　绪论 ··· **1**
　1.1　研究背景与意义 ··· 1
　1.2　分析框架和研究内容 ·· 10
　1.3　研究方法和研究路径 ·· 13
　1.4　本章小结 ··· 17

第2章　微电网的经济属性与研究进展 ······························· **18**
　2.1　在管理学界没有"存在感"的微电网 ······················· 18
　2.2　微电网对自然垄断行业属性的"破防" ····················· 22
　2.3　国内外文献综述 ·· 26
　2.4　本章小结 ··· 38

第3章　智慧能源微电网的发展历程与现状 ························· **39**
　3.1　智慧能源微电网产业发展概述 ································· 39
　3.2　国内外智慧能源微电网的项目类型 ··························· 43
　3.3　中国微电网项目发展的政策环境及展望 ··················· 46
　3.4　本章小结 ··· 51

第4章　智慧能源微电网项目合作开发存在的问题 ················ **53**
　4.1　合作开发的动力问题 ·· 53
　4.2　微电网项目资源价值评估与外部治理问题 ················· 56
　4.3　微电网项目对成熟资本市场体系的依托问题 ·············· 60
　4.4　微电网项目合作开发中的合作风险问题 ··················· 64
　4.5　本章小结 ··· 66

第 5 章　智慧能源微电网项目利益相关者分析 ·····················**68**
　　5.1　在微电网发展中利益相关者问题凸显的原因 ···············68
　　5.2　利益相关者分层分析 ······································71
　　5.3　本章小结 ··79

第 6 章　智慧能源微电网项目利益相关者之间的合作基础分析 ·········**80**
　　6.1　利益相关者合作的条件 ····································80
　　6.2　利益相关者的利益关联分析 ································81
　　6.3　微电网利益相关者的共赢机制 ······························85
　　6.4　本章小结 ··92

第 7 章　智慧能源微电网项目资源价值及其补偿机制 ···············**93**
　　7.1　微电网项目资源价值分析 ··································93
　　7.2　微电网项目资源价值补偿现状 ····························96
　　7.3　考虑产业效率的微电网系统内部价值补偿机制研究 ········ 105
　　7.4　考虑市场效率的微电网项目市场补偿机制研究 ············ 132
　　7.5　本章小结 ··· 152

第 8 章　基于项目资源转让的微电网价值共享机制分析 ············· **154**
　　8.1　微电网项目业主分析 ····································· 154
　　8.2　以微电网项目资源转让实现价值共享 ····················· 160
　　8.3　研究方法与变量设计 ····································· 165
　　8.4　拍卖假设与模型建立 ····································· 167
　　8.5　本章小结 ··· 182

第 9 章　基于价值补偿和社会责任的微电网项目合作开发模式 ········· **183**
　　9.1　微电网项目合作开发中的补偿机制及价值共享问题归纳 ····· 183
　　9.2　微电网项目合作开发中的社会责任治理研究 ··············· 186
　　9.3　考虑广义利益相关者的微电网广义合作机制与开发模式研究 ······· 192
　　9.4　本章小结 ··· 195

第 10 章　智慧能源微电网项目投融资合作机制分析 ··············· **196**
　　10.1　微电网项目合作开发的投融资机制 ····················· 196
　　10.2　项目治理刻画 ··· 199
　　10.3　项目股权融资模型准备 ································· 202

10.4 项目股权融资模型分析 ·················· 205
10.5 本章小结 ·················· 222

第 11 章 微电网移动储能站供应链优化机制分析 ·················· **224**
11.1 移动储能站项目利益相关者 ·················· 224
11.2 移动储能站供应链优化的建模思路 ·················· 230
11.3 移动储能站供应链优化模型分析 ·················· 232
11.4 移动储能站供应链优化的现实意义 ·················· 241
11.5 本章小结 ·················· 242

第 12 章 智慧能源微电网项目合作风险的类型和来源 ·················· **244**
12.1 项目合作风险概念 ·················· 244
12.2 微电网合作风险的影响因素及其对建设的影响 ·················· 248
12.3 本章小结 ·················· 251

第 13 章 微电网项目利益相关者合作开发的风险防范模式设计 ·················· **253**
13.1 微电网项目规划立项阶段的风险防范模式设计 ·················· 253
13.2 微电网项目开发建设阶段的风险防范模式设计 ·················· 267
13.3 微电网项目运营维护阶段的风险防范模式设计 ·················· 286
13.4 微电网利益相关者合作风险的治理模式 ·················· 306
13.5 本章小结 ·················· 308

第 14 章 政策创新分析 ·················· **310**
14.1 政策目标分析 ·················· 310
14.2 具体政策建议 ·················· 313
14.3 本章小结 ·················· 319

第 15 章 研究结果和展望 ·················· **321**
15.1 本书的主要结论 ·················· 321
15.2 主要特色和创新 ·················· 329
15.3 研究展望 ·················· 332

参考文献 ·················· **335**

第1章 绪 论

面对经济社会发展对电力能源服务水平日益提升的要求，传统电网和集中供电方式遇到了环保、供电可靠性和个性化服务的多重压力，微电网应运而生。同时，这也带来了产业关系变革的阵痛，尤其突出的是随之涌现的众多利益相关者构成的复杂利益格局及其带来的管理挑战。

本章在简要介绍微电网——这一看上去并不起眼却可能改变电力能源产业关系的概念的基础上，说明为什么微电网会从电力终端网或电力用户侧市场的角度改变电力能源行业的产业关系，体现这一不起眼的技术变革对产业组织和管理机制的冲击和创新要求。

1.1 研究背景与意义

1.1.1 微电网：改变产业关系的智慧能源项目

1. 微电网的基本概念

微电网是数智时代的"小电网"，从诞生之日起就具有自主系统的智慧化特征，因此是当前电力能源领域典型的新科技革命产物。

系统的微电网研究和开发项目始于美国电力可靠性技术解决方案协会（The Consortium for Electric Reliability Technology Solutions，CERTS）和欧盟微网项目（European Commission project micro-grids）。CERTS 于 1999 年提出的微电网概念被认为是现代并网微电网概念的起源（Lasseter et al.，2002）。该定义设想了一个微电网，可以包含多个分布式能源，每一个分布式能源作为一个典型的用户或小型发电机出现在网络中，以消除整合分布式能源带来的挑战（Hirsch et al.，2018）。之后，由美国能源部组建的临时专家组提出了一个被广泛引用的定义，微电网是一组相互连接的负荷和明确界定电气边界的分布式能源，对传统电网而言，它们是一个单一的可控实体（Ton and Smith，2012）。微电网的核心思想是在不创建复杂网络的情况下，集成有限数量的分布式发电机组来优化控制分布式发电机组。它的主要组成部分是分层控制方法、公共耦合点（point of common coupling，PCC）、使用本地信息的分布式控制和特定区域能量平衡，使分布式发电单元能够以系统的方式集成，以确保系统的可靠运行。

为贯彻落实习近平总书记关于能源生产和消费革命的重要思想，推进能源发展及经营管理方式变革，推进节能减排和实现能源可持续发展，2015 年 7 月 13日下发的《国家能源局关于推进新能源微电网示范项目建设的指导意见》给出了新能源微电网的基本定义：新能源微电网是基于局部配电网建设的，风、光、天然气等各类分布式能源多能互补，具备较高新能源电力接入比例，可通过能量存储和优化配置实现本地能源生产与用能负荷基本平衡，可根据需要与公共电网灵活互动且相对独立运行的智慧型能源综合利用局域网。新能源微电网项目可依托已有配电网建设，也可结合新建配电网建设；可以是单个新能源微电网，也可以是某一区域内多个新能源微电网构成的微电网群。鼓励在新能源微电网建设中，按照能源互联网的理念，采用先进的互联网及信息技术，实现能源生产和使用的智能化匹配及协同运行，以新业态方式参与电力市场，形成高效清洁的能源利用新载体。

此外，根据国家发展和改革委员会（简称国家发改委）、国家能源局于 2017 年7 月 17 日印发的《推进并网型微电网建设试行办法》，微电网也需满足以下特征。

（1）微型（系统容量不大于 20 兆瓦，但本书不做要求）。主要体现在电压等级低，一般在 35 千伏及以下；系统规模小，系统容量（最大用电负荷）原则上不大于 20 兆瓦。例如，笔者在对某市微电网试点项目调研过程中发现，某松藻煤电有限责任公司瓦斯发电站装机容量为 26 兆瓦，但由于其使用清洁能源，且用电负荷、配电设施、监控和保护装置都较为完善，仍可看作微电网。

（2）清洁。电源以当地可再生能源发电为主，或以天然气多联供等能源综合利用为目标的发电形式，鼓励采用燃料电池等新型清洁技术。其中，可再生能源装机容量占比在 50%以上，或天然气多联供系统综合能源利用效率在 70%以上。

（3）自治。微电网内部具有保障负荷用电与电气设备独立运行的控制系统，具备电力供需自我平衡运行和黑启动能力，独立运行时能保障重要负荷连续供电（不低于 2 小时）。微电网与外部电网的年交换电量一般不超过年用电量的 50%。

（4）友好。微电网与外部电网的交换功率和交换时段具有可控性，可与并入电网实现备用、调峰、需求侧响应等双向服务，满足用户用电质量要求，实现与并入电网的友好互动，用户的友好用能。

微电网系统中通常包含四类装置：一是能量提供装置，如微电源（包括风能微电源、光伏微电源等）、微型燃气轮机；二是负荷，即用能装置，包括用电装置、热负荷等；三是储能装置；四是控制装置，如断路器。图 1.1 是美国电力可靠性技术解决方案协会提出的一种典型的微电网系统结构图。图 1.2 是中国国家标准《GB/T 42731—2023 微电网技术要求》明确的环式结构的并网型微电网典型一次系统架构图。图 1.3 是中国国家标准《GB/T 42731—2023 微电网技术要求》明确的辐射式结构的并网型微电网典型一次系统架构图。

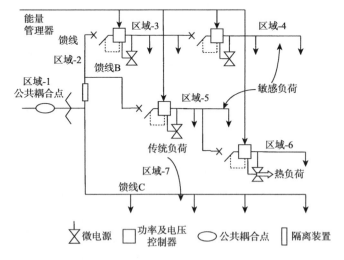

图 1.1　一种典型的微电网系统结构图

资料来源：美国电力可靠性技术解决方案协会，

https://eta-publications.lbl.gov/sites/default/files/lbnl-50829.pdf

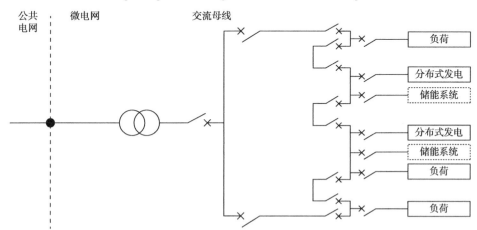

图 1.2　环式结构的并网型微电网典型一次系统架构图

资料来源：中国国家标准《GB/T 42731—2023 微电网技术要求》

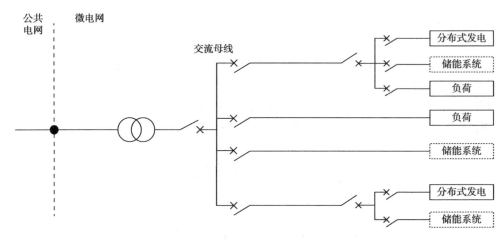

图 1.3　辐射式结构的并网型微电网典型一次系统架构图
资料来源：中国国家标准《GB/T 42731—2023 微电网技术要求》

其实，现实中能够用于工程实际的微电网系统结构可能更为复杂（或缺少某种功能装置和负荷，如没有燃气轮机和热负荷），但其原理类似。这里，我们根据美国 CERTS、欧盟微网项目和日本的相关研究，将微电网的基本概念界定为：微电网是包括微电源、储能系统、控制系统，以及负荷的小型局部配电系统；能够自我控制、保护和管理，既可以与外部电网并网运行，也可以孤立运行。实际工程中，根据微电网中提供能源和储能装置的构成，有"风光储"（风电、光伏发电、储能）、"冷热电三联供"等多种形式；为统一起见，在本书中我们把它们统称为微电网，或简称微网（microgrid）。

2. 微电网为什么会改变电力能源行业的产业关系？

大电网主导的电力能源产业是电气化、自动化时代的典型代表，并将在未来继续发挥其在能源产业中的重要作用。但是，当前日新月异的智慧化时代需要电力能源产业具有更好的环境友好性和高可靠性、个性化用户服务水平。因此，微电网由于其用户参与、便于分布式清洁能源发电和多种非电能源的智慧化接入并就地消纳，具有面向未来能源市场服务需求的良好属性。

正因为这些独有属性——智慧化自主系统、用户参与、分布式清洁能源发电、非电能源接入、多能互补和能源就地消纳——微电网具有从电力终端网，即电力市场的用户侧重塑产业关系的优势，也同时带来了巨大的产业关系变革和管理创新挑战。

以下从促进电力能源产业低碳发展、电力市场改革、协同多方利益相关者、建立新型产业关系治理和管理创新机制等方面，展现微电网对电力能源产业关系变革的推动作用。

1）微电网发展在促进低碳发展、电力产业关系变革方面发挥重要作用

首先，当前我国面临着电力需求压力巨大、电力供给制约较多、电力生产和消费对生态环境压力极大的巨大挑战。2023 年我国人均发电量 6 700 千瓦时，而加拿大、美国、澳大利亚人均发电量分别为 15 842 千瓦时、13 409 千瓦时和 10 259 千瓦时[①]。可见，我国的发电量仅为发达国家的一半左右。随着我国收入倍增计划的实施和城镇化水平的提高，人均用电量水平将大幅度提高。令人担忧的是，目前的电力生产消费对生态环境压力巨大。根据《中国电力发展报告 2023》，2022 年全国发电量达到 8.7 万亿千瓦时，其中非化石能源发电量达到 36.2%。可见，我国的电力行业仍主要依靠燃烧煤炭、石油、天然气等化石能源来发电，发电过程中会排出大量的二氧化碳及其他污染物。国际能源署发布的《2022 年二氧化碳排放报告》指出，2022 年电力行业排放量占我国碳排放总量的 46.37%[②]。因此，增加可再生能源接入电网的规模，以减轻环境压力非常必要。其实，与分布式电源直接接入电网相比，微电网能实现更大规模的可再生能源接入电网，从而有利于发展低碳环保的电力增长模式。这是因为微电网既可提高分布式电源的电能质量，又能节约电网的"接入资源"。当前风电、光伏（太阳能发电）等可再生能源的"分布式电源"接入电网并不鲜见，但一般来说传统电网对接入的分布式发电的电能质量（如频率、电压及其稳定性）有较高要求。微电网则可以集中一定区域内的多个分布式电源，经微电网系统处理后再统一接入大电网，既节约了大电网的接入资源，又提高了可再生能源发电的电能质量。

其次，电力行业在我国仍旧是一个政府高度管制的能源部门，其特点突出地表现为发电、输配电、用电及整个价格体系的不灵活，尽管在限制高耗能产能、补贴最困难人口、弥补电力建设支出等方面发挥了作用，但未能充分体现市场规律。微电网的发展可为促进高度垄断的电力行业管理体制改革提供一定的思路。当前，我国正探索多种电力体制改革措施，其中之一是从配电环节入手弱化大电网自然垄断性；其实更具优势的是，微电网的技术特征决定了它具有从用户侧稀释电网自然垄断性的优势，在技术构成上使配电环节需要多方参与机制（当然，微电网还涉及小范围的发电、输电、储能、控制等），无疑对推行从配电环节入手的弱化垄断改革提供了很好的技术基础和经济管理要素。因此，发展微电网有利于加快推动电力体制改革，构建有效竞争的市场结构和市场体系，还电力能源以商品属性，形成主要由市场决定电力能源价格的机制的发展路径。

---

① 资料来源：中、美、印度位列前三！2023 年世界发电量排名出炉！https://www.in-en.com/article/html/energy-2333238.shtml，2024-06-26。

② 资料来源：我国非化石能源发电量占比达 36.2%，https://www.gov.cn/yaowen/liebiao/202308/content_6901312.htm，2023-08-31。绿色采购！给电力供应链绿色低碳化提速，https://m.bjx.com.cn/mnews/20231123/1345266.shtml，2023-11-23。

2）微电网引导多方利益相关者入局，进一步变革产业利益格局且引发相关经济机制和管理创新理论挑战

尽管微电网发展符合电力体制改革和能源结构调整要求，但改革难免会遇到现有既得利益者的抵触及新事物发展过程中的利益协调问题。同时，由于微电网的技术特点、系统结构特点和环境特点不同于大电网项目，其在进行开发中涉及众多的利益相关者及其利益诉求，如果微电网项目在开发过程中没有处理好各方的利益关系，将严重影响微电网项目的发展。例如，投资者必须与大电网在并网、电能交易规则、接入标准等诸多问题上达成协议，否则微电网项目难以正常并网和运行；大电网参与的微电网项目，也必须与用户、地方政府、公众等利益相关者形成共识，否则会遇到"消极抵抗"而使项目绩效难以达到预期水平。由此可见，在微电网项目的开发中既涉及多方利益相关者如何参与的问题，还涉及如何满足多方利益相关者利益诉求的问题。为了推动微电网项目顺利发展，需要对这些问题进行研究。

现有的关于微电网利益相关者的文献不仅很少，且存在几个问题。一是现有研究的深入度和规范性不足。现有研究大多从比较宏观或笼统的角度对微电网利益相关者进行描述，或从某一微观角度对微电网某些利益相关者的行为进行分析，然后提出相应的建议，因此分析比较浅显，缺乏研究的深入度和理论上的规范性。二是现有研究的目标定位不够先进有效。现有研究主要是为了解决微电网发展中的矛盾冲突，虽然一定程度上揭示了微电网建设中存在的一些利益关系、矛盾、利益博弈等问题，对微电网建设具有一定参考作用，但没有在此基础上构造合作开发模式的明确思想，或虽提到了合作但没有具体的合作开发思路和机制建设研究。因此，现有研究与本书拟进行的研究工作之间存在较大差距。

3）微电网发展呼唤新格局下多方合作机制创新

微电网从其基本技术构成来看，与大电网在经济学上很高的自然垄断属性有所不同。首先，微电网包含了大电网所没有的储能系统和用户；我国的两大电网公司没有与其规模相对应的大型电厂，而微电网却拥有适配的电源。其次，微电网具有智能控制装置，必须统一协调；而大电网的统一调度中一般没有用户参与和储能。最后，也是最重要的，微电网在上述两个技术特点上的利益多元化，与大电网统一的利益格局形成鲜明对照。这些特征决定了微电网可以（也必须）由多方合作开发；即使在法律形式上由一家公司独立投资开发，但用户资源、储能与电价政策、与大电网的电能交互规则等，都必须有清晰的规划和约定，即多方达成合作关系，否则微电网实际上是难以正常运营的。

微电网合作开发涉及诸多合作方，按照合作理论，合作应该发生在"1 加 1大于 2"（或 M 加 N 大于 "$M+N$"）的场合。微电网发展需要在经济管理机制上构造这种利于合作的条件。相反，当前笔者所调研的微电网示范工程或试点项目，

以一家公司独立开发为主，或尽管涉及合作，也多未建立这种"1 加 1 大于 2"（或 M 加 N 大于"$M+N$"）的机制，而是直接以"单独干"的标准进行项目设计和开发，或在未真正建立合作机制的条件下凭单方面意愿预测未来的"良好合作"下的微电网建设发展前景。其实，只有建立这种存在显著"合作红利"的微电网合作开发机制，才能有效克服当前微电网发展中的"成本–效益"压力，使微电网获得正常发展机遇。

然而，现有文献很少开展微电网合作开发的专题研究，本书在微电网合作开发领域的研究就有了较大的创新空间。

一是微电网合作开发的投融资与项目治理创新问题。其实，学术界早已认识到高效合理的投融资机制对任何高新技术项目或电力能源项目开发的重要性，但在微电网领域的合作开发中应该如何做，并无具体研究。事实上，我国微电网开发受传统体制的影响，特别是大型电网企业垄断的影响，需要针对微电网涉及多方利益主体的特点进行深入研究和政策设计，以克服传统体制和垄断的干扰，在投融资和项目治理方面实现面向多方参与和各方利益平衡的机制创新，形成符合微电网技术特点的多方合作开发机制。现有研究大多是偏向投融资或股权治理的单项研究，并且仅比较简单地依照现行政策条件提出一些操作层面的建议，缺少对投融资机制与项目治理创新可能的深入分析，也未能充分考虑微电网合作开发中的社会责任治理。

二是微电网开发的合作机制、利益补偿机制和社会责任体系建设问题。目前，直接提出微电网合作开发模式研究的理论文献尚未见报道，因此关于微电网建设合作机制的理论研究几乎没有；即使有少量现有文献提到微电网建设的合作问题，也缺乏机制设计研究与整体架构和关键要素分析。因此，关于合作问题的研究只是零星地见诸对特定项目的管理分析，没有从资源的优化组合、利用程序的设定等机制角度，系统地研究微电网开发合作，并且忽视了微电网合作开发中的合作关系治理和社会责任治理问题；也没有研究微电网因对大规模可再生能源接入电网的环保低碳贡献，而建立价值评估和补偿体系的具体分析。

其实，建立在广义利益相关者分析基础上的合作机制，应该包括对微电网低碳环保贡献的价值评估和价值补偿机制建立，也应包含微电网项目的社会责任体系的建立；价值补偿和社会责任应在同一个体系中加以综合考虑。现有文献显然没有该方面的具体研究。因此，本书的研究在微电网经济管理研究领域做出了重要贡献。

三是微电网合作开发中的风险防控体系建设问题。现有研究由于没有形成对微电网合作开发机制的有效研究，相关的风险防控体系建设研究就无从谈起。

本书研究的"微电网合作开发中的合作风险防控体系"，防范对象包括合作风险和微电网作为高新技术项目的技术风险可能引发的经济管理风险。根据经济学"不完全合约理论"，任何貌似完美的合作都存在合作伙伴背叛的风险，因此，建立合作风险防范体系是必不可少的。研究中，结合笔者十余年专题研究"合作效应"所积累的关于合作风险的具体判定和防控的理论方法，建立微电网合作开发中可能出现的"合作陷阱"防范体系。另外，微电网作为高新技术项目，发展中必然存在难以预测的技术风险，并由此引发经济损失、管理效率降低，甚至出现项目建设危机等经济管理风险。

因此，本书提出的微电网开发的合作风险及风险防范体系建设研究，是现有文献尚未深入解析的，具有显著的创新价值。

1.1.2　本书的研究意义

1. 本书的学术研究意义

本书以制度经济学和机制设计理论为基础，主要研究微电网复杂的利益相关者关系和合作开发中的若干重大问题，重点是在微电网特定的技术、结构与应用背景下，微电网合作开发的多方合作机制、股权治理、社会责任、和谐治理及合作中合作风险的防范与控制，以及由此导致的投资格局变化，具有重大的学术价值。

由于当前学术研究者在微电网经济管理领域研究涉足较少，本书在学术上具有较显著的开创性意义，其具体学术价值表现如下。

1）建立包括复杂利益相关者关系的微电网合作开发模式，为其他社会利益相关者群体项目建设提供参考

微电网合作开发中涉及众多的项目内外部利益相关者及广义上的利益相关者，如政府、社会公众、环境保护者等，内部股权治理、社会责任治理、多方利益平衡的治理也不容回避，因此，本书构建了包含多方利益相关者互动下的合作开发的治理模式。

在本书中，我们研究两个层面的合作开发模式问题：一是以微电网项目业主为核心的项目合作开发模式，研究视野局限于项目建设的直接参与者，主要包括投资者或业主、用户、供应商等；研究的重点在于创新投融资机制和项目治理机制。二是以微电网项目的资源价值分析和社会责任体系的双向分析相结合，研究广义利益相关者分析基础上的广义微电网合作开发模式。研究重点是建立微电网低碳环保、改善供电方面的价值补偿和承担社会责任的双向利益平衡机制。

显然，这些研究结果在理论上形成对存在诸多社会利益群体的项目建设具有重要参考价值的成果，因此，本书成果既在理论上具有开创性，也有较大推广应用价值。

2）建立微电网合作开发的风险防范体系，形成相关分析防范的理论范式和方法

因为微电网是智能电网的一种形式，属于电气工程领域的高新技术项目，加之需要多方合作进行开发建设，所以本书针对合作风险、技术风险引发的经济管

理风险两个方面的风险，建立了合作风险防控体系。这些研究是显著地针对新事物的新研究，可以形成项目管理、高新技术发展管理中新的风险防范理论和方法，具有理论上的显著价值。

3）促进跨学科研究，推动学科交叉融合，为技术经济学科发展做出新的贡献

本书以技术经济学科中电力能源技术经济研究方向的理论为核心支持，形成工商管理、应用经济学、管理科学与工程学科之间的多学科交叉成果，并在经济管理多学科综合的基础上，结合本书研究对象所在的电气工程学科，建立推动微电网发展的理论成果。因此，本书具有促进跨学科研究，推动学科交叉融合，为技术经济学科发展做出新的贡献的意义。

2. 本书的社会现实意义

近年来我国的电力需求持续增长，而电力供给存在制约，面临资源的短缺，传统的电力消费对资源环境压力巨大，发展微电网是我国应对资源短缺、减轻环境压力、实现能源节约型社会、以绿色低碳为导向的新型经济模式的必然选择。因而，本书的研究具有很强的现实价值与意义。

1）为我国政府有关部门和微电网开发者提供决策参考模式

本书的研究为我国发展微电网提供可参考的合作开发模式，促进微电网的快速健康发展。同时，为推动微电网发展，可以在参考本书成果的基础上建立涉及微电网项目价值补偿和社会责任的双向利益传导与激励机制，并由此形成我国独特的微电网可持续发展的有效模式。

2）通过推动微电网建设，为电力行业管理体制改革提供一定的参考思路

当前，我国正探索多种电力体制改革措施，其中之一是从配电用电环节入手弱化电网自然垄断性，而微电网正符合这一思路，并且由于其具有由技术特征带来的从用户侧稀释电网自然垄断性的优势，无疑是比人为分设配电环节更为理想的改革模式。微电网开发所促进构建的有效竞争市场结构和市场体系，有利于还原能源商品属性，形成主要由市场决定能源价格的机制。

3）促进微电网发展的相关政策法规体系的完善

我国当前的政策法规体系并不利于微电网等智能电网新技术的全面发展，当前的相关产业政策和国家电力法规等对可再生能源接入大电网等有一定制约。因此，本书的研究可以在保障电网安全、高效、可靠的前提下，为推进相关政策法规的改进和完善提出建议，从而为形成有利于微电网等电力能源新技术的推广、可再生能源接入电网等有利国计民生、可持续发展的政策法规体系的完善提供参考意见。

4）促进我国可再生能源的开发和利用，有利于我国建设低碳环保的经济社会发展模式

微电网具有促进清洁、可再生能源利用的作用，对生态环境的压力较小，有

利于贯彻习近平总书记在中央财经领导小组第六次会议上提出的"推动能源生产和消费革命"[①]的重要讲话精神，有利于促进我国可再生能源的开发和利用，增大可再生能源在电网中的渗透率，促进我国低碳环保的经济社会发展模式的形成。

1.2　分析框架和研究内容

1.2.1　分析框架：从技术换代到管理变革

本书设置四个研究内容对全书进行分解。

第一，通过对利益相关者效用及其相互之间合作基础的探讨，形成微电网合作开发的研究基础；第二，由于项目开发中投融资机制及项目治理的重要性，在利益相关者基础之上，重点探讨微电网项目合作开发的投融资机制创新及相应的项目治理创新；第三，跨越股权和项目治理，从合作开发中资本以外的其他重大问题出发，基于资源基础和机制设计理论，探讨微电网项目合作开发中的广义合作机制设计，包括微电网项目价值补偿机制建立和社会责任体系建立；第四，针对合作中可能出现的风险和问题，对风险进行识别和评估，建立微电网合作开发中的合作风险防控机制，以保障微电网合作开发的顺利开展。通过以上四个研究内容，完成本书微电网利益相关者分析与合作开发重大问题的研究。各研究内容与总论之间的逻辑关系如图 1.4 所示。

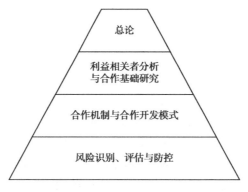

图 1.4　各研究内容与总论之间的逻辑关系

研究内容一作为本书的理论基础和架构为其他研究内容起到基础、支撑作用；

---

① 积极推动我国能源生产和消费革命（2014 年 6 月 13 日）. http://www.qizhiwang.org.cn/GB/n1/2020/0819/c433579-31828903.html，2020-08-19。

研究内容二与研究内容三在问题的逻辑上是序列关系，在合作机制的设计上是并列成分，一个是关于微电网项目合作开发模式的投融资和项目治理机制创新（研究内容二），一个是关于广义利益相关者（或跨越股权范畴）合作机制设计与价值补偿、社会责任承担（研究内容三），二者共同完成本书的合作机制设计与合作开发模式研究；研究内容四是项目合作风险的识别和防控，是对研究内容二、研究内容三机制设计的支撑和补充。各研究内容之间的逻辑关系如图 1.5 所示。

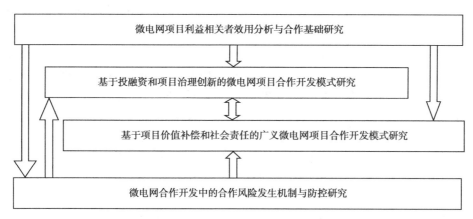

图 1.5　各研究内容之间的逻辑关系

1.2.2　研究内容：从管理创新中寻求市场效率

1. 总论

首先，主要阐述研究意义和目的、研究视角和依据、基础性概念和理论关系概述、主要研究内容说明及内容之间的逻辑关系解析、研究方法的比较和选择等。其次，根据以下三个模块、四个研究内容的研究结果，总结提炼出适合我国微电网发展的相应策略、政策建议和完善法规的需求。

2. 模块一：微电网合作开发的基础问题研究

研究内容一：微电网项目利益相关者效用分析与合作基础研究。

研究思路：首先，将经济管理学者和微电网工程技术专家的理论成果相结合，研究微电网可能涉及的利益关系和利益相关者构成。其次，运用利益相关者理论，针对我国微电网工程实践，归纳和提炼微电网利益相关者的分类与构成，并分析各自的特征和利益诉求，进而探索微电网利益相关者之间的合作基础，为进一步的研究奠定基础。

研究目标：在挖掘微电网技术特征、项目运行维护特点对相关经济管理要求的基础上，厘清微电网利益相关者的构成、利益诉求和他们之间可能的合作基础。

3. 模块二：微电网合作开发的合作机制设计与模式研究

该模块分两个部分（研究内容二和研究内容三）来完成研究。

该模块研究中，更加关注微电网的技术特征。社会技术系统学派认为，特定技术系统对管理和经济机制有特定的需求。因此，该模块研究中，同样会首先把经济管理学者与微电网工程技术专家结合，从微电网不同建设目的、不同区域、不同技术配置类型等特征入手，在全国现有的试点项目或示范工程中进行筛查，选取具有代表性的多个微电网项目，参考北美、欧盟或日本的典型微电网项目，以项目建设主体（业主或投资者）、其他利益相关者为调研对象，结合模块一的分析基础，从两个方面进行典型微电网项目的调研与研究分析：一是以项目为单元，进行微电网合作开发的组织模式研究，重点是微电网项目投融资和相关公司治理（或项目管理治理）机制创新研究，以建立高效的合作开发模式；二是从广义利益相关者的视角研究多方合作机制，从微电网项目资源价值分析、低碳环保价值评估与补偿机制建立、项目社会责任体系建立等角度，构造微电网项目价值补偿与社会责任承担的"双向利益机制"。

研究内容二：基于投融资和项目治理创新的微电网项目合作开发模式研究。

研究思路：从微电网技术配置类型、投融资模式区别入手对国内微电网试点项目和示范工程进行调研，划分微电网项目类型，同时分析其相应的运行维护管理特征。以此为基础，运用合作理论中关于资源互补、共享专业化效率，以及稀释风险、平衡多种利益相关者诉求的方法和分析思路，突出合作产生的正向效益，研究建立微电网项目建设中的利益链构成及其激励传导机制，以及合作者之间合作关系的治理机制，在此基础上设计对我国有参考价值的微电网项目合作开发模式，形成以业主类型为核心，平衡多方投资者、项目业主和管理者、用户、供应商等利益相关者的诉求为目标，建立以股权制衡为核心的微电网项目的典型治理模式。

研究目标：构造适合我国发展微电网的典型合作开发模式，供政府主管或决策部门、微电网投资者参考。

研究内容三：基于项目价值补偿和社会责任的广义微电网项目合作开发模式研究。

研究思路：首先，与研究内容一和研究内容二相互配合，应用资源基础理论、合作理论、制度经济学等相关的学科理论，从资源互补、共享专业化效率、资源价值分析和环境补偿、金融财政工具利用等多个角度，分析建立微电网项目的广义合作框架。

其次，在典型案例调研的基础上，建立微电网项目的社会责任体系和价值补偿机制模型。一方面，有利于通过合理的社会责任体系提高社会对微电网的接受度；另一方面，体现出微电网在可再生能源利用、减少污染和碳排放方面所贡献的价值，直接成为微电网发展的经济绩效构成部分。

最后，在以上两方面研究的基础上建立微电网开发的广义合作机制，以实现微电网的可持续健康发展。

研究目标：在广义利益相关者分析的基础上，提出关于微电网项目价值补偿的政策建议和金融工具建议，并建立微电网社会责任治理体系，形成微电网项目价值补偿和社会责任治理的"双向利益机制"。

4. 模块三：微电网合作开发的合作风险防控研究

根据"不完全合约理论"，任何貌似完美的合作都存在合作伙伴背叛而产生的合作风险的潜在威胁。同时，由于微电网属于电气工程领域的高新技术项目，其开发建设中必然存在发生技术风险的可能，并可能由此引发经济管理风险。尽管本书不直接研究技术风险，但需要建立技术风险引发的经济管理风险防范机制。该模块的研究主要针对微电网合作开发中可能出现的合作风险和技术风险导致的经济管理风险，即合作风险。

研究内容四：微电网合作开发中的合作风险发生机制与防控研究。

研究思路：研究重点是基于利益相关者的多方合作所带来的固有的"合作风险"。按合作战略理论和经济学中的"不完全合约理论"，任何貌似完美的合作都存在合作伙伴背叛的潜在风险，因此，在微电网合作开发研究中，合作风险防范是必须研究的重点问题之一。

基于风险管理理论，对微电网合作开发中涉及利益相关者的合作风险概念进行界定与内涵描述，研究风险来源和影响因素，识别相应合作风险的类型；通过对微电网项目合作风险的来源、发生机制、发生过程及其对微电网建设的影响，构建针对性的防范与控制机制，达到从源头上治理风险的预防性防控目的。

研究目标：研究合作风险的主要来源和发生机制，为微电网项目合作风险防控体系的建设提供理论框架和管控要点。

1.3　研究方法和研究路径

1.3.1　研究方法

1. 理论基础

在构造研究主题、划分研究内容、建立研究对象的基本描述模型时，首先使用资源基础理论等经济管理基础理论方法，分析研究对象性质，厘清其类型或基本特征，实现对研究对象基本形态和性质的刻画。其次，应用合作理论、交易成本理论、利益相关者理论、社会技术系统学派的理论等经济管理基础理论方法，建立研究对象行为及其相互关系的基础模型，为后续研究打下基础。

研究中，几种理论方法会有交叉或综合应用的需要，包括上文所列四种主要思想理论层面的经济管理基础理论方法，也包括下文的研究方法层次、研究工具层次的一些方法和分析工具。

2. 方法类型

在应用经济管理基础理论方法完成对研究对象基本形态和性质的刻画、建立研究对象行为及其相互关系的基础模型后，需要根据所建立的基础模型性质、可获取研究素材属性、研究目的，确定研究方法类型的选择，主要确定是定性分析还是定量分析，以及定性、定量分析的方法类型。

对于基础模型所概况内容较复杂、模型内关系难以定量分析的，主要采用定性分析方法，如对利益相关者类型的基础模型研究。定性分析方法主要包括文献归纳分析、调查研究、典型案例分析、跟踪研究等，目的是建立模型中主要概念或要素之间的逻辑关系，提炼主要影响因素或关键要素等。

对于基础模型所概况内容较典型、模型内关系适于定量分析的，主要采用定量分析方法，如对微电网低碳环保价值的评估。定量分析方法主要包括数理模型类的博弈分析、机制设计，以及实证统计类的统计分析、仿真方法等，目的是具体刻画各种典型关系性质，并推导特定关系之下的发展趋势、演化方向或均衡结果等。

具体研究方法如下。

（1）田野调查法。田野调查法是由英国功能学派的代表人物马林诺夫斯基奠定的。其最重要的研究手段之一就是参与观察。它要求调查者与被调查对象共同生活一段时间，从中观察、了解和认识他们的社会与文化。在研究微电网利益相关者构成、微电网对利益相关者的典型效应时，需要使用田野调查法，通过实地考察，细致地观察利益相关者构成、微电网对不同利益相关者的效应，为后续研究打好基础，是十分重要的研究方法。

（2）文献分析法。文献分析法主要指搜集、鉴别、整理文献，并通过对文献的研究，形成对事实科学认识的方法。文献分析法是一项经济且有效的信息收集方法，通过对与工作相关的现有文献进行系统性的分析来获取工作信息，一般用于收集工作的原始信息。在本书中，文献分析法可对大量的文献、资料进行快速而细致的梳理，与田野调查法互为补充，不可或缺。

（3）博弈分析方法。博弈论又名对策论、赛局理论，已经成为经济学的标准分析工具之一。目前在生物学、经济学、国际关系、计算机科学、政治学、军事战略和其他很多学科都有广泛的应用。博弈分析方法适于研究特定条件下的激励结构间的相互作用，是研究具有斗争或竞争性质现象的有力工具。在本书中，探究微电网利益相关者之间主要利益关系及博弈机制，并在此基础上展开利益相关者合作基础研究，都要用到博弈分析方法。

（4）组织势力分析方法。在本书中，主要借助组织理论及社会学中关于各社会群体组织化程度分析等方法，研究各利益主体在微电网开发建设问题上的话语权及获利能力、控制权分配等，为博弈分析提供基础信息和模型建立条件。

（5）案例分析法。案例分析的主要目的是开拓性地发掘而非检验已经存在的理论或假设，它通过收集有效的信息，对物、个人、组织、文化、事件或环境进行全面或深入的探讨，归纳出对象存在的特性，或者是几个例子中共同的性质。案例分析法重视从整体的高度，从多个层面、多个侧面进行深度研究，希望得出有效、可靠的结论。在本书中，需要对微电网合作开发中的投融资机制进行深度的案例分析，以对投融资机制进行细化分析，并深度发掘业主与这些投融资机制的相关性。

（6）机制设计理论。其所讨论的问题是，对于任意给定的一个经济或社会目标，在自由选择、自愿交换的分散化决策条件下，能否并且怎样设计一个经济机制使经济活动参与者的个人利益和设计者既定的目标一致。机制设计理论包括信息理论和激励理论，并用经济模型给出了令人信服的说明，其模型由四部分组成：①经济环境；②自利行为描述；③想要实现的社会目标；④配置机制。在本书中，至少涉及微电网合作开发中的股权治理机制设计、激励与约束业主以完成社会责任的机制设计、微电网合作开发中的多方合作机制设计等，故而机制设计是本书至关重要的研究方法。

（7）比较分析法。比较分析法是指对两个或几个有关的可比数据进行对比，揭示差异和矛盾的一种方法。比较是分析的最基本方法，没有比较，分析就无从进行。比较分析法通常是把两个相互联系的指标数据进行比较，从数量上展示和说明研究对象规模的大小、水平的高低、速度的快慢，以及各种关系是否协调。在比较分析中，选择合适的对比标准是十分关键的步骤，选择得合适，才能做出客观的评价，选择得不合适，评价可能得出错误的结论。比较分析法作为一种最基本的分析方法，要综合运用趋势分析法、横向分析法、差异分析法对各种经济现象纵观全局、互相结合，才能揭示企业真实的状况，找出问题的关键所在。在研究微电网合作开发中合作风险防控时，应首先明确合作风险的来源，这涉及对多个典型微电网项目的反复比较，以勾勒合作风险的发生机制。在这个过程中，比较分析法会被反复使用。

（8）仿真方法。仿真方法是指利用模型复现实际系统中发生的本质过程，并通过对系统模型的实验来研究存在的或设计中的系统，又称模拟。所指的系统很广泛，包括电气、机械、化工、水力、热力等系统，也包括社会、经济、生态、管理等系统。当所研究的系统造价昂贵、实验的危险性大或需要很长的时间才能了解系统参数变化所引起的后果时，仿真是一种特别有效的研究手段。仿真过程包括建立仿真模型和进行仿真实验两个主要步骤。在研究微电网合作开发中合作风险发生与防控机制时，由于所包含的经济管理系统需要长时间才能了解参数变化所引起的后果，故而仿真方法是一种较为适宜的研究方法。

（9）数学规划。数学规划是一种寻找最优的方法，比较典型的有线性规划、非线性规划、动态规划等。经济主体的行为大多可以理解并表达成数学规划中的最优化问题。数学规划要运用到经济分析中，就需要考虑目标函数、约束条件、拉格朗日乘子和拉格朗日函数等诸多要素，其中涉及多目标之间的冲突、多层次目标协调机制、等式约束抑或不等式约束、对偶约束、影子价格等许多问题。还需要运用一些数学方法和模型，包括计量模型、博弈论、控制系统理论、信息论等。

1.3.2　研究路径

本书研究的技术路线在总体上遵循"文献分析—调查研究—理论建模研究—政策建议"的思路进行，具体过程如下。

首先，在本书的研究中，我们在前期研究和调研的基础上，从文献研究入手，建立对本书研究对象和研究内容的基本判断；开展国内外调查研究，对现有的国内十余个微电网试点项目或示范工程初步归纳后，选择北美、欧盟、日本的典型微电网项目进行网上调研，确认项目调研价值后，选择其中 1~3 个项目进行现场考察。

其次，在对文献研究和调研内容进行梳理和归纳分析的基础上，开展理论研究，主要依托基础理论方法建立各种基本关系。该阶段分研究内容进行，各研究内容须完成初步理论模型构建，并与合作单位、调研对象和行业专家充分讨论，召开小型座谈会或研讨会，对初步理论模型进行修正、重构。

再次，进行机制分析和主要关系的定性、定量分析。目的是深入研究本书所涉及主要研究对象及其相关关系，并形成本书核心理论成果，然后提炼研究结果的经济管理价值，构造合作开发模式和风险防控体系。

最后，分析提炼理论研究结果的政策价值，在与合作单位、调研对象、行业专家互动讨论后，提出政策建议和完善法规的需求等。

1.4　本　章　小　结

　　本章从微电网经典定义和国内政策文件要求分析入手，归纳得到适合我国国情的微电网概念和特征，并根据微电网具有的智慧化自主系统、用户参与、分布式清洁能源发电、非电能源接入、多能互补和能源就地消纳等独有属性和微电网具有的从电力终端网，即电力市场的用户侧重塑产业关系的优势，而后从低碳环保、电力市场改革、利益协同、合作开发等角度分析微电网发展背景及其引发电力能源产业关系变革的意义，并针对理论开创和现实指导两个主要方面提出了研究意义。

　　本章给出了本书的研究内容，即微电网项目利益相关者效用分析与合作基础研究、基于投融资和项目治理创新的微电网项目合作开发模式研究、基于项目价值补偿和社会责任的广义微电网项目合作开发模式研究、微电网合作开发中的合作风险发生机制与防控研究。为了更好地阐明四个研究内容之间的逻辑关系，本书将四个研究内容划分为三个模块并指出每个模块的研究目标：模块一，微电网合作开发的基础问题研究，研究目标是在挖掘微电网技术特征、项目运行维护特点对相关经济管理要求的基础上，厘清微电网利益相关者的构成、利益诉求和他们之间可能的合作基础；模块二，微电网合作开发的合作机制设计与模式研究，研究目标是在广义利益相关者分析的基础上，提出关于微电网项目价值补偿的政策建议和金融工具建议，并建立微电网社会责任治理体系，形成微电网项目价值补偿和社会责任治理的"双向利益机制"；模块三，微电网合作开发的合作风险防控研究，研究目标是厘清合作风险的主要来源和发生机制，为微电网项目合作风险防控体系的建设提供理论框架和管控要点。

　　本章最后列举了研究过程中使用的理论和研究方法，包括合作理论、交易成本理论、利益相关者理论、社会技术系统学派的理论等经济管理基础理论，也包括研究过程中主要使用的田野调查法、文献分析法、博弈分析方法、组织势力分析方法、案例分析法、机制设计理论、比较分析法、仿真方法和数学规划等研究方法，并指出本书的技术路线在总体上遵循"文献分析—调查研究—理论建模研究—政策建议"的研究路径。

第2章 微电网的经济属性与研究进展

第 1 章介绍了本书的研究背景及研究内容，本章将对微电网分类及发展意义进行深入探讨，通过微电网的经济属性论述微电网为什么会带来管理挑战，展示在管理学界没有"存在感"的微电网是如何形成对自然垄断行业属性的"破防"的。

本章对微电网运行调度和控制策略、微电网资源环境问题及经营模式、经济绩效评价、电网项目合作开发融资机制等现实经济管理问题进行了文献归纳，接着对利益相关者理论、价值补偿理论、合作理论等本书主要应用的理论方法进行了归纳，最终发现现有微电网研究的主要成果集中于工程技术领域，针对微电网经济管理问题的研究尚处于初级阶段，为本书在微电网经济管理领域的研究留下了充裕的创新空间。

2.1 在管理学界没有"存在感"的微电网

近十年来，微电网在智慧能源产业领域的作用、意义日益显露，被视为我国电力能源终端网的未来主流形式之一，也让人们日益认识到微电网在推动电力能源产业的用户侧市场变革中的重要基础作用。可以说，没有微电网或以之为基础的智慧综合能源技术平台，就难以建立满足未来智慧化发展要求的电力能源新型服务模式。

但是迄今为止，经济管理学界对微电网的重大意义关注偏少。当我国高校和研究机构的经济管理学科仍以一般工商业、金融业等为主流研究对象时，能源产业的技术变革正悄悄地改变一切产业的发展基础：我们当前已认识到数字化是未来几乎所有产业的创新发展方向时，是否足够重视对产业深度数字化起到基础支撑作用，甚至深刻影响数字化模式和效率的智慧能源呢？

可以说，因为学科传统主流领域的局限而让以微电网为代表的智慧能源科技革命对产业变革的巨大基础作用被低估或漠视了。尽管我国经济管理学界早已对能源经济等较为宏观的领域有系统研究，但对于从电力能源领域技术创新引发产业变革的微观视角刻画产业技术与产业关系、管理创新之间的重要关系及未来变革方向仍然缺乏足够关注，因此，微电网这一可能引发产业关系变革的重要能源科技变革在管理学界几乎没有"存在感"，是亟待研究的重要领域。

这一状况在下文的文献分析中有较为突出的呈现。

2.1.1　微电网的经济属性

为弄清微电网的经济属性，先来看看其分类。

1. 微电网主要分类

其一，根据所处位置将微电网分为城市微电网和偏远地区微电网。

城市微电网通常连接到主电网，因此，能够通过公共耦合点与主电网交换电能，也称为并网型微电网。其能够在电力质量下降、主电网故障等异常情况下，作为孤岛型微电网运行（Chang et al.，2013）。这一类型的微电网可以建造在住宅和商业场所，如大学校园、医院、数据中心、社区、工业和购物中心。偏远地区微电网，出于地理原因无法接入主电网，如军事设施、岛屿和丘陵地区（Vinayagam et al.，2015）的微电网。出于缺乏投资及经济、政治和技术方面的原因，它们不像城市微电网那样普遍。

其二，根据微电网接入配电网的功率特性，将其分为交流微电网、直流微电网和混合型微电网三类。

交流微电网代表配电网中有交流电源。它们可以很容易地连接到现有的电网，而不需要采用转换器等控制方法作特殊的处理。自微电网概念提出以来，交流微电网一直占据着研究的中心位置，这是由于当前拥有完善的交流电力网络与兼容模式的电气和电子设备（黄文焘等，2013）。由于现代电子设备的广泛应用和对环境友好的直流电源（太阳能和燃料电池）的可用性，产生了具有更好的短路保护和提高效率的直流微电网的概念。与交流微电网相比，直流微电网具有更高的效率和更低的转换过程（Ghareeb et al.，2013）。混合型微电网由交流、直流配电网和微电网中央控制器组成。构建混合型微电网的目的是将转换阶段最小化，减少接口设备，提高可靠性和降低能源成本，从而提高网络的整体效率。这种结构使交流和直流电力都能提供给配电网，而用户可以根据他们的需要使用电力（交流或直流）（Li and Nejabatkhah，2014）。

其三，根据微电网是否需要与大电网联网，将其分为离网型微电网、并网型微电网两类。

离网型微电网适用于电网未覆盖的农村、海岛等边远无电地区，仅有小水电但供电不可靠的地区，以及对于在国家"送电到乡"工程中已经建成，但供电能力已严重下降的光伏或风光互补村落电站的改造。离网型微电网建设的主要目的是有效解决我国边远无电地区和无电海岛的用电问题，替代柴油发电机组，降低供电成本。

并网型微电网是在大电网有效覆盖的负荷区域，解决波动性可再生能源高比例接入配电网的有效方案。相对于可再生能源分布式并网发电系统，带储能的并网型可再生能源微电网系统具有如下功能和优势。

（1）采用微电网形式可以有效提高波动性可再生能源接入配电网的比例，功率渗透率（微电网额定装机功率与峰值负荷功率的比值）可以做到100%以上。

（2）微电网具备很强的调节能力，能够与公共电网友好互动，平抑可再生能源波动性，消减电网峰谷差，替代或部分替代调峰电源，能接受和执行电网调度指令。

（3）与公共电网联网运行时，并网点的交换功率和交换时段可控，且有利于微电网内电压和频率的控制。

2. 微电网的经济属性

根据以上对微电网分类的讨论，我们了解了微电网在生产运行模式方面的主要形态，归纳出微电网的如下主要经济属性。

（1）微电网在电力产业链终端市场形成"多产业集成微系统"，具有在能源产业链中形成多产业融合的经济属性。

微电网打破了传统大电网主导下发电（电能生产）、输配电（电能输送"分销"）和用电三部分构成的产业关系，而在电力市场的用户侧创造出集电能生产、输配、消纳（用电）于一体的电力能源"产业集成微系统"，即在一定程度上破除了原来分工明晰的产业划分和产业链构成，而创立了在电力产业链终端市场的"多产业融合"模式。

（2）在自然垄断的传统电力市场上引入多方参与从而具有在一定程度上稀释垄断的经济属性。

由于微电网的建立基础是用户参与，并因为清洁能源发电商或设备供应商、储能投资商、系统集成商的直接或间接参与，打破了传统大电网"独家垄断"的高度自然垄断经济属性，加之政府、公众的低碳发展偏好而建立起新的政策法规体系和社会环境，形成多方博弈、诸多利益相关者参与的新格局，从而在一定程度上稀释了传统大电网时代电力能源产业的自然垄断经济属性。

（3）微电网发展依托于日益复杂的新型智慧能源市场的能源服务需求，具有技术创新驱动产业发展的典型"创新经济"属性。

数字经济具有显著不同于传统市场经济的服务需求，这种差异在微电网所属的智慧能源服务方面表现突出。首先，技术架构、应用场景将随技术创新及新科技商品化的进程而不断迭代，智慧能源服务模式必将不断通过模式或服务逻辑创新而不断迭代；其次，智慧能源中的"能源"不再是传统的能源本体，而是以数字化为基础要素的服务系统，微电网自身的发展及其服务管理模式也将在不断创新的数字化进程中实现创新。因此，微电网具有技术创新驱动产业发展的典型"创新经济"属性。

2.1.2　智慧能源微电网带来管理挑战的原因

与传统的大电网配电系统相比，微电网的产业发展将带来电力能源服务的显著进步，但也因为新型产业关系及服务模式创新而带来突出的管理挑战。

在能源服务的进步方面，微电网具有多方面优势。其一，可用于向主电网难以到达的偏远地区供电。当配电系统发生断电时，微电网可以在孤岛模式下作为独立单元继续运行。其二，微电网热电联产、多能互补、多能联供可直接满足用户的热、电需求，从而更好地满足用户的个性化需求。其三，由于微电网使用低碳发电或供能技术，有效利用太阳能、风能和其他微型能源等可再生能源，可以减缓全球变暖和气候变化，有利于低碳经济发展。其四，微电网有助于推动电网实现灵活性、可达性、可靠性和经济可行性的"智能电网计划"目标（潘成蓉，2019）。

微电网在具备上述优势的同时，却也面临着严峻的管理挑战。

由于微电网既在技术上改变了配电网形态，又在管理运营上改变了大电网完全垄断的机制；因此，其管理组织必然随技术变革、运营机制改变而被重塑，形成新的管理机制。在新型管理机制形成的过程中，如下原因导致微电网面临严峻的管理挑战。

一是由于微电网的建立是以电力系统终端配电网、用户侧市场的重大技术变革和运营机制改变为前提的，而技术变革和运营机制改变必然需要依托新型管理组织来实现；但是，微电网中可再生能源渗透率提高，在技术要求、运营协同上对新型管理组织提出了一系列动态和不确定性要求，使新型管理组织的建立面临挑战；因此，微电网的发展面临着在动态过程中建立新型管理组织的挑战。

二是无论预期的新型管理组织是否已经建立完善，这个新型组织都面临新型市场关系及其交易机制、新机制下运行效率和成本回报的重大生存挑战；因此，微电网必须重塑电力能源终端市场的运营机制，才能驾驭新型市场关系、交易机制并赢得持续经营的生存发展前景。

三是由于微电网打破了传统电力市场中终端配电网、用户侧市场被大电网垄断的格局，用户和外部投资商、与绿色低碳相关的其他参与人和政府、公众的参与或制约，事实上形成诸多利益相关者参与的交易市场及治理关系，利益相关者之间诉求差异或纷争而导致矛盾冲突；因此，存在着诸多利益相关者关系纠葛导致的建立新型交易关系的障碍，形成对微电网发展中多重关系治理的挑战。

本书关注的核心问题是微电网得以建立并持续经营的基本问题，即综合上述三方面挑战而面临的市场交易关系的建立。这首先是利益相关者关系协同问题，其次是新型交易关系下参与人回报满足问题。

1）利益相关者关系协同的挑战

如前所述，微电网项目的建立和运营需要包括大电网、投资商、用户等多方参与，形成诸多利益相关者协同的格局。但这一格局并不容易建立，因为不同参与人（利益相关者）的诉求各异，并存在利益纷争；博弈的结果并非总是实现协同，往往是难以协同甚至无法协同。

例如，微电网的发展具有改变配电网利益格局的作用，一定程度上削弱了大电网对电力终端市场的掌控力，导致大电网有可能选择不支持微电网建设的策略；在微电网内发电资源有限或不稳定情况下，用户用能需要大电网作托底保障，且面临微电网内发电因不满足规模经济性而拉高用电成本的可能，引发用户、大电网和微电网投资商之间的利益纠葛甚至无法协同建设微电网的可能；等等。

2）新型交易关系下参与人回报的挑战

新型交易关系的建立是以参与人获取更大收益、具有更好发展预期为前提的。尽管微电网从改变配电网格局的角度可能带来社会福利损失小于大电网垄断的结果，但也存在参与人增多而使原有的参与人分享的利益减少、微电网内规模经济性不足而拉高成本、对微电网内新的垄断监管弱于传统大电网监管而使用户处于更为不利地位的结果，等等，使各方参与人的回报或预期回报下降，导致参与人缺失对建立新型交易关系的信心而使微电网建设失败。

本书将从微电网的利益相关者协同、参与人利益补偿和合作风险及其防范等方面研究应对这些挑战的策略，虽不能形成完善的策略体系，但具有较强的现实针对性和理论探索的价值。

2.2　微电网对自然垄断行业属性的"破防"

电力行业是典型的自然垄断行业。但21世纪初逐步发展起来的微电网却从电力系统的终端——配电网入手，通过用户参与、引入外部投资者、形成紧贴用户的"源网荷储一体化"体系，在电力行业撕开了传统垄断体系一个口子，从而在行业末端稀释了行业垄断水平，形成对电力行业自然垄断属性的"破防"；并由此开启了从一个侧面促进新能源高效利用、推动能源产业融合发展、提升电力行业服务水平的新途径。

2.2.1　稀释行业自然垄断

自然垄断行业具有规模经济、范围经济和成本可加性等经济特征，高额的沉没成本和较强的资产专用性形成了自然垄断行业的进入壁垒，使得新厂商难以进入，而缺乏竞争的垄断厂商可以获得超额垄断利润。但随着科学技术的进步和市场需求的变化，传统自然垄断行业面临的经济环境不断发生变化，传统一家独大的自然垄断市场结构逐步被侵蚀。

客观历史原因形成了我国目前电力行业发配电领域的自然垄断状况。垄断和垄断经济仍然占据着国内电网行业各个重要领域的控制权。大电网公司（简称电网或大电网）及其下属电力企业在电力市场中的垄断地位是电力产业的自然垄断属性和行政垄断属性共同作用的结果。根据自然垄断理论，目前电力工业的一些生产环节，如输配电环节仍然保持自然垄断状态。随着相关技术的成熟，行业内竞争日益激烈，电力行业的自然垄断性逐步削弱，发电环节和其他辅助型生产环节已不具有自然垄断性，具备引入竞争的条件。

垄断现象在市场经济中可能带来一定的挑战，也对混合所有制改革构成了潜在障碍。电力行业的某些监管机制和市场结构，虽然在确保电力供应安全性和可靠性的基础上发挥了重要作用，但也可能在一定程度上限制了市场竞争和创新。中国电力体制改革的一个重要目标是通过引入市场化机制，进一步优化行业结构。因此，可以考虑在确保电网行业关键环节安全与稳定的前提下，逐步放宽市场准入条件，鼓励多元化市场主体的参与，从而实现资源的优化配置和效率的提升。微电网的合作开发既能保留电力行业中自然垄断环节的必要性，又能通过创新和市场化手段减少潜在的市场失衡问题。

2.2.2　促进新能源高效利用

垄断性企业缺少外部竞争压力，内部容易出现惰性，导致生产和经营效率损失，从而产生"X-非效率"。电力行业是典型的自然垄断行业，垄断经营导致电力行业资源配置效率降低和能源资源浪费，不利于电力资源优化配置和清洁、可再生能源的充分利用。

国家能源结构改革鼓励清洁能源、可再生能源加快发展。按照"重点发展风力、生物质能、太阳能等可再生能源，以规模化建设带动产业化发展"的要求，我国清洁能源发电比重逐步增加。《"十四五"现代能源体系规划》指出，到 2025年，非化石能源消费比重提高到 20%左右，非化石能源发电量比重达到 39%左右。与传统大电网独立开发模式相比，微电网代表的新能源合作发展模式已是必然选择。同时，我国正在加紧构建有关微电网并网的国家标准体系，微电网发展方式更加明确，将改变我国在微电网领域无章可循的现状，极大地促进新能源微电网的建设、运行、管理工作。

弃风限电仍是我国风电产业发展面临的难题[①]。究其原因，由于风能发电具有随机性和不连续性，当出现多余电量时电网和用户无法消纳，只能弃风限电。在此方面，国外的实践走在前列，值得借鉴。目前，意大利、德国、奥地利等国，分布式光伏电站发展模式已经很成熟。仅在德国，光伏发电、分布式风电及生物质发电等来自分布式清洁电源的发电功率就超过一半。除就地用电外，德国光伏系统大部分都有剩余电力需要外送，其配电网已经成为一个名副其实的功率双向流动的有源网络。我国幅员辽阔，风能、水资源等丰富，微电网与大电网可以并网，能在更大范围内增加大电网的消纳比例，合理配置风电、水电及光电等资源。

2.2.3　推动能源产业融合发展

现代技术革新的进展促进了产业融合，使产业间或产业内部出现了替代竞争，同时，产业融合能通过技术革新和放宽限制来降低产业间的壁垒，加强各产业间的竞争合作关系。因此，产业融合改变了自然垄断行业的边界，推动政府放松规制，促使一些行业由自然垄断向竞争性结构转变。电力行业就是其中典型的行业之一。能源利用技术的进步和用电需求的变化为微电网发展创造了条件，适应了能源产业融合发展的需要。

微电网发展使风电、光伏发电等小型电源利用率得以提高，有利于提高可再生能源利用率，减少有害物质排放。在此基础上，合理的微电网项目还能促进区域范围内特色产业融合发展，在天然气、煤矿资源丰富的地区，可将当地工业用电大户对电能、热能的需求转变为地域优势，促进产融结合发展，形成区域特色产业。智能微电网的建设能有效降低工业园区内企业的用能成本，提高资源的综合利用率，将传统的远距离、多级变送供电方式转变为就地消纳形式，有效降低电力传输过程中的损耗。同时，可以整合分散的分布式电源，提高微电网对园区

---

① 风电消纳难题再现，https://m.bjx.com.cn/mnews/20240624/1384680.shtml，2024-06-24。

可再生能源发电的接纳能力，实现大量分布式电源接入，并将园区附近的可再生微电源、储能装置与负荷相结合进行协调控制，能提高园区电网的安全稳定性，在大电网发生故障时，微电网也能独立运行。

随着电动汽车的日益普及，依托于换电储能技术的换电站具有在全国范围内快速发展的前景。换电储能技术的基本原理是采用可拆卸移动电池，利用峰谷电价政策或分布式可再生能源充电。电池在转入蓄电阶段可作为微电网互联系统的电源支持点和充电桩电源使用；当新能源汽车电池老化，容量衰减到80%以下时，可转化为蓄能电池使用。由于蓄能电池成本低，移动灵活（如集装箱式的蓄电电池车或移动换电站），换电储能技术可以适应不同规模的微电网互联系统的储能要求。移动换电站除了作为储能设备，还能作为对外销售的途径，成为微电网互联系统电源与用户之间的输能方式。目前，我国将逐步进入动力电池服役期满的阶段，随着时间的推移及电动汽车的进一步普及，换电储能技术将会带来更大的经济效益，具有巨大的发展空间。这也会促进新能源汽车、动力电池行业与微电网等电力细分行业的融合发展。

2.2.4　在产业变革中提升服务水平

资源稀缺性决定了自然垄断产品往往具备不可替代性。西方经济学理论认为，在垄断结构下，垄断企业凭借垄断权力获取垄断利润，往往把其产品的高成本转嫁到消费者头上，从而损失消费者福利。在缺乏竞争的环境下，垄断企业服务意识和创新精神缺乏，不利于行业技术进步。微电网的出现打破了传统电力行业的自然垄断局面，在市场机制的作用下，促使企业不断提升产品质量和服务水平，同时在竞争环境中企业不再具有超额利润，有利于增进消费者福利，实现社会福利最大化。

智能电网是当前世界电力系统发展变革的主要方向之一，是将先进的传感量测技术、信息通信技术、分析决策技术、自动控制技术和能源电力技术相结合，并与电网基础设施高度集成而形成的新型现代化电网。各国相继推出了智能电网发展计划，如德国的"E-Energy"、美国的"Grid 2030"。我国也提出了"坚强智能电网"的建设规划，在电网结构方面，以国家级（或更大范围）主干输电网与地方电网、微电网协调发展为目标。微电网接入大电网将引起电网调度控制方式、管理模式的变革，改进现有的大电网装备和硬件技术，发展智能电网将广泛采用新型电力电子元器件、装备和技术，开发大容量和分布式储能技术与装备，布局各类传感器和信息网络，涵盖各类电源和负荷的智能化能量管理和控制，因此有利于促进大电网由被动式网络向主动式双向互动网络转变，从偏重电源侧管理向发用两端并重的精确控制转变。

　　电能质量问题会造成电压波动、电网谐波含量增加及电力系统稳定性破坏等严重影响，降低电能效率及经济效益，特别是随着以电力电子装置为代表的非线性负载的大量使用，以微型芯片为代表的各种复杂精密用电设备不断普及，电能质量、电能精度成了用户关注的重点。微电网系统含有精密的电子控制器件、储能装置，当微电网与大电网并联运行时，通过对微电网并网控制器的设置，可以调节储能系统向电网和负荷提供有功和无功分量，此时微电网相当于一个有源电力滤波器，能够补偿谐波电流和负载尖峰，达到提高电能质量的目的。当微电网与大电网断开孤岛运行时，储能系统能够保持电压稳定。特别是可以经济有效地解决偏远地区的供电，避免集中、单一供电模式造成的地区电网脆弱性，提高供电系统的安全性、可靠性和灵活性，从而实现为不同要求的电力用户提供不同的电能质量，即定制电力，有利于提高供电企业的服务水平。

2.3　国内外文献综述

2.3.1　微电网经济管理问题研究

1. 微电网运行调度和控制策略方面的研究

　　目前学术界对微电网的研究大都集中于科技层面，但在进行科技研究的同时不可避免地涉及一些诸如经济调度、控制策略等经济管理问题（Kroposki et al.，2008；Lidula and Rajapakse，2011）。Lasseter（2001）指出微电网的经济运行本质上是一个复杂的系统优化问题，包含机组组合、经济负荷分配等诸多经济调度问题。这些调度问题分为两种：一种是静态调度，研究每个时段的最优运行方案，不考虑各时段间的联系与影响；另一种是动态调度，考虑各时段间的联系与影响（Driesen and Katiraei，2008）。关于微电网经济管理的研究主要集中在静态调度方面（谢开贵和李万年，2011；杨新法等，2014）。部分学者研究了储能设备的微电网经济管理问题，讨论了不同优化目标、控制策略及微电网与主网的交互电价等因素对微电网经济运行的影响（贺鹏等，2013；谢开贵等，2013；Guo et al.，2013）。另一些学者在包含运行成本和排放成本的基础上，将用户停电成本考虑到微电网的经济分析中，并对比分析了微电网在并网与孤岛模式下的多目标优化运行情况（刘小平等，2011；熊小伏等，2013；Hazelton et al.，2014）。Chen 等（2013）和Silvente 等（2015）提出了优化微电网规模和运行时间表的模型，并说明了使用模拟微电网系统的方法和一些假设条件。王成山等（2013）研究了不同场景下的光蓄微电网调度策略，将动态经济调度方法应用于由光伏发电系统和蓄电池组成的微电网。赵金利等（2016）基于微电网的购电成本、售电收益和分布式电源发电成本，提出考虑了配电网互动容量需求的微电网优化调度模型。微电网可使负荷参与到分时电价的制定中，有效地激励用户以促进可再生能源出力为目标改变用电计划，提高微电网的经济效益（李晨迪等，2016；曾君等，2016；张有兵等，2017）。

2. 微电网资源环境方面的研究

微电网具有经济、灵活、环保及安全可靠等特点，在全球化石燃料消耗剧增和温室效应日趋严重的背景下，以低能耗、低污染、低排放为基础的低碳经济越来越受到人们的重视（吴明峰，2004；Logenthiran et al.，2011）。龙勇等（2014）使用斯塔克尔伯格模型分析了微电网与大型电网的竞合关系，以及竞合中的外部性对社会福利效应的影响，分析结果表明，微电网建设有助于打破传统大电网在价格、市场准入等方面的垄断，提高了区域内用电的可靠性与灵活性，同时降低了环境污染及对资源的压力，有利于改善社会福利。

许多学者将微电网的低碳、环保、资源节约性价值纳入微电网的经济分析研究中，建立了微电网的环保经济调度模型（Javadian et al.，2008；陈永淑等，2009；Siddiqui and Maribu，2009；陈健，2013；Wang et al.，2013）。Xu 等（2018）基于分布式发电在节能减排上的价值，分析了光伏发电的碳价值和相关影响因素，并探讨了相关因素如何影响光伏发电的碳价值。Ahmad 和 Alam（2017）从印度经济和环境的角度，验证了微电网对经济发展所需电力能源提供的价值，以及社会可持续发展需要减少温室气体排放的价值，并以此提出了微电网发展的一个基本框架。Corrado 等（2018）区别于微观经济分析，从宏观角度分析了可再生能源发电项目对经济的影响，发现可再生能源项目不仅具有重要的环境价值，也具有显著的经济价值，对于投资和经济增长产生积极的影响。

一些学者则针对政府对微电网的补贴，来探讨何种补贴策略和力度才能有利于和促进微电网发展。例如，郁建兴和王茵（2017）通过对光伏企业的案例进行研究发现，政府的财政补贴政策不仅要对产业的投融资、技术创新与市场开拓产生影响，还应制定相应的补贴策略对基础研发、知识产权保护、市场运行等方面产生影响，以创造发展与公平竞争的市场环境，促进产业的发展。Chen 等（2019）利用实物期权理论和演化博弈模型分析了微电网储能系统的补贴，发现储能的电价补贴和成本补贴相结合可有效降低微电网投资风险和提高微电网的投资价值，进而有利于微电网的发展。Peng 和 Liu（2018）以中国上市清洁能源公司的财务数据为背景，分析了事前、事后政府补贴对清洁能源行业创业和研发投入的影响，研究结果有助于设计合适的补贴政策促进清洁能源行业的发展。

3. 微电网投资经营模式的研究

由于微电网的特殊性，微电网本身可以看成一个小型的低压配电网系统，而对于上级电力市场，微电网可以看成一个发电商（Lasseter，2011）。陈鹏和周晖（2011）在分析微电网特点的基础上，提出了基于多代理系统的微电网电力市场交易模型，考虑到电力市场是一个不完全竞争市场，其应用博弈论对微电网竞价策略进行分析，并应用等微增率对微电网各发电元件的经济运行进行分析计算，得出了微电网自身利润最大化的报价策略。学术界还有针对微电网中太阳能光伏发电、风力发电等分布式发电的特点，考虑不同类型和容量的微电源所消耗的燃料、效率（Conti et al.，2010；Chen and Gooi，2012）、运行和维护费用（Hernandez-Aramburo et al.，2005；Romankiewicz et al.，2014）、微电网与主电网功率交互价格（曾鸣等，2013；Guo et al.，2013）等的研究。

针对我国微电网投资经营模式的研究较少。董军等（2012）基于我国微电网建设、管理状况，借鉴国外建管分离投资经营模式优势互补、风险分摊两方面的经验，分析并提出了微电网建管分离的投资经营模式；Hytowitz 和 Hedman（2015）针对微电网提出了一系列问题，考虑了太阳能光伏发电的不确定性、能源和辅助服务、与主电网的贸易问题，以此提高能源系统的帕累托效率。刘一欣等（2017）研究了多微电网参与下的配电侧电力市场竞价模型，模型上层以配电市场购电成本最低为目标，下层以微电网的运营收益最大为目标。Quashie等（2018a）提出了基于配电系统运营商（distribution system operator，DSO）管理的双层规划模型，上层目标是微电网运营成本最低，下层目标确保 DSO 电力供应的可靠性。

4. 微电网经济绩效的研究

与传统的火电机组相比，微电网中的分布式电源装机成本普遍偏高，如果只考虑经济性，那么微电网中各种微电源的使用成本都可能高于常规能源，但如果将微电网的可靠性收益、环保收益等因素折算到成本中，那么这些微电源的综合经济效益就有可能优于传统的火电机组（Mohamed and Koivo，2012；王成山等，2014）。曾鸣等（2012，2013）从运营、设备寿命、碳排放等方面分析了区域微电网对大型电网的影响，在此基础上分别从运营成本效益、社会成本效益、用户成本效益及电网企业成本效益四个角度构建了基于需求侧响应的微电网成本效益指标，建立了基于需求侧响应的微电网成本效益模型。董小泊等（2013）使用层次分析法及灰色综合评价相关理论等，建立了微电网综合经济效益评价的指标体系及各指标的权重，继而建立了灰色综合评价模型。有学者认为，充分利用可再生能源的互补性，联合多种分布式发电方式，比只有一种能源的独立微网系统更具经济性（Bernal-Agustín and Dufo-López，2009；伍勇旭和杨光，2016）。Fu 等（2016）考虑微电网中的社会福利最大化问题，为了提高微电网中发电机的容量能力和输出稳定性，利用小波神经网络和飞轮储能系统建立了一种新的社会福利优化问题模型，并基于增广拉格朗日函数，提出了一种新模型的连续时间分布梯度算法。Karimi 和 Kazerani（2017）研究了需求响应（demand response，DR）的影响，通过整合可再生能源改善偏远社区的社会福利，将可再生资源纳入以柴油发电机为基础的独立微电网，提出了一个考虑需求响应的多年度规划优化问题，以确定可再生能源与储能系统的最优组合。这些研究很有意义，但对微电网项目价值、资源、合作的风险及收益的探究显得不够深入，且未涉及微电网合作开发中多方合作绩效的评价，而这正是本书需要重点突破的问题。

2.3.2　利益相关者、合作理论及热点问题

1. 工程项目合作开发模式

本书作者是最早对微电网合作开发进行系统研究的团队之一；由于缺乏文献参考，而考虑到微电网项目合作开发与一般工程项目合作开发具有一定的相似性，遂将后者作为本书研究的参考，因此也具有归纳价值。学者根据合作伙伴的类型，将合作模式分为用户合作、供应商合作、竞争者合作、互补性合作（Cleland，1999；John et al.，2008）。具体到工程项目合作前期组织模式可总结为四种，即传统合作模式、联合开发模式、设计施工伙伴合作模式、关系开发执行模式，四种模式各有其优缺点（Wirl and Oraseh，1998；陈颖等，2006）。Clauss（2012）重点指出了工程项目伙伴合作的重要性，在合同之外通过签订伙伴合作协议做出承诺和组建工作团队，在兼顾各方利益的条件下，明确团队的共同目标，建立完善的协调和沟通机制，实现风险合理分担和矛盾友好解决。另外，在工程项目合作开发中，产学研合作也是较常采用的模式，因此国外对于产学研合作模式分析的文章比较多。

Perkmann 等（2013）从产学双方拥有的资源角度出发，提出大学的优势主要在于基础研究方面，企业的优势集中在研究的应用方面及在生产技术方面提供更好的条件。由此可以看出，企业和大学拥有的资源具有互补性和依赖性，两者合作的主要动因是寻求资源上的互补。企业方在内部生产需求及外部竞争的环境下，对学研机构的合作要求更看重其研究资源及声誉表现。Etzkowitz 和 Zhou（2017）通过研究企业与大学及科研机构的合作动机提出以下几点：一是合作可以降低企业的研究成本；二是合作能够给企业带来良好的公共形象，提升消费者信任；三

是合作使得企业获得先进的技术，提升其科研水平。鲁燕和于素秋（2008）提出产学合作的动因主要有三个：一是从事基础研究的开发，将科研成果开发以实现商品化；二是合作可以探索新的研究领域；三是进行高精尖技术的开发。一些学者曾经指出在产学合作的形式分类上有正式与不正式之分，也有合作时间上的长短差别，并将产学互动分为一般性研发资助、合作研发、研发中心、产学研发合作、大学中的业界协调单位、创业育成中心与科学园区七大类（Diestre and Rajagopalan，2012）。另一些学者则划分了产学合作的几种类型：促成产业界的主要科学家回到大学校园、大学生在课余和暑假期间到企业的实验室工作、大学计划委员会的工业代表，使用大学暂不使用的实验场地和设施、咨询关系、大学学者到产业界参观或做报告、企业为大学的研究或教学提供各种仪器和设备（丁荣贵和孙涛，2008；Lundberg and Andresen，2012）。

2. 电网项目融资机制

如前所述，虽然缺乏关于微电网合作开发投融资机制的系统理论成果，但电网融资迄今研究相对较多，而且比较成熟。值得注意的是，微电网与其他电力技术项目中的经济管理要素、结构、机制均有差异，其他电力技术项目合作开发的投融资机制只可作为本书研究的参考，故而也做了归纳（虞苍璧和杨敏英，2010）。总结现今电网项目建设和改造的资本主要来自：①国家批复的大中型电力建设项目的资金。国家电网和国家发改委负责审批由地方供电公司申报的大中型电力建设项目，项目立项后组织项目的实施和建设，国家电网公司筹措资金。②大规模的城乡电网建设批复资金。中央颁布政策对城市农村电网组织统一建设，中央以债券、贷款等方式筹措建设资金，但本金和利息由国家电网公司偿还。③预算外专项建设基金。我国固定资产投资很大程度上由该部分基金组成。"十五"期间，中央改革了电力行业的经济政策，正式取消了电力建设基金的征收，先前征收的部分归入电价，专门用于偿还农村电网建设与改造。④利用盈余资金和折旧基金进行城网建设。电网企业在自己的实际经济能力和运营能力范围内进行电网建设，建设规模的大小由企业自己决定。一些学者在分析了电网项目特殊性的基础上，提出了在电网建设项目中引入多种融资模式的设想，并从项目融资的角度论证了设施使用协议融资、生产贷款、杠杆租赁、建设-经营-转让（build-operate-transfer，BOT）、资产支持证券化（asset-backed securities，ABS）等项目融资方式在电网建设中的可行性（傅春燕和贺昌政，2009；Dunne et al.，2009；陈忠路，2018）。目前，我国电力行业运用项目融资方式进行融资的案例比较多，但主要集中于BOT融资方式。具体的项目融资主要有由项目发起人直接安排项目融资模式、通过项目公司安排融资模式、杠杆租赁融资模式、生产支付融资模式、ABS融资模式、产业投资基金模式等（谢传胜和田禾欣，2006；吴婷，2008）。部分学者提出了几种新型电网融资模式，如信托计划、产业投资基金、资产证券化、融资租赁等，并指出，未来随着电力体制改革的深入及我国金融市场化的进一步加快，电网企业将采用更多创新的市场化融资手段来解决电网建设项目的资金筹措问题（张健，2006；赵亮，2007；谢郁馥，2009）。

3. 利益相关者理论

1963 年，斯坦福研究院首次提出利益相关者概念；随后，战略管理专家 Ackoff 在斯坦福大学研究院做研究时，阐述了利益相关者的概念，将利益相关者的概念用于组织环境信息中的"假设"问题。Ackoff（1974）认为应该以系统视角来理解企业和社会问题。Ruscoe（1984）在《组织思想的利益相关者》中将利益相关者分析运用于企业规划问题，是将利益相关者运用于战略决策研究的开始。Freeman 和 Emshoff（1981）将利益相关者的分析方法发展成管理理论的组成部分，称之为利益相关者管理，并将决策科学方面的研究成果加入利益相关理论中。Emshoff（1980）的《管理突破》和 Freeman（1994）的《战略管理：利益相关者方法》中都对利益相关者概念做了详细的阐述。Freeman（1994）详细描述了利益相关者的概念和发展历史，并且 Phillips（2003）对其进行了改进。

4. 利益相关者分类

对利益相关者进行分类就是为企业和利益相关者的相关性设定优先级标准。学者根据不同的标准对利益相关者的分类做了有益的探索，然而，无论是学术界还是实践中，对利益相关者的分类都没有达成共识。以下将对利益相关者的分类做简要的回顾。

Freeman（1983）通过深入的研究，将利益相关者分为有股权关系的相关者，如董事及公司股东；有经济依赖关系的相关者，如供应商、员工等；有社会利益关系的相关者，如政府、社区等。查克汉姆（Charkham，1992）将利益相关者分为契约型利益相关者（股东、雇员）和公众型利益相关者（消费者、社区）。根据克拉克森（Clarkson，1995）的研究，利益相关者可以被分为两类，即重要利益相关者和次要利益相关者。重要利益相关者是指与企业有正式合同关系的群体，如客户、供应商、员工、股东等；次要利益相关者是指与企业没有正式合同关系的群体，如政府和当地社区。按照这个定义，企业被视为跨越内部和外部环境的具有显性和隐性关系的网络。唐纳森和普雷斯顿（Donaldson and Preston，1995）在他们有影响力的文章中，根据三个核心属性对过去的利益相关者研究进行分类，他们认为这三个核心属性是任何利益相关者文献的基础，即描述性或经验性、工具性和规范性。

国内学者的研究更加符合中国企业的实际情况。陈宏辉（2003）通过实证的方法，以主动性、重要性和紧急性为标准，将企业主要利益相关者细分为核心型、蛰伏型和边缘型三类。吴玲和贺红梅（2005）则从理论视角上进行创新，基于资源基础理论、资源依赖理论两个重要理论，将不同性质、不同技术特征的企业结合企业生命周期来对利益相关者进行区分，分为关键、一般和边缘三类利益相关者。

杨志安和邱国庆（2018）根据利益相关者理论对确定型、预期型、潜在型政府预算利益相关者进行了分类界定，进一步基于目标属性、条件匹配性、督查机制及基本结果考察了三种类型政府预算利益相关者的行为选择。孙立新和李梦真（2018）利用切尔评分法对利益相关者群体进行界定和分类，分为确定型利益相关者、预期型利益相关者、潜在型利益相关者，并通过问卷调查从合法性、影响力和紧迫性三个维度对利益相关者进行了评分。

微电网发展对生态环境有正的外部性，有利于增进社会福利。现阶段，受制于能源利用技术，微电网建设的单千瓦成本较高，营利能力不足，不利于其迅速推广，结合一些学者对相似资源的研究，微电网应用了价值补偿理论进行研究。

5. 企业间竞合与联盟的不稳定性

当前，竞合问题在合作研究中热度不断上升。Padula 和 Dagnino（2007）认为，在企业之间相互依存的关系中，无论是价值创造还是价值分享的过程，都涉及部分利益一致的结构；在这个结构中，竞争与合作紧密联系并且同时存在，形成一种特殊的联系关系，是谓竞合。

目前，竞合研究的重点已逐渐由竞合概念内涵的界定及概念模型的开发，转至竞合量表的开发及相关的实证研究上。部分研究者，如 Amaldoss 和 Staelin（2010）、龙勇（2013）等使竞合概念具有一定的可操作性，并开发了相关的理论模型。Hoetker 和 Mellewigt（2009）对竞合类型，Ness（2009）对伙伴间竞合关系的演化机制，Fink 和 Kessler（2010）对伙伴间竞合关系的成因所做出的实证研究，进一步丰富了相关的竞合量表。余佳和游达明（2018）基于产业融合理论，对企业间的四种竞争与合作模式分别构建博弈模型，剖析微观层面不同条件下竞合策略的选择，研究产业融合对企业间发展的影响。周江华等（2019）通过回归分析，实证检验了研发部门与市场部门竞合关系对企业创新绩效的影响，指出部门间的竞合关系正向影响企业的创新绩效；刘瑞佳和杨建君（2018）通过构建"控制类型—竞合关系—知识创造"理论框架，揭示各控制类型对企业间竞合关系的影响及企业间竞合对知识创造的作用。

Das 和 Teng（2000）对联盟不稳定做出定义：联盟过程中非计划内的联盟契约、目标、控制方式等方面的变动或联盟的兼并或解体。Yang 等（2008）指出保持双边关系的忠诚和信任对于联盟关系的稳定发挥着至关重要的作用，并对联盟稳定性的成因做出解释。国内学者依据不同的理论，如交易成本理论、博弈论、资源基础理论、委托代理理论等，从生产组织模式、治理、学习和能力、双边关系、动态合作博弈等方面对联盟的不稳定性进行研究（廖成林等，2008；龙勇等2011，2013；孟卫东等，2013）。

6. 联盟中的技术合作及知识转移

技术合作及过程中的知识转移是联盟中的常见问题。知识转移与技术联盟密切联系，包括联盟内的知识流及伙伴之间组织学习机制两个方面。哈默尔在 1991年发表的《国际战略联盟内的能力竞争和合作伙伴间学习》一文中做出过经典的阐述。该文章不仅对多个国际战略联盟进行详细的考察得出了伙伴间相互学习的决定因素，还提出了合作伙伴在学习方面因掌握能力的不同而会改变伙伴们"讨价还价"的相对能力，导致学习效果有着巨大的不同。

随着研究的深入，学者将更多的注意力转向分析机制与绩效之间的联系。Silva等（2012）、Normann 和 Wallace（2012）通过实证研究指出，企业能够在联盟中进行知识管理来提高知识转移绩效和开展技术转型。Richard（2009）阐述了管理知识类资产的难度：由于知识存在着嵌入组织结构、流程、程序和惯例之中的问题，难以定位和转移；知识之间常常相互联系，因而很难将其脱离具体情境或场景，分离为一个或多个独立的个体。不过，Schmoltzi 和 Wallenburg（2012）对此给出了安慰，联盟企业仍然可以通过积极的管理措施提高知识转移的效率，通过组织战略的设计和结构调整加快知识分享。Rajshree 等（2010）则指出了不同性质的知识在转移目的上存在差异：互补性知识转移的目的是通过提升效率来增进各自的竞争力；补充性知识转移的目的是结合双方各自所具有的特殊能力、掌握的不同信息，来扩大双方商业活动的范围。杨海军等（2019）在直接收益和协同收益的基础上引入制度收益，构建了联盟企业知识转移的演化博弈模型，深入探讨了联盟企业成员知识转移的演化博弈行为，定量分析了制度收益对联盟企业成员知识转移的影响。周杰（2019）通过实证研究指出，联盟能力对企业间合作具有显著的正向影响，对企业间竞争具有显著的负向影响；企业拥有的联盟能力通过影响企业间竞合关系（合作、竞争）对知识转移产生影响，企业间竞合关系在联盟能力与知识转移之间起部分中介作用。

7. 联盟治理

传统的联盟治理机制分类通常将联盟治理机制分为正式治理和非正式治理。Hoetker 和 Mellewigt（2009）指出，治理机制的选择是联盟治理中相当重要的问题，研究往往分析何种条件和因素会影响联盟治理结构的选择。在研究初期，正式治理的研究多集中于合同治理，使用交易成本理论对影响合同治理的因素进行研究。随着研究的发展，正式治理的内涵不断扩展。Amaldoss 和 Staelin（2010）提出具体的计划、指标、争端解决方案都可列为正式治理。正式治理机制需要在合作或交易前规定所做的投入、双方允许的行为，通过详细复杂的计划、指标、解决方案规定每个伙伴的角色及应承担的责任，但这种详细指标的制定和之后的方案执行代价不菲（Richter and Ennen，2010）。随着研究的发展，Oxley 和 Wada（2009）指出联盟范围也可视为一种"类正式"治理机制，通过减小联盟范围可以削减合作研发中的风险。Das 和 Teng（1998，2000）针对合作开发和营销动机等方面研究了联盟范围对治理的影响。不过，现有的联盟范围研究都是从价值链角度着手的，以包含价值链中环节数目的多寡作为衡量联盟范围大小的标准，因而被部分学者认为不能够真实反映双方的合作水平。

在一些文献中，非正式治理又被称为关系治理。Africa 和 Peter（2010）曾提到，在利用和保护联盟关键资产中，公司的关系资本和对冲突的管理与掌控具有十分重要的作用。Beersma 等（2009）研究了这种治理机制的适用范围，认为其适用于不确定性较高的交易和风险程度较高的环境。交易主体需要具备较高的信誉及丰富的经验，彼此之间谈判地位对等并愿意共担风险，主要依赖私人关系、密切沟通等非正式治理机制来发挥作用。谢恩等（2009）从风险和动机两个角度对非正式治理机制进行实证研究，并与正式治理机制进行了比较。Hoetker 和 Mellewigt（2009）比较了正式、非正式两种治理机制对不同类资产的使用程度，指出非正式治理机制较为适宜治理知识资产。Costinot 等（2014）认为非正式治理机制也有其不足，其需要"经常性的上下级交流，建立合作团队、更频繁的管理层联系、分享决策制定及联合问题解决小组"，会增加联盟内部的资源消耗和治理成本。辛德强和党兴华（2017）从资源基础视角，研究不同治理机制对联盟企业双元独占的作用差异，并考虑联盟类型的调节作用，指出非正式治理机制会降低联盟企业的原发性独占，但会提升联盟企业的生成性独占。罗逾兰等（2016）指出关系治理形式和组织间信任是影响产学联盟知识共享的关键变量，在构建产学联盟过程中，必须注重完善非正式契约治理机制，并搭建多维度知识流动平台。

随着联盟治理研究的发展，近年来有学者将模块化也视为一种"类治理"机制。相关的研究最早见于 Tiwana（2008b）发表的以软件外包产业为背景，研究技术模块化与治理机制的文章，指出了技术模块化对于正式治理具有替代作用。Takeishi（2002）、Ricarda（2004）认为相比传统治理，模块化的优势在于可将合作所需投入的知识进行"分块"和"组合"，由共同的设计规则相互联系，通过这样的结构设计，将指标、方案等"界面化"和"规格化"，能减少成员之间制定详细契约和保持密切沟通的需要。国内也有学者展开了该方面的研究，郝斌和 Guerin（2011）研究了模块化制度设计、结构构建对组织价值创新的影响，并检验了产品特性的调节效应。龙勇等（2013）则考察了模块化生产网络中不同地位成员之间的关系，提出其治理模式的选择取决于成员之间知识共享的策略。曾靖珂和李垣（2018）从双边、企业及网络三个层面，提出联盟能力构建路径、混合联盟组合管理等四个未来研究方向，战略联盟的开放式创新已成为企业创新的重要方式。

8. 补偿理论

马君和李哲（2009）认为正外部性主要是环境功能的外溢使社会收益大于私人（部门、地区）收益，其差额构成了森林经营的正外部性。部分学者认为环境作为一种公共资源、公共产品，无法界定其产权，而环境污染所产生的"外部不经济"又会对我们或者我们的子孙后代产生影响。其是一种典型的"市场失灵"，主要表现为"搭便车"经济行为产生的外部效应，以及市场不健全、市场成本过高等造成的市场缺陷（张亚连，2008；Lidula and Rajapakse，2011）。只有用一定的手段弥补这种差异，外部正效应的生产者才会有足够的积极性去使产品和服务达到社会最优水平，这也正是世界各政府对低碳环保行为实行价值补偿的理论依据之一（杨思留，2010；Kettunen and Brink，2012）。梁琳和李勇（2015）将外部性的来源分为技术外部性、资金外部性、劳动力市场外部性、资源外部性、公共外部性及交流外部性。

部分学者认为环保价值补偿的实施应以产权明晰为基础（谢地和邵波，2005；李世福，2007；Paliwal et al.，2014）。补偿额度须以环境资源产权让渡的机会成本为标准，进而须对环保价值补偿机制设计进行探讨（李国平和张云，2005；范婷婷，2010）。由于环境资源在不同的利用状态和产权下具有不同的性质，有必要依据产权和利用程度对资源进行分类，根据不同的类型分析环境资源的定价方法（何鹤鸣和张京祥，2017）。张玉强和张影（2017）对海洋生态领域补偿利益相关者及其利益诉求进行了分析，认为应根据不同利益相关者的角色，采用财政补偿、税收、费用支付、生态修复和智力支持等方式，使保护者得到回报，受益者支付费用，破坏者承担补偿责任，受害者获得合理补偿。

9. 补偿方法

关于补偿方法的核心问题包括补偿方式、补偿途径、成本核算、补偿资金来源等。袁广达（2014）通过综合评价模型，计算了重污染行业对非重污染行业环境成本补偿公式，Tsikalakis 和 Hatziargyriou（2008）提倡建立重污染行业环境补偿超级基金制度。王辉等（2011）结合煤炭企业生命周期提出了动态补偿采煤塌陷区，选择合适的时点能有效减少生态补偿投入。禹雪中和冯时（2011）研究了我国流域生态补偿标准，认为污染赔偿主要由水污染造成的治理成本、经济损失构成，保护成本主要由水环境保护成本和水资源保护价值构成。赵卉卉等（2014）通过梳理流域生态补偿标准的研究进展发现，生态服务价值法、生态保护成本法和支付意愿法是主流的方法，可以用水足迹和博弈模型两种方法进行尝试，且补偿方法多以静态为主，可以考虑根据动态变化的特点建立补偿标准。郭荣中和申海建（2017）利用生态足迹的方法，通过对生态系统服务价值、生态足迹与承载能力等的测算，确定了澧水流域生态补偿标准。张文珺等（2018）调查发现，德国的生态补偿措施包括就地直接补偿、异地间接补偿、土地储备和现金补偿。王坤等（2018）认为经济带生态补偿方式为央地两级政府主导下的资金补偿，补偿标准为良好水体保护性补偿与污染水体改善补偿。Yin 等（2018）建立了一种新的方法来确定促进水力发电释放高流量的生态补偿标准，考虑了水库流量和水电价格的不确定性，提出了一种确定补偿标准的随机规划方法。

目前，学术界专门针对微电网合作开发的研究尚无系统性成果，至今正面研究该专题的中文期刊论文不足 10 篇，英文期刊论文约 100 篇。然而对合作基础理论及常见工商企业合作的研究在学术界的文献比较丰富，研究方法呈多元化趋势，也取得了丰硕的理论成果。合作机制涉及复杂的理论，其研究一直是学术界的热点，本书也将相关研究进展总结如下。

2.3.3　文献归纳与评价

1. 现有文献在本书研究所涉及的基础理论、主要理论方法领域有丰富积累，可以成为本书研究的有力支撑

现有文献虽然缺乏在微电网专题领域对本书的支持，但在本书所涉及重点理论方法领域的研究积累却非常丰富。例如，利益相关者理论、价值补偿理论及方法、合作开发相关理论与方法、社会责任理论、低碳环保价值评估与相关金融工具、高新技术企业（项目）投融资等，特别是作为本书核心理论的合作开发相关理论与方法，其在国内外学术界的研究成果均非常丰富。

因此，这些既有文献的积累为本书的研究提供了非常重要的思想理论、方法、工具或范例，但还需要我们以它们为基础针对微电网的特定情况和本书研究目标进行大量的工作。不过，无论如何，这些研究积累都对本书研究工作的开展形成了非常有力的支持。

2. 国内外关于微电网研究的主要成果集中于工程技术领域，为本书在微电网经济管理领域的研究留下了充裕的创新空间

从上述的文献综述可以看出，关于微电网发展、研究进展的主要文献都是属于工程技术领域的（尽管由于本书的社会科学研究性质，前文综述时并未具体列出工程技术文献的内容），如对微电网系统结构的界定、相关技术标准和控制策略的研究等。相对而言，关于微电网经济管理问题的研究就显得不够系统，与微电

网工程技术研究文献的数量形成鲜明对照。这一现象符合大多数高新技术发展或高新技术产业化应用的初期规律，即工程技术领域首先出现关于某一新技术的研究和工程实践，遇到发展的经济社会障碍后，吸引经济管理学界开展研究，然后才有可能逐步解决该高新技术产业的发展瓶颈问题。

但是，从国内外微电网产业发展和学术研究史归纳中已经发现，微电网涉及与传统大电网非常不同的运营环境和项目建设目标，必然存在比大电网强烈得多的用户和供应商参与、多方利益协调、环保和社会压力、传统电力系统外的投资者介入等问题，使得微电网的经济管理机制成为其能否顺利发展的前提。因此，针对微电网的经济管理研究显得非常重要。尤其是我国在微电网等智能电网的高新技术成长环境方面尚不完善，更需要针对微电网的独特发展需求展开有针对性的经济管理研究。换言之，在当前关于微电网经济管理问题研究相对空白的情形下，本书的研究具有充裕的创新空间。

3. 现有对微电网经济管理问题的研究不具系统性，深入度也非常有限，未形成对管理理论的明确贡献

如上所述，尽管国内外也有一些关于微电网经济管理问题的研究，但总体上处于起步阶段，而国内的研究更为延迟一些。而且，其相当一部分并非由专业的经济管理学者完成，而是由相关的工程技术研究者为推动技术发展而开展的。例如，关于微电网经济调度、经济控制策略、负荷预测、能量管理等问题的研究，由于这类研究必须以深入的技术分析为基础，一般都是由专业的电气工程学科工程技术研究者完成的，并发表在相关的电力能源学科的工程技术专业期刊上。

这些情况说明，微电网尚未受到经济管理学界的真正重视，针对微电网的经济管理专业性研究尚处于萌芽状态，而相关的系统性的经济管理专业研究还未真正起步。

4. 现有文献针对微电网经济管理问题的研究视野比较局限，没有形成对本书的有效支持

除以上提到的以技术分析为基础的微电网经济管理问题研究之外，关于微电网的比较"纯粹"的经济管理问题研究尽管不多，但已有一些。例如，微电网项目投资建设或运行管理的技术经济评价，微电网的经济社会效益分析，微电网建设或发展中电网公司、投资商、用户、政府和社会的行为与利益博弈，发展微电网对关联产业的带动，等等。

但总体来看，这些研究不仅成果数量太少，而且深入度、规范性有明显局限。其中，有些研究（如技术经济评价）虽具有重要的基础作用，也有一定深度，但与发展微电网所需建立的体制支撑没有直接关系，对本书的研究缺乏支持；而有些研究（如经济社会效益、各利益主体的行为和利益博弈等）虽涉及本书所关心

的问题，但都是一般性讨论，缺乏深入的案例分析、规范的调查研究和应用经济管理科学方法的系统分析，大多发表在行业信息或行业政策介绍类期刊上，其研究结果在总体上的深入度和规范性都不能支持本书的工作。因此，现有研究尚未形成对本书的有效支持。

2.4　本　章　小　结

本章进一步对微电网的分类和发展意义进行了介绍。首先，从位置、接入配电网的功率特性、是否需要与大电网联网三个角度进一步对微电网进行分类，从而概括出微电网具有在能源产业链中形成多产业融合的经济属性、在一定程度上稀释垄断的经济属性、技术创新驱动产业发展的典型"创新经济"属性。

其次，从微电网在能源服务方面具有的为偏远地区供电、孤岛运行，多能互补、多能联供、满足个性化需求和提高可再生能源利用等多方面优势，回答了微电网为什么会带来管理挑战这个问题，并具体指出微电网在提供更可靠电源、加强智能用电管理、获得更多经济效益、提高电网稳定性和高效利用可再生能源等方面带来的管理挑战。

再次，本章从四个方面论证了微电网对自然垄断行业属性的"破防"：从市场主体的角度阐述了微电网稀释行业自然垄断，从市场效率角度阐述了微电网促进新能源高效利用，从产业融合角度阐述了微电网推动能源产业融合发展，从消费者福利角度阐述了微电网在产业变革中提升服务水平。

最后，本章对国内外微电网管理研究文献进行了梳理和综述。研究发现，国内外关于微电网研究的主要成果集中于工程技术领域，主要发表于相关工程技术和行业期刊上，针对微电网经济管理问题的研究涉及不多。总体来看，这些研究不仅成果数量太少，而且深入度、规范性有明显局限。其中，有些研究（如技术经济评价）虽具有重要的基础作用，但与发展微电网所需建立的体制支撑没有直接关系；而有些研究（如经济社会效益、各利益主体的行为和利益博弈等）虽涉及本书所关心的问题，但缺乏深入的案例分析、规范的调查研究和应用经济管理科学方法的系统分析。本书所涉及重点理论方法，如利益相关者理论、价值补偿理论及方法、合作开发相关理论与方法，在国内外学术界的研究成果均非常丰富。这些研究积累都对本书的研究工作开展形成了非常有力的支持。

第3章 智慧能源微电网的发展
历程与现状

第 2 章在对微电网的经济属性、带来管理挑战的原因及对电网变革的影响归纳的基础上，梳理了国内外相关的理论文献及研究现状。

本章则从实践探索的角度，依次从智慧能源微电网发展状况、项目类型、政策环境三个角度对微电网的发展现状进行分析，并基于前文有关微电网的重点理论与方法和本章对微电网的发展现状分析，提出微电网合作开发的必要性。

3.1 智慧能源微电网产业发展概述

近年来，经济社会的高速发展对电力系统提出越来越高的要求。根据《全国电力工业统计快报》数据，我国 2018 年火电占比为 70.4%，2019 年火电占比为 68.87%，2020 年火电占比为 67.88%，2021 年火电占比为 67.4%，虽然占比逐年减少，但是总的来说我国的火电发电量还是占据了绝大部分，而火电等常规发电方式消耗了大量一次能源，同时带来雾霾、碳排放过高等严重环境问题。远距离的电力传输会导致大量线损，也会导致负载网络对外来电力的依赖度上升，对电力供应稳定性要求越来越高。当面对突如其来的天灾和事故时，大电网暴露出其脆弱的一面。2008 年初的冰雪天气导致我国发生大面积停电，只有少数小电网在支撑重要用户运行，暴露了我国现有的网架结构在保障用户供电方面所存在的薄弱环节，同时也将微电网的作用充分展示出来，并促使我国加快了对微电网的研究步伐。另外，如果遭遇战争或恐怖袭击等非常事件，像大电网主线路这样的目标极易成为敌对势力的打击对象，甚至会对国家安全造成巨大的威胁。以上种种，皆提示人们传统电网安全形势不容乐观，传统电网遇到了环保、供电可靠性的双重压力，亟须寻求解决方案。微电网作为智能电网的重要组成部分和传统电网的有力支撑，其广泛应用为能源使用的效率和安全问题做出了愈加突出的贡献。

3.1.1　发展历程

美国是最先提出微电网概念的国家，1999 年，CERTS 首次对微电网在结构、控制、经济等方面进行了研究，并于 2002 年正式提出了相对完整的微电网概念，并且是目前微电网概念中最权威的一个。

微电网旨在实现分布式电源的灵活、高效应用，解决数量庞大、形式多样的分布式电源就地消纳及并网问题，由于其具有因独立运行、内部可控而大大减少使用区域对大电网的依赖性，并且在区域大电网主网遭受较大故障甚至崩溃时仍可连续供电的优势，开始进入决策层的视线。电力能源行业转向低碳经济、低碳生活方式的途径主要是节能和发展清洁能源，节能和新能源产业发展的成本和机会都会体现在电力行业的发展中。广泛使用光伏、风力、生物质能等清洁、可再生能源的微电网即体现了这一发展趋势。作为大型电网的有力补充和智能电网领域的重要组成部分，以及通往低碳经济、低碳生活的可靠路径之一，微电网的研究和应用日益受到重视，并在近十年获得了迅速发展。

以美国、欧洲、日本为代表，部分国家和地区已经加大了对微电网技术的重视，加速了微电网项目的建设，并做出了符合自身国情的发展规划。美国能源部电力办公室出台系列举措，旨在进行微电网项目的开发和实施。这些举措包括美国国防部环境安全技术认证计划，该计划每年都会就联邦政府、学术界和工业界的技术示范项目提出征求意见。其中一个项目是朴次茅斯海军造船厂微电网和辅助服务项目，该项目为一个带电池储能系统的微电网，可与现场发电系统集成，以提高造船基地的电力服务可靠性，并同时为美国新英格兰地区独立系统运营商（independent system operator，ISO）提供辅助服务。由于向电网提供频率调节所获得的收入，该项目有效降低了净能耗成本。

我国 2010 年前对微电网的研究主要停留在理论上。因微电网这种直接面向用户供电和售电的系统，当时在我国尚有较大争议，因为彼时既不允许电网以外的资本投资建设并运营配电设施，也不允许分布式电源"隔墙售电"。一直到 2014 年，习近平总书记提出能源"四个革命、一个合作"①，我国能源行业开始进入体制机制改革与技术创新的快速发展期。2015 年 3 月《中共中央 国务院关于进一步深化电力体制改革的若干意见》（中发〔2015〕9 号）全文发布，正式开启了我国新一轮电力体制改革序幕，放开了配售电领域，启动了电力市场建设。此时，作为融合新能源技术、信息技术、体制机制创新的典型代表，微电网迅速得到政府

---

① 习近平：积极推动我国能源生产和消费革命，https://china.huanqiu.com/article/9CaKrnJF3Nk，2014-06-13。

和行业的共同重视。

美国在 2008 年金融危机之后，作为经济复苏与再投资法案的一部分而出现的包括微电网在内的智能电网示范计划共投资 1 000 万美元，促成了电力部门和高科技企业合作开发的多个示范项目。在我国，国家能源局推出微电网示范工程，各级政府出台了一些支持性政策，自下而上的推动力也越来越显著。着眼于当下世界范围的能源和环境困局及电力安全需求的长期高企，未来 5~10 年，微电网的市场规模、地区分布和应用场所分布都将会发生显著变化。

3.1.2　发展现状

近年来，许多国家和地区，如美国、欧洲、日本等纷纷开展了对微电网技术的研究，并且解决了一部分微电网技术中的运行、保护、经济性等理论问题。微电网研究一直在有条不紊地进行着，其研究的重点主要集中在提高供电的可靠性、满足多种电能质量的要求、降低成本和实现智能化等方面。相较于微电网产业发展较早的美国、欧洲、日本等，我国微电网产业发展起步较晚，但对其日益重视，在近些年获得了迅速发展。目前，政府部门、高等院校、科研院所、电力公司等机构和团体均有关注这一领域。

自 863 计划和 973 计划以来，国家建设了多种微电网实验平台，开展了典型微电网试验系统建设，在微电网的控制模型、运行控制、管理优化等方面取得了一定的研究成果。在实验平台基础上，2017 年国家发改委、国家能源局核准新能源微电网示范项目 28 个，其中并网型 24 个、独立型 4 个[①]。示范项目以技术集成应用和运营管理模式、市场化交易机制创新为重点，要求新能源微电网的可再生能源电力渗透率应不低于 50%，清洁能源电量自给率应不低于 50%，微电网与主网单一并网点交换功率不得超过与大电网连接变电站的单台变压器容量，等等。项目主要采用风、光等新能源发电形式，分城市微电网、边远地区微电网、海岛微电网三种类型。

在政府机构的引导下，我国部分高校和科研院所也开始了对微电网的跟踪研究。我国首个微电网工程由中国科学院、清华大学及辽宁高科技能源集团有限公司共同合作，获得了微电网工程技术的实践经验和相应学术成果。中国科学院电工研究所的"分布式能源系统微电网技术研究"获得 863 计划基金的资助，重庆大学承担了该 863 计划项目的关于"微电网规划、可靠性研究及系统开发"的研究。天津大学的"分布式发电功能系统相关基础研究"获得了 973 计划基金的资

---

① 国家发展改革委 国家能源局关于印发新能源微电网示范项目名单的通知，http://zfxxgk.nea.gov.cn/auto87/201705/t20170511_2789.htm，2017-05-05。

助，并建立了天津大学分布式智能微电网实验室。

与高等院校更加注重基础性研究有所不同，我国的电力科学研究院在微电网的工程应用方面有着深入的探究。云南电网有限责任公司电力科学研究院针对解决城市能源综合利用效率低、资源配置不合理、缺乏商业运营模式等问题，结合近年来城市能源互联网已经成为一个技术热点，从城市能源互联网的规划、运行优化、能源交易、价值评估、信息支撑等不同角度进行技术综述，并在此基础上对建立新型城市的能源互联的多能协同关键技术进行了展望。

除了由政府、高等院校组织的非营利性研究外，还有部分企业为了获得更多的经济效益也参与到微电网的研究中，并申请了专利，如南京国臣信息自动化技术有限公司发明的"一种交直流混合微电网系统及其控制策略"、南京磐能电力科技股份有限公司发明的"一种微电网并网转孤网运行切换时的功率平衡计算方法"。一些外资公司，如国际商业机器公司（International Business Machines Corporation，IBM）发明了"用于管理微电网中的设备的方法和系统"。

总体而言，我国微电网产业发展的重点方向是分布式发电的并网。但是，我国幅员辽阔、经济发展水平不一，各地的供电情况和电网基础设施建设质量不同，因而不同微电网在分布式发电接入，以及储能、信息集成与通信、保护控制运行、能量管理等方面各有特点，以适应当地的电力供应要求及电网基础设施质量为宜。

3.1.3　存在的主要问题和前景

国内对微电网的研究取得了一定的进展，但与欧洲、美国及日本等由研究机构、制造商和电力公司组成的庞大研究团队相比，我国在研究力量和取得成果上仍存在一定差距。

第一，缺乏统一、规范的微电网体系技术标准和规范。目前，国内尚无统一、规范的微电网体系技术标准和规范，很大程度上影响了微电网技术的研究和示范工程的建设。第二，电力电子技术在微电网中的应用水平不高。微电网技术的发展与先进的电力电子技术、计算机控制技术、通信技术紧密相关。根据微电网的特殊需求，需要研究使用电力电子技术并研制一些新型的电力电子设备。第三，微电网的保护控制技术尚不成熟。第四，投资及运维成本高。微电网孤网运行要求配置一定容量的储能系统，储能系统建设投资成本较高。储能系统容量配置越大，效果越好，但成本越高，需要找到一个较好的平衡点，这和微电网的运行要求、峰谷电价政策等都有密切的关系。微电网监控平台及能量管理系统投资成本高。微电网在运维成本上，也比一般电网要高。

随着国家能源局微电网示范工程陆续建成，各级政府出台了配套支持政策，自下而上的推动力越来越显著。预期未来各地会有更多政府或企业主导的项目上马，微电网在国内的市场将非常广阔。按照 2015 年《国家能源局关于推进新能源微电网示范项目建设的指导意见》[①]，"十三五"期间，"新能源微电网项目可依托已有配电网建设，也可结合新建配电网建设；可以是单个新能源微电网，也可以是某一区域内多个新能源微电网构成的微电网群。鼓励在新能源微电网建设中，按照能源互联网的理念，采用先进的互联网及信息技术，实现能源生产和使用的智能化匹配及协同运行，以新业态方式参与电力市场，形成高效清洁的能源利用新载体"。根据中国电力企业联合会《2019–2020 年度全国电力供需形势分析预测报告》[②]，我国电力消费将延续平稳增长态势。借力能源互联网和新一轮电力体制改革，微电网将迎来高速发展期。

根据国家电网能源研究院预测，"十四五"期间全社会用电量增长率为 4%~5%，电力负荷峰谷差持续加大，新能源将大规模发展。《南方电网"十四五"电网发展规划》[③]提出，到 2025 年基本建成安全、可靠、绿色、高效的智能电网，实现向智能电网运营商、能源产业价值链整合商、能源生态系统服务商方向转型发展。

3.2 国内外智慧能源微电网的项目类型

微电网旨在实现分布式电源的灵活、高效应用，解决数量庞大、形式多样的分布式电源就业消纳和并网问题，因此，微电网也因发电资源、消纳形式和并网条件、建设目的的多样性而具有多种类型。

3.2.1 国外主要项目类型

微电网较为权威的定义最早见于 CERTS。由于微电网运用的范围广泛且效果显著，美国除了专门的研究机构外，还有许多社会机构也参与到相关理论和工程技术的研究中。在众多研究机构中成果最为显著的当属美国北部电力系统承建的 Mad River，在对微电网的检测、运行、维修多个层面都有着较为显著的成效，因此其成为微电网工程建设的重要示范，在世界范围内占据着相当重要的地位。美国还建立了商用微电网项目——分析式电源综合测试（distributed utility integration test,

---

① 国家能源局关于推进新能源微电网示范项目建设的指导意见（国能新能〔2015〕265 号），http://zfxxgk.nea.gov.cn/auto87/201507/t20150722_1949.htm，2015-07-13。

② 引自《2019-2020 年度全国电力供需形势分析预测报告》，中国电力企业联合会，2020 年。

③ 中国南方电网有限责任公司，简称南方电网。

DUIT）项目，该项目由美国能源部、加利福尼亚州能源委员会（California Energy Commission，CEC）与太平洋天然气和电力公司（Pacific Gas and Electric Company，PG&E）合作。美国微电网的主要特点如下：强调满足多种电能质量要求、提高供电可靠性，较少考虑运行的经济性；其主要使用化石能源，同时应用部分清洁能源作为补充；应用领域较为广泛，特别针对军事用途。

欧洲各国对微电网也相当重视，于 2005 年即提出了"Smart Power Networks"计划，并在欧盟第五、第六、第七框架计划——世界上投资力度大、涉及国家多的政府科技计划之一中专门资助了微电网的研究和发展。欧盟第五框架计划（1998~2002 年），拨专款 450 万欧元，由希腊雅典国立技术大学（National Technical University of Athens，NTUA）领导，参与成员来自欧盟 12 个国家，包括 EmForce、Germanos、艾思玛太阳能技术股份有限公司等著名公司，以及 INESC Porto[①]、Labie、曼彻斯特大学等高校和研究机构，并在曼彻斯特、雅典等地建立了微电网的实验平台。欧盟在雅典、意大利、德国、西班牙等国均建有微电网实验室，实验平台数量相比开展微电网研究较早的美国而言为多，如雅典国立技术大学 NTUA 微电网、德国卡塞尔大学 Demotec 微电网、西班牙毕尔巴鄂 Labein 微电网、意大利米兰 CESI[②]微电网等。欧洲对微电网的研究已经拥有了较好的成果，并且在整体上构建了从建立、使用到维护的较为完善的理论、工程技术体系，并得到了较好的实际应用。在未来，欧盟将把微电网发展的重心放在可再生能源、技术的运用及多网互联的研究上，主要达成两方面的目标：第一，为主要使用可再生能源的分布式发电大规模接入输电、配电网络做好过渡；第二，为电网的智能化转化做好过渡。欧洲微电网发展强调安全、高效、灵活，注重能源来源的多样化。

日本国内能源贫乏，而负荷日益增长，基于这样的现实背景大力发展微电网研究。1980 年设立的新能源与工业技术发展组织（New Energy and Industrial Technology Development Organization，NEDO）在 1998 年将研究范围扩大到产业经济技术，统一协调国家重点实验室、国内高校、企业对新能源，包括微电网的研究。相比美国、欧洲等地，日本同样高度重视微电网发展。NEDO 在青森县、爱知县和京都府都建立了多个微电网示范工程。

其他国家和地区：非洲很多国家电气化率不高，缺电人口众多。截至 2022 年，非洲的电气化率仅为 37.8%，农村的电气化率更低，为 19%，缺电人口高达 6 亿人以上，超过总人口比例的 60%[③]。拉丁美洲总体电气化率好于非洲，但仍有一些

---

① INESC Porto 是葡萄牙波尔图系统和计算机工程、技术与科学研究所（Institute for Systems and Computer Engineering，Technology and Science，INESC TEC）的缩写。

② CESI 全拼为 CESIRICERCA，是一家设在意大利米兰的试验公司。

③ 转引自南方电网技术情报中心《电力技术情报》电力法律观察，资料来源：贤集网，https://www.xianjichina.com/news/details_296060.html，2022-08-19。

国家的电气化率较低，存有不小数目的缺电人口。例如，截至 2022 年，海地电气化率低于 40%，缺电人口在 600 万人以上[①]；墨西哥、哥伦比亚、秘鲁甚至巴西，都有数百万人以上的缺电人口。微电网由于其技术特点，成为这些国家解决缺电问题的重要可选方案。加拿大的情况与非洲、拉丁美洲不同。加拿大国土广阔，面积 998 万平方千米，居世界第二位，人口仅有 4 000 万（2023 年 6 月数据），地广人稀。建设全面覆盖国境的输配电网络成本极高，如此大量存在的独立电网便成为自然而然的选择。截至 2022 年，加拿大共有 292 个边远地区独立电网，其中的 175 个使用柴油发电。在使用柴油发电的地区中，有 138 个地区完全依赖柴油发电，占比在 60% 以上[①]。

3.2.2　中国主要项目类型

（1）按照微电网电源所使用的可再生能源、清洁能源的不同，可将微电网分为太阳能微电网、风力微电网、生物质微电网、天然气微电网等。在工程实际中，一般将以上不同微电源中的一种或几种，与燃气/柴油发电机组合而成不同的电源系统，从而形成多种多样的微电网。

（2）按照微电网系统的供能形式不同，可将微电网分为供电型微电网、热电联供型微电网、冷热电三联供型微电网。依据不同的负荷用能情况，选择合适的微电网类型。

（3）按照微电网是否与大电网并网，可将微电网分为并网型微电网和孤网型微电网。前者主要是依靠能源和环保优势构建的微电网，可以跟大电网并接；后者主要位于远离大陆的海岛或是偏远地区，难以连接大电网。

（4）按照微电网的最终用户类型不同，可将微电网分为产业园区型微电网（各类工业园区、产业园区建立的微电网）、城镇小区域微电网［居民小区型微电网、城镇型微电网、CBD（central business district，中央商务区）微电网和商业写字楼微电网］、海岛及边远地区型微电网。

（5）按照地域环境不同，可将微电网分为偏远地区微电网（在可再生能源丰富的偏远地区，使用微电网能一定程度上满足当地居民的生活用电需求）、智能住宅小区微电网（微电网可提高用户的需求和对可再生能源的利用）、与电动汽车相结合跨界发展微电网（通过微电网与电动汽车的协调互动，对微电网的储能、可靠性，以及电动汽车的充放电与经济性，具有很好的效益）、利用农村地区生物质能发展微电网（这种方式既可降低农村牲畜、废弃物等带来的污染，也可提高乡村秸秆、果

---

① 转引自南方电网技术情报中心《电力技术情报》电力法律观察，资料来源：贤集网，https://www.xianjichina.com/news/details_296060.html，2022-08-19。

渣等资源的利用）。

3.3　中国微电网项目发展的政策环境及展望

由于微电网所具有的战略新兴地位，国家和政府相关部门对其愈发重视。党中央、国务院、有关能源主管部门、电力行业纷纷出台有关政策措施，推动微电网相关领域发展。

3.3.1　国家能源战略概述

2014 年 6 月，国务院办公厅印发《能源发展战略行动计划（2014–2020 年）》，要求"着力提高能源效率，严格控制能源消费过快增长，着力发展清洁能源，推进能源绿色发展，着力推动科技进步，切实提高能源产业核心竞争力"，"鼓励发展有竞争力的新能源和可再生能源"。

2015 年 3 月，《中共中央　国务院关于进一步深化电力体制改革的若干意见》（中发〔2015〕9 号）要求，开放电网公平接入，建立分布式电源发展新机制。积极发展分布式电源。分布式电源主要采用"自发自用、余量上网、电网调节"的运营模式，在确保安全的前提下，积极发展融合先进储能技术、信息技术的微电网和智能电网技术，提高系统消纳能力和能源利用效率。

2016 年 11 月，国务院总理李克强主持召开国家能源委员会会议，审议通过《能源发展"十三五"规划》。李克强指出，"加快提升水能、风能、太阳能、生物质能等可再生能源比重"，"要集中力量在可再生能源开发利用特别是新能源并网技术和储能、微网技术上取得突破，全面建设'互联网+'智慧能源"[①]。

2017 年 6 月，习近平在向第八届清洁能源部长级会议和第二届创新使命部长级会议贺信中强调，中国高度重视清洁能源发展，为此采取了一系列重大政策措施，取得了积极成效。中国将坚持节约资源和保护环境的基本国策，贯彻创新、协调、绿色、开放、共享的发展理念，积极发展清洁能源，提高能源效率，推动形成绿色发展和生活方式，努力建设天蓝、地绿、水清的美丽中国，实现人与自然和谐共处[②]。

---

① 李克强：推动能源生产和消费方式根本性转变　为绿色可持续发展提供可靠保障，https://news.cri.cn/20161117/9b0770ac-d2d7-c7b7-6575-d42e4302933f.html，2016-11-17。

② 习近平致第八届清洁能源部长级会议和第二届创新使命部长级会议的贺信，http://www.xinhuanet.com/politics/2017-06/07/c_1121104338.htm，2017-06-07。

2018 年 6 月，《中共中央 国务院关于全面加强生态环境保护 坚决打好污染防治攻坚战的意见》提出，增加清洁能源使用，拓宽清洁能源消纳渠道，落实可再生能源发电全额保障性收购政策。推动清洁低碳能源优先上网。

2019 年 10 月，国务院总理李克强主持召开国家能源委员会会议，研究进一步落实能源安全新战略，审议通过推动能源高质量发展实施意见。李克强指出，"发展水电、风电、光电等可再生能源，提高清洁能源消纳水平"，"推动建立主要由市场决定能源价格的机制"[①]。

2020 年 12 月，国务院新闻办公室在发布的《新时代的中国能源发展》白皮书中提到，要"贯彻'四个革命、一个合作'能源安全新战略"，其中一个革命是"推动能源体制革命，打通能源发展快车道"，要求我们"坚定不移推进能源领域市场化改革，还原能源商品属性，形成统一开放、竞争有序的能源市场。推进能源价格改革，形成主要由市场决定能源价格的机制"。

2021 年 12 月，习近平总书记在中央经济工作会议上强调，传统能源逐步退出要建立在新能源安全可靠的替代基础上[②]。

党的十八大以来，在习近平总书记"四个革命、一个合作"能源安全新战略科学指引下，我国可再生能源实现跨越式发展，装机规模已突破 10 亿千瓦大关，占全国发电总装机容量的比重超过 40%。"十四五"时期是我国开启全面建设社会主义现代化国家新征程、向第二个百年奋斗目标进军的第一个五年，也是我国加快能源绿色低碳转型、落实应对气候变化国家自主贡献目标的攻坚期。我国可再生能源既要实现技术持续进步、成本持续下降、效率持续提高、竞争力持续增强，全面实现无补贴平价甚至低价市场化发展，也要加快解决高比例消纳、关键技术创新、产业链供应链安全、稳定性可靠性等关键问题，进一步提质增效，加快步入高质量发展新阶段。

进入高质量发展新阶段，"十四五"可再生能源发展将呈现新特征：一是大规模发展，在跨越式发展基础上，进一步加快提高发电装机占比；二是高比例发展，由能源电力消费增量补充转为增量主体，在能源电力消费中的占比快速提升；三是市场化发展，由补贴支撑发展转为平价低价发展，由政策驱动发展转为市场驱动发展；四是高质量发展，既大规模开发，也高水平消纳，更保障电力稳定可靠供应。

习近平总书记的重要讲话和指示为新时代新能源发展提出了新的更高要求，提供了根本遵循。在未来，为降低碳排放，我国将采取更加有力的政策和

---

① 李克强主持召开国家能源委员会会议，http://news.youth.cn/sz/201910/t20191012_12091726.htm，2019-10-12。

② 中央经济工作会议在北京举行 习近平李克强作重要讲话，https://www.chinacourt.org/article/detail/2021/12/id/6427883.shtml，2021-12-10。

措施，加速新时代中国的能源绿色低碳发展，为中国经济社会持续健康发展提供有力支撑，也为维护世界能源安全、应对全球气候变化、促进世界经济增长做出积极贡献。

3.3.2　当前政策环境的主要特征

自 2016 年以来，至 2021 年 7 月，国家发改委、国家能源局推动了各类试点示范工程，推动建设了 23 个多能互补试点，55 个"互联网+"智慧能源试点，28 个新能源微电网示范项目，483 个增量配电网试点项目，其中 24 个项目因建设进度不达预期被取消，目前试点项目总计 459 个。

2017 年 2 月，国家能源局印发《微电网管理办法（征求意见稿）》，指出"微电网作为'互联网+'智慧能源的重要支撑以及与大电网友好互动的技术手段，可以提高电力系统的安全性和可靠性，促进清洁能源的接入和就地消纳，提升能源利用效率"。7 月，国家发改委、国家能源局印发《推进并网型微电网建设试行办法》（发改能源〔2017〕1339 号），指出"引导分布式电源和可再生能源的就地消纳，建立多元融合、供需互动、高效配置的能源生产与消费模式，推动清洁低碳、安全高效的现代能源体系建设"。

2018 年 4 月，《国家能源局关于进一步促进发电权交易有关工作的通知》（国能发监管〔2018〕36 号）指出稳妥有序推进电力市场建设，大幅度提高电力市场化交易比重，以市场化方式增加清洁电力供应。7 月，《国家能源局综合司关于简化优化许可条件、加快推进增量配电项目电力业务许可工作的通知》（国能综通资质〔2018〕102 号）指出，简化优化增量配电项目电力业务许可条件，助力社会资本参与增量配电业务。

2019 年 4 月，《国家发展改革委关于完善光伏发电上网电价机制有关问题的通知》（发改价格〔2019〕761 号）指出，"为科学合理引导新能源投资，实现资源高效利用，促进公平竞争和优胜劣汰，推动光伏发电产业健康可持续发展"，要"完善集中式光伏发电上网电价形成机制"，"适当降低新增分布式光伏发电补贴标准"。5 月，《国家发展改革委关于完善风电上网电价政策的通知》（发改价格〔2019〕882 号）指出，"科学合理引导新能源投资，实现资源高效利用，促进公平竞争和优胜劣汰，推动风电产业健康可持续发展"。6 月，《国家发展改革委关于全面放开经营性电力用户发用电计划的通知》（发改运行〔2019〕1105 号）指出，"进一步全面放开经营性电力用户发用电计划，提高电力交易市场化程度，深化电力体制改革"，"支持中小用户参与市场化交易"，"健全全面放开经营性发用电计划后的价格形成机制"。

2020 年 12 月,《国家发展改革委办公厅　科技部办公厅关于印发绿色产业示范基地名单的通知》(发改办环资〔2020〕979 号)指出,经省级发展改革委审核推荐、专家评审、网上公示等程序,确定了 31 家绿色产业示范基地。

2021 年 2 月,《关于引导加大金融支持力度　促进风电和光伏发电等行业健康有序发展的通知》(发改运行〔2021〕266 号)旨在落实"四个革命、一个合作"能源安全新战略,推动我国风电、光伏发电等行业快速发展,对部分受多方面因素影响,现金流紧张,生产经营出现困难的可再生能源企业加大金融支持力度。5 月,《国家发展改革委　国家能源局关于 2021 年可再生能源电力消纳责任权重及有关事项的通知》(发改能源〔2021〕704 号)指出,"国家发展改革委、国家能源局将组织有关单位按月跟踪监测各省级行政区域可再生能源电力建设进展及消纳利用水平,按季掌握电网企业调度部门、交易机构落实中长期电力交易情况,按半年评估各省级行政区域消纳责任权重执行情况,按年度通报各省级行政区域消纳责任权重完成情况"。6 月,《国家发展改革委关于 2021 年新能源上网电价政策有关事项的通知》(发改价格〔2021〕833 号)指出,2021 年起,对新备案集中式光伏电站、工商业分布式光伏项目和新核准陆上风电项目,中央财政不再补贴,实行平价上网。7 月,《国家发展改革委　国家能源局关于加快推动新型储能发展的指导意见》(发改能源规〔2021〕1051 号)指出,"将发展新型储能作为提升能源电力系统调节能力、综合效率和安全保障能力,支撑新型电力系统建设的重要举措","加快构建多轮驱动良好局面,推动储能高质量发展"。此外,《国家发展改革委关于进一步完善分时电价机制的通知》(发改价格〔2021〕1093 号)提出,"在保持销售电价总水平基本稳定的基础上,进一步完善目录分时电价机制,更好引导用户削峰填谷、改善电力供需状况、促进新能源消纳,为构建以新能源为主体的新型电力系统、保障电力系统安全稳定经济运行提供支撑"。

近年来,我国以风电、光伏发电为代表的新能源发展成效显著,光伏、风电等产业链国际竞争优势凸显;截至 2021 年,我国水电、风电、光伏发电、生物质发电装机规模分别连续 17 年、12 年、7 年和 4 年稳居全球首位[①],发电量占比稳步提升,成本快速下降,基本由补贴支撑发展转为平价低价发展,由政策驱动发展转为市场驱动发展,已基本进入平价无补贴发展的新阶段。同时,新能源开发利用仍存在电力系统对大规模高比例新能源接网和消纳的适应性不足、土地资源约束明显等制约因素。在未来,为深入贯彻落实习近平总书记的重要讲话和指示精神,促进新时代新能源高质量发展,我们坚持以习近平新时代中国特色社会主义思想为指导,完整、准确、全面地贯彻新发展理念,统筹发展和安全,更好地

---

① "十四五"可再生能源发展提速,https://economy.gmw.cn/2022-06/08/content_35795300.htm,2022-06-08。

发挥新能源在能源保供增供方面的作用。

3.3.3　政策环境变革展望

其他关联政策也会对微电网发展产生影响，根据高新技术产业发展特点，将微电网发展关联政策划分为紧密关联政策、一般关联政策、弱关联政策。

微电网发展紧密关联政策在微电网发展过程中，可能较大影响电网建设的可行性其至准入性条件，直接决定微电网能否发展，包括高新技术产业、高新技术园区、高新技术产品、企业技术创新等政策。例如，国家发改委于 2019年 10月发布《产业结构调整指导目录（2019 年本）》，新增增量配电网建设、高效电能替代技术及设备、燃煤耦合生物质发电、火力发电机组灵活性改造、智慧能源系统等鼓励类内容。紧密关联政策对微电网发展具有产业优先支持的作用。

微电网发展一般关联政策可能影响微电网的市场规模、运营成本等，间接决定微电网发展程度，包括计划管理、技术市场、成果奖励、金融创新、税收政策、知识产权等政策。例如，2019 年 1 月，《国家发展改革委 国家能源局关于积极推进风电、光伏发电无补贴平价上网有关工作的通知》发布，指出"鼓励在国家组织实施的社会资本投资增量配电网、清洁能源消纳产业园区、局域网、新能源微电网、能源互联网等示范项目中建设无需国家补贴的风电、光伏发电项目，并以试点方式开展就近直接交易"。一般关联政策鼓励用电负荷较大且持续稳定的工业企业、数据中心和配电网经营企业与风电、光伏发电企业开展中长期电力交易，促进微电网有关领域市场化发展。

微电网发展弱关联政策可能对部分微电网发展产生间接影响，包括服务业发展、基础研究、科技人才、区域创新、社会发展、国际合作、民营经济等政策。例如，技术人才引进政策、园区招商引资政策、最低工资水平等，虽然与微电网没有直接关系，但可能间接影响微电网发展。

当前，微电网相关的行政管理政策法规及技术标准远不如传统发电厂齐全和成熟。未来国家相关部门、地方政府、电网公司要充分借鉴国内外实践经验，结合我国实际情况，加强各项政策法规的制定和完善。既要有总体的微电网系统政策，也要有针对某类能源的单独政策。加快制定针对微电网的规划设计、建设运行及后期维护的管理规范，针对设备制造商的生产标准和服务规范，针对用户的使用规范；进一步完善针对微网并网电能质量、功率控制和电压调节、继电保护、并网监测、微网解列、通信、电能计量等方面的技术标准和管理规范，为微电网发展创造良好的条件。

微电网发展及并网财政优惠政策需要有侧重性地加大扶持力度。各级政府应加大财政支持力度，对于以利用清洁能源为主的微电网给予一定的财政补贴。发挥价格机制作用，鼓励家庭、单位等购买使用微电网电源，给予电网企业合理补偿，保障电网企业利益，提高电网企业参与并网的积极性。加大财税金融支持力度，在微电网投资管理、税收优惠方面给予措施保障。探索微电网建设多渠道融资，通过向社会资本开放微电网工程，与银行或其他金融机构以已建成的微电网作为资产进行项目融资或项目转让，对所建设的发电项目购买电力保险，为融资提供保证。加大微电网关键技术、共性技术的研发和推广支持力度，鼓励产学研联合创新。

微电网关键技术研发创新鼓励政策有待进一步加强。微电网领域主要涉及新型电力电子技术、分布式发电技术、储能技术及热电冷联产技术、故障检测与保护技术、运行控制及能量管理技术等。每一项技术创新都需要巨大的投入，面临不确定性及技术溢出风险。因此，应鼓励企业组建技术创新联盟，共同围绕微电网进行技术创新活动。通过规划建设一批分布式能源企业的重点实验室、研究中心，在消化吸收国外先进技术的基础上，实现技术突破、技术超越，逐步培育出微电网建设关键技术、关键设备的研发生产企业。加强技术支撑体系建设的规划，明确短期、中期、长期技术发展目标，为微电网建设及相关产业发展提供坚实支撑。

应进一步研究微电网与大电网并网调度行业合作政策。为了促进微电网与大电网顺利并网，应加快微电网与大电网并网调度管理与技术手段的研究，开发微电网与大电网信息交互方法与装置。微电网行为随机性强，数量不断增加，必须进一步发展调度技术支持系统和革新管理手段，适应频繁的电网解列与并列、负荷预测与平衡、有功与无功调整、灵活发电计划、设备检修电价调整和电网调峰。大电网侧应当考虑微电网规模化并网后对电网调度的影响和并网管理方式的变化；微电网侧则需研究储能系统优化配置方法，可靠并网控制方法，缩短信号反应时间，减小对大电网的冲击。

3.4　本　章　小　结

本章对智慧能源微电网项目产业发展、国内外智慧能源微电网的项目类型、我国微电网项目发展的政策环境及展望进行分析，对微电网的发展现状进行了总体上的介绍。

首先，从发展历程、发展现状及存在的主要问题和前景三个方面对智慧能源微电网项目产业发展进行了概述，详细地阐述了微电网项目合作开发的必要性。

微电网的发展历程总结如下：在 2002 年初欧美国家正式提出微电网概念，我国停留在理论研究阶段；以美国、欧洲、日本为代表的国家和地区加大对微电网技术的重视并加速微电网项目的建设，我国也开启了新一轮电力体制改革，放开了配售电领域及启动了电力市场建设，微电网迅速得到政府和行业的共同重视；各国根据自身国情做出详细的发展规划，建立多个示范项目，未来 5~10 年，微电网的市场规模、地区分布和应用场所分布都将会发生显著变化。发展现状分别从政府部门、高等院校、科研院所及为获得利益的公司四个方面对国内的微电网产业进行分析，在政府部门的引导下，我国部分高校和科研院所开始了对微电网的跟踪研究，电力科学研究院也对微电网工程展开了深入的研究，部分企业也以不同的方式参与微电网发展。目前，国内微电网相比其他国家还有一定的差距，但是借力能源互联网和新一轮电力体制改革，我国微电网将迎来高速发展期。

其次，对国内外智慧能源微电网的项目类型进行了归纳，便于对微电网有更深入直观的理解。第一，针对国外，以国别对其微电网进行了相应的总结，其中美国的微电网具有强调满足多种电能质量要求、提高供电可靠性，较少考虑运行的经济性等特点；欧洲微电网发展强调安全、高效、灵活，注重能源来源的多样化。第二，针对国内，为深入探讨智慧能源微电网存在的管理上的潜在挑战，将国内微电网按照以下不同的分类标准进行了细分：一是按照微电网电源所使用的可再生能源、清洁能源的不同；二是按照微电网系统的供能形式不同；三是按照微电网是否与大电网并网；四是按照微电网的最终用户类型不同；五是按照地域环境不同。

最后，分别从国家能源战略概述、当前政策环境的主要特征及政策环境变革展望三个方面对政策环境进行了详细分析。就国家能源发展来说，我国可再生能源实现了跨越式发展，进入了高质量发展新阶段，"十四五"可再生能源发展将呈现四个新特征：一是大规模发展；二是高比例发展；三是市场化发展；四是高质量发展。就当前主要政策环境来讲，政府对微电网的支持力度很大，出台了很多相关鼓励文件，基本由补贴支撑发展转为平价低价发展，由政策驱动发展转为市场驱动发展。本章将微电网发展关联政策分为紧密关联政策、一般关联政策、弱关联政策，并期望加强有侧重性的扶持政策、关键技术研发创新的鼓励政策，以及对微电网与大电网并网调度行业合作政策进行进一步研究。总体来看，我国微电网产业发展经历了实验初始阶段，具备一定的项目示范经验，发展前景广阔。

第4章　智慧能源微电网项目合作开发存在的问题

第 3 章对智慧能源微电网的发展历程与现状进行了梳理，并提出了微电网合作开发的必要性。基于此，本章将进一步分析智慧能源微电网项目合作开发存在的问题。

除以技术分析为基础的微电网经济管理问题研究之外，关于微电网的比较"纯粹"的经济管理问题研究尽管不多，但已有一些。例如，微电网项目投资建设或运行管理的技术经济评价，微电网的经济社会效益分析，发展微电网对关联产业的带动，等等。但总体来看，这些研究不仅成果数量太少，而且深入度、规范性有明显局限。笔者调研目前国内投入运营的微电网项目后发现微电网合作开发亟待研究的主要问题：一是微电网建设的参与者缺乏合作动力；二是微电网项目资源价值评估与外部治理有待探索；三是微电网开发中缺乏与之适应的资本市场支持；四是微电网项目合作开发中的合作风险。

4.1　合作开发的动力问题

资源基础观（resource-based view，RBV）自 20 世纪 80 年代中期被提出，经过 80 年代末 90 年代初的发展，已成为战略管理理论中的一个重要思想。合作战略联盟的形成和存在原因可以用 RBV 来解释，从公司资源需求的角度出发，认为合作联盟形成的原因在于伙伴企业间的资源具有互补性，这种互补性越强，合作联盟就越具有战略性，进而越容易产生协同效应，获得竞争优势。

微电网基本技术构成与大电网在经济学上很高的自然垄断属性有所不同。首先，微电网包含了大电网所没有的储能系统和用户；我国两大电网公司没有与其规模相对应的大型电厂，而微电网却拥有适配的电源。其次，微电网具有智能控制装置，必须统一协调；而大电网的统一调度中一般没有用户参与和储能。最后，微电网在上述两个技术特点上的利益多元化，与大电网统一的利益格局形成鲜明对照。这些特征决定了微电网可以（也必须）由多方合作开发；即使在法律形式上由一家公司独立投资开发，但用户资源、储能与电价政策、与大电网的电能交互规则等，也必须有清晰的规划和约定，即多方达成合作关系，否则微电网实际上是难以正常运营的。

从微电网项目资源需求的角度出发，对于微电网合作开发的直接动因有以下两点：一是提升竞争力。借助与联盟内企业的合作，相互传递技术，加快研究与开发的进程，获取本企业缺乏的信息和知识，并带来不同企业文化的协同创造效应。二是低成本进入市场。多方合作可以低成本克服新市场进入的壁垒。总的来说，微电网合作开发的根本动力在于利用伙伴企业间资源的互补性来获得竞争优势，从而可以让合作各方以低成本进入市场并提升其竞争力。当自身资源和环境限制使得微电网发展和持续性获利能力出现"瓶颈"时，为获取重要的发展机遇、战略性资源或对企业发展有重大价值的技能等，出于利益的考虑，微电网项目合作开发行为就产生了。但是，当前微电网尚处于产业发展初期，存在规模经济性不足、协同资源有限等带来的成本门槛和产业发展初期的学习成本高的问题；对于如何衡量微电网项目合作开发各方参与者所拥有资源的价值，目前也尚无合理的评价体系，合作开发中互补性资源如何整合达到协同作用以创造新的价值的问题，以及合作开发中合作绩效评估和利益分配机制不完善的问题，加剧了微电网建设的参与者缺乏足够合作红利而产生合作动力不足的问题。

4.1.1　合作开发中互补性资源如何整合达到协同作用以创造新的价值的问题

从企业建立战略联盟的动机来看，战略联盟有助于降低风险、形成规模经济、获取市场进入机会，实现产品多样化及获得技术协同作用，从而促进产品或过程创新、合作研发活动与信息交换等。因此，联盟企业间的资源互补对于联盟的建立及稳定非常重要。战略联盟的基本假设是，联盟企业间资源整合后，其所创造的价值大于单个企业的资源创造价值的总和。"总体大于单个之和"，主要来源于联盟中获取的互补性资源。战略联盟企业间的资源互补，不仅有利于企业间形成相互依赖关系，还可以促进联盟的"形成、发展和有效的合作"，有利于实现联盟企业间的协同作用，提高企业的竞争优势。

企业间不同且又互补的资源，不但能够使企业获得范围经济，而且能够开发出新的资源和技能。Madhok 和 Tallman（1998）的研究进一步证实，当联盟企业间能够整合具有互补性的资源并达到协同作用的时候，这种联盟最有可能创造新的价值。同时，对于处于高度不确定环境中的联盟来说，资源互补尤其重要。研究表明，企业通常与资源互补的企业建立战略联盟，以降低环境的波动并稳定其价值创造过程。

企业建立战略联盟的动机，不仅考虑联盟企业间有形资源的互补，也看重知识的互补。联盟所带来的研发风险共担和互补性知识共享，是促进联盟中创新的关键因素。基于知识互补的联盟比基于规模经济的联盟更能促进企业的学习。资源互补的企业是很少有知识交叠的企业，因此就有可能学习彼此的新知识。同时，有效的联盟为新创企业提供了学习机会，使它们获取巨大的收益。

知识转移是战略联盟中最典型的现象，常发生在相互依赖的联盟企业之间。通过知识转移，企业可获得更多的机会或解决已有的问题。因此，联盟企业间探索和利用互补的显性知识与隐性知识，有利于提高联盟中的创新。更进一步地讲，一些联盟建立的目的就是创造新知识，而不是仅仅转移现有的知识。企业通过创造知识，可以在全球市场上获得竞争优势。Lorenzoni 和 Lipparini（1999）指出，将企业内外部知识加以整合并形成创新的能力，是企业重要的能力。

目前，微电网项目合作开发如何通过整合互补性资源达到资源的协同作用以创造新的价值，还有待深入研究。微电网的主要参与者包括政府、大电网、微电网投资方、承包商、用户等，政府在微电网建设项目中的地位非常重要，由于微电网的特殊性，前期投入较大，管理成本较高，政府是财政拨款主体和特殊项目的支持者。并且我国包括微电网在内的启动成本高、市场不够成熟的项目，对政府的依赖程度还很高，在较长的时间内都需政府的政策或资源投入扶持来建设运营。现阶段大电网是电力行业的主导，在电网建设技术、施工、运维、资金及电网接入方面有着得天独厚的优势。对于联网型的微电网，大电网具有很强的话语权。投资方在整个微电网建设中处于重要地位，是因为他们是资金的来源方，是项目的支持者，一切的项目建设和运营都是由投资方牵头的。微电网项目中的承包商包括设计单位、监理单位、施工单位等。其中设计单位作为提供施工设计方案的单位，对微电网项目建设成功与否有着重要影响；没有监理单位的监督，工程的建设可能出现拖延、质量不达标等状况；施工单位提供了整个建设所需要的物料。如何将这些资源有效地整合起来是目前待解决的问题之一。

4.1.2　合作开发中合作绩效评估和利益分配机制不完善的问题

我国微电网发展起步较晚，当前虽已有诸多科研成果，但在工程实践上还处于建立实验性"示范工程"或"试点项目"阶段，特别是本书所关心的利益相关者的利益诉求、政策和开发模式与实际运营条件相左等问题未能解决，以致严格意义上已投入"正常运营"的微电网项目非常少。因此，与发达国家相比，我国微电网发展虽然具备潜在巨大需求而拥有后发优势，但面临行业发展不成熟带来的更多挑战。

长期以来，我国的电力生产与电力消费主要依赖化石能源，以煤炭资源为主的火力发电在我国电能结构中占据较大的比例，微电网主要使用的清洁能源、可再生能源占比不高。尽管我国非化石能源发电装机容量将超过火电装机，但火电出力在将来较长时期仍可能占据优势。微电网在电力产业结构中的地位和作用没有得到应有的重视，没有将微电网与推动能源消费、供给、技术、体制革命，实现中国梦联系起来，从而使微电网对经济社会可持续发展的推动效益不足。造成上述问题的主要原因是我国目前对发展微电网的重要意义认识不足，致使没有建立相应的利益相关者参与及协同机制、投融资机制、治理机制、合作机制、风险防控机制分析框架和制度体系，从而造成微电网发展的缓慢与滞后。我国微电网的政策、管理机制大多涵盖于智能电网、配电网的相关体系下，这与微电网的应用、发展前景并不相称，也不利于规范和指导微电网发展。

微电网行业发展成熟度不够，相应的合作机制和评价方法也不完善。如何评价合作的绩效，重点在于形成资源互补和对专业化效率的共享，但具体如何实现，当前国内外学术界并未给出简单易行的答案。微电网的经济管理要素、结构、机制有其特色，其合作开发涉及多个利益相关者，对其合作绩效的评价不能仅仅依照传统的项目收益进行考量，应兼顾经济效益、治理效率和资本结构。经济效益决定了微电网商业合作开发是否值得参与，治理效率决定了经济效益的高低和各方合作的和谐程度，而资本结构则决定了合作开发的安全性和可持续性。因此，必须结合微电网开发合作的实际情形，优化完善相关各方的利益分配，建立合理的合作绩效评价方式，形成较为完备的利益相关者合作基础理论，促进我国微电网建设的长期、可持续、健康发展。

4.2　微电网项目资源价值评估与外部治理问题

社会可持续发展对环境和能源方面的需求，使发展清洁能源、提高可再生能源的利用率成为各国能源领域发展的重大需求。进而，微电网作为利用可再生能源和发展清洁能源的重要形式之一，受到人们的广泛关注。微电网作为新型的发配售电系统，可将分布式发电纳入其中，提高可再生能源、清洁能源的利用率，降低电力系统的碳排放。微电网具有就地消纳可再生能源发电的特点，可充分利用分散的可再生能源，增加了可再生能源的利用和接入电网机会。同时，微电网作为智能电网的重要形式，顺应电力系统智能化的发展趋势，可满足电力市场需求侧的差异化需求。为推进节能减排和能源供给侧结构性改革，以及实现可持续能源发展战略，欧盟、美国、日本等相继出台了促进微电网发展的相关政策和支持计划，以推动微电网项目的发展（Lidula and Rajapakse，2011；Ustun et al.，2011；European Commission，2014）。我国《2020 年能源工作指导意见》和《电力发展"十三五"规划（2016–2020 年）》①也将微电网纳入其中，将其作为能源结构调整和电力体制改革的重要方式，鼓励微电网项目的建设和发展②。因此，近年来，如何促进和激励微电网项目的开发成为人们关注的话题。

　　微电网在技术上作为未来智能输配电网的重要发展形式，对电能的利用率较高，且使用清洁、可再生能源，对生态环境的压力较小，有利于推动能源技术革命。同时，微电网能够从用户侧稀释大电网的自然垄断性，比人为分设配电环节更为理想，有利于推动能源体制革命。微电网也涉及众多的外部利益相关者，如政府、社会公众、环境保护组织或个人等。微电网发展会引起社会公众利益的显著变动，根据福利经济学理论，在没有使任何人效用受损的前提下，使得至少一个人获得更大效用满足，即帕累托改进。因而，微电网肩负着独特的社会责任，对其多方和谐治理的研究，具有重要的理论价值和实际意义。应加强微电网社会责任治理的探究，提高相关主体的社会责任意识顺应能源革命趋势，积极发展可再生能源微电网实现多方和谐的治理局面。

4.2.1　微电网项目低碳环保、提高服务质量的价值实现问题

　　微电网具有经济、灵活、环保及安全可靠等特点（Chen and Gooi，2012）。化石燃料的过度使用使得大量污染气体及颗粒被排放至大气中，造成全球一系列污染问题。为了改变当下环境污染状况，低碳经济模式成为人们首要推崇的经济模式（杨思留，2010；Logenthiran et al.，2011）。故而，诸多学者也将微电网的低碳、环保、资源节约性的价值纳入微电网的经济分析研究中，建立了微电网的环保经济模型。Piagi 和 Lasseter（2006）在以微电网热电联产为背景的研究中，对经济效益方面及环境效益方面都做了详细分析。Sechilariu 等（2014）通过建立光伏发电和风力发电系统的随机概率模型，使用模拟法评价了这两种可再生能源电源的

---

① 国家发改委，国家能源局. 电力发展"十三五"规划（2016–2020 年）. http://www.gov.cn/xinwen/2016-12/22/5151549/files/696e98c57ecd49c289968ae2d77ed583.pdf，2016。

　② 国家能源局关于推进新能源微电网示范项目建设的指导意见（国能新能〔2015〕265 号），http://zfxxgk.nea.gov.cn/auto87/201507/t20150722_1949.htm，2015-07-13。

经济成本和收益。龙勇等（2014）使用斯塔克尔伯格模型分析了微电网与大电网的竞合关系及竞合中的外部性对社会福利效应的影响，分析结果表明，微电网建设提高了区域内用电的可靠性和灵活性，并打破大电网价格及市场方面的垄断，同时减少了环境污染，有利于增进社会整体福利。可再生能源微电网项目的发电过程几乎不消耗可再生能源以外的其他资源且具有低碳排放的特点，既安全又不必破坏生态环境，具有很高的环境价值，主要表现在以下几个方面。

1. 提高可再生能源的利用率，降低非可再生能源的消耗

可再生能源发电，如风能发电是通过风能转化为机械能，然后通过风机的磁感线圈将机械能转化为电能，光能发电是利用光伏半导体材料的光生伏特效应而将太阳能转化为直流电能，生物质发电是以生物质及其加工转化成的固体、液体、气体为燃料的热力发电技术。可再生能源发电在能量的转换过程中不会消耗其他资源，而火力发电需要用水，既消耗水资源，也会产生大量的工业污水，进而增加污水处理成本。同时，可再生能源发电不会产生类似火力发电的二氧化碳、二氧化硫等排放物，也不会对土壤形成污染。

2. 减少碳排放，降低对环境的威胁

可再生能源微电网利用风、光、生物质等可再生能源发电具有安全、可靠、低碳、环保的特性，与环境的互动是友好的。可再生能源微电网相比燃煤等化石能源发电具有低碳的显著优势，相比核能发电具有发生重大事故的风险相对较小的优势；而且，我国发展可再生能源微电网也与欧盟等地区或国家大力扶持太阳能、海上风力等新型可再生能源发电的国际趋势相一致。

3. 对生态平衡的影响较小，有利于生态可持续发展

以风、光、生物质能、地热等可再生能源为主的微电网对生态影响更小，甚至小于同样被列为可再生能源发电的水力发电。据统计，2023年我国水电发电量约占全国发电总量的14%，水资源仍是仅次于火电的第二大发电资源。水力发电仍将是我国未来重要的可再生能源发电的重要形式之一；但可再生能源微电网（包括小水电参与型微网）相较于大型水电，在充分利用分散的可再生能源资源、分布式灵活配置、满足小区域用户偏好、分散投资风险等方面，特别是在降低环境和生态潜在重大风险方面，具有优势。实施风光资源为主的可再生能源微电网项目可以有效保障生态平衡和可持续发展。

现有关于微电网项目资源价值的研究主要处于概念化阶段，缺乏从微电网项目利益相关者的角度系统地梳理和探讨微电网的项目资源价值的研究。特别是在我国现有的电力体制背景下，电网公司作为微电网建设的关键利益相关者，在微电网的核准、开发、运营及上网电价补贴的获得等价值补偿方面具有非常重要的影响，而现有研究并未关注电网公司对微电网价值补偿的影响。通过对现有文献的研究发现，目前的研究较少关注微电网项目资源价值，特别是忽略了对微电网项目资源价值补偿的研究，而微电网的价值补偿对微电网发展，尤其是在微电网产业发展初期具有非常重要的影响。

4.2.2　微电网项目社会责任治理与社会福利损失问题

微电网项目不仅对项目的参与方有影响，而且对社会福利也有很大影响（龙勇等，2014）。当前，企业社会责任研究已经成为一股国际潮流（彭华岗等，2013），它要求企业在社会运营中不仅要最大限度地以利润最大化为最终目标，还必须维护员工权益、促进社会和谐发展、节约能源资源、保护生态环境等。微电网产品主要是电力，具有垄断产品的性质；微电网在环保节能等方面有着天然优势，这与企业社会责任理论不谋而合。由于微电网研究起步较晚现阶段对微电网的研究多集中在技术实现和经济环保运行方面，微电网管理方面的研究相对较少，特别是对微电网社会责任方面的研究非常薄弱。微电网社会责任是指微电网作为电力行业的一部分，在其设计、建设、运营过程中，不能仅谋求投资者收益，必须肩负起对其他利益相关者的责任和对社会做出利己与利他行为的责任。

借鉴电网企业及智能电网社会责任方面的一些研究（林晓琼，2008；陈翊，2012；欧阳森等，2013），综合微电网本身的特点，本书认为微电网应该承担以下几个方面的社会责任。

1. 经济责任

此处经济责任主要指微电网对股东和债权人的责任。微电网建设项目作为基础设施建设项目，投资体量相对较大，将会引入大量的投资。微电网项目的股东或债权人最为关注的是资金的安全及增值问题。基于委托代理理论，微电网项目有义务在正常运营的情况下保障股东和债权人的资金安全，并提供相应的增值服务，同时也需要向股东和债权人提供真实的经营和投资信息。

2. 对员工的责任

微电网项目的规划、建设、运营都离不开员工的积极参与。基于法律法规要求和道德要求，微电网项目对员工的责任主要是保证员工的平等就业权、自由择业权、劳动保障权、休息休假权、安全卫生权、保险福利权等。同时，鉴于电力行业存在一定的危险性，微电网项目对员工还应承担起安全培训和职业培训的责任。

3. 对电力用户的责任

电力用户是微电网项目收益的最终来源。微电网为用户提供更灵活、便捷和安全的能源服务，以改善民生。微电网项目对电力用户的责任主要体现在为电力用户提供安全、可靠性高、稳定性好、能适应多样化需求的电力产品和优质的电力服务，同时保障用户有充足的选择权，以服务取信用户。

4. 对政府的责任

现阶段，由于微电网成本相对较高，还难以形成规模效应，微电网发展离不开政府的支持与鼓励。推动微电网项目的建设可以为电力行业的管理提供新思路，促进电力体制改革。微电网对政府的责任主要体现在严格遵守法律法规，依法经营，积极解决偏远地区供电问题，合理利用政府补贴，做好新一轮电力体制改革的先锋。由于电力具有垄断性产品的性质，微电网还应在力所能及的情况下，考虑周边地区的经济发展状况，提供必要的社会福利支持。

5. 对环境的责任

微电网可以高效整合利用新能源，提高能源的利用率，减少碳排放，促进国家能源结构调整，在保护环境和节约能源方面有着得天独厚的优势。同时，微电网设备制造、安装建造仍对环境存在一定的影响，应从开发设计开始，选用低碳材料，贯彻绿色制造和绿色建设、控制运行维护期间的噪声和潜在环境影响，全生命周期废弃物回收利用等。微电网对环境的责任主要是严格贯彻环保指标，全面贯彻环保政策，加强培训，充分考虑自身对环境的影响，力争将对环境的负面影响降到最小。

4.3　微电网项目对成熟资本市场体系的依托问题

目前，我国微电网工程较少，相应的投融资机制并未充分发展，这使得至今没有建立起较为成熟的微电网投融资与治理关系范式理论。与国外相比，由于国外有着较为成熟的资本市场，具备多层次的资产市场体系，微电网工程可以根据自身实际情况，灵活选择直接融资或间接融资，既可以出售项目权益，也可以自己发行债券或向银行贷款，甚至采取融资租赁方式。在中国，资本市场不如国外发达，微电网开发所能使用的投融资途径和模式较为有限，相应的治理关系也不够完善，这与微电网发展、应用前景并不相称，不利于促进微电网发展。

4.3.1　微电网项目开发的投融资模式单一

微电网作为电力体制改革和能源结构调整的重要方面，逐渐受到人们的广泛关注。微电网通过利用可再生能源，就地生产能源和消纳能源，可降低电力系统的碳排放，提高可再生能源的利用率。同时，微电网与大电网的相互补充和友好互动，可提高电力系统的安全性和可靠性。微电网针对用户的能源使用情况而形成的具体建设方案和供能方案，有利于保障用户的用电用能需求，提高能源服务的质量和用户的满意度。微电网的这些优点和作用，使其发展受到广泛的支持，各国政府相继出台了相关政策和措施以支持和鼓励微电网发展。然而，在实际中，微电网发展却相对缓慢。究其原因可发现，微电网股权融资机制的缺乏，导致各方对微电网的投资进展缓慢。由于微电网还处于发展初期，大部分微电网项目均为示范试点工程，离市场规模化还比较远，经济效益还未得到体现，收益具有很大的不确定性，投资者对微电网项目持观望态度。同时，微电网初期开发的高成本和高风险，使微电网的项目开发面临成本—收益平衡问题，很难平衡开发的成本和收益，阻碍了微电网参与各方的积极性和热情。在电网市场方面，电网市场属于垄断市场，生产、销售具有很强的垄断性，市场配置资源的作用比较弱，阻碍了对微电网的投资。在资本市场方面，中国的资本市场不发达，多层次的金融体系不完善，融资工具相对有限，阻碍了微电网投融资的进行和外部投资者对微电网的投资。微电网项目股权融资机制的缺失，在一定程度上阻碍了微电网发展。因此，我们关注微电网的股权融资问题。

现有对微电网的研究主要从保护和控制技术、与大电网交互技术、微电网系统优化技术、储能技术、电力生产技术等方面，以及微电网的社会福利效应、利益相关者合作、微电网成本效益评估等经管角度进行研究，缺乏从微电网项目的股权治理角度出发进行的研究。微电网的股权融资问题，不仅作为微电网的投融资方面对微电网的投资具有重要影响，还作为微电网项目治理的重要方面对于平衡微电网项目开发中各利益相关者的利益具有重要作用。股权融资所带来的资金资源可有效地平衡能源供应商开发微电网时所面临的成本和风险，有利于共同承担风险，降低单个利益相关者的投资开发风险，平衡项目的成本和收益。同时，股权融资所带来的技术资源、关系资源等，可通过合作促进微电网开发的顺利进行。例如，微电网发展中需要相应的政府和电网公司的支持，通过股权融资的方式，可在一定程度上解决这个问题，促进微电网发展。因此，微电网项目的股权融资策略对于微电网发展至关重要。然而，现有关于微电网股权融资策略的研究则相对较少。现有的很多股权融资方案主要借鉴大电网和分布式发电的股权融资方案。由于微电网的技术系统、结构和环境特征不同于其他的电网项目，这些方案和策略对于微电网来说不适用。利益相关者理论认为，项目需要平衡好各方的利益。由于微电网面临众多的利益相关者，需要合适的股权治理机制平衡各方的利益。技术系统学派认为，不同的技术系统需要不同的管理机制。微电网与大电网和分布式发电技术系统的不同，使其需要不同的股权治理机制。同时，微电网市场具有严重的外部性和市场失灵，无法自动形成有效的股权治理机制。因此，为了促进微电网发展，需要对微电网的股权融资机制进行研究，以形成有效的股权治理机制促进微电网发展。

现有关于微电网股权融资机制的研究较少，一些学者对相关问题进行了探讨。早期的研究主要探讨股权融资的好处和优势，指出或提倡微电网项目可以通过股权融资方式进行合作开发和建设，主要从利益相关者参与微电网项目开发的角度进行研究，如龙勇等（2014）研究指出微电网与大电网的合作可促进社会福利的改进，大电网与微电网可通过股权投融资合作的方式进行微电网项目的开发。接着，有学者研究了股权投融资的具体机制，如项目评估机制、估值方法、股权结构、融资额度等，如于静（2015）和秦岭（2016）从各利益相关者如何投资微电网的角度进行了研究，利用期权博弈研究了微电网投资方的投资额度和投资时间，以及相关因素对微电网投融资的影响。随着研究的发展，大家逐渐关注股权融资对项目治理的重要性，如利润分配、平衡利益相关者利益、股权治理的经济效益等，如张鲲鹏（2015）和田智鑫（2016）从平衡各利益相关方利益和各方利润分配的角度，研究了微电网合作控制权和主导权问题，并利用 Shapley 值研究了各方的利润分配，通过利润分配平衡各方的利益，以形成有效的治理机制。

现有对微电网股权融资机制的研究，主要集中在股权融资的单一方面，缺乏从微电网产业链的角度进行分析。尽管单一的股权融资研究有利于微电网股权融资实践问题的解决，但股权融资策略缺乏考虑产业链层面和各利益相关者之间合作的话，将对微电网发展产生影响。特别是在微电网发展初期，产业链中各利益相关者的利益矛盾突出，成本风险问题突出，使微电网的股权融资和发展面临重大的问题。基于此，我们区别于金融方面的强调金融数值计算的股权融资研究，重点关心各利益相关者如何参与微电网项目的股权融资才能有利于促进微电网项目的发展及平衡各方的利益，以激励各方参与微电网项目的开发和促进微电网项目的发展。因此，我们从微电网的产业链和产业链各阶段的利益相关者出发，构建反映微电网利益相关者股权治理的股权融资博弈模型，以研究微电网的项目股权融资策略。

4.3.2　投融资的治理关系不完善

融资对于项目合作开发非常重要，是项目得以成立和推进的重要基础。如前所述，当前缺乏关于微电网合作开发投融资机制的典型理论成果，但对电网融资的研究相对较多，而且比较成熟。虽然微电网与其他电力技术项目中的经济管理要素、结构、机制均不相同，但作为参考，本书第 2 章也对电网项目合作开发融资进行了归纳。

传统的电网项目融资方式主要有财政融资、内部融资、银行贷款，随着资本市场的发展，股权融资、债券融资、融资租赁越来越多地出现，资产证券化融资的方式日益增多。许多学者根据电网项目的不同特性，探讨在电网项目中使用多种融资手段（傅春燕和贺昌政，2009），并从不同角度罗列出各种融资手段对电网建设项目发展可持续性的影响，使用多种研究方法对协议融资、生产贷款、杠杆租赁、BOT、ABS 等融资方式进行论证。谢传胜和田禾欣（2006）、吴婷（2008）通过研究指出，国内电力行业的项目融资方式主要集中于 BOT 方式，具体的融资模式则包括由项目发起人直接安排项目融资、杠杆租赁融资、通过项目公司安排融资、生产支付融资、ABS 融资、产业投资基金等模式。随着电力项目利用资本市场的深入，赵亮（2007）、谢郁馥（2009）等提出了资产证券化、产业投资基金、融资租赁、信托计划等几种新型电网融资模式，并提出我国正处于新一轮电力体制改革和资本市场深入发展的重要阶段，电力体制改革与资本市场改革可相互促进，随着融资手段的不断创新，资金筹措将不是阻碍电网建设项目发展的首要因素。

另外，近年来内部融资的案例愈来愈多。林武星（2012）将内部融资的主要模式总结为：集中所属单位的分散资金，形成规模优势，实现内部资金调剂，减少对银行贷款的依赖；运用提前归还借款、委托贷款、用存量资金垫付工程款等多种手段调整资金结构配置，通过降低资金存量、提升资金周转率，来提高总体收益。Pinzr 和 Kathleen（2009）、Richter 和 Ennen（2010）则对这种模式的优势进行了解释：①企业集团可对所属企业的借款统一管理，发挥规模、信用优势，在借款条件、融资额度和金融服务等方面争取优惠；②可争取实行固定资产加速折旧，增加所得税抵免额，减少税金支出，增加自有资金积累，缓解企业资金压力。

在如上文所述的投融资日益多样化、证券化趋势之下，微电网投融资的治理问题也日益突出。一是项目投融资治理的一般问题，如投融资结构、模式带来的治理问题，关注的核心是金融学视角的投融资风险及其治理问题。二是由微电网项目特点带来的投融资治理问题，主要由微电网利益相关者复杂的博弈关系引发，核心是利益相关者合作或协同关系治理问题。

本书主要关心第二方面的微电网投融资治理问题。

由微电网利益相关者关系引发的投融资关系治理问题体现了微电网项目投融资问题的独特性，实质是利益相关者合作或协同中的"伙伴关系"治理与矛盾冲突防范。

首先，从微电网项目合作开发的"执行人"来看，微电网利益相关者关系引发的投融资治理问题是项目内部治理问题。由于微电网项目开发触及原有配电网、售电侧利益关系重构，传统情境下由大电网独家垄断的供电市场被新入场的投资商分割，往往需要投资商让渡部分利益给大电网或其代理人、"调停人"作为利益关系重构的代价，最终常以多方合作方式构成新的参股甚至控股模式的新投资商入场开发。这就形成了典型的合作伙伴治理关系，是投融资成败的关键影响因素（即风险因素）之一。

其次，即使未通过入股、控股等方式参与微电网项目投资商组建，传统居于垄断地位的大电网或其代理人、"调停人"，以及对项目成败有重大影响力的利益相关者，如拥有大规模负载的用户或用户群、占据微电网网内可再生能源发电资源者、地方政府投融资平台等，也能从对项目有效运作的制约力方面对微电网投融资成败构成影响，从而成为微电网投融资治理的另一关键因素。

正如本书第 2 章 2.3.2 小节中概括的联盟治理理论所指出的，对这些复杂关系的有效治理模式可以分为正式治理和关系治理（或称非正式治理）两类。前者是以股权、合约作为主要手段的合同治理，而后者则是以合作伙伴之间的信任、承诺等构成的制约关系实现的有效制衡。由于微电网尚处于开发建设的早期阶段，加之利益相关者关系的不稳定性、动态复杂性，这两类治理模式尚不能顺利发挥作用，有待于在进一步的发展中厘清关系、建立有效治理模式。这也是本书需要解决的有关微电网投融资治理的主要问题。

4.4　微电网项目合作开发中的合作风险问题

当前，微电网在我国属于新兴产业，技术成熟度有待完善。熊彼特的创新理论指出，新技术本身具有风险，技术的演进路线也具有风险。但在技术风险之外，微电网在合作开发中还存在更具不确定性、对产业前景影响更大的"多方合作风险"。微电网合作开发涉及相关各方，如业主、用户、外部供应商、方案提供商等，不同主体之间为了共同的利益相互合作进行微电网项目开发，环境的动态性与不确定性，以及个体理性的存在，导致合作风险的出现。根据经济学"不完全合约理论"，任何貌似完美的合作都存在合作伙伴背叛的潜在风险，因此，必须结合微电网合作开发的情形，探究合作风险的发生机制，针对合作风险来源和发生机制建立和完善相应的防范与控制措施，也包括防范技术风险引发的经济管理风险。这样才能建立有效的防范机制，规范相关各合作方行为，包括技术开发和经济管理过程的行为和程序，保障我国微电网产业的安全、有序发展。

4.4.1　合作伙伴关系风险问题

联盟成员之间往往被视为伙伴，这种由伙伴关系带来的合作风险是联盟特有的风险。与纵向、以层级为特征的传统联盟相比，竞争性联盟中的合作风险表现形式更加多样、风险水平更加显著、破坏效应更为巨大（Capaldo and Petruzzelli，2011）。合作风险的发生深植于联盟内部，体现为联盟成员对合作关系的不满意，Das 和 Teng（1998，2000）将之总结为联盟成员对联盟做出不可置信承诺，以及实施将对合作前景造成负面影响的机会主义行为的概率。交易成本理论做出预言，从机会主义风险的角度，竞争性联盟的失败概率相对更高。该理论对此做出的解释是，在竞争对手面前保护企业的核心能力和技术诀窍更为困难，从而同时作为竞争对手的合作伙伴更有动力实施机会主义行为，并且，这样的动力会随其识别、占有其他成员核心能力和技术诀窍的提高而不断增强。伙伴之间的信任及合作水平大大降低，联盟的失败概率随之提高。为了降低联盟成员实施机会主义行为的概率及削弱这种投机行为带给联盟的不利影响，联盟就需要采用某些治理机制。较为常见的机制通常包含正式治理和关系治理：Amaldoss 和 Staelin（2010）、Hopp 和 Lukas（2014）认为正式治理是"非个人的交流、对经济因素的依赖、对正式合同契约的起草及执行"，事前规定双方必须投入的资产、双方允许的行为，通过具体的计划、指标、期望绩效、争端解决方案规定联盟中每个伙伴的角色及应承担的责任；关系治理被认为是"以个人或社会为基础的开放式的交流、双方更多的交流、信任与合作等"，通过经常性的上下级交流，建立合作团队、更频繁的管理层联系、分享决策制定及联合问题解决小组来建立和保持成员内部的信任感（Mellewigt et al.，2007；Costinot et al.，2014）。但这两种机制都会导致交易成本的增加，正式治理机制在制定详细指标和之后方案执行时代价不菲；关系治理机制同样在频繁的会议、讨论、往来互动中耗费良多。当交易成本上升到可能抵消联盟带来的收益时，联盟即面临解体。可以认为，交易成本理论对机会主义的讨论和解释，在很大程度上是针对联盟内部合作风险的成因及治理展开的。

微电网利益相关者的多方合作中，存在着以上所述的风险。如前所述，在微电网与大电网的合作中，双方都需要投入一定的资源：大电网需要投入输配电线路网络等固定资产，微电网需要投入自身的设备系统，包括微电源、储能设备、控制保护装置、辅助装置等固定资产。这些资源具有高度专用性，很容易受到机会主义行为的威胁。例如，微电网可以在大电网建成输配电网络后，降低原先的承诺，以变相的威胁"撤出"实施"敲竹杠"行为，在损害大电网收益的前提下提升自身收益；大电网也可在微电网设备系统建成开始运行后，改变原先的交易条件，提高所谓的"通道费"。由于微电网设备系统的高度专用性，移作他用的处置成本过高，微电网将被迫接受大电网改变后的苛刻条件。又如，微电网合作开发过程中的信息不对称与不完全，使得可能出现微电网决策与选择的逆向选择风险，导致次等选择驱逐优等选择；同时，在微电网项目合作开发形成后，参与主体的个体理性存在，使得道德风险、囚徒困境与"敲竹杠"等行为可能出现，导致其他参与方的利益受损，这些都是微电网利益相关者合作伙伴关系可能导致机会主义风险的具体体现。

4.4.2　效率损失风险问题

竞争性联盟中合作成员彼此之间存在竞争关系，因此风险的潜在破坏性更为显著，研究人员与管理者都应对此加以特别重视。除了上述联盟成员机会主义行为引起的风险，还有几种特殊的风险在近年也引起了学术界和实业界的注意。Jean-Paul（2012）指出竞争性联盟的本质在于联盟成员的利益诉求并非完全一致而仅仅是部分一致，在面对同时包含竞争与合作的复杂关系时，很容易因不一致的利益诉求而导致相互之间不够协调，不能够像纯粹合作范式中的联盟成员可以为实现联盟的共同目标而齐心协力地努力。Moyano-Fuentes 等（2012）在研究西班牙汽车产业供应链合作时发现，深入细致的专业化分工会加重合作伙伴的相互依赖性，从而对企业的经营灵活性产生负面影响。以上皆可视为不同于机会主义风险的另外一种效率损失风险。

除了机会主义风险，微电网利益相关者多方合作中还存在着其他导致效率损失的风险。微电网利益相关者多方合作往往是不平等的竞合联盟，各方的利益诉求并非完全一致甚至存在某些冲突，同样存在其他竞合联盟具有的相互之间不够协调、不够融合的情况。同时，电力行业是高度细致专业化分工的行业，并且并网型微电网对大电网的依赖性较强，这无疑会对微电网的经营灵活性产生影响，弱化微电网在合作中的话语权，影响资源在合作中的优化配置，从而导致合作效率的损失。

4.5　本 章 小 结

本章对目前微电网研究中所涉及的主要合作开发问题做了梳理。运用交易成本理论、风险治理理论、资源基础理论、社会技术系统学派的理论对目前微电网合作开发存在的问题进行了归纳，分析总结出微电网合作开发存在的主要问题：一是微电网建设的参与人缺乏合作动力；二是微电网项目资源价值评估与外部治理有待探索；三是微电网开发中尚未建立起较为成熟的资本市场体系；四是微电网开发中的合作风险亟待解决。本章基于微电网合作开发存在的四个问题，进行了具体的分析。

首先，对于合作开发的动力问题，微电网项目合作开发的根本动力在于利用伙伴企业间资源的互补性来获得竞争优势，从而可以让合作各方以低成本进入市场并提升其竞争力。但是，当前微电网尚处于产业发展初期，存在规模经济性不足、协同资源有限等带来的成本门槛和产业发展初期的学习成本高企问题。对于如何衡量微电网项目合作开发各方参与者所拥有资源的价值，目前也尚无合理的评价体系，合作开发中互补性资源如何整合达到协同作用以创造新的价值的问题，以及合作开发中合作绩效评估和利益分配机制不完善的问题，都加剧了微电网建设的参与者缺乏足够合作红利而产生合作动力不足的问题。

其次，微电网有着低碳环保、提高电能质量等贡献，肩负着独特的社会责任，但是目前的研究较少关注微电网项目资源价值、微电网社会责任治理。而且也未建立较为成熟的微电网投融资与治理关系范式理论，目前我国资本市场不如国外发达，微电网开发所能使用的投融资途径和模式较为有限，微电网项目开发的投融资模式单一，投融资的治理关系也不够完善，这与微电网发展、应用前景并不相称，这些都不利于促进微电网发展。因此，本书将结合微电网开发合作的实际情形，优化完善相关各方的利益分配，深入研究微电网项目资源价值补偿、社会责任治理及投融资机制，形成较为完备的利益相关者合作基础理论，促进我国微电网建设的长期、可持续、健康发展。

此外，在微电网项目合作开发过程中，面临着多方合作风险，如合作伙伴关系风险问题、效率损失风险问题，为保障我国微电网产业的安全、有序发展，必须结合微电网合作开发的情形，探究合作风险的发生机制，针对合作风险来源和发生机制建立和完善相应的防范与控制措施，也包括防范技术风险引发的经济管理风险，以此建立有效的防范机制，规范相关各合作方行为，包括技术开发和经济管理过程的行为和程序。

第 5 章　智慧能源微电网项目利益相关者分析

在第 4 章，我们从四个方面分析了微电网合作开发存在的问题。其中，微电网建设的参与者缺乏合作动力是微电网合作开发存在的首要问题。

本章分析微电网利益相关者。探究微电网利益相关者，首先需要明确定义微电网利益相关者这一概念；其次，从这一概念出发分析微电网利益相关者构成；最后，具体分析各利益相关者的利益诉求。本章的目的在于分析微电网不同层次利益相关者的利益诉求，从而为分析微电网利益相关者合作奠定基础。

5.1　在微电网发展中利益相关者问题凸显的原因

按照弗里曼里程碑式的著作《战略性管理：利益相关者方法》中的定义，利益相关者是"任何能够影响组织目标实现或被组织目标实现过程影响的团体或个人"（Freeman，1994），这是受到学术界普遍认同的"广义利益相关者"内涵，而狭义利益相关者只包括 4~5 个核心群体：股东、顾客、员工、供应商及在某些情景下可包括进来的社会。微电网的主要利益相关者是业主、投资者、用户、员工、装备供应商、服务提供商、环境保护者、政府、社会公众等。

微电网的建设和运营是基于利益相关者的一种博弈，从而体现了有利于利益相关者整体的一种交易平衡，因此需要首先对微电网的诸多利益相关者进行分析。对多个微电网项目进行实地调研后发现，在不同的微电网阶段，所涉及的利益相关者是不完全相同的，并且每个阶段相同的利益相关者的诉求也是不尽相同的，这些利益相关者所覆盖的范围十分广泛，既有政府级的部门，也有企业级的机构，同时还包括市场级的客户。

首先，从不同利益相关者的角度看，由于各自的利益诉求不尽相同，微电网对他们的效用也各不相同。例如，个人用户较为看重电价，可能对电价的高低较为敏感；数据公司更为重视用电的可靠性及电压的稳定性，可靠的发电与稳定的电压对其效用就较高；对于社会公众，使用清洁、可再生能源发电，对生态环境造成较小的破坏、降低资源的消耗，就更为合适。因此，利益相关者存在不同的利益诉求，导致了微电网对利益相关者各自不同的效用。如果微电网发展能使某一利益相关者获得较大效用满足，该利益相关者就会成为发展微电网的支持者，如微电网投资者、供应商、特定用户等。反之，就会存在对发展微电网持反对态度的利益相关者。有些利益相关者在不同条件下会改变对微电网的态度，如补贴政策变化会导致微电网投资者、电力用户的利益变化，导致他们改变对微电网的态度。

　　其次，由于不同利益相关者所掌握的参与微电网建设或管理的资源不同，加之不同利益相关者的所属社会群体不同，微电网利益相关者有不同的影响力，这样，不同微电网利益相关者就具备不同的组织势力，在关于微电网的博弈中就拥有不同的博弈能力。

　　于是，出于追求自身效用的最大化，利益相关者之间必然存在利益博弈；对微电网具有不同效用、不同组织势力的利益相关者之间，相互博弈的结果就决定了微电网的发展前景，也显示了他们之间在微电网问题上的合作可能及合作模式。政府、行业主管部门的行为和政策导向是微电网利益相关者间博弈的桥梁并影响博弈结果，如政府为促进微电网发展所提供的补贴等，是微电网利益相关者达成合作的重要基础。因此，政府自身不仅是利益相关者之一，而且其行为和政策手段是利益相关者博弈的桥梁。

　　综上，微电网的建设和运营，是基于利益相关者的一种博弈，利益相关者之间出于追求自身效用的最大化，必然存在利益博弈，而相互博弈的结果就决定了微电网发展前景，也显示了他们之间在微电网问题上的合作可能及合作模式。因此，在发展微电网中利益相关者问题凸显，微电网利益相关者利益诉求的不同，是相互合作的主要障碍，也是我国现阶段微电网项目开发存在的主要问题之一。

5.1.1　利益相关者概念

　　早在 1927 年，已有企业负责人认识到企业要为利益相关者服务才能获益。学界公认的利益相关者概念可追溯到 1963 年斯坦福大学研究所[①]做出的定义，即对于组织来说，利益相关者是这样一些团体，没有其支持，组织将停止运行（Freeman and Reed，1983）。但由于其只考虑了利益相关者对企业单方向的影响，此后这一

———————————

① 现已更名为斯坦福国际咨询研究所。

定义多被学术界认为并不全面。Mitchell 等（1997）认为，利益相关者可以分为狭义和广义两种定义。目前，学术界对 Freeman（1984）与 Clarkson（1995）所做的表述最为认同。其中，Freeman（1984）的定义是最有代表性的广义定义；Clarkson（1995）的定义是最有代表性的狭义定义。

在本书中，我们将微电网利益相关者界定为以 Freeman（1984）的定义为代表的广义定义，即微电网项目在开发运营过程中，能够参与或者帮助微电网项目尽快实现项目规划立项、项目开发建设调试及项目运营维护的个人或者群体。由于微电网项目资源具有经济价值、社会价值和环保价值，该定义不仅将微电网所在社区、政府纳入微电网利益相关者范畴内，甚至还将环保组织也列入其中。

5.1.2　微电网建设各阶段的利益相关者及其关系

微电网项目的开发运营流程包括三个基本阶段，即微电网项目规划立项阶段、开发建设阶段和运营维护阶段（汪谷腾，2016；潘成蓉，2019；刘超，2019）。其中，微电网项目开发建设阶段包括了微电网项目资金的筹集，涉及股权融资等问题。微电网项目在其开发运营流程的不同阶段，有着不同的发展目标，利益相关者为数众多，且构成不同，彼此间存在复杂的利益诉求和互动。因而，本书基于微电网项目开发运营流程的不同阶段，深入分析微电网项目建设各阶段不同利益相关者所扮演的角色及其主要诉求。微电网项目在开发过程的不同阶段所涉及的利益相关者如表 5.1 所示。

表 5.1　微电网项目在开发过程的不同阶段所涉及的利益相关者

微电网项目 开发运营流程	微电网利益相关者
规划立项阶段	项目业主、投资商、政府相关部门、大电网、咨询单位、银行、社会公众和环保组织、非微电网电力用户等
开发建设阶段	项目业主、大电网、政府、设计单位、施工单位、监理单位、设备供应商、银行、社会公众和环保组织、电动汽车商、储能站运营商、非微电网电力用户等
运营维护阶段	项目业主、运营商、大电网、用户、政府、能源供应商、社会公众和环保组织、电动汽车商、储能站运营商、非微电网电力用户等

微电网项目规划立项阶段主要指的是微电网的前期决策（包括项目选址、发电资源测量、项目可行性论证等）、申报、项目备案及相关的核准审查工作阶段，该阶段的工作具有较强的步骤性。因而，在微电网项目规划立项阶段，微电网利益相关者主要涉及项目业主、投资商、政府相关部门（如园区管委会、发改委、环保部门、国土部门、水利部门、规划部门等）、大电网、咨询单位、银行、社会公众和环保组织、非微电网电力用户等。

微电网项目开发建设阶段主要指的是微电网的建设前期准备（包括设计、项目资金筹集等）、建设（包括施工、设备安装）、内部调试及并网调试验收等工作阶段，该阶段的工作同样具有较强的步骤性。因而，在微电网项目开发建设阶段，微电网利益相关者主要涉及项目业主、大电网、政府、设计单位、施工单位、监理单位、设备供应商、银行、社会公众和环保组织、电动汽车商、储能站运营商、非微电网电力用户等。

微电网项目运营维护阶段主要指的是项目建成之后的微电网的日常运行、保养及维护工作阶段，与前两个阶段相比，该阶段运营维护工作的步骤性不强，需要根据实际运行情况、发电情况、气候条件等因素来灵活调整微电网的运行方式。因而，在微电网项目运营维护阶段，微电网利益相关者主要涉及项目业主、运营商、大电网、用户、政府、能源供应商、社会公众和环保组织、电动汽车商、储能站运营商、非微电网电力用户等。

5.2 利益相关者分层分析

微电网具有典型的市场化和复杂的技术系统特点，同时由于其高效使用清洁能源，具有很强的外部性和环保特点，因此，微电网项目开发运营中涉及众多的利益相关者。在微电网项目开发运营中，各利益相关者的角色、诉求及对微电网的影响均存在差异，因而在探讨微电网利益相关者之间合作基础时有必要根据对微电网影响的重要程度区分利益相关者，进而建立合适的机制平衡各方的利益，促进微电网的顺利发展。

目前，学术界多选用 Clarkson 和 Mitchell 的分类方法，以识别和区分利益相关者的重要性。本章参考 Clarkson 和 Mitchell 的分类方法，以利益相关者对微电网项目开发运营的影响力作为标准，将微电网开发运营中所涉及的利益相关者归为三类，即关键利益相关者、次要利益相关者及一般利益相关者。图 5.1 是微电网不同层次的利益相关者。

5.2.1 关键利益相关者

微电网关键利益相关者是指对微电网项目的开发运营有直接影响，有利益关联，且是微电网项目不可或缺的一类群体。微电网项目的顺利进行必须密切关注并满足这一类利益相关者的诉求。在微电网项目开发过程中，其关键利益相关者包括项目业主、投资商、运营商、政府、大电网及用户等，如表 5.2 所示。

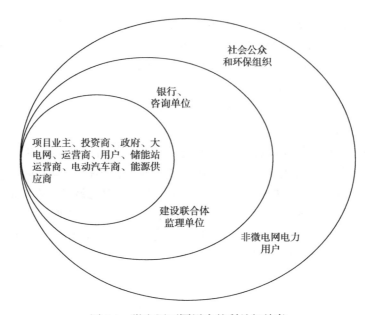

图 5.1 微电网不同层次的利益相关者

最小的圆圈代表关键利益相关者；中等大小的圆圈代表次要利益相关者；最大的圆圈代表一般利益相关者

表 5.2 微电网关键利益相关者构成

微电网项目 开发运营流程	微电网关键利益相关者
规划立项阶段	项目业主、投资商、政府、大电网
开发建设阶段	项目业主、政府、大电网
运营维护阶段	项目业主、运营商、大电网、用户、政府、移动储能站运营商、 电动汽车商、能源供应商

1. 项目业主

结合对微电网项目资源的调研，通常情况下，微电网项目业主是微电网项目的投资商或投资商联合体。同时，项目业主在扮演投资商角色之余，还可扮演建设商、运营商、管委会甚至用户的角色。项目业主扮演多个角色，使微电网项目建设目的、融资方式、建设运营形式多样。项目业主在微电网项目开发运营过程的各阶段中承担重要的组织策划作用。依照扮演的角色不同，从落实资金、委托或代理施工，到管理和使用微电网项目等，很多活动都由项目业主决策、实施、完成。在微电网项目规划立项阶段，项目业主需要联系咨询单位对可行性进行评估，以及筹集项目资金等，从而获得政府部门的支持与配合，如获得规划土地的使用许可，通过相关部门对项目的审查、批准；获得投资者的信任；等等。在微电网项目开发建设阶段，联系和确定设计单位、监理单位、调试方、施工单位。

在微电网项目运营维护阶段，实施日常管理，以及提供一定的负荷需求等，从而获得合理的经济回报。因此，在微电网利益相关者中，微电网项目业主作为微电网项目的产权所有者，在微电网项目开发运营过程的各阶段都扮演着至关重要的角色，没有项目业主的参与，微电网项目开发无从谈起。因此，微电网项目业主在项目的整个生命周期中都是微电网项目的关键利益相关者。

2. 投资商

结合对微电网项目资源的调研，通常情况下，微电网项目的投资商是微电网项目业主。除了作为微电网项目业主的利益诉求外，在微电网项目规划立项阶段，微电网投资商可以依据属性划分为不同类型的投资商，且不同类型的投资商有不同的特点和利益诉求。按照属性，可将微电网项目的投资商划分为国资背景公司投资商、产业链中的利益相关者投资商及资本市场投资商三类。大电网公司进行微电网项目投资时，即属于国资背景公司投资商。项目业主也可扮演投资者的角色，其既可以是资本市场投资商，也可以是产业链中的利益相关者投资商。

1）国资背景公司投资商

国资背景公司投资商主要是各级政府的资本运作平台，也包括政府主导的产业投资基金。这类投资商的主要经营活动接受政府授权，作为政府产权投资主体，以国有资产投资、控股、参股和产权出让等为手段，从事资产运营、监督和管理，促进国有资产保值增值。这类投资商追求项目对新型能源产业的带动作用、示范效果和引领意义，以及其他政策效应，不以商业利益最大化为目标，其投资额度大、资本到位及时，并有政府信用作为担保。这类投资商能够统筹协调微电网项目与其他利益相关者之间的利益冲突，但本身的经济效益不够显著。

2）产业链中的利益相关者投资商

产业链中的利益相关者主要包括传统能源产业，如火电、水电、核电，以及新型能源产业，如风电、光伏、生物质能产业链条上相关环节的参与者。这类投资商追求合理的利润水平，通过参与投资微电网整合自身的各类资源，或增强自身在产业链中的竞争优势。这类投资商通常具备一定的资本保障，具备实施项目的技术能力和资源整合能力，对产业发展有着较为明确的思路。这类投资商具备向主管部门游说的能力，但对于产业链上不同环节之间的利益冲突不易协调。

3）资本市场投资商

资本市场投资商主要包括在资本市场中从事相关产业投资的投资商，如上市公司、私募股权、风险投资、信托基金等。这类投资商追求资本的超额回报，因而会更为关注项目的融资性特征和退出时能否实现溢价。但投资商若为上市公司，也可能关注该投资对公司战略目标的帮助。这类投资商追求利润最大化，且需要协调不同投资者的利益，但是受产业环境和宏观经济政策影响较大，投资具有较大的风险性。

3. 政府

政府作为法规与政策的制定者、行政工作的执行者和监督者、公共服务的提供者，有维护国家能源安全，支持战略新兴产业发展，提高社会福利的责任，对宏观经济的波动及产业发展的方向有着重大影响。微电网可以有效利用可再生能源，有利于促进国家能源结构调整，同时作为电力基础设施也保障着国家电力安全、稳定的供给，有利于促进电力体制改革。因而，微电网发展受到了国家层面高度重视，政府陆续制定和颁布相关的法律法规支持微电网发展，并对微电网发展提供指导性意见。

微电网项目在其开发运营过程中，既受到国家政策的支持和鼓励，也受到国家层面的监管。在微电网项目规划立项阶段和开发建设阶段，政府作为权力机关，对微电网项目具有项目核准的权力。即便在微电网项目运营维护阶段，微电网项目也需要政府制定相应的市场准入政策和交易机制，规范交易市场，保障电力市场公平公正，加强相关数据的统计分析，制定发展规划，为微电网项目建设储备充分的公开信息资料。

现阶段微电网面临着使用成本较高、并网困难等发展难题，也亟须政府出台支持政策，推动其迅速发展。因而，政府在微电网发展中扮演着极为重要的角色，是微电网项目存续发展的关键利益相关者。

4. 大电网公司

大电网公司具有国资属性，如国家电网和南方电网，是大电网的主要建设者和运营管理者，既可以扮演投资商角色，也可以扮演管理者、监督者的角色。作为投资商的大电网公司已在前述进行了分析，此处着重讨论大电网公司的管理者、监督者角色。在微电网项目规划立项阶段，大电网公司拥有微电网并网决定权，微电网项目在建设之前必须先向大电网公司提出并网申请。大电网公司要对项目业主提出的并网申请组织电力相关人员进行实地勘察，并答复项目业主审批结果。在微电网项目开发建设阶段，微电网项目建成后，大电网公司需要受理项目业主提出的并网验收及调试申请，安装关口电能计量装置，与项目业主签订并网协议与购售电合约。在微电网项目运营维护阶段，大电网公司需要与微电网项目业主合力保障用户电力安全、稳定供应，在用电高峰期，大电网公司将成为微电网内负荷的重要支撑，在用电低谷期，其输配电网络是微电源向外输送电能的最重要合作。大电网公司向微电网购电时支付标杆上网电价，并转付应由国家支付的可再生能源上网电价补贴，直接影响微电网项目的经济收益。由此看来，对于并网型微电网，大电网公司参与了微电网开发的三个阶段，并为微电网提供了不可或缺的资源,没有大电网公司的参与,微电网项目将难以开展,因此大电网公司是微电网关键利益相关者。

5. 运营商

微电网并不是建成之后就不用管理的项目,而是需要保障运行及定期维护。在微电网项目运营维护阶段,运营商有时由项目业主自己担任,有时由供应商或第三方合同能源管理公司承接。

运营商为稳定、可靠、高质量的供电、输电水平提供技术和管理服务,保证微电网系统的安全、顺利运行,对微电网进行定期维护,从而获得合理的经济回报。

运营商还关注其所占的市场份额、所树立的声誉及所传递的价值理念。

可见,微电网项目运营水平的高低与所获得的效益密切相关。因此,微电网运营商是微电网关键利益相关者。

6. 用户

用户是微电网电力的最终使用者,是微电网项目的直接受益者,主要参与微电网项目运营维护阶段。用户的类型不一而同,如商业用户、工业用户和居民用户,其中用户也可能是项目业主,也可能是并无关联关系的商户、工厂等。当用户的数量比较分散时,用户的话语权较弱。当用户是项目业主或者是占有大份额消纳能源的用户时,微电网的建设类型会受到项目业主需求的影响,并将会主导微电网项目的进程。特别是在微电网项目运营维护阶段,用户需要根据用电需求缴纳电费,对用电情况及用电过程中产生的相关问题要及时反馈,因此,用户在微电网项目运营维护阶段是微电网关键利益相关者。

7. 移动储能站运营商

电动汽车的蓬勃发展,催生出新的商业模式,如移动储能站项目。移动储能站运营商最直接的盈利方式是向电动汽车商销售电能产品,其中最主要的电能产品就是电动汽车的车载电池。同时,在微电网项目运营维护阶段,移动储能站可以在微电网后备电源供电不稳定或有用电需求时为微电网提供其多余的电能,从而保证微电网的稳定运行并获得相应的经济收益。稳定性是微电网的重要特征之一,移动储能站运营商与微电网运营商的良好互动可以为双方带来共赢的局面。因此,在新的商业模式下,移动储能站运营商是微电网关键利益相关者。

8. 电动汽车商

电动汽车商是移动储能站最大的利益相关者合作伙伴之一。其主要盈利模式是出租电动汽车，通过行驶里程与行驶时间来向用户收取费用，从而获得相应的经济收益。同时，在微电网项目运营维护阶段，电动汽车商可以将残余的电能产品处理给微电网，从而作为微电网后备电源保证微电网的稳定运行。因此，在新的商业模式下，电动汽车商是微电网关键利益相关者。

9. 能源供应商

能源供应商是指除大电网公司以外的微电网能源供应商，包括中央及各地能源投资集团、中央及各地燃气公司、五大发电集团、新能源公司、电力相关投资公司等，具有一定的电网建设资源，是电网市场中的重要参与者。能源供应商扮演着项目业主和投资商的角色。在电力体制改革和能源结构调整的背景下，为了获得更多的收益，能源供应商进入微电网市场，参与微电网的投资和建设。作为投资商的能源供应商已在微电网关键利益相关者投资商的部分进行分析。因此，能源供应商是微电网关键利益相关者。

5.2.2   次要利益相关者

微电网次要利益相关者是指参与微电网项目交易，对微电网项目具有比较重要的影响的一类群体。该类利益相关者的行为也会影响项目的推进和交付，因而对其诉求也必须保持一定的关注。在微电网项目开发运营过程中，微电网次要利益相关者包括银行、咨询单位、建设联合体（设计单位、施工单位、设备供应商）、监理单位，如表 5.3 所示。

表 5.3   微电网次要利益相关者构成

微电网项目 开发流程	微电网次要利益相关者
规划立项阶段	银行、咨询单位
开发建设阶段	咨询单位、建设联合体（设计单位、施工单位、设备供应商）、监理单位
运营维护阶段	—

1. 银行

在微电网项目规划立项阶段，银行通常以两种方式参与微电网项目，即作为贷款者为微电网项目提供债务融资，或作为微电网项目的担保方，为项目工程提供信用支持。无论以哪一种方式参与，银行都成为微电网项目发起的依赖者，对项目的落实和顺利实施、推进有着一定的影响。因此，银行在微电网项目规划立项阶段不起主导作用，只是作为次要利益相关者参与微电网项目的资金筹备。

2. 咨询单位

咨询单位是编制技术经济评估报告的单位，对微电网项目的技术可行性及经济性做出公正客观的评价。在微电网项目开发流程的前两个阶段都涉及咨询单位。在微电网项目规划立项阶段，咨询单位负责微电网项目的前期咨询工作，包括在项目前期阶段进行分析论证、可行性研究、规划选址、方案设计、评审评价，以取得国家行政主管部门核准。其中，可行性研究包括规划、地质勘探、水文、矿产、地质灾害评估等，主要目的是帮助论证项目的可行性。在微电网项目开发建设阶段，咨询单位的工作主要是工程设计，用于工程建设、工程投运，包括设计、监理、环评、能评、安评等。工程咨询单位一般选择具有丰富的工程行业咨询经验和良好社会声誉的咨询机构担任。其主要目的在于，一方面，受政府相关部门委托，负责在微电网项目规划立项阶段对微电网项目递交的各方面证明材料做可行性评估，帮助政府了解微电网项目建设实际情况，做出科学决策，从而获取相应的经济回报；另一方面，受微电网项目法人（项目业主）委托，负责工程设计，为微电网项目的建设和投运提供有效的咨询和设计服务。

3. 建设联合体：设计单位、施工单位、设备供应商

在微电网项目开发建设阶段，具有能力和资源的项目业主可独自进行微电网项目的建设。在这种情况下，微电网项目的建设商也是微电网项目业主。作为项目业主的建设商已在微电网关键利益相关者项目业主部分进行分析。有的项目业主可能由于自身的专业分工，不可能单独完成或单独完成不经济，需要将微电网的项目资源进行转让，以寻找微电网项目合适的建设商。在这种情况下，微电网项目开发与设计、施工及设备供给密切相关，决定了微电网项目的质量。因此，通常情况下，建设商是设计单位、施工单位和设备供应商的建设联合体。这三类单位主要是在微电网项目开发建设阶段，通过提供设计、施工等工程服务，获取相应的经济报酬，因此该三类单位是微电网次要利益相关者。其中，设计单位经由招标确定，根据项目业主需求制作设计施工图和规范文书，微电网将根据这两类文件进行设备招标工作。设计单位因地制宜，考虑地理和环境等因素、技术上的可行性及整体的成本控制，提供合理的微电网项目设计规划，在施工建设阶段保持跟进，确保施工与设计的一致，积极配合其他部门的工作，其初始设计决定了项目后续的经济性及运营效率。在项目业主获得施工许可证，经由招标确定施工单位后，施工单位根据项目业主需求和施工设计图进行项目施工，并在规定工期之内完工。施工单位是微电网项目的具体建设者，对微电网项目的建设质量有着重要影响。设备供应商根据微电网项目建设需求提供发电相关设备，如发电设备、储能设备、控制和保护设备等，负责相关设备的安装、调试及配套服务，保

障设备正常运行，从而获取经济报酬。设备供应商提供的设备质量关系到微电网建设工程的质量，其对微电网项目建设的影响主要集中在项目开发建设阶段。尽管建设联合体承担微电网项目的主要建设和施工任务，但它们的地位和作用可通过市场化的方式替换和解决，因此它们不是微电网关键利益相关者，而是微电网次要利益相关者。

4. 监理单位

在微电网项目开发建设阶段，依据国家有关规定和规程规范要求，微电网项目法人（项目业主）需要委托工程监理机构对建设项目全过程实施监理。监理单位根据设计图纸和文书，本着公平公正的原则，协调微电网建设施工环节的各项事宜，验收工程工期和质量，其作为受业主委托的独立的第三方监督机构，具有保障工程质量的重要作用。因而，监理单位是微电网项目开发建设阶段的次要利益相关者。

5.2.3　一般利益相关者

一般利益相关者是指在微电网项目开发运营过程中间接利益受到影响，往往是被动接受微电网项目的影响，对项目建设及运营的成功影响最低的一类群体。在微电网项目开发运营过程中，一般利益相关者包括社会公众和环保组织、非微电网电力用户。

1. 社会公众和环保组织

社会公众和环保组织不是微电网项目的直接参与者，但会受到微电网项目建设的影响。同时，社会公众本身具有易于煽动和群体无意识的特性（勒庞等，2018），可能成为微电网项目实施的潜在障碍。如果微电网项目建设涉及拆迁或城市改造等内容，一旦遭遇某些媒体出于吸引眼球的目的放大影响，接收不完整信息的社会公众和环保组织可能会反对微电网建设，对微电网项目的实施造成负面影响；建设过程中产生的噪声和粉尘也可能引起社会公众和环保组织的不满，阻碍微电网项目建设的顺利开展。社会公众和环保组织对微电网项目建设的影响在三个阶段都有体现，但其影响的时间和程度有限，因此属于微电网一般利益相关者。

2. 非微电网电力用户

非微电网电力用户是指在微电网项目开发运营过程中受到影响的微电网以外

的居民。微电网建设中可能会占用公共空间，改变原来的规划用地，其施工影响其他居民的日常生活。这种情况下可以通过项目业主或用户代理人共同处理，与非微电网电力用户沟通协商，寻求解决方案。当涉及需要拆迁赔偿、安置补贴时，就可能需要政府出面进行协调工作。因此，非微电网电力用户是微电网一般利益相关者。

5.3　本章小结

　　本章分析了微电网利益相关者。首先，本章根据目前学术界对"利益相关者"这一概念最为认可的广义定义界定了微电网利益相关者。其次，考虑到微电网项目在其开发运营过程的不同阶段的利益相关者的诉求不同，本章基于微电网目开发运营过程的不同阶段，分析其各阶段涉及的利益相关者。在规划立项阶段，利益相关者包括项目业主、投资商、政府相关部门、大电网、咨询单位、银行、社会公众和环保组织、非微电网电力用户等；在开发建设阶段，利益相关者包括项目业主、大电网、政府、设计单位、施工单位、监理单位、设备供应商、银行、社会公众和环保组织、电动汽车商、储能站运营商、非微电网电力用户等；在运营维护阶段，利益相关者包括项目业主、运营商、大电网、用户、政府、能源供应商、社会公众和环保组织、电动汽车商、储能站运营商、非微电网电力用户等。

　　最后，本章参考 Clarkson 和 Mitchell 的分类方法，以利益相关者对微电网项目开发运营的影响力作为标准，将微电网利益相关者划分为关键利益相关者、次要利益相关者和一般利益相关者三类，并分别对各层次利益相关者的利益诉求进行了详细分析。本章对微电网利益相关者的分析，有助于我们弄清楚微电网项目发展各阶段利益相关者的诉求及其重要性，从而为分析微电网利益相关者之间合作奠定基础。

第6章 智慧能源微电网项目利益相关者之间的合作基础分析

在第 5 章我们分析了微电网利益相关者的构成。本章将探究微电网利益相关者之间的合作基础，首先需要分析微电网利益相关者的合作条件，并在此基础上，分析微电网利益相关者之间的利益关联。其次，分析微电网利益相关者的共赢机制。本章的目的在于为微电网可能涉及的几种典型的合作开发模式提供背景支持。

6.1 利益相关者合作的条件

利益相关者之间产生合作的条件为：①产生合作红利，达到 1+1>2 的效果；②对于单个参与者，合作比不合作强；③利益相关者之间实现资源互补。

对于微电网项目而言，涉及的利益相关者包括项目业主、政府、大电网公司、公众、运营商等。我们基于分工和资源互补的角度来探讨利益相关者合作的基础。对于政企间合作，政府拥有市场、资源、协调能力、政府支持等多方面的优势，而项目业主、运营商等利益相关者则为设施最完善、知识和技术最雄厚的专业公司。政府能为企业提供政策方面的补助，如补贴拨付、特许经营、审批流程的精简及高效率等，而专业的能源运营商、建设商等可提供专业化的知识和技能，确保项目高效率、高质量实施并完成。对于大电网公司来说，通过大规模接入可再生能源发电，逐渐演化为高效、低碳、安全可靠的电力供应方式，并可获得额外的过网收益。用户成为微电网的直接受益者，可直接得到的好处如下：①优质并可靠的电力；②可接受的费用；③便利的电力应用（从利益相关者的角度分析我国智能电网发展模式）。对于其他利益相关者来讲，不仅可以获得微电网项目带来的直接经济收益，还可为碳减排做出贡献，实现企业的社会责任。

6.2　利益相关者的利益关联分析

利益相关者理论最初是围绕公司治理和组织治理而产生的，但由于其在处理多方利益冲突、协调多方利益上具有普遍适用性，逐步成为一种基础性理论并被用于工程项目建设、规划等领域，其核心思想是强调在项目开发运营过程中的各阶段都要顾及各利益相关者的利益诉求，以寻求最佳合作模式和机制，尽可能最大化各方利益。因此，本节基于利益相关者理论，同时结合微电网利益相关者的合作领域，对微电网利益相关者之间的利益关联进行分析。图 6.1 是微电网关键利益相关者的利益关联。

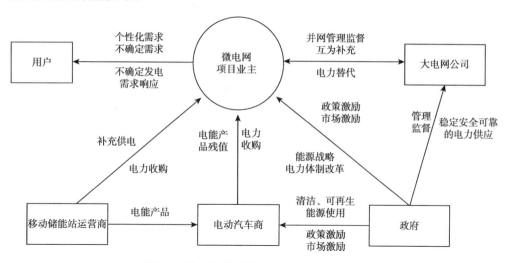

图 6.1　微电网关键利益相关者的利益关联

6.2.1　大电网公司与微电网的利益关联

大电网公司与微电网之间既存在竞争的关系，也存在合作的关系。

（1）大电网公司与微电网的竞争关系。与大电网相比，微电网可独立运行的特性使其具有更高的可靠性。在本区域大电网主网遭受较大冲击甚至崩溃时，区域内重要负荷仍可获得微电网的连续供电；另外，微电网更能满足用户用能的多样化需求。随着社会经济的发展，各种商业形态不断涌现，电力能源用户需求呈现多样化的趋势，传统大电网在满足日趋多样的需求方面，显得愈发力不从心。由于微电网内部可调节、可控制，其在满足各类用户的多样化需求方面具有天然的灵活性。因而，不断有学者及行业专家指出，微电网将成为传统大电网的重要补充，甚至在某些区域或场合将替代传统大电网。

（2）大电网公司与微电网的合作关系。需要注意的是，虽然微电网与传统大电网存在一定程度上的竞争，但是由于"并网"这一需求的存在，微电网与大电网同样存在一定程度上的合作。为了接入大电网，微电网需要对自身发电的相序、相位、频率、电压等参数进行调整，以满足所接入的输配电网标准。大电网为微电网提供接入的技术标准及关键的输配电网络。依照《关于电力交易机构组建和规范运行的实施意见》《关于有序放开发用电计划的实施意见》《关于推进售电侧改革的实施意见》等文件，售电所获收益在合作双方（即大电网与微电网）之间进行合理分配。大电网因其拥有的输配电网等关键资源，在合作中居于优势地位，话语权较高；微电网在合作中居于劣势地位，话语权较低。双方的合作关系类似于不平等竞合联盟。

因此，大电网公司与微电网之间的合作关系为一对不平等的竞合联盟。在没有政府干预下，微电网主要以其经济价值作为决策依据。因此，在该领域的分析需要协调竞争与合作这一对矛盾，平衡绩效与风险之间的关系。

6.2.2　政府、用户与微电网的利益关联

政府、用户与微电网公司之间的利益关联在推动微电网发展过程中起到了关键作用。政府通过政策支持和监管，促进微电网的普及，推动能源结构转型，实现环保和社会福利目标；用户则通过微电网的灵活性和安全性，提高了能源使用的效益，满足了经济与环保的双重需求；微电网公司则通过技术创新和商业模式优化，为用户提供高效的能源解决方案，并满足政府有关能源政策和监管的要求，同时在市场竞争中获取经济收益。各方在这一利益链中相互依存，形成了推动微电网可持续发展的合力。

1）政府在微电网利益关联中的角色与动机

政府在推动微电网发展过程中，扮演着政策制定者和监管者的关键角色。微电网的高比例清洁、可再生能源使用，为政府实现环保低碳目标提供了重要支持。通过政策实现激励措施，如财政补贴、税收优惠和技术支持或技术创新补贴，鼓励微电网投资商开发微电网项目。这不仅能推动可再生能源的广泛应用，减少对传统化石燃料的依赖，还可以有效降低碳排放，符合国家的长期能源战略。此外，政府通过制定技术标准和安全规范，确保微电网的安全性和可靠性，防止可能出现的技术和运营风险。这种政策和监管的双重作用，保障了微电网在国家能源体系中的稳定发展。

微电网的发展对推动电力体制改革具有重要意义。微电网的发展不仅能够分散能源供应风险，还能在特定地区提供稳定的电力，特别是在主电网无法覆盖或

供电质量不高的偏远地区。龙勇等（2014）指出，微电网的发展带来了正的外部性，有助于推进新一轮电力改革，并增进社会福利。通过支持微电网建设，政府能够促进当地经济发展，提高居民生活水平，同时减少对中心化电力系统的依赖。这种对地方经济和社会发展的推动作用，不仅提升了社会整体福利，还为国家实现能源安全和社会稳定目标提供了新的路径。

2）用户在微电网中的利益关联与驱动因素

对于特定用户而言，微电网的灵活性和安全性显著提升了他们的用电效用。在电力供应不稳定或电价较高的地区，微电网提供了一种稳定且经济的电力选择，用户可以通过参与微电网和能源管理，降低电力成本或获取更高的享受能源服务的效用，避免因停电或电价波动带来的不利影响，或实现特定条件下的用电保障。尤其是工业用户和商业企业，通过微电网的应用，不仅能够保障生产经营的连续性，还能减少能源支出或综合能源成本，提高企业的市场竞争力。此外，微电网使用的可再生能源还满足了追求环保绩效的用户需求，使他们能够在使用能源时减少对环境的影响，履行社会责任。

虽然微电网的初始装机成本较高，运营成本也可能高于传统火电生产方式，但其综合经济效益不容忽视。研究表明，如果将微电网的环保价值、供电的灵活性和可靠性，以及其对社会福利的增进效果纳入考量，微电网所产生的总经济效益可能超越传统火电机组（王成山等，2014；Faisal et al，2018）。这意味着，尽管用户在选择微电网时需要考虑较高的初期投资，但长期来看，微电网所带来的能源成本节约和使用效率提升将为用户带来更大的经济回报。同时，用户还能够通过参与能源交易市场，将多余的电力卖回大电网，从而进一步增加收入。综上所述，微电网在特定条件下为用户提供了经济和社会效益的双重保障。

3）微电网在利益关联中的商业模式与策略

微电网在其所处的利益链中处于核心位置，负责为用户和政府提供符合需求的技术解决方案和服务。尽管微电网的装机成本较高，度电运营成本也可能高于传统电能生产方式，但通过与政府合作，微电网可以利用政策支持和补贴，降低初期的投资风险，并确保项目的经济可行性。微电网通过研发和推广先进的能源管理技术，不仅能够提高能源的利用效率，还能够帮助用户实现能源成本的最大化节约。通过优化能源使用策略，微电网可以帮助用户实现更高的经济效益，同时为社会创造更多的环境和社会价值。

从商业模式的角度看，微电网需要不断创新，以适应市场需求的变化和技术的进步。通过开发新的商业模式，如社区共享微电网和基于智能管理的能源交易平台，微电网能够为用户提供更加个性化的能源解决方案。这不仅增强了微电网的市场竞争力，还满足了用户对灵活、可靠电力供应的需求。在这个过程中，微电网扮演着至关重要的角色，既要满足政府对环保和社会福利的要求，又要满足用户对经济效益和能源安全的需求。通过不断创新和优化服务，微电网能够在激烈的市场竞争中占据有利位置，并助推能源行业的可持续发展。

通过综合考量微电网的经济效益与社会贡献，政府、用户和微电网公司之间的利益关联得以在各自目标的实现中保持平衡，这种合作将推动微电网的广泛应用和持续发展。

6.2.3 移动储能站运营商、电动汽车商与微电网的利益关联

作为微电网后备电源的电力来源，移动储能站运营商和电动汽车商参与到微电网项目运营维护阶段。

移动储能站项目是随着我国电动汽车的普及而出现的新兴的商业模式。在移动储能站项目的运营过程中，移动储能站运营商和电动汽车商是移动储能站项目的关键参与者。移动储能站运营商和电动汽车商都追求经济收益的最大化。其中，移动储能站运营商通过向电动汽车商出售电能产品，以及向微电网后备电源提供多余的电能的方式获得经济收益；电动汽车商通过出租和出售电动汽车，以及处理电能产品残值的方式获得经济收益。因此，移动储能站运营商和电动汽车商可以为微电网后备电源提供电能，从而保证微电网的稳定运行并获得相应的经济收益。微电网则可以较低价格接受电动汽车的电能残留与移动储能站的用电补给，同时微电网还可以在大电网公司电价较低的时段进行电能储备，再在大电网公司需要支援时以较高价格出售给需要的用电单位。这种新型的微电网移动储能站项目商业模式使得微电网充当了后备电源，稳定了电能质量的输出，从而迎合大电网公司供电需求，为大电网公司做好有力补充。在此商业模式下，由于微电网主要承担大电网公司的供电需求，微电网与大电网公司的关系更为和谐。

在微电网项目运营维护阶段，移动储能站项目的有效运行是微电网移动储能站项目实施的前提。移动储能站运营商和电动汽车商是微电网移动储能站供应链上的企业，考虑到供应链存在的"双重边际效应"问题，移动储能站运营商和电动汽车商之间存在利益关联，因此有必要分析移动储能站运营商和电动汽车商之间的合作及利益分配问题。

6.2.4 其他利益相关者的利益关联

微电网其他利益相关者的利益关联指的是除关键利益相关者之间的利益关联外的利益相关者的利益关联。

在微电网项目规划立项阶段，由于微电网项目开发前期需要大量的资金，微

电网项目的投资商可能从银行以借贷的方式进行融资。在此情况下，微电网项目投资商与银行存在借贷关系，投资商希望以更低的成本向银行融资，以缓解资金压力，而银行则希望按时足额收回贷款和利息。因此，银行通常会监督款项的去向，以及微电网项目的建设及运营情况，以保证安全可靠地收回本金和利息。

在微电网项目开发建设阶段，由于微电网项目建设涉及专业知识，微电网项目业主往往会将微电网项目建设以招标的方式交由专业的建设商进行承建。结合能源项目的特点，微电网项目建设商往往是设计单位、施工单位及设备制造商的建设联合体。在建设联合体中，设计单位往往将设备制造商的设备型号作为设计的基础，从而达到共同获益的目的。在此情况下，就可能存在建设联合体为了追求利益，设计、建设并安装不合理的发电设备，从而降低微电网项目的运营绩效。

在微电网项目运营维护阶段，微电网项目的质量对微电网项目的运营绩效有重大的影响，同时建设联合体决定了微电网项目的质量，因此，在此阶段存在微电网项目业主与建设联合体的合作。特别是，微电网项目业主与设备制造商的合作。微电网项目业主可以基于运营绩效给予建设联合体一定额度的利益，激励建设联合体设计和建设合理的、拥有更高绩效的微电网项目，从而提高微电网项目的运营绩效。在此情况下，微电网项目业主和建设联合体都获得了更高的利益。

在微电网项目开发运营过程的各阶段，都涉及微电网一般利益相关者，即社会公众和非微电网电力用户。微电网项目在开发建设过程中，可能会占用公共空间，改变原来的规划用地，其施工影响其他居民的日常生活。同时，微电网项目具有经济价值、利益相关者价值、社会价值和环境价值。从价值链的角度看，微电网项目有利可图，并提高了能源的综合利用水平，这都有利于我国经济的可持续发展，造福所有的社会公众。因此，微电网与其一般利益相关者既存在矛盾，也存在共同利益。从影响范围来看，微电网与其一般利益相关者更多地体现在共同利益方面。

因此，微电网项目在开发运营的各阶段中，涉及众多利益相关者，他们之间有着错综复杂的关系，存在各方之间的博弈及利益分配问题。我们可以通过多方参与下微电网利益相关者的博弈分析，获得微电网利益相关者的共赢。但是，由于涉及多方的利益相关者，基于多方参与的微电网利益相关者的博弈往往是一项复杂的工程。

6.3　微电网利益相关者的共赢机制

6.3.1　共赢机制概念

共赢是指合作的双方或多方能够共同获得利益。机制是协调各个部分之间关系以更好地发挥作用的具体运行方式。结合共赢和机制的定义，共赢机制是指协调合作的双方或多方之间关系以更好地发挥作用的具体运行模式，以达到共同获得更多利益的目的。

因此，我们将微电网利益相关者的共赢机制定义为协调微电网利益相关者之间关系以更好地发挥作用的具体运行模式，以达到共同获得更多利益的目的。微电网项目在开发运营过程中，涉及众多的利益相关者，且利益相关者之间有着错综复杂的关系，这些关系使之既相互依存又相互斗争。这就需要有一个机制来调节各利益相关者间的矛盾冲突，构建合作共赢的微电网项目开发建设环境。机制追求的不是某单个利益相关者的利益最大化，它从整体考虑，使所有社会整体利益达到最大，以实现帕累托改进或最优。因此，微电网利益相关者的共赢机制所要解决的问题就是如何从制度设计上，协调众多利益主体之间彼此冲突的利益目标，在各利益主体之间构建一个有利于管理的激励和制衡机制，在确保对微电网项目开发建设的合理价值补偿下，满足各利益相关者的不同利益需求，从而构建一个能有效开发建设微电网项目的多方合作与利益共享机制。一方面，该机制需要有效补偿微电网项目的开发建设；另一方面，也需要适应市场机制的要求，谋划最有效的微电网项目开发建设的机制。图 6.2 是微电网利益相关者的共赢机制框架。

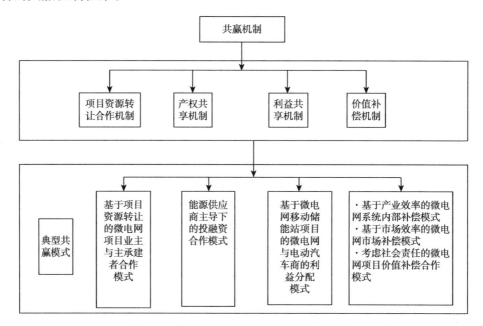

图 6.2   微电网利益相关者的共赢机制框架

6.3.2　共赢机制类别

结合相关理论和众多微电网项目调研，微电网利益相关者的共赢机制主要包括项目资源转让合作机制、产权共享机制、收益共享机制和价值补偿机制四个方面。

1. 项目资源转让合作机制

现阶段，微电网项目采用核准制，导致微电网项目资源主要来源于特许经营权。由于微电网发展初期的高成本和高风险，以及微电网项目业主对微电网项目建设的非专业性，微电网项目业主将微电网项目资源转让出来共同开发，以获得更高的经济效益。因此，微电网项目资源转让合作机制指微电网项目业主与主承建者共同开发微电网项目以在做大"蛋糕"的同时，提高合作各方的收益。

2. 产权共享机制

微电网项目的产权投资主体可以通过投资项目所涉及的信息、资本、劳动力、技术和知识等全要素的方式获得微电网项目的产权。微电网项目的产权共享即双方或多方的利益相关者共同拥有微电网项目的产权，其机制是协调微电网项目产权投资者双方或多方关系，以更好地获得共同利益的具体运行模式。微电网项目的产权包括所有权、占有权、支配权、使用权、收益权和处置权，其所有权决定了微电网资产的控制权，并且影响了交易双方讨价还价的能力。微电网产权共享机制包括多种运行模式，如在各级政府的资本运作平台主导下的微电网项目，政府与社会资本共享微电网项目的产权；在私人资本主导下的微电网项目，私人资本和设备制造商、运营商等合作共享微电网项目的产权，或私人资本和大电网公司合作共享微电网项目的产权。这些产权共享模式有利于协调微电网项目的各利益相关者，从而构建微电网项目开发运营的良好环境，特别是在我国电力体制下，注重与大电网公司的合作，可以加快微电网项目的开发建设，并提高微电网项目的运营绩效。例如，在对某市的微电网项目进行调研的过程中，某沿江开发区冷热电三联供天然气微电网项目由某市某沿江开发区天然气分布式能源企业独立开发建设运营，由于没有与大电网公司进行实质性的合作，该项目进展缓慢；某市某电力有限公司注重与大电网公司的合作，以各占 50%股份的形式，使得某电力项目快速启动并运营。通过正反两个案例发现，在我国电力体制下，合作是必要的，特别是和大电网公司的合作，产权共享作为合作方式之一，其在微电网项目规划立项阶段，可以保证微电网规划立项的顺利进行；在开发建设阶段，能够提供技术和资金支撑；在运营维护阶段，大电网公司对微电网的"兜底"行为，保证了微电网用户获得稳定的电力服务。

3. 收益共享机制

微电网项目的收益共享原则就是既满足自己的收益也满足利益相关者的收益。微电网收益共享机制指的是协调微电网利益相关双方或多方以更好地获得共同收益的具体运行模式，包括微电网利益相关者之间的收益分配机制。微电网项目的收益共享以实现整体效益最优为目标，而其收益分配机制的原则是满足各利益相关者有利可图。因此，微电网项目的收益共享机制激励微电网利益相关者参与微电网项目的开发、建设和运营。微电网收益共享机制包括多种运行模式，如微电网与大电网公司、用户、设备制造商及运营商等的收益共享，以及与多方合作的收益共享。例如，微电网与居民用户的收益共享，用户的电力需求呈现随机性的特征，同时微电网由于可再生能源的渗透，其发电量具有不确定性。用户需求和微电网发电的双重不确定性，使得微电网项目的开发建设风险大，导致对微电网项目投资需求的不足。为了在一定程度上削弱用户需求和微电网发电的双重不确定性影响，用户通过需求响应的方式配合微电网提供的电力服务。这样的合作方式，使得整体的收益增加：一方面，由于用户用能模式与微电网发电模式相匹配，微电网项目获得了更多的收益；另一方面，由于用户使用更低价格的电力，用户的整体用能成本降低，从而使微电网与用户实现共赢。

4. 价值补偿机制

微电网项目的价值补偿指抵消微电网项目价值不能显性实现的价值损失，其目的在于通过利益调整平衡微电网相关利益者的各种利益。协调微电网各利益相关者更好地实现微电网项目价值补偿的具体模式就是微电网项目的价值补偿机制。微电网项目的价值补偿方式及标准依据补偿原因的不同而不同。微电网项目具有经济价值、利益相关者价值、社会价值和环境价值，但是一般情况下微电网项目不能自发获得与其价值对等的收益。因此，合理的微电网项目的价值补偿机制能够有效改善微电网项目的开发建设环境，实现微电网项目的社会责任，促进社会经济和资源环境的可持续发展。微电网项目的价值补偿机制包括三种，即基于利益相关者合作的价值补偿机制、基于政府财政补贴的微电网系统内部补偿机制及基于市场激励的微电网市场补偿机制。

6.3.3　几种典型的共赢模式

基于微电网利益相关者的四种共赢机制，微电网项目存在六种典型的共赢模式。

1. 基于项目资源转让的微电网项目业主与主承建者合作模式

为了提高微电网项目资源转让的效率，促进微电网项目开发的健康发展，需要对微电网项目资源转让问题进行研究。同时，由于微电网发展初期的高成本和高风险，微电网项目业主（包含政府）作为微电网项目的资源方，通常不能自主或独立完成微电网的开发，为了获得更高的经济效益，微电网项目业主将微电网项目资源转让出来，以寻找合适的能源供应商（或称为主承建者），进行微电网项目的合作开发。微电网项目转让的质量和效率直接决定了微电网项目开发的效率和质量，因此项目资源转让问题对于微电网相当重要。第 8 章将对微电网项目的资源转让进行研究，以寻找合适的主承建者，以及构建有效的项目转让拍卖机制以保障微电网项目转让的质量和效率促进微电网项目的合作开发。

2. 能源供应商主导下的投融资合作模式

由于微电网发展初期的高成本和高风险问题，需要各方共同投资通过合作开发以分担成本和风险。同时，在我国现行的电力市场环境下，如大电网垄断、发输配网分立、核准制等，微电网项目的开发需要形成有效的股权合作机制以平衡各方的利益。随着我国电力体制改革，结合我国微电网项目资源的调研，能源供应商，如发电集团、地方能源投资集团、新能源公司、产业基金等，越来越主动参与到微电网市场，对微电网项目进行投资和建设。但是，由于技术、资金和资源等不足，能源供应商需要引入股权投资者（如大电网公司、政府相关部门、设备供应商、其他能源供应商等），合作开发微电网项目，从而提高自身的收益。第10 章对能源供应商主导下的微电网项目开发的股权融资合作机制进行研究，以形成有效的股权融资机制，在平衡各利益相关者利益的同时促进微电网项目的合作开发。

3. 基于微电网移动储能站项目的微电网与电动汽车商的利益分配模式

随着电动汽车市场的快速发展，微电网移动储能站项目作为微电网项目的一种新的商业模式受到了关注。移动储能站项目本身具有充电、放电的双重特性，其既可以作为电源为其他负荷进行供电，又可以作为负荷对其他来源的电能进行消费，从而使得移动储能站可以在电价较低的用电低谷进行充电，再根据其用户不同的用电特征与需求进行放电，起到削峰填谷的作用，增强电力系统的供电能力与供电稳定性。同时，移动储能站具有经济性、环保性与良好的适应性，其方便移动、安装简便的特性，可以充分整合和利用电能资源。这些优势是在电动汽车商的积极参与下体现的，因此电动汽车商是微电网移动储能站项目的关键利益相关者。第 11 章对微电网移动储能站项目进行研究，以获得微电网移动储能站项目与电动汽车商的利益分配模式，从而激励电动汽车商参与微电网移动储能站项目，提高合作收益。

4. 基于产业效率的微电网系统内部补偿模式

微电网项目对利益相关者的价值，表现为经济价值、社会价值和环保价值。尽管微电网的开发运行成本可能高于传统电能生产，但如果将其社会价值和环境价值等纳入计算，那么其所产生的经济效益总和便有可能超越传统火电机组（Mohamed and Koivo，2012）。但是，在当前的制度环境下，微电网的综合效益缺乏显性价值实现手段，特别是在微电网产业启动和发展初期存在着近似"市场失灵"的现象。政府的财政补贴是推动新能源产业发展的有力工具，因而政府应对关键的合作参与方进行价值补偿，以支持和推动微电网发展。笔者将在第 7 章7.3 节分析微电网系统内部补偿模式，考察政府补偿机制对实现微电网社会价值和环境价值的作用机理，使微电网产业获得更多的价值补偿，实现微电网经济效率最优，进而促进微电网产业的发展，带来更大的社会收益和环境收益，以实现微电网利益相关者的共赢。

5. 基于市场效率的微电网市场补偿模式

2017 年，我国试行可再生能源绿色电力证书核发及自愿认购交易制度。在可再生能源配额制（renewable portfolio standards，RPS）的强制实施下，绿色证书（green certificate）制度（简称绿证制度）促使了市场交易机制形成。通过市场激励手段，研究可再生能源配额制及绿证制度对微电网项目价值补偿的影响，符合未来微电网产业不断发展，产业成熟度、市场化程度提升后的发展趋势。合理的市场激励，可以实现微电网利益相关者的共赢。第 7 章 7.4 节通过建立三阶段动态博弈，研究可再生能源配额和绿证交易价格对电力企业利润、电量及可再生能源利用技术水平的影响，以及不同的可再生能源利用技术投资决策对电力企业的影响，从而深化对微电网价值补偿问题的认识。

6. 考虑社会责任的微电网项目价值补偿合作模式

微电网作为国家战略性新兴产业，对于减少化石能源消耗，提高清洁、可再生能源渗透率，提升电力供应的可靠性、灵活性、安全性具有重要作用。从利益相关者层面，微电网项目可以提高各个用能主体及其他利益相关者的需求满足度。从宏观环境方面，微电网项目整合了分散电源，提高了清洁、可再生能源的渗透率，从而提高了能源的综合利用水平，使得电力生产更低碳，减少了环境污染。因此，从利益相关者层面和宏观环境方面，微电网项目都需要承担一定的社会责任。但是，社会责任需要借助补偿机制实现。在微电网项目开发过程中，大电网公司在项目核准、并网准入及获得上网电价补贴等环节扮演着关键利益相关者的角色，对微电网经济价值实现有着重要影响，如果微电网项目不能获得经济收益会影响其社会价值和环境价值的实现。因此，可以在考虑微电网社会责任的基础上，侧重从经济角度分析微电网与大电网公司的合作价值补偿模式。大电网公司与微电网有着一定程度的合作动机，大电网公司在与微电网的合作中，可以使微电网和自身获得经济收益，双方都得到价值补偿，实现共赢。第 9 章以微电网和大电网公司之间的合作为基础，分析基于价值补偿和社会责任的微电网项目合作开发模式。

6.3.4　其他共赢模式

基于微电网利益相关者的四种共赢机制，除了六种典型的共赢模式外，微电网项目还存在以下共赢模式。

1. 用户参与下微电网与大电网公司的合作协调模式

微电网与大电网公司之间的合作关系为一对不平等的竞合联盟。大电网公司与微电网之间地位的不对等性，导致大电网公司可以通过主导地位从中获取绝大部分的期望收益。同时，用户需求和微电网发电的双重不确定性，使得微电网项目的开发建设风险很高。因此，在用户参与下，为了实现微电网与大电网公司的共赢，微电网与大电网公司进行联盟合作，并确定利益分配方式。考虑到简单地实施"保底收购，随行就市"价格形式无法有效防止大电网公司在市场行情不好时的机会主义行为，收益共享契约通常被用来分析微电网与大电网公司的利益分配问题，从而实现合作结构的完美协调，使双方成员的期望收益与绩效水平均得到帕累托改进。

2. 多方参与下微电网利益相关者的利益共享模式

微电网项目在开发运营过程中涉及众多的利益相关者，且各利益相关者的利益诉求不同。一方面，在微电网项目开发运营流程的不同阶段，各利益相关者对微电网项目影响程度不同。例如，在微电网项目规划立项阶段，政府对微电网项目有着直接关键的影响；在微电网项目开发建设阶段，建设商对微电网项目质量有着决定性的影响；在微电网项目运营维护阶段，大电网公司的决策影响微电网项目的效益。另一方面，各阶段利益相关者相互影响，共同决定了微电网项目的效益。例如，在微电网项目开发建设阶段，建设商、设备制造商是微电网项目质量的保证，同时也对微电网项目的运营绩效有重要的影响。因此，微电网项目的开发运营是多阶段利益链激励传导的结果，可能涉及政府的补贴激励，大电网公司的投资和价格激励，其他能源供应商的投资、合作和价格激励，设备制造商的合作激励，以及用户的消费激励等。基于上述分析，微电网利益相关者的共赢是在利益相关者多方参与下共同实现的。

6.4　本章小结

本章分析了微电网利益相关者之间的合作基础。微电网各利益相关者之间产生合作的条件为：①产生合作红利，达到 1+1 > 2 的效果；②对于单个参与者来说，参与比不参与强；③利益相关者之间实现资源互补。

微电网项目涉及众多利益相关者，且在合作开发中需兼顾各个利益相关者的利益诉求，因此基于利益相关者理论，本章对关键利益相关者间的利益关联做了详细论述，如大电网公司与微电网的利益关联，政府、用户与微电网的利益关联，电动汽车商、移动储能站运营商与微电网的利益关联及其他利益相关者的利益关联。

为了协调利益相关者间的矛盾和冲突，更好地发挥其作用达到合作共赢的目的，本章提出了项目资源转让合作机制、产权共享机制、利益共享机制及价值补偿机制四种共赢机制，并在此基础上归纳出六种典型的共赢模式和其他两种共赢模式，分别为基于项目资源转让的微电网项目业主与主承建者合作模式、能源供应商主导下的投融资合作模式、基于微电网移动储能站项目的微电网与电动汽车商的利益分配模式、基于产业效率的微电网系统内部补偿模式、基于市场效率的微电网市场补偿模式、考虑社会责任的微电网项目价值补偿合作模式、用户参与下微电网与大电网公司的合作协调模式、多方参与下微电网利益相关者的利益共享模式，并对其做了详细说明。本章对利益相关者之间的合作领域、利益关联、共赢机制及模式的分析，为后文对微电网项目的合作开发提供了理论支持。

第7章 智慧能源微电网项目资源价值及其补偿机制

从本章至第11章，我们将讨论微电网项目价值补偿和合作开发的五种典型机制或模式。本章基于资源价值补偿理论，明晰微电网项目资源有哪些价值，进而明确现有微电网价值补偿机制。本章的研究目的在于，为微电网价值补偿机制研究提供背景支持和设计依据。

7.1 微电网项目资源价值分析

7.1.1 经济价值

微电网产业属于国家大力支持的新兴产业，从中央到地方各级政府均出台大量政策鼓励并引导其发展，这主要源于微电网开发具有较大的经济价值潜力。下面我们将对微电网项目经济价值的具体表现进行分析。

1. 微电网项目通过市场交易，销售电力产品获得直接经济报酬

根据微电网的技术特性，一方面，微电网可独立地为边远地区、海岛、小区、产业园区等业主提供清洁电力，满足业主个性化的电能需求以获得经济报酬；另一方面，微电网也可与大电网并网运行，联合开展电力产品销售以获得经济报酬。当微电网与大电网并网运行时，微电网可以借助大电网将富余的清洁电力产品销售给更多的用户，提高微电网电力的消纳能力，减少弃风限电和弃光限电。同时，微电网也可以参与主干电网的有偿调峰等业务获得经济报酬。对于主干电网而言，可通过帮助微电网消纳更多的电力而收取更多的过网费，获得相应的经济收益。

2. 微电网项目提高了综合能源利用率，降低了用户用能成本

微电网配备储能设施和控制设施，具有控制灵活、可靠性高、靠近用户侧的特点，这些特点使微电网易于接入冷热电联产系统，为用户提供冷、热、电三种形式的能源产品，实现能源梯级利用。由于微电网靠近用户侧，可以尽可能地减少发电机组和负荷间的热能传输损耗，实现能源利用效率的最大化，总体发电效率可以由传统火电技术的 33%或联合循环燃气轮机的 50%提高到 80%以上[1]，有效降低用能成本，减少碳排放。例如，青岛特锐德电气股份有限公司打造的"汽车充电网"与"新能源微网"双向融合系统，实现了"能量双向流动"。2017 年 10 月，特锐德园区里的 32 台新能源电动车同时放电，400 千瓦的电能瞬间汇入园区电网，经过 4 个多月的运行，该系统使特锐德园区用电成本下降 30%[2]。

7.1.2 投资价值

随着国家对绿色低碳产业发展、可再生能源利用的大力提倡，加上所面临的环境压力及能源稀缺，微电网因其以下优势，受到了多方关注，项目具有长期保值、增值的潜力：可利用风能、太阳能等可再生能源发电，对环境无污染；可冷热电联供，使用效率高；可使用多样储能装置，满足用户的多样化需求；可以并网供电，可以独立供电，安装地点灵活，开关切换速度快。

1. 微电网项目发展潜力大，具备利润空间

作为能源互联的核心要素之一，微电网旨在实现分布式电源的灵活、高效应用，以及形式多样的分布式电源并网问题，有力地提高了电网对清洁能源的消纳能力。同时，微电网具有节能、方便、可靠性高等特点，能够满足电力行业对持续电力输送的需求。微电网已成为推动能源转型，建设清洁低碳、安全高效的现代能源体系的重要手段，意味着这一产业将得到大规模、快速发展，同时，相关技术的快速发展将有力地降低投资成本，实现利润的提升。另外，根据国际可再生能源机构的估计，未来实现全民通电目标所需要的 50%~60%的新增电力将由离网解决方案（如微电网）提供。微电网覆盖范围的扩大，也代表着一种新的商业机会。这个机会不仅属于清洁能源项目建设者，也属于所有即将参与到新兴市场

---

① 微电网的盈利点与前景应用. https://www.energytrend.cn/knowledge/20180411-27934.html，2018-04-11.

② 特锐德：把每辆电动车变成"储能器". https://www.qingdaonews.com/content/2018-03/06/content_20102767.htm，2018-03-06.

销售产品和服务的技术提供商①。

2. 可提供能源辅助服务，具备潜在商业价值

新能源微电网可以提供能源辅助服务，形成调峰调频、无功电压调节，提供低成本、高可靠的电力，满足用户个性化的能源需求，提升能源附加值，且支持能源产业服务模式的转变，使微电网项目从能源的产销体系向能源的服务体系转变，其向市场提供的不仅有电、气、热等能源产品，还有我们日常生活所需的与各种能源相关的服务②。在拥有大规模用户的基础上，微电网提供能源辅助服务的类别有待进一步挖掘，且具备潜在的商业价值。

3. 改善局部地区供能，促进当地经济发展

微电网通过项目自身的运营，为当地的财政收入做出积极贡献。特别是我国可再生能源（如风能）富裕的地区，主要分布在内蒙古、甘肃、宁夏等边远地区，微电网项目的开发可以一定程度改善当地的供能现状，为当地经济发展提供良好的能源基础设施硬实力，增加招商引资的吸引力，可以优化当地生产力布局和经济结构，可以提升当地的地区生产总值，改善当地人民的生活。

7.1.3　社会价值

1. 安全可靠，提高电力供应稳定性

微电网的主要优点之一就是能够与大电网无缝断连和重连，并且不会造成供电中断。除了能够独立运营外，微电网还可以与主电网平行运行，加强主电网的运行能力。除此之外，微电网也是一个能够实现自我控制、保护和管理的自治系统，能够依靠自身的控制及管理功能，实现功率平衡控制、系统优化、电能治理等功能，且能够在电网灾变的情况下为重要用户持续供电。在微电网的补充下，电力供应的稳定性和持续性会得到有效的改善和保障。

2. 提升消纳能力，推动可再生电力发展

相较于传统的规模化发电、长距离运输、供需协调不均衡的模式，微电网可以"聚焦用户侧，供用能一体化，冷热电一体化"的模式，与大电网形成很好的互补，引导分布式就地消纳，建立多元融合、供需互动、高效配置的能源生产与消费模式，

---

① Facebook 和微软看好微电网投资 先搭了一个融资加速平台. http://www.chinasmartgrid.com.cn/news/20170406/623060.shtml，2017-04-06.

② 新能源微电网的潜在价值、建设运营探析. https://news.bjx.com.cn/html/20170227/810585.shtml，2017-02-27.

极大提升对新能源电力的使用效率。此外，微电网项目广泛开展的可再生能源、清洁能源的研究、开发、利用，能持续提升电源结构中可再生能源、清洁能源占比，优化现有能源结构，节约非可再生能源资源，促进能源可持续发展，保障能源安全。

3. 减少碳排放，降低对生态环境的破坏

电力行业在能耗和排放总量中均占很大比例，切实有效地推进电力行业可持续发展具有重要意义。第 4 章提到，微电网利用风、光、生物质等可再生能源发电，与环境的互动是友好的。这有利于减少碳排放，能够有效促进低碳经济发展。相比核能发电，微电网利用的可再生能源发电也避免了与核相关的风险。相比大型水电，可再生能源微电网项目则有效避免了水电可能引发的生态、环境和地质等领域的风险。

4. 增加就业岗位，带动关联产业的发展

从产业链的角度来看，可再生能源微电网项目不仅涉及钢铁、水泥、交通运输等传统行业，还涉及发电设备、储能设备、控制设备等装备制造业，也涉及电子信息技术、互联网、物联网、大数据等新兴科技行业。具体而言，以风力为发电源的微电网，风力发电设备由风力发电机组、支撑发电机组的塔架、蓄电池充电控制器、逆变器、卸荷器、并网控制器、蓄电池组等组成，而风力发电机组包括风轮、发电机，风轮中又包含叶片、轮毂、加固件等。一方面，微电网产业的发展会增加对以上设备的需求，进而带动相关行业的发展；另一方面，产业的迅速发展也增加了对相关专业人才的需求，促进了社会就业。

7.2　微电网项目资源价值补偿现状

针对微电网项目资源价值补偿的手段主要分为政府补偿和市场补偿两种类别。其中，政府补偿包括上网电价补贴、装机容量补贴，以及投资补贴、研发补贴等补偿方式；市场补偿包括可再生能源配额制和绿证制度等方式。

7.2.1　项目资源价值政府补偿现状

1. 上网电价补贴

上网电价补贴（feed-in-tariff，FIT）也称为固定电价制度，是一种针对可再生

能源的电价补贴制度。该制度下，政府通常强制规定不同地区不同可再生能源种类的标杆上网电价，可再生能源标杆上网电价一般高于常规上网电价（当地煤电标杆电价），其差价一般由政府补贴。上网电价补贴有一定的年限，可根据产业发展实际情况逐年递减。上网电价补贴实行较成功的国家是德国，德国上网电价补贴政策发展历程见表 7.1。

表 7.1　德国上网电价补贴政策发展历程

年份	颁布法律	制定条款
1990	颁布《电力上网法》	向私人客户支付至少相当于平均成本 90% 的补贴
2000	颁布《可再生能源法》（EEG[1] 2000）	1. 为可再生能源和煤气提供上网电价补贴； 2. 上网电价补贴根据能源、产能和/或工厂位置的不同、技术之间存在差异而不同； 3. 目标：到 2010 年将可再生能源发电的比例从 5% 提高到 10%
2004	颁布《可再生能源法》（修正案）（EEG 2004）	扩大了上网电价补贴的适用性，允许更大的公司和公用事业公司获得补贴
2009	颁布《可再生能源法》（修正案）（EEG 2009）	到 2020 年将可再生能源发电的比例从 5% 提高到 30%
2012	颁布《可再生能源法》（修正案）（EEG 2012）	引入市场溢价计划作为上网电价的一种替代选择
2014	颁布《可再生能源法》（修正案）（EEG 2014）	规定上网电价补贴上限，开始探索拍卖机制
2017	颁布《可再生能源法》（修正案）（EEG 2017）	装机容量在 750 千瓦以下的小型可再生能源设施（在生物质中，150 千瓦）继续获得上网电价补贴，其余采用拍卖机制
2021	颁布《可再生能源法》（修正案）（EEG 2021）	将消费者在 2022 年用电费支付的可再生能源税或所谓的 EEG 税降至 0.037 欧元/千瓦时的十年低点

1）EEG：Eerneuerbare Energien Gesetz，《可再生能源法》（德语）

上网电价补贴是通过政府干预可再生能源电力价格，以可再生能源投资主体为补贴对象，目的是降低可再生能源投资主体的成本，提高收益。在我国，关于上网电价补贴资金的来源，可追溯至 2006 年 1 月 1 日正式实施的《中华人民共和国可再生能源法》，其中明确规定可再生能源上网电价"高于按照常规能源发电平均上网电价计算所发生费用之间的差额，附加在销售电价中分摊"。2011 年，财政部、国家发改委、国家能源局印发《可再生能源发展基金征收使用管理暂行办法》，根据该办法，我国设立可再生能源发展基金，基金来源主要由国家财政专项拨款和电力用户缴纳的可再生能源电价附加收入构成，其中可再生能源与常规能源上网电价之差由可再生能源电价附加收入支出。我国上网电价补贴政策发展历程见表 7.2。

表7.2　我国上网电价补贴政策发展历程

年份	颁布法律	制定条款
2005	颁布《中华人民共和国可再生能源法》	对可再生能源的电价管理与费用分摊原则做出规定
2006	颁布《可再生能源发电价格和费用分摊管理试行办法》	1. 风力发电项目的上网电价实行政府指导价，电价标准由国务院价格主管部门按照招标形成的价格确定 2. 生物质发电项目上网电价实行政府定价的，由国务院价格主管部门分地区制定标杆电价，电价标准由各省（自治区、直辖市）2005年脱硫燃煤机组标杆上网电价加补贴电价组成。补贴电价标准为每千瓦时0.25元。发电项目自投产之日起，15年内享受补贴电价 3. 太阳能发电、海洋能发电和地热能发电项目上网电价实行政府定价，其电价标准由国务院价格主管部门按照合理成本加合理利润的原则制定 4. 征收可再生能源电价附加
2009	发布《国家发展改革委关于完善风力发电上网电价政策的通知》	分资源区制定陆上风电标杆上网电价。四类资源区风电标杆电价水平分别为每千瓦时0.51元、0.54元、0.58元和0.61元
2011	颁布《可再生能源发展基金征收使用管理暂行办法》	可再生能源电价附加征收标准为8厘[1]/千瓦时
2011	发布《国家发展改革委关于完善太阳能光伏发电上网电价政策的通知》	1. 2011年7月1日以前核准建设、2011年12月31日建成投产、尚未核定价格的太阳能光伏发电项目，上网电价统一核定为每千瓦时1.15元（含税，下同） 2. 2011年7月1日及以后核准的太阳能光伏发电项目，以及2011年7月1日之前核准但截至2011年12月31日仍未建成投产的太阳能光伏发电项目，除西藏仍执行每千瓦时1.15元的上网电价外，其余省（区、市）上网电价均按每千瓦时1元执行
2013	发布《国家发展改革委关于调整可再生能源电价附加标准与环保电价有关事项的通知》	将向除居民生活和农业生产以外的其他用电征收的可再生能源电价附加标准由每千瓦时0.8分钱提高至1.5分钱
2013	发布《国家发展改革委关于发挥价格杠杆作用促进光伏产业健康发展的通知》	将全国光伏发电分为三类太阳能资源区，分别执行每千瓦时0.90元、0.95元、1.0元的光伏电站标杆上网电价标准。对分布式光伏发电实行按照全电量补贴的政策，电价补贴标准为每千瓦时0.42元（含税）
2014	发布《国家发展改革委关于海上风电上网电价政策的通知》	1. 2017年以前（不含2017年）投运的近海风电项目上网电价为每千瓦时0.85元（含税，下同），潮间带风电项目上网电价为每千瓦时0.75元 2. 2017年及以后投运的海上风电项目上网电价，将根据海上风电技术进步和项目建设成本变化，结合特许权招投标情况研究制定
2014	发布《国家发展改革委关于适当调整陆上风电标杆上网电价的通知》	1. 将第Ⅰ类和Ⅱ类和Ⅲ类资源区风电标杆上网电价每千瓦时降低2分钱，调整后的标杆上网电价分别为每千瓦时0.49元、0.52元和0.56元；第Ⅳ类资源区风电标杆上网电价维持现行每千瓦时0.61元不变 2. 鼓励通过招标等竞争方式确定业主和上网电价，但通过竞争方式形成的上网电价不得高于国家规定的当地风电标杆上网电价水平

续表

年份	颁布法律	制定条款
2015	发布《国家发展改革委关于降低燃煤发电上网电价和一般工商业用电价格的通知》	将居民生活和农业生产以外其他用电征收的可再生能源电价附加征收标准，提高到每千瓦时 1.9 分钱
2016	发布《国家发展改革委关于调整光伏发电陆上风电标杆上网电价的通知》	1. 降低 2017 年 1 月 1 日之后新建光伏发电标杆上网电价，Ⅰ类、Ⅱ类、Ⅲ类资源区的价格分别为每千瓦时 0.65 元、0.75 元和 0.85 元（含税） 2. 降低 2018 年 1 月 1 日之后新核准建设的陆上风电标杆上网电价，调整后Ⅰ类、Ⅱ类、Ⅲ类、Ⅳ类资源区的价格分别为每千瓦时 0.40 元、0.45 元、0.49 元和 0.57 元（含税）
2017	发布《国家发展改革委关于 2018 年光伏发电项目价格政策的通知》	1. 降低 2018 年 1 月 1 日之后投运的光伏电站标杆上网电价，Ⅰ类、Ⅱ类、Ⅲ类资源区标杆上网电价分别调整为每千瓦时 0.55 元、0.65 元、0.75 元（含税） 2. 2018 年 1 月 1 日以后投运的、采用"自发自用、余量上网"模式的分布式光伏发电项目，全电量度电补贴标准降低 0.05 元，即补贴标准调整为每千瓦时 0.37 元（含税） 3. 采用"全额上网"模式的分布式光伏发电项目按所在资源区光伏电站价格执行

1）1 厘=0.1 分

　　由表 7.1 和表 7.2 可发现，德国的上网电价补贴政策主要由《可再生能源法》及相继出台的修正案规定，明确了总发电量中可再生能源发电占比目标，并且随着可再生能源产业的发展，对可再生能源发电的补贴由上网电价补贴开始向拍卖机制转移，探索多种途径支持可再生能源发电产业。我国的可再生能源上网电价补贴政策起步晚于德国，会根据风能、太阳能、生物质能等不同可再生能源的特点分别出台政策，依据技术进步及成本的降低适时调整补贴额度，存在补贴逐渐降低，可再生能源附加征收逐渐增加的趋势，国家也鼓励通过招标的方式确定可再生能源电价。

　　上网电价补贴的优势在于，政府是政策的制定者，对政策的调控有掌控力，便于根据实际情况快速、有效地调整价格，对经济和社会环境施加影响。其次，上网电价制度在可再生能源产业发展初期能在短期内有效降低可再生能源项目成本，提高项目收益，缩短投资者成本回收周期，降低资金压力，增加投资者投资可再生能源产业的信心，既有利于促进可再生能源产业的发展，也有利于能源结构中可再生能源占比目标的尽快实现。上网电价补贴的不足在于，首先，政府与可再生能源发电企业之间存在着信息不对称，政府不能完全掌握发电企业的技术水平和生产成本，因此难以确定最优的补贴价格，补贴过高会使得发电企业获得暴利，也增加政府经济负担，最终增加消费者负担，补贴过低又不能起到激励作用，造成经济效率损失。其次，上网电价补贴制度的生态效益很难确定，该制度主要关注价格，不能量化一段时间内可再生能源发电量，更不会关注可再生能源的消纳，因此上网电价补贴的局限性开始显现，需要出台不同的产业政策以适应产业不同的发展阶段。

2. 装机容量补贴

装机容量主要用于衡量电站建设规模和电力生产能力，是一个易于量化的电力指标。装机容量补贴是对达到一定装机容量的可再生能源微电网发电项目给予补贴。一般当发电项目建成验收合格后可申请装机容量补贴。装机容量补贴的对象是投资者，是对投资者投资可再生能源电力项目的奖励，目的是增加某类可再生能源的发电能力。例如，浙江省宁波市鄞州区针对企事业单位出台光伏发电项目补助：将在区内投资建设的光伏发电项目（单个项目装机容量不低于 0.25 兆瓦）纳入技改投资范畴，并按实际装机容量给予 0.6 元/瓦的补助，每个项目最高不超过 100 万元。装机容量补贴实施过程中易于统计和监督，能较好地激励投资商增加装机容量，完成国家阶段性装机容量目标。又如，2016 年国家发改委和国家能源局发布的《电力发展"十三五"规划（2016–2020 年）》指出，到 2020 年，我国风电装机容量至少要达到 2.1 亿千瓦。装机容量补贴能直接、快速地增加可再生能源装机容量。但此类补贴对于实际可再生能源发电量并不关注，不能确保可再生能源发电设施投入生产，更不会关注可再生能源电力消纳问题。因此，装机容量补贴某种程度上属于可再生能源微电网开发前期补贴方式，适合一定时期需要提高可再生能源装机容量时采用。

3. 其他补偿方式

除了以上主流的补贴方式以外，政府补偿还通过投资补贴、研发补贴等方式支持可再生能源微电网项目建设。

投资补贴是为了鼓励投资者投资微电网项目而设置的补贴。例如，《国家发展改革委 国家能源局关于印发新能源微电网示范项目名单的通知》规定，鼓励地方政府给予新能源微电网项目投资补贴，或在项目贷款利息上给予一定比例的贴息支持。2018 年，江苏省发展和改革委员会颁布了《关于促进分布式能源微电网发展的指导意见》，该意见鼓励地方政府给予分布式能源微电网项目投资补贴和贷款贴息，目的在于鼓励各类社会资本投资分布式能源微电网。

关于可再生能源微电网项目的研发补贴，未有文件明确规定，散见于个别制度。例如，财政部、国家发改委、国家能源局于 2011 年发布的《可再生能源发展基金征收使用管理暂行办法》规定，可再生能源发展基金用于支持可再生能源发电和开发利用活动，其中包括可再生能源开发利用的科学技术研究、标准制定和示范工程。

7.2.2 项目资源价值市场补偿现状

1. 可再生能源配额制

可再生能源配额制通过建立长期、稳定的市场，旨在为可再生能源技术投资、可再生能源不断增长的供给创造需求（Rouhani et al., 2016）。可再生能源配额制既兼顾了可再生能源电力生产，也促进了可再生能源电力消纳。政府在一定时期内，根据电力发展规划，规定可再生能源电力生产或消纳必须达到总发电量或用电量的一定比例，未完成比例的主体会受到相应的惩罚。可再生能源配额政策的目的是使国家的电力部门更多转向可再生能源，同时尽量减少用户电力购买成本的增加。可再生能源配额制在欧美等发达国家最早得到应用，特别是美国的可再生能源配额制实行得较为成功，美国部分州于 2021 年更新了可再生能源配额指标，见表 7.3。Barbose 等（2016）的研究表明，2013 年，美国可再生能源配额制减少了化石燃料总发电量的 3.6%，导致温室气体排放和空气污染减少，电力部门用水量减少 2%。目前，可再生能源配额制在澳大利亚、日本、韩国等国家都得到了采用。在韩国，2012 年发布的可再生能源配额政策规定，电力供应商在 2012 年之前提供 2%的可再生能源，到 2022 年之前提供 10%的可再生能源。我国从 2012 年开始酝酿筹备可再生能源配额制，2014 年出台了《可再生能源电力配额及考核办法》（征求意见稿），目前仍处于协商探索阶段，我国近年来的可再生能源配额指标见表 7.4。我国的可再生能源配额制主要考虑将发电企业、大电网公司及省级政府部门作为配额制责任主体，将可再生能源配额实施的监管范围从生产端向消费端延伸，强调由发电企业、售电企业和电力用户协同承担配额义务。

表 7.3 美国部分州可再生能源配额指标（2021 年更新）

州名	年份	指标
加利福尼亚州	2020	33%
特拉华州	2020	25%
科罗拉多州	2020	30%
康涅狄格州	2022	22%
马里兰州	2022	22%
亚利桑那州	2025	15%
夏威夷州	2030	40%
马萨诸塞州	2020	15%
华盛顿州	2020	15%
纽约州	2020	22.5%

续表

州名	年份	指标
新泽西州	2021	22.5%
宾夕法尼亚州	2021	10%
俄勒冈州	2025	10%
蒙大拿州	2015	15%
内华达州	2025	25%

资料来源：韦伯咨询，http://www.weibozixun.com/page9?article_id=1128

表7.4　我国可再生能源配额指标

省（区、市）	2018年约束性指标	2018年激励性指标	2020年约束性指标	2020年激励性指标	2024年消纳责任权重预期指标
北京	11.0%	12.1%	15.0%	16.5%	21.7%
天津	11.0%	12.1%	15.0%	16.5%	20.4%
河北	11.0%	12.1%	15.0%	16.5%	20.7%
山西	15.0%	16.3%	16.5%	18.0%	23.2%
内蒙古	18.5%	20.3%	18.5%	20.3%	23.7%
辽宁	12.0%	13.0%	12.5%	13.6%	17.7%
吉林	20.0%	21.5%	22.0%	23.7%	25.2%
黑龙江	19.5%	21.0%	26.0%	28.1%	24.4%
上海	31.5%	32.0%	33.0%	33.5%	7.7%
江苏	14.5%	15.1%	15.0%	15.8%	14.7%
浙江	18.0%	18.5%	19.0%	19.8%	12.7%
安徽	13.0%	14.0%	14.5%	15.7%	18.2%
福建	17.0%	17.5%	22.0%	22.6%	11.7%
江西	23.0%	23.5%	29.0%	30.0%	16.2%
山东	9.5%	10.4%	10.5%	11.6%	17.4%
河南	13.5%	14.5%	16.0%	17.1%	22.7%
湖北	39.0%	39.9%	40.0%	41.0%	14.2%
湖南	51.5%	52.4%	51.5%	52.4%	17.7%
广东	31.0%	31.4%	29.5%	30.0%	9.2%
广西	51.0%	51.4%	50.0%	50.5%	14.2%
海南	11.0%	11.5%	11.5%	12.0%	12.2%
重庆	47.5%	47.5%	45.0%	45.3%	7.7%
四川	80.0%	80.4%	80.0%	80.4%	9.7%

续表

省（区、市）	2018 年约束性指标	2018 年激励性指标	2020 年约束性指标	2020 年激励性指标	2024 年消纳责任权重预期指标
贵州	33.5%	34.0%	31.5%	32.0%	12.7%
云南	80.0%	81.0%	80.0%	81.2%	19.2%
西藏	不考核	不考核	不考核	不考核	不考核
陕西	17.5%	18.4%	21.5%	22.7%	20.2%
甘肃	44.0%	45.6%	47.0%	48.9%	23.2%
青海	70.0%	71.9%	70.0%	72.5%	28.9%
宁夏	20.0%	22.0%	25.0%	27.0%	26.2%
新疆	25.0%	26.5%	26.0%	27.3%	待定

资料来源：国家发展改革委，国家能源局《关于实行可再生能源电力配额制的通知（征求意见稿）》，2018-11-13；国家发展改革委办公厅，国家能源局综合司《关于 2023 年可再生能源电力消纳责任权重及有关事项的通知》，2023-07-16

可再生能源配额制的优势在于政府制定可再生能源配额目标、配额义务承担的主体，履行监督职责，并通过强制执行的方式保障配额制的实现，具有很强的政策把控性，有利于可再生能源电力目标实现；此外，可再生能源配额制通过市场机制募集资金，一般不需要政府补贴，减轻了政府筹集大量可再生能源发展经费的压力，减轻了政府财政负担。但可再生能源配额制的不足也很明显，首先，"一刀切"的可再生能源固定配额的分配忽视了经济效率，既没有考虑不同地区、不同主体的生产能力和可能性，也没有考虑完成配额的个人成本；其次，惩罚机制也是可再生能源配额制需要认真考虑的制度细节，惩罚机制力度不够，企业会逃避责任，不会真正满足配额要求，惩罚机制过严将会增加企业完成配额制的难度，加重企业的经营负担，会使得投资商因成本收益问题而选择刻意回避开发可再生能源电力。

2. 绿证制度

为了推动可再生能源配额制顺利实施，国家允许可再生能源电力（也称绿色电力）在全国范围交易。可再生能源电力的生产者会获得与预先确定的发电量相应的绿证，在可再生能源配额制的规定下，需要完成可再生能源配额的主体可以在绿证市场去购买和出售绿证，以此帮助可再生能源配额的完成，这一过程也实现了可再生能源电力交易。配额制交易能提高固定配额这一量化模型的效率。这样一来，有配额义务的主体可以自由选择是自己完成配额，还是向另一个主体支付费用完成配额。由于他们将选择成本更低的方案，这意味着，绿色电力是由那些至少能降低成本的发电企业产生的，这将带来经济效益。

绿证制度是一种相对较新的、高级的可交易配额制度。早在 20 世纪 80 年代末期，荷兰就已推出了绿证，随后这种模式在许多欧盟成员国中受到了欢迎。截至 2019 年，全球有 21 个国家建立了绿证制度，部分国家和地区绿证制度见表 7.5。

表 7.5　部分国家和地区绿证制度一览

绿证制度指标	绿证制度指标的相关内容
绿证的颁发	州公用事业委员会（美国得克萨斯州） 能源管理机构（意大利） 可再生能源监管办公室（澳大利亚） 国家可再生能源信息管理中心（中国）
绿证的监管	州电力可靠性理事会独立系统经纪所（美国得克萨斯州） 能源市场运营商（意大利） 可再生能源监管办公室（澳大利亚） 国家可再生能源信息管理中心（中国）
绿证的形式 与内容	证书编号、发电设备的编号、可再生能源类型、发电时间、信用数量（美国大部分州） 证书编号、发电设施的名称和地址、燃料类型、挥发性有机化学物（一氧化碳等）排放、发电时间、发电装机容量、生产日期、适用范围（美国新英格兰地区） 发电商登记编号、身份编号、发电年份、证书的生产日期、代表着电力数量的编号（澳大利亚） 证书编号、发电站或发电场、可再生能源类型、电力数量等（中国）
绿证的核算	每生产 1 千瓦时的可再生能源电量就产生一个可再生能源信用（美国得克萨斯州） 不同可再生能源种类所发的每千瓦时电力所获得的可再生能源义务证书数量不同（英国） 1 个证书对应 1 兆瓦时结算电量（中国）
绿证交易的主体	参与零售市场竞争的竞争性电力零售商必须参与绿证交易机制，其他主体可以自愿性地参与绿证交易机制（美国得克萨斯州） 可再生能源发电企业和政府机关、企事业单位、社会机构和自然人等（中国）
绿证交易的形式	长期合同、短期合同或者即时购买（美国得克萨斯州） 能源市场运营商组织的市场交易或双边的直接买卖协议交易（意大利） 双边协议交易（澳大利亚） 协商交易和挂牌交易（中国）
绿证的有效期	有效期 3 年（美国得克萨斯州） 从生产该证书的电厂投入商业运营之日起不超过 10 年（意大利） 无有效期限制（澳大利亚和丹麦） 有效期 2 年（比利时） 证书颁发之后的 12 个月（荷兰） 有效期 10 年（瑞典） 绿证有效期与年度配额考核期限相对应，自对应电量生产之日起至当年配额考核结束之日前有效（中国）

资料来源：根据相关资料整理

早期的绿证与传统配额一样，要求一个主体（主要是生产者，但更常见的是消费者或分销商）在一定时间内（通常是一年）以绿色电力占其总电力销售（消费）的一定份额。在可交易配额模式下，他们将证明自己履行了义务，证明他们购买了可再生能源发电的相应数量（合同证书）。随着绿证交易实践的发展，该制度演变成实际用电量与完成配额义务是分开的。为此目的，绿色电力的生产由一个独立的、通常由国家控制的证书颁发机构进行测量和认证（如每兆瓦时一个证书）。实际上，这个过程非常类似于一个银行账户，在这个账户上，以可再生能源为基础的电力生产可以作为信用储蓄。生产者因此产生了一定数量的绿证，证明他们已经用可再生能源生产了相应数量的绿色电力。通过绿证，可以将电力（实物商品）市场与证书市场分开。证书市场是指使用可再生能源所带来的生态效益（如减少排放和保护化石资源等生态服务）的服务市场。在市场分离的情况下，生产商有两种不同的收入来源。生产商可以在电力市场上以标准市场价格出售电力。其产品将与煤炭、核能或其他能源发电竞争，可再生能源的成本劣势使其可能会蒙受损失。为了弥补这一损失，生产商可以转向生态服务市场，以弥补其损失的价格出售其绿证。基于数量的绿色证书既完全符合生态有效性的目标，又具有时效性。虽然避免了经济效率损失，但绿证制度也不是没有局限，对于可再生能源发电成本较高的发电企业，在绿证市场完成的可能性会降低，在行业发展初期，不利于保护和扶持可再生能源企业。

7.3　考虑产业效率的微电网系统内部价值补偿机制研究

接下来，基于产业效率的视角，深入微电网系统内部探究政府补偿对微电网产业价值补偿的影响，以考察政府补偿机制对实现微电网社会价值和环境价值的作用机理。政府财政补贴是推动新能源产业发展的有力工具。在微电网发展初期，由于微电网的成本效益问题，需要政府给予相应的财政补贴以支持和推动微电网发展。然而，补贴给谁，怎样补贴使微电网产业获得更多的价值补偿，并使得微电网产业效率最优，进而促进微电网产业的发展，带来更大的社会收益和环境收益，这是实践中面临的重要问题，下文将尝试回答这个问题。

7.3.1　微电网系统内部价值补偿问题

1. 微电网系统内部价值补偿的政策依据

自 2015 年 7 月《国家能源局关于推进新能源微电网示范项目建设的指导意见》颁布以来，在全国范围内，大电网公司、各能源公司等在前期准备的基础上开始积极地进行微电网示范项目筹备工作。2017 年 5 月，《国家发展改革委 国家能源局关于印发新能源微电网示范项目名单的通知》发布，根据该通知，有 28 个新能源微电网示范项目获批，其中并网型新能源微电网示范项目 24 个，独立型新能源微电网示范项目 4 个。2017 年 7 月，《国家发展改革委 国家能源局关于印发〈推进并网型微电网建设试行办法〉的通知》颁布。该办法明确指出，微电网内部的新能源发电项目建成后按程序纳入可再生能源发展基金补贴范围，执行国家规定的可再生能源发电补贴政策。这些补贴政策的出台为微电网项目价值补偿提供了政策依据，也为微电网产业的健康发展提供了制度保障。

2. 基于经济性的微电网补贴相关研究

国内外学者也关注到微电网补贴这一现实问题，积累了一些研究成果。一些学者对微电网补贴进行了大量的研究。在微电网研究初期，学者通过分析微电网项目建设所带来的环保价值和社会价值及微电网发展初期的经济性，指出需要相应的政府补贴和政策以鼓励微电网发展。例如，Blasques 和 Pinho（2012）为巴西混合可再生能源微电网设计了一个预先支付的计量系统，用于用户需求侧管理。该研究指出，为了维持混合可再生能源微电网的运作，政府必须为可再生能源系统提供补贴。Valer 等（2017）通过调查发现，在巴西 SMGs（solar micro grids，太阳能微电网）能很好地满足偏远地区消费者的电力需求，但由于光伏发电成本高昂，许多农村消费者无法负担光伏能源实际成本，同时基于市场的解决方案效果是有限的，因此 SMGs 如要以消费者可承受的价格持续供电，就成了满足偏远地区用电需求的巨大挑战。研究表明，在企业盈利较少或没有营利能力的情况下，政府必须有明确、可行的规定，以保证提供电力服务。Pereira 等（2014）运用蒙特卡罗法对巴西亚马孙地区可再生能源发电项目（光伏）进行了投资风险评估，研究发现，在亚马孙地区，能源需求正在增长，但经营成本仍然很高；为了减少巴西可再生能源发电项目的投资风险，必须提供补贴或激励措施。Ramchandran 等（2016）通过对社会经济特点、可再生能源的可用性和能源需求进行评估，发现成本节约是消费者转向清洁能源的主要动力。他们在对太阳能光伏系统、生物质气化系统和太阳能生物质混合系统三个模型进行比较后发现，有补贴的太阳能光伏系统的模型是最可靠的。

3. 基于经济绩效的微电网补贴相关研究

随着研究的发展，基于微电网在可再生能源利用、减少污染和碳排放方面的价值，学者将微电网的环保价值和社会价值作为微电网经济绩效的部分，对微电网环保的资源价值进行评估，以深入探讨微电网补贴问题。例如，Han 等（2016）基于成本效益分析，将光伏发电政府补贴、微电网低碳效益等因素纳入其中，构建了以低碳经济和最大生命周期的净利润为目标的新一代微电网规划模型。Liang

和 Zhu（2017）研究了广西农村的生物质发电、光伏发电条件、负荷特性，根据夏季和冬季不同的气候特点，在补贴可再生能源价格的基础上，以发电成本最低为目标，构建了并网、离网两种模式下的生物质发电动态经济调度模型。Chen 和 Yin（2017）关注了政府向私人投资者提供激励方案以刺激其支持可再生能源微电网发展的问题，构建了政府和私人投资者之间的委托-代理模型，揭示了政策制定者与私人投资者之间的利益冲突，并在信息不对称的情况下考察了这些参数对政府目标的影响，分析了政府的最优补贴及最大化预期政策效益。

4. 基于外部性的微电网补贴相关研究

当前，随着微电网发展，微电网发展初期的成本收益问题及微电网的外部性问题越来越突出，需要相应的补贴机制以促进微电网发展。为此，学者从微电网补贴机制的角度出发以设计合适的微电网补贴机制来推动微电网发展。例如，Srinivasan（2009）研究发现印度新能源和可再生能源部通过主流银行渠道对太阳能热系统提供的利息补贴，在意图和结果上均优于提供给太阳能光伏系统的资本补贴。Couture 等（2010）指出在加速可再生能源发展方面，全球最广泛使用的政策是电价补贴，这一政策比税收优惠或可再生能源投资组合标准政策（REN21[①]）所占的比重更大。在德国，上网电价补贴政策作为一种有效的政策工具来推动可再生能源的开发，并有助于实现能源安全和减排目标（Couture et al.，2010）。Tamás等（2010）基于英国的数据对上网电价产生的效果进行了分析，研究发现上网电价会使可再生能源生产者忽视可再生能源的高成本，没有动力去寻找和开发高效的可再生能源技术，也没有降低成本的动机。虽然电价补贴有着自身的优势，但也会带来难以控制整体政策成本、电力批发市场价格扭曲等弊端（Couture et al.，2010）。在此基础上，Taha 等（2014）根据微电网、需求和能源价格波动的物理性质，从技术角度提出了准上网电价（quasi-feed-in-tariff，QFIT）补贴，通过 QFIT 补贴政策可实现对依赖于电网和需求条件的微电网进行时变价格补贴，这将会增加微电网的社会福利。

5. 已有研究的综合评价

上述研究从补贴对象、补贴方式的角度研究了政府补贴对微电网产生的效果和影响。但从微电网产业效率的角度研究微电网补贴，特别是研究补贴对微电网产业带来的价值补偿效应成果比较缺乏。有鉴于此，本章基于补贴对象的视角构建了反映微电网产业效率的补贴模型。从微电网产业链各阶段的参与方出发，构

---

① REN21：Renewable Energy Policy Network for the 21st Century，21 世纪可再生能源政策网络。参见 Couture 等（2010），REN21 是一个政策标准。

建了政府、投资商、运营商、设备供应商、用户参与的多方博弈模型，并设计了政府对产业链中不同参与方进行补贴的补贴模型。具体设计了政府对用户进行补贴的 C 模型，政府对投资商进行补贴的 I 模型，政府对运营商进行补贴的 O 模型，政府对设备供应商进行补贴的 E 模型。旨在比较补贴对象不同的情境下各模型的定价和收益，在此基础上，分析不同效率要求下，不同补贴对象的差异、相应的影响因素及对微电网的价值补偿效应。

本节所使用的变量和参数定义如表 7.6 所示。

表 7.6　变量和参数定义（一）

符号	含义
p_o	运营商售电给用户的价格
p_1	投资商售电给运营商的价格
p_2	投资商直接售电给用户的价格
p_e	设备供应商提供设备给投资商的价格
D_o	用户对运营商的电力需求量
D_i	用户对投资商的电力需求量
D_e	投资商对设备供应商的需求函数
r_0	微电网市场电力总需求量
r_1	用户对运营商售电的价格弹性系数
r_2	用户对运营商和投资商价格差的弹性系数
θ	投资商提供的微电网质量系数
δ	政府对微电网的补贴系数
l	单位微电网补贴的最高限额
δl	微电网开发的单位补贴
ε_i	补贴对投资商成本的影响系数
ε_e	补贴对设备供应商成本的影响系数
ε_o	补贴对运营商成本的影响系数
ε_c	补贴对用户需求的影响系数
c_i	投资商的投资成本
c_o	运营商的运营成本
c_e	设备供应商的技术成本
π_i	投资商的收益函数
π_o	运营商的收益函数
π_e	设备供应商的收益函数
h_0	投资商对设备供应商的总需求
h_1	投资商对设备供应商需求的价格弹性系数

符号	含义
h_2	投资商对设备供应商的质量需求弹性系数
q	微电网项目质量
ρ	设备供应商的技术系数
t	设备供应商的技术水平
k	技术成本弹性系数

7.3.2　基于四个不同补贴对象的价值补偿模型建立

1. 模型情境

在能源结构调整和电力体制改革的背景下，政府为促进微电网项目的开发对微电网项目开发的参与方进行补贴 δl 以降低微电网的开发成本、提高微电网的项目收益，刺激微电网项目开发的投资需求和消费需求。

在微电网产业链中，主要涉及生产、传输、分配和消费四个阶段，涉及政府、投资商、设备供应商、运营商和用户。微电网通过这四个阶段和五个参与方，完成对清洁能源和可再生能源的电力生产和消费。因此，这四个阶段和五个参与方成为微电网产业链的重要部分。

在生产阶段，投资商，如大电网公司、新能源公司等，投资建设微电网，提供项目质量为 q 的微电网，并将微电网的电通过价格 p_2 直接售给用户，或以价格 p_1 售给运营商。设备供应商基于自身的技术水平 t 通过提供价格 p_e 和质量 q 的设备给投资商，以参与微电网项目的开发。在传输和分配阶段，运营商，如售电公司、大电网公司、投资商自营的运营公司，通过向投资商以价格 p_1 购电，并将电以价格 p_o 售给用户，与投资商在售电市场上直接供电形成竞争。在消费阶段，用户作为微电网电力的消费方，根据微电网项目质量 q 和价格 p_o、p_2，选择是否用微电网，选择用电方式，以及用哪家微电网公司的电。

在微电网产业链中，政府不同补贴对象下，微电网各参与方的定价和收益是多少？哪些因素对微电网补贴策略有影响？有何影响？微电网产业链中不同运转效率指标和不同情境下最优的补贴策略是什么？补贴对微电网的价值补偿如何体现？为此构建如下的博弈模型。

2. 模型假设

本章基于混合销售渠道的不同补贴对象下微电网产业链补贴模型（图 7.1），研究不同补贴对象的选择对微电网产业链各参与方定价和收益的影响，以及何种补贴对象的选择能使微电网产业链的效率最优。

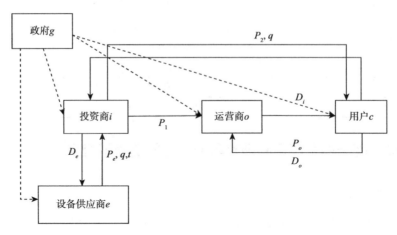

图 7.1　不同补贴对象下微电网产业链补贴模型假设

为使研究更具科学性和针对性，我们基于微电网补贴实践，从微电网补贴的关键参与方出发建立了假设，如从微电网售电方式、补贴方式、参与方特征、收益特征、需求特征、市场特征等方面去建立假设。建立的具体假设如下。

假设 7.1：微电网通过两种方式对用户售电，一是投资商直接售电给用户，二是投资商售电给运营商，再由运营商售电给用户。

同时，根据混合销售渠道的需求公式和微电网实践，可设用户对混合销售渠道的需求函数如下。

运营商面临的用户需求量（也指投资商面临的用户间接需求量）：

$$D_o = r_0 - r_1 p_o - r_2 (p_o - p_2) = r_0 - (r_1 + r_2) p_o + r_2 p_2, \quad r_1 > 0, \quad r_2 > 0 \qquad (7.1)$$

投资商面临的用户直接需求量：

$$D_i = \begin{cases} r_2 (p_o - p_2) + \theta q, & p_o - p_2 > 0 \\ 0, & p_o - p_2 \leqslant 0 \end{cases} \qquad (7.2)$$

其中，r_0 为微电网市场电力总需求量；r_1 为用户对运营商售电的价格弹性系数；r_2 为用户对运营商和投资商价格差的弹性系数，表示两种方式的竞争程度。可以看出，r_2 越大，这两种售电方式的差异就越大，竞争程度越大。同时，用户对投资商的电力需求，还受投资商提供的微电网质量的影响，θ 为质量系数。

由于微电网包含发电、输电、配电、售电四个方面。在电力体制改革的背景下，微电网可以向运营商售电，运营商包括诸如微电网投资商成立的运营公司、售电公司、大电网公司或其他第三方运营公司。投资商成立的运营公司由于运营成本的存在，其价格也不同于投资商直接售电的价格。

假设 7.2：政府对微电网的补贴系数为 $\delta(\delta > 0)$。δ 的大小由微电网带来的社会收益、环保价值等因素综合决定。l 为单位微电网补贴的最高限额。因此，微电网开发的单位补贴为 δl。由于政府补贴对不同对象的影响作用存在差异，我们假设 ε_i、ε_e、ε_o、ε_c $(\varepsilon_i > 0,\ \varepsilon_e > 0,\ \varepsilon_o > 0,\ \varepsilon_c > 0)$ 分别为补贴对投资商成本、设备供应商成本、运营商成本和用户需求的影响系数。

由于微电网补贴资金来源于可再生能源发展资金，实际中对微电网补贴额度的大小也主要来源于其带来的可再生能源利用率提高、能源利用效率提高、环保收益等社会收益。同时，当政府补贴不同对象时，对不同对象的成本、收益影响不一样，因此补贴对不同对象的影响系数也不同。

假设 7.3：政府和投资商为微电网项目开发的主导者，设备供应商、运营商和用户为跟随者。通常政府通过财政支出和政策制定引导微电网的投资和开发，本章主要研究政府通过财政补贴策略来引导微电网的投资、开发及利益分配；投资商通过售电价格来影响运营商的售电价格和用户的购电价格；设备供应商通过自身技术和所提供设备的质量和价格来影响用户需求、自身利润、投资商利润。所有利益相关者均以自身收益最大化进行决策。

这是符合实际的。在实际的微电网项目开发运营流程中，各方的角色和相互关系也是如此，且各方均以自身收益最大化进行决策。

假设 7.4：各利益相关者均为理性经济人，风险偏好为中性，均以自身收益最大化进行决策。投资商的收益主要包括三部分：直接售电给用户的收益、间接售电给用户的收益及分享给设备供应商的利润。因此，投资商的收益函数为价格、成本和需求的线性函数，表示为

$$\pi_i = (p_1 - c_i)D_o + (p_2 - c_i)D_i - p_e D_e \tag{7.3}$$

运营商的收益主要包括三部分：直接售电给用户的收益、支付给投资商的成本、自身的运营成本。因此，设运营商的收益函数为售电价格、支付给投资商的价格、运营成本和用户需求的线性函数，表示为

$$\pi_o = (p_o - p_1 - c_o)D_o \tag{7.4}$$

设备供应商收益主要包括两部分：来自提供设备的收益和自身的成本。因此，设设备供应商的收益函数为价格、成本和需求的线性函数，表示为

$$\pi_e = (p_e - c_e)D_e \tag{7.5}$$

投资商、运营商和设备供应商的收益等于其总收益减去总成本。同时，基于供需均衡原则，本章用需求量来代理各参与方的销量是合理的。通过对各参与方具体收益和成本的分析以得到各参与方的收益函数。

假设 7.5：投资商对设备供应商的需求函数，为设备供应商价格和质量的函数，可表示为

$$D_e = h_0 - h_1 p_e + h_2 q,\quad q = \rho t,\ \rho > 0 \tag{7.6}$$

其中，h_0 为投资商对设备供应商的总需求；h_1 为投资商对设备供应商需求的价格弹性系数；h_2 为投资商对设备供应商的质量需求弹性系数；设备供应商的质量属性为其技术水平 t 的函数；同时，设备供应商自身的技术成本满足如下关系式 $c_e = \dfrac{1}{2}kt^2$，k 为技术成本弹性系数。

投资商对设备供应商的设备需求，当不受质量影响时，仅由价格变化来决定需求；当受质量影响时，投资商对设备供应商的设备需求，受价格和质量的综合影响。设备供应商的设备质量受设备供应商的技术水平高低的影响，其成本也随技术水平的提升呈指数增加。

假设 7.6：假设微电网项目开发系统为充分竞争的系统。政府补贴可在各利益相关者之间自由地转移；随着环境和其他因素的变化，政府补贴也发生相应的变化。

在实际中，微电网项目开发中各参与方均以自身收益最大化为目标参与开发是充分竞争的。随着具体情况的变化，政府可灵活调整补贴对象和补贴方式。

7.3.3　模型计算和分析

1. 基于四个不同补贴对象的补贴模型求解

本章依据微电网产业链中各阶段不同的参与方设计了政府对用户进行补贴的 C 模型、对投资商进行补贴的 I 模型、对运营商进行补贴的 O 模型、对设备供应商进行补贴的 E 模型，来具体研究不同补贴对象下的微电网产业链运转情况。各模型的求解如下。

1）补贴对象为用户的 C 模型

用户是微电网的消费者。微电网的最终目的是满足用户需求和改善用户的用能，只有用户采用了微电网，微电网的环保价值和社会价值才能得到体现。由于微电网发展初期建设质量和电能质量的不确定性，用户对微电网的消费意愿较低。同时，相对于传统电网的低价格，微电网的价格偏高，也导致用户的消费需求不足。政府为刺激用户对微电网的消费需求，往往采取直接对用户进行补贴的方式。例如，重庆某区县居民太阳能项目，政府直接对安装太阳能发电设备的居民进行财政补贴，以引导用户消费。我们建立 C 模型来探讨政府对用户进行补贴的情况。为了便于研究，我们假设政府补贴对用户需求的影响是线性的，此时需求函数变为

$$D_o = r_0 - r_1 p_o - r_2(p_o - p_2) + \varepsilon_c \delta l = r_0 - (r_1 + r_2)p_o + r_2 p_2 + \varepsilon_c \delta l \qquad (7.7)$$

$$D_i = \begin{cases} r_2(p_o - p_2) + \theta q + \varepsilon_c \delta l, & p_o - p_2 > 0 \\ 0, & p_o - p_2 \leqslant 0 \end{cases} \qquad (7.8)$$

　　此处用逆向归纳法求解均衡，先从分配阶段的运营商开始，求解运营商的均衡。运营商以价格 p_o 进行决策，因此，求得运营商的反应函数为

$$\frac{\partial \pi_o}{\partial p_o} = c_o = r_0 - 2(r_1 + r_2)p_o + (r_1 + r_2)p_1 + r_2 p_2 + \varepsilon_c \delta l + (r_1 + r_2)c_o \qquad (7.9)$$

均衡时一阶条件满足 $\frac{\partial \pi_o}{\partial p_o} = 0$，可得

$$p_o = \frac{1}{2}p_1 + \frac{r_2}{2(r_1 + r_2)}p_2 + \frac{r_0 + \varepsilon_c \delta l + (r_1 + r_2)c_o}{2(r_1 + r_2)} \qquad (7.10)$$

　　由于投资商根据价格 p_1、p_2 进行主动决策，将式（7.10）代入式（7.3），并计算 π_i 关于 p_1、p_2 的偏导，可得投资商的反应函数为

$$\frac{\partial \pi_i}{\partial p_1} = \frac{1}{2}r_0 - (r_1 + r_2)p_1 + \frac{1}{2}\varepsilon_c \delta l - \frac{1}{2}(r_1 + r_2)c_o + \frac{1}{2}r_1 c_i + r_2 p_2 \qquad (7.11)$$

$$\frac{\partial \pi_i}{\partial p_2} = \frac{r_1 r_2}{2(r_1 + r_2)}c_i - \frac{2r_1 r_2 + r_2^2}{r_1 + r_2}p_2 + \frac{r_0 r_2 + r_2 \varepsilon_c \delta l + r_2(r_1 + r_2)c_o}{2(r_1 + r_2)} + \theta q + \varepsilon_c \delta l + r_2 p_1$$
$$(7.12)$$

均衡时一阶条件满足 $\frac{\partial \pi_i}{\partial p_1} = 0, \frac{\partial \pi_i}{\partial p_2} = 0$，可得

$$p_1 = \frac{r_0}{2(r_1 + r_2)} + \frac{1}{2(r_1 + r_2)}\varepsilon_c \delta l - \frac{1}{2}c_o + \frac{r_1}{2(r_1 + r_2)}c_i + \frac{r_2}{r_1 + r_2}p_2 \qquad (7.13)$$

$$p_2 = \frac{r_1}{2(2r_1 + r_2)}c_i + \frac{r_0 + (r_1 + r_2)c_o}{2(2r_1 + r_2)} + \frac{r_1 + r_2}{r_2(2r_1 + r_2)}\theta q - \frac{2r_1 + 3r_2}{2r_2(2r_1 + r_2)}\varepsilon_c \delta l + \frac{r_1 + r_2}{2r_1 + r_2}p_1$$
$$(7.14)$$

　　联立式（7.13）和式（7.14）计算得

$$p_1 = \frac{r_0}{2r_1} - \frac{r_2}{2r_1(r_1 + r_2)}\varepsilon_c \delta l + \frac{1}{2}c_i - \frac{1}{2}c_o + \frac{1}{2r_1}\theta q \qquad (7.15)$$

$$p_2 = \frac{r_0}{2r_1} + \frac{1}{2}c_i - \frac{r_1 + r_2}{2r_1 r_2}\varepsilon_c \delta l + \frac{r_1 + r_2}{2r_1 r_2}\theta q \qquad (7.16)$$

　　设备供应商以 p_e 进行主动决策，因此，设备供应商的反应函数为

$$\frac{\partial \pi_e}{\partial p_e} = h_0 - 2h_1 p_e + h_2 q + h_1 c_e \qquad (7.17)$$

均衡时一阶条件满足 $\frac{\partial \pi_e}{\partial p_e} = 0$，可得

$$p_e = \frac{h_0}{2h_1} + \frac{h_2}{2h_1}q + \frac{1}{2}c_e \qquad (7.18)$$

　　将式（7.15）和式（7.16）代入式（7.10）可得式（7.22）。由此可得补贴给用

户均衡时的各参与方价格为

$$p_1 = \frac{r_0}{2r_1} - \frac{r_2}{2r_1(r_1+r_2)}\varepsilon_c\delta l + \frac{1}{2}c_i - \frac{1}{2}c_o + \frac{1}{2r_1}\theta q \tag{7.19}$$

$$p_2 = \frac{r_0}{2r_1} + \frac{1}{2}c_i - \frac{r_1+r_2}{2r_1r_2}\varepsilon_c\delta l + \frac{r_1+r_2}{2r_1r_2} \tag{7.20}$$

$$p_e = \frac{h_0}{2h_1} + \frac{h_2}{2h_1}q + \frac{1}{2}c_e \tag{7.21}$$

$$p_o = \frac{r_0(3r_1+2r_2)}{4r_1(r_1+r_2)} + \frac{1}{2r_1}\theta q + \frac{r_1+2r_2}{4(r_1+r_2)}c_i + \frac{-2r_2+r_1}{4r_1(r_1+r_2)}\varepsilon_c\delta l + \frac{1}{4}c_o \tag{7.22}$$

这里所求得的 p_1、p_2、p_e、p_o 是政府对用户进行补贴模型下均衡解的价格，它们的组合是该模型下均衡的决策集合。该模型下投资商、运营商和设备供应商采用这一决策组合是对自身最有利的。将 p_1、p_2、p_e、p_o 代入各参与方的收益函数和需求函数，可计算该决策下投资商、运营商和设备供应商的均衡收益如下。

投资商收益：

$$\begin{aligned}
\pi_i = &\left[\frac{r_0}{2r_1} - \frac{r_2}{2r_1(r_1+r_2)}\varepsilon_c\delta l - \frac{1}{2}c_i - \frac{1}{2}c_o + \frac{1}{2r_1}\theta q\right] \\
&\times \left(\frac{r_0}{4} - \frac{r_1}{4}c_i - \frac{r_1+r_2}{4}c_o + \frac{1}{4}\varepsilon_c\delta l\right) \\
&+ \left(\frac{r_0}{2r_1} - \frac{1}{2}c_i - \frac{r_1+r_2}{2r_1r_2}\varepsilon_c\delta l + \frac{r_1+r_2}{2r_1r_2}\theta q\right) \\
&\times \left[\frac{r_0r_2}{4(r_1+r_2)} + \frac{1}{2}\theta q + \frac{r_2}{4}c_o - \frac{r_2r_1}{4(r_1+r_2)}c_i + \frac{4(2r_1+3r_2)}{4(r_1+r_2)}\varepsilon_c\delta l\right] \\
&- \left(\frac{h_0}{2h_1} + \frac{h_2}{2h_1}q + \frac{1}{2}c_e\right)\left(\frac{1}{2}h_0 - \frac{h_1}{2}c_e + \frac{1}{2}h_2q\right)
\end{aligned} \tag{7.23}$$

运营商收益：

$$\begin{aligned}
\pi_o = &\left[-\frac{1}{4}c_o + \frac{1}{4(r_1+r_2)}\varepsilon_c\delta l - \frac{r_1}{4(r_1+r_2)}c_i + \frac{r_0r_1}{4r_1(r_1+r_2)}\right] \\
&\times \left(\frac{r_0}{4} - \frac{r_1}{4}c_i - \frac{r_1+r_2}{4}c_o + \frac{1}{4}\varepsilon_c\delta l\right)
\end{aligned} \tag{7.24}$$

设备供应商收益：

$$\pi_e = \left(\frac{h_0}{2h_1} + \frac{h_2}{2h_1}q - \frac{1}{2}c_e\right)\left(\frac{1}{2}h_0 - \frac{h_1}{2}c_e + \frac{1}{2}h_2q\right) \tag{7.25}$$

2）补贴对象为投资商的 I 模型

投资商是微电网生产阶段的关键参与方，负责微电网的投资和建设，如大电网公司、五大发电集团、各地方能源投资集团、各地燃气公司、各地新能源公司、众筹基金等能源投资者。在电力体制改革和能源供应结构调整的背景下，投资商为了提高可再生能源利用率及获得更多市场收益，进入微电网市场开发微电网项目。投资商通过对相关资源的整合进行微电网的开发。因此，在微电网发展初期，政府往往采取直接补贴投资商的方式，以鼓励投资商进行微电网的开发。例如，天津滨海新区微电网项目，政府直接补贴投资商，以鼓励其进行微电网的开发。我们建立 I 模型来探讨政府对投资商进行补贴的情况。政府通过税收减免和直接补贴成本与收益的方式对投资商进行补贴。为了研究方便，我们假设补贴带来投资商成本的减少或收益的增加，投资商的决策函数变为

$$\pi_i = (p_1 - c_i + \varepsilon_i \delta l) D_o + (p_2 - c_i + \varepsilon_i \delta l) D_i - p_e D_e \quad (7.26)$$

此处用逆向归纳法求解均衡，从分配阶段的运营商开始求解均衡。运营商以价格 p_o 进行决策，因此，运营商的反应函数为

$$\frac{\partial \pi_o}{\partial p_o} = r_0 - 2(r_1 + r_2) p_o + (r_1 + r_2) p_1 + r_2 p_2 + (r_1 + r_2) c_o \quad (7.27)$$

均衡时一阶条件满足 $\frac{\partial \pi_o}{\partial p_o} = 0$，可得

$$p_o = \frac{1}{2} p_1 + \frac{r_2}{2(r_1 + r_2)} p_2 + \frac{r_0 + (r_1 + r_2) c_o}{2(r_1 + r_2)} \quad (7.28)$$

由于投资商根据价格 p_1、p_2 进行主动决策，将式（7.28）代入式（7.26），并计算 π_i 关于 p_1、p_2 的偏导，可得投资商的反应函数为

$$\frac{\partial \pi_i}{\partial p_1} = \frac{1}{2} r_0 - (r_1 + r_2) p_1 - \frac{1}{2} (r_1 + r_2) c_o \quad (7.29)$$
$$+ \frac{r_1}{2} c_i - \frac{r_1}{2} \varepsilon_i \delta l + r_2 p_2$$

$$\frac{\partial \pi_i}{\partial p_2} = \frac{r_1 r_2}{2(r_1 + r_2)} c_i + r_2 p_1 - \frac{r_2(2r_1 + r_2)}{r_1 + r_2} p_2 \quad (7.30)$$
$$+ \theta q - \frac{r_1 r_2}{2(r_1 + r_2)} \varepsilon_i \delta l + \frac{r_0 r_2}{2(r_1 + r_2)} + \frac{r_2}{2} c_o$$

均衡时一阶条件满足 $\frac{\partial \pi_i}{\partial p_1} = 0, \frac{\partial \pi_i}{\partial p_2} = 0$，可得

$$p_1 = \frac{1}{2(r_1 + r_2)} r_0 - \frac{1}{2} c_o + \frac{r_1}{2(r_1 + r_2)} c_i - \frac{r_1}{2(r_1 + r_2)} \varepsilon_i \delta l + \frac{r_2}{r_1 + r_2} p_2 \quad (7.31)$$

$$p_2 = \frac{r_1}{2(2r_1+r_2)}c_i + \frac{r_1+r_2}{2r_1+r_2}p_1 + \frac{r_1+r_2}{r_2(2r_1+r_2)}\theta q$$

$$- \frac{r_1}{2(2r_1+r_2)}\varepsilon_i\delta l + \frac{r_0}{2(2r_1+r_2)} + \frac{r_1+r_2}{2(2r_1+r_2)}c_o \tag{7.32}$$

联立式（7.31）和式（7.32）计算得

$$p_1 = \frac{1}{2r_1}r_0 - \frac{1}{2}c_o + \frac{1}{2}c_i - \frac{1}{2}\varepsilon_i\delta l + \frac{1}{2r_1}\theta q \tag{7.33}$$

$$p_2 = \frac{1}{2r_1}r_0 + \frac{r_1+r_2}{2r_1r_2}\theta q + \frac{1}{2}c_i - \frac{1}{2}\varepsilon_i\delta l \tag{7.34}$$

设备供应商以 p_e 进行主动决策，因此，设备供应商的反应函数为

$$\frac{\partial \pi_e}{\partial p_e} = D_e + (p_e - c_e)(-h_1) = h_0 - h_1 p_e + h_2 q - h_1 p_e + h_1 c_e$$

$$= h_0 - 2h_1 p_e + h_2 q + h_1 c_e \tag{7.35}$$

均衡时一阶条件满足 $\frac{\partial \pi_e}{\partial p_e} = 0$，可得

$$p_e = \frac{h_0}{2h_1} + \frac{h_2}{2h_1}q + \frac{1}{2}c_e \tag{7.36}$$

将式（7.33）和式（7.34）代入式（7.28）可得式（7.40）。由此，补贴给能源投资商均衡时的各参与方的价格为

$$p_1 = \frac{1}{2r_1}r_0 - \frac{1}{2}c_o + \frac{1}{2}c_i - \frac{1}{2}\varepsilon_i\delta l + \frac{1}{2r_1}\theta \tag{7.37}$$

$$p_2 = \frac{1}{2r_1}r_0 + \frac{r_1+r_2}{2r_1r_2}\theta q + \frac{1}{2}c_i - \frac{1}{2}\varepsilon_i \tag{7.38}$$

$$p_e = \frac{h_0}{2h_1} + \frac{h_2}{2h_1}q + \frac{1}{2}c_e \tag{7.39}$$

$$p_o = \frac{3r_1+2r_2}{4r_1(r_1+r_2)}r_0 + \frac{1}{4}c_o + \frac{1}{2r_1}\theta q + \frac{r_1+2r_2}{4(r_1+r_2)}c_i - \frac{r_1+2r_2}{4(r_1+r_2)}\varepsilon_i\delta l \tag{7.40}$$

这里所求得的 p_1、p_2、p_e、p_o 是政府对投资商进行补贴模型下均衡解的价格，它们的组合是该模型下均衡的决策集合。该模型下投资商、运营商和设备供应商采用这一决策组合是对自身最有利的。将 p_1、p_2、p_e、p_o 代入各参与方的收益函数和需求函数，可计算该决策下能源投资商、运营商和设备供应商的均衡收益如下。

投资商收益：

$$\pi_i = \left(\frac{1}{2r_1}r_0 - \frac{1}{2}c_o - \frac{1}{2}c_i + \frac{1}{2}\varepsilon_i\delta l + \frac{1}{2r_1}\theta q \right) \times \left(\frac{1}{4}r_0 - \frac{r_1 + r_2}{4}c_o - \frac{r_1}{4}c_i + \frac{r_1}{4}\varepsilon_i\delta l \right)$$

$$+ \left(\frac{1}{2r_1}r_0 + \frac{r_1 + r_2}{2r_1 r_2}\theta q - \frac{1}{2}c_i + \frac{1}{2}\varepsilon_i\delta l \right)$$

$$\times \left[\frac{r_2}{4(r_1 + r_2)}r_0 + \frac{1}{2}\theta q - \frac{r_1 r_2}{4(r_1 + r_2)}c_i + \frac{r_2}{4}c_o + \frac{r_1 r_2}{4(r_1 + r_2)}\varepsilon_i\delta l \right] \quad (7.41)$$

$$- \left(\frac{h_0}{2h_1} + \frac{h_2}{2h_1}q - \frac{1}{2}c_e \right)\left(\frac{1}{2}h_0 - \frac{h_1}{2}c_e + \frac{1}{2}h_2 q \right)$$

运营商收益：

$$\pi_o = \left[\frac{1}{4(r_1 + r_2)}r_0 - \frac{1}{4}c_o - \frac{r_1}{4(r_1 + r_2)}c_i + \frac{r_1}{4(r_1 + r_2)}\varepsilon_i\delta l \right]$$

$$\times \left(\frac{1}{4}r_0 - \frac{r_1 + r_2}{4}c_o - \frac{r_1}{4}c_i + \frac{r_1}{4}\varepsilon_i\delta l \right) \quad (7.42)$$

设备供应商收益：

$$\pi_e = \left(\frac{h_0}{2h_1} + \frac{h_2}{2h_1}q - \frac{1}{2}c_e \right)\left(\frac{1}{2}h_0 - \frac{h_1}{2}c_e + \frac{1}{2}h_2 q \right) \quad (7.43)$$

3）补贴对象为运营商的 O 模型

运营商作为微电网系统中配售环节的关键方，直接和用户进行交易。运营商的工作质量和效率，直接影响到用户对微电网的用电体验和需求满足水平。传统的电网以大电网公司作为运营商，进行电网输配电的统一运营和管理。随着电力体制改革，国家逐渐放开配售市场，允许私人资本进入电网的配售市场，有利于提高电网配售的质量和效率。为此，政府往往通过优惠和补贴的方式，以激励各方资本参与微电网的配售。例如，国家出台允许私人资本成立配售公司的政策和相应的优惠、补贴政策。我们建立 O 模型来探讨政府对运营商进行补贴的情况。为了研究方便，我们假设政府补贴增加了运营商的收益或减少了运营商的成本，运营商的决策函数变为

$$\pi_o = (p_o - p_1 - c_o + \varepsilon_o\delta l)D_o \quad (7.44)$$

我们用逆向归纳法求解均衡，从分配阶段的运营商开始求解均衡。运营商以价格 p_o 进行决策，因此，运营商的反应函数为

$$\frac{\partial \pi_o}{\partial p_o} = r_0 - 2(r_1 + r_2)p_o + (r_1 + r_2)p_1 + r_2 p_2 + (r_1 + r_2)c_o - (r_1 + r_2)\varepsilon_o\delta l \quad (7.45)$$

均衡时一阶条件满足 $\frac{\partial \pi_o}{\partial p_o} = 0$，可得

$$p_o = \frac{1}{2}p_1 + \frac{r_2}{2(r_1+r_2)}p_2 + \frac{r_0 - (r_1+r_2)\varepsilon_o\delta l + (r_1+r_2)c_o}{2(r_1+r_2)} \tag{7.46}$$

由于投资商根据价格 p_1、p_2 进行主动决策，将式（7.46）代入式（7.3），并计算 π_i 关于 p_1、p_2 的偏导，可得投资商的反应函数为

$$\frac{\partial \pi_i}{\partial p_1} = \frac{1}{2}r_0 - (r_1+r_2)p_1 + r_2 p_2 + \frac{1}{2}(r_1+r_2)\varepsilon_o\delta l - \frac{1}{2}(r_1+r_2)c_o + \frac{r_1}{2}c_i \tag{7.47}$$

$$\frac{\partial \pi_i}{\partial p_2} = \frac{r_1 r_2}{2(r_1+r_2)}c_i - \frac{r_2(2r_1+r_2)}{r_1+r_2}p_2 + r_2 p_1 + \frac{r_2}{2(r_1+r_2)}r_0 - \frac{r_2}{2}\varepsilon_o\delta l + \frac{r_2}{2}c_o + \theta q \tag{7.48}$$

均衡时一阶条件满足 $\frac{\partial \pi_i}{\partial p_1} = 0$，$\frac{\partial \pi_i}{\partial p_2} = 0$，联立方程解得

$$p_1 = \frac{1}{2(r_1+r_2)}r_0 + \frac{r_2}{r_1+r_2}p_2 + \frac{1}{2}\varepsilon_o\delta l - \frac{1}{2}c_o + \frac{r_1}{2(r_1+r_2)}c_i \tag{7.49}$$

$$p_2 = \frac{r_1}{2(2r_1+r_2)}c_i + \frac{r_1+r_2}{2r_1+r_2}p_1 + \frac{1}{2(2r_1+r_2)}r_0 - \frac{r_1+r_2}{2(2r_1+r_2)}\varepsilon_o\delta$$
$$+ \frac{r_1+r_2}{2(2r_1+r_2)}c_o + \frac{r_1+r_2}{r_2(2r_1+r_2)}\theta q \tag{7.50}$$

联立式（7.49）和式（7.50）计算得

$$p_1 = \frac{1}{2r_1}r_0 + \frac{1}{2}\varepsilon_o\delta l - \frac{1}{2}c_o + \frac{1}{2r_1}\theta q + \frac{1}{2}c_i \tag{7.51}$$

$$p_2 = \frac{1}{2}c_i + \frac{1}{2r_1}r_0 + \frac{r_1+r_2}{2r_1 r_2}\theta q \tag{7.52}$$

设备供应商以 P_e 进行主动决策，因此，设备供应商的反应函数为

$$\frac{\partial \pi_e}{\partial p_e} = h_0 - h_1 p_e + h_2 q - h_1 p_e + h_1 c_e = h_0 - 2h_1 p_e + h_2 q + h_1 c_e \tag{7.53}$$

均衡时一阶条件满足 $\frac{\partial \pi_e}{\partial p_e} = 0$，可得

$$p_e = \frac{h_0}{2h_1} + \frac{h_2}{2h_1}q + \frac{1}{2}c_e \tag{7.54}$$

将式（7.51）和式（7.52）代入式（7.46）可得式（7.57）。由此可得补贴给运营商均衡时各参与方的价格为

$$p_1 = \frac{1}{2r_1}r_0 + \frac{1}{2}\varepsilon_o\delta l - \frac{1}{2}c_o + \frac{1}{2r_1}\theta q + \frac{1}{2}c_i \tag{7.55}$$

$$p_2 = \frac{1}{2}c_i + \frac{1}{2r_1}r_0 + \frac{r_1+r_2}{2r_1 r_2}\theta \tag{7.56}$$

$$p_o = \frac{3r_1 + 2r_2}{4r_1(r_1 + r_2)} r_0 - \frac{1}{4}\varepsilon_o \delta l + \frac{1}{4}c_o + \frac{1}{2r_1}\theta q + \frac{r_1 + 2r_2}{4(r_1 + r_2)}c_i \qquad (7.57)$$

$$p_e = \frac{h_0}{2h_1} + \frac{h_2}{2h_1}q + \frac{1}{2}c_e \qquad (7.58)$$

这里所求得的 p_1、p_2、p_e、p_o 是政府对运营商进行补贴模型下均衡解的价格，它们的组合是该模型下均衡的决策集合，该模型下投资商、运营商和设备供应商采用这一决策组合是对自身最有利的。将 p_1、p_2、p_e、p_o 代入各参与方的收益函数和需求函数，可计算该决策下投资商、运营商和设备供应商的均衡收益如下。

投资商收益：

$$\begin{aligned}
\pi_i =& \left(\frac{1}{2r_1}r_0 + \frac{1}{2}\varepsilon_o \delta l - \frac{1}{2}c_o + \frac{1}{2r_1}\theta q - \frac{1}{2}c_i\right) \\
&\times \left(\frac{1}{4}r_0 + \frac{r_1 + r_2}{4}\varepsilon_o \delta l - \frac{r_1 + r_2}{4}c_o - \frac{r_1}{4}c_i\right) \\
&+ \left(-\frac{1}{2}c_i + \frac{1}{2r_1}r_0 + \frac{r_1 + r_2}{2r_1 r_2}\theta q\right) \\
&\times \left[\frac{r_2}{4(r_1 + r_2)}r_0 - \frac{r_2}{4}\varepsilon_o \delta l + \frac{r_2}{4}c_o + \frac{1}{2}\theta q - \frac{r_1 r_2}{4(r_1 + r_2)}c_i\right] \\
&- \left(\frac{h_0}{2h_1} + \frac{h_2}{2h_1}q - \frac{1}{2}c_e\right)\left(\frac{1}{2}h_0 - \frac{h_1}{2}c_e + \frac{1}{2}h_2 q\right)
\end{aligned} \qquad (7.59)$$

运营商收益：

$$\begin{aligned}
\pi_o =& \left[\frac{1}{4(r_1 + r_2)}r_0 + \frac{1}{4}\varepsilon_o \delta l - \frac{1}{4}c_o - \frac{r_1}{4(r_1 + r_2)}c_i\right] \\
&\times \left(\frac{1}{4}r_0 + \frac{r_1 + r_2}{4}\varepsilon_o \delta l - \frac{r_1 + r_2}{4}c_o - \frac{r_1}{4}c_i\right)
\end{aligned} \qquad (7.60)$$

设备供应商收益：

$$\pi_e = \left(\frac{h_0}{2h_1} + \frac{h_2}{2h_1}q - \frac{1}{2}c_e\right)\left(\frac{1}{2}h_0 - \frac{h_1}{2}c_e + \frac{1}{2}h_2 q\right) \qquad (7.61)$$

4）补贴对象为设备供应商的 E 模型

设备供应商是微电网生产阶段的重要参与方。例如，微电网的电机供应商、储能供应商等关键设备供应商，为微电网的开发提供设备和技术支持，对微电网发展至关重要。设备供应商通过提供自身的技术和设备与投资商共同建设微电网。微电网产业发展初期技术的不确定性和用户需求的不确定性较高。设备供应商的参与，可发挥其专业化的能力，提高微电网的技术和建设质量，能带来创新性和差异化的微电网建设方案和价格，有利于满足用户多样化需求，以促进微电网发展。为此，国家为鼓励设备供应商行业的发展，出台了相应的优惠政策。我们建立 E 模型来探讨政府给设备供应商提供补贴的情况。为了研究方便，我们假设政府补贴使设备供应商成本减少或收入增加，设备供应商的决策函数变为

$$\pi_e = \left(p_e - c_e + \varepsilon_e \delta l\right) D_e \tag{7.62}$$

我们用逆向归纳法求解均衡，从分配阶段的运营商开始求解均衡。运营商以价格 p_o 进行决策，因此，运营商的反应函数为

$$\frac{\partial \pi_o}{\partial p_o} = r_0 - 2\left(r_1 + r_2\right)p_o + \left(r_1 + r_2\right)p_1 + r_2 p_2 + \left(r_1 + r_2\right)c_o \tag{7.63}$$

均衡时一阶条件满足 $\dfrac{\partial \pi_o}{\partial p_o} = 0$，可得

$$p_o = \frac{1}{2}p_1 + \frac{r_2}{2\left(r_1 + r_2\right)}p_2 + \frac{r_0 + \left(r_1 + r_2\right)c_o}{2\left(r_1 + r_2\right)} \tag{7.64}$$

由于投资商根据价格 p_1、p_2 进行主动决策，将式（7.64）代入式（7.3），并计算 π_i 关于 p_1、p_2 的偏导，可得投资商的反应函数为

$$\frac{\partial \pi_i}{\partial p_1} = \frac{1}{2}r_0 - \left(r_1 + r_2\right)p_1 - \frac{1}{2}\left(r_1 + r_2\right)c_o + r_2 p_2 + \frac{r_1}{2}c_i \tag{7.65}$$

$$\frac{\partial \pi_i}{\partial p_2} = \frac{r_1 r_2}{2\left(r_1 + r_2\right)}c_i - \frac{r_2\left(2r_1 + r_2\right)}{r_1 + r_2}p_2 + r_2 p_1 + \frac{r_2}{2\left(r_1 + r_2\right)}r_0 + \frac{r_2}{2}c_o + \theta q \tag{7.66}$$

均衡时一阶条件满足 $\dfrac{\partial \pi_i}{\partial p_1} = 0,\ \dfrac{\partial \pi_i}{\partial p_2} = 0$，可得

$$p_1 = \frac{1}{2\left(r_1 + r_2\right)}r_0 - \frac{1}{2}c_o + \frac{r_2}{r_1 + r_2}p_2 + \frac{r_1}{2\left(r_1 + r_2\right)}c_i \tag{7.67}$$

$$p_2 = \frac{r_1}{2\left(2r_1 + r_2\right)}c_i + \frac{r_1 + r_2}{2r_1 + r_2}p_1 + \frac{1}{2\left(2r_1 + r_2\right)}r_0 + \frac{r_1 + r_2}{2\left(2r_1 + r_2\right)}c_o + \frac{r_1 + r_2}{r_2\left(2r_1 + r_2\right)}\theta q \tag{7.68}$$

联立式（7.67）和式（7.68）计算得

$$p_1 = \frac{1}{2r_1}r_0 + \frac{1}{2}c_i - \frac{1}{2}c_o + \frac{1}{2r_1}\theta q \tag{7.69}$$

$$p_2 = \frac{1}{2}c_i + \frac{1}{2r_1}r_0 + \frac{r_1 + r_2}{2r_1 r_2}\theta q \tag{7.70}$$

设备供应商以 p_e 进行主动决策，因此，设备供应商的反应函数为

$$\frac{\partial \pi_e}{\partial p_e} = h_0 - 2h_1 p_e + h_2 q + h_1 c_e - h_1 \varepsilon_e \delta l \tag{7.71}$$

均衡时一阶条件满足 $\dfrac{\partial \pi_e}{\partial p_e} = 0$，可得

$$p_e = \frac{h_0}{2h_1} + \frac{h_2}{2h_1}q + \frac{1}{2}c_e - \frac{1}{2}\varepsilon_e \delta l \tag{7.72}$$

将式（7.69）和式（7.70）代入式（7.64）可得式（7.76）。由此，补贴给设备供应商时，各参与方的价格为

$$p_1 = \frac{1}{2r_1}r_0 + \frac{1}{2}c_i - \frac{1}{2}c_o + \frac{1}{2r_1}\theta q \tag{7.73}$$

$$p_2 = \frac{1}{2}c_i + \frac{1}{2r_1}r_0 + \frac{r_1 + r_2}{2r_1 r_2}\theta q \tag{7.74}$$

$$p_e = \frac{h_0}{2h_1} + \frac{h_2}{2h_1}q + \frac{1}{2}c_e - \frac{1}{2}\varepsilon_e \delta l \tag{7.75}$$

$$p_o = \frac{3r_1 + 2r_2}{4r_1(r_1 + r_2)}r_0 + \frac{r_1 + 2r_2}{4(r_1 + r_2)}c_i + \frac{1}{4}c_o + \frac{1}{2r_1}\theta q \tag{7.76}$$

这里所求得的 p_1、p_2、p_e、p_o 是政府补贴给用户模型下均衡解的价格，它们的组合是该模型下均衡的决策集合，该模型下投资商、运营商和设备供应商采用这一决策组合是对自身最有利的。将 p_1、p_2、p_e、p_o 代入各参与方的收益函数和需求函数，可计算该决策下投资商、运营商和设备供应商的均衡收益如下。

投资商收益：

$$\begin{aligned}
\pi_i = {} & \left(\frac{1}{2r_1}r_0 - \frac{1}{2}c_i - \frac{1}{2}c_o + \frac{1}{2r_1}\theta q \right)\left(\frac{1}{4}r_0 - \frac{r_1}{4}c_i - \frac{r_1 + r_2}{4}c_o \right) \\
& + \left(-\frac{1}{2}c_i + \frac{1}{2r_1}r_0 + \frac{r_1 + r_2}{2r_1 r_2}\theta q \right)\left[\frac{r_2}{4(r_1 + r_2)}r_0 - \frac{r_1 r_2}{4(r_1 + r_2)}c_i + \frac{r_2}{4}c_o + \frac{1}{2}\theta q \right] \\
& - \left(\frac{h_0}{2h_1} + \frac{h_2}{2h_1}q + \frac{1}{2}c_e - \frac{1}{2}\varepsilon_e \delta l \right)\left(\frac{h_0}{2} - \frac{h_2}{2}q - \frac{h_1}{2}c_e + \frac{h_1}{2}\varepsilon_e \delta l \right)
\end{aligned} \tag{7.77}$$

运营商收益：

$$\pi_o = \left[\frac{1}{4(r_1 + r_2)}r_0 - \frac{r_1}{4(r_1 + r_2)}c_i - \frac{1}{4}c_o \right]\left(\frac{1}{4}r_0 - \frac{r_1}{4}c_i - \frac{r_1 + r_2}{4}c_o \right) \tag{7.78}$$

设备供应商收益：

$$\pi_e = \left(\frac{h_0}{2h_1} + \frac{h_2}{2h_1}q - \frac{1}{2}c_e + \frac{1}{2}\varepsilon_e \delta l \right)\left(\frac{h_0}{2} + \frac{h_2}{2}q - \frac{h_1}{2}c_e + \frac{h_1}{2}\varepsilon_e \delta l \right) \tag{7.79}$$

2. 价格指标与收益指标结果分析

通过计算政府对用户、投资商、运营商和设备供应商进行补贴的模型，可发现政府补贴给不同的对象使得微电网产业链效率显著不同。在微电网开发过程中，当政府将不同价格和利润指标作为协调微电网项目开发和发展的优化目标时，微电网产业链效率不同。本节通过对不同补贴对象模型下定价和收益的对比与分析，来探讨微电网产业链各参与方的价值补偿，以及何种补贴对象的选择能使微电网产业链效率最优。

1）价格指标的比较分析

（1）投资商直接售电给用户的价格指标 p_2。

$$
\begin{aligned}
p_{i2} - p_{c2} &= -\frac{1}{2}\varepsilon_i \delta l + \frac{r_1 + r_2}{2r_1 r_2}\varepsilon_c \delta l \\
&= \frac{(r_1 + r_2)\varepsilon_c - r_1 r_2 \varepsilon_i}{2r_1 r_2}\delta l
\end{aligned}
\tag{7.80}①
$$

当 $\varepsilon_i \leqslant \dfrac{r_1 + r_2}{r_1 r_2}\varepsilon_c$ 时，$p_{i2} - p_{c2} \geqslant 0$，$p_{i2} \geqslant p_{c2}$，此时有 $p_{e2} = p_{o2} > p_{i2} \geqslant p_{c2}$，即 $E = O > I \geqslant C$；

当 $\varepsilon_i > \dfrac{r_1 + r_2}{3r_1 + 2r_2}\varepsilon_c$ 时，$p_{i2} - p_{c2} < 0$，$p_{i2} < p_{c2}$，此时有 $p_{e2} = p_{o2} > p_{c2} > p_{i2}$，即 $E = O > C > I$。

（2）投资商售电给运营商的价格指标 p_1。

当 $p_{o1} > p_{e1}$，$O > E$

$$
\begin{aligned}
p_{c1} - p_{i1} &= -\frac{r_2}{2r_1(r_1 + r_2)}\varepsilon_c \delta l + \frac{1}{2}\varepsilon_i \delta l \\
&= \frac{r_1(r_1 + r_2)\varepsilon_i - r_2 \varepsilon_c}{2r_1(r_1 + r_2)}\delta l
\end{aligned}
\tag{7.81}
$$

当 $\varepsilon_i > \dfrac{r_2}{r_1(r_1 + r_2)}\varepsilon_c$ 时，$p_{c1} - p_{i1} > 0$，$p_{c1} > p_{i1}$，此时有 $p_{o1} > p_{e1} > p_{c1} > p_{i1}$，即 $O > E > C > I$；

当 $\varepsilon_i \leqslant \dfrac{r_2}{r_1(r_1 + r_2)}\varepsilon_c$ 时，$p_{c1} - p_{i1} \leqslant 0$，$p_{c1} \leqslant p_{i1}$，此时有 $p_{o1} > p_{e1} > p_{i1} \geqslant p_{c1}$，即 $O > E > I \geqslant C$。

---

① 对于投资商直售电价格 p_2 而言，p_{i2} 代表补贴给投资商时的 p_2 价格，p_{c2} 代表补贴给用户时的 p_2 价格，p_{o2} 代表补贴给运营商时的 p_2 价格，p_{e2} 代表补贴给设备商时的 p_2 价格。

（3）运营商售电给用户的价格指标 p_o。

$$p_{oo} - p_{io} = -\frac{1}{4}\varepsilon_o \delta l + \frac{r_1 + 2r_2}{4(r_1 + r_2)}\varepsilon_i \delta l$$

$$= \frac{(r_1 + 2r_2)\varepsilon_i - (r_1 + r_2)\varepsilon_o}{4(r_1 + r_2)}\delta l \tag{7.82}$$

$$p_{oo} - p_{co} = -\frac{1}{4}\varepsilon_o \delta l + \frac{2r_2 - r_1}{4r_1(r_1 + r_2)}\varepsilon_c \delta l$$

$$= \frac{(2r_2 - r_1)\varepsilon_c - r_1(r_1 + r_2)\varepsilon_o}{4r_1(r_1 + r_2)}\delta l \tag{7.83}$$

当 $\dfrac{2r_2 - r_1}{r_1(r_1 + r_2)}\varepsilon_c < \varepsilon_o \leqslant \dfrac{r_1 + 2r_2}{r_1 + r_2}\varepsilon_i$ 时，$p_{io} \leqslant p_{oo} < p_{co}$，此时有 $p_{eo} > p_{co} > p_{oo} \geqslant p_{io}$，即 $E > C > O \geqslant I$；

当 $\dfrac{r_1 + 2r_2}{r_1 + r_2}\varepsilon_i < \varepsilon_o \leqslant \dfrac{2r_2 - r_1}{r_1(r_1 + r_2)}\varepsilon_c$ 时，$p_{co} \leqslant p_{oo} < p_{io}$，此时有 $p_{eo} > p_{io} > p_{oo} \geqslant p_{co}$，即 $E > I > O \geqslant C$。

（4）设备供应商提供设备给投资商的价格指标 p_e。

$$p_{ie} = p_{oe} = p_{ce} \tag{7.84}$$

$$p_{ee} - p_{ie} = -\frac{1}{2}\varepsilon_e \delta l \tag{7.85}$$

即 $I = O = C > E$。

可得结论如下：微电网产业链运转效率的四种价格指标均由补贴对投资商成本的影响系数 ε_i、补贴对运营商成本的影响系数 ε_o、补贴对用户需求的影响系数 ε_c、用户对运营商售电的价格弹性系数 r_1 及用户对运营商和投资商价格差的弹性系数 r_2 五个参数决定。不同补贴对象下价格的具体值和大小关系由 ε_i、ε_o、ε_c、r_1、r_2 等参数的具体值而定。

对于投资商直接售电给用户的价格 p_2 而言，补贴给投资商和用户时的价格明显低于补贴给设备供应商和运营商时的价格。其主要原因是补贴给投资商和用户时，直接或间接地降低了微电网的成本，从而导致微电网直售电价格的下降。对于投资商售电给运营商的价格 p_1 而言，补贴给运营商时的价格最高，补贴给设备供应商和投资商时较低。其主要原因是补贴给运营商时，降低了运营商的成本，提高了运营商的销售量，进而导致投资商售电给运营商的电力价格升高。对于运营商售电给用户的价格 p_o 而言，补贴给设备供应商时最高，补贴给运营商、投资商和用户时较低。其主要原因是补贴给运营商、投资商和用户时，降低了运营商的购电成本和增加了运营商的需求，从而导致运营商电价的降低。

2）收益指标的比较分析

（1）投资商的收益函数 π_i。

$$
\begin{aligned}
\pi_{ii} - \pi_{oi} =& \left(\frac{r_1}{4}\varepsilon_i\delta l - \frac{r_1+r_2}{4}\varepsilon_o\delta l \right) \times \left(\frac{1}{2r_1}r_0 - \frac{1}{2}c_o + \frac{1}{2r_1}\theta q - \frac{1}{2}c_i \right) \\
&+ \left(\frac{1}{2}\varepsilon_i\delta l - \frac{1}{2}\varepsilon_o\delta l \right) \times \left(\frac{1}{4}r_0 - \frac{r_1+r_2}{4}c_o - \frac{r_1}{4}c_i \right) \\
&+ \left(\frac{1}{2}\varepsilon_i\delta l \times \frac{r_1}{4}\varepsilon_i\delta l - \frac{1}{2}\varepsilon_o\delta l \times \frac{r_1+r_2}{4}\varepsilon_o\delta l \right) \\
&+ \left[\frac{r_1 r_2}{4(r_1+r_2)}\varepsilon_i\delta l + \frac{r_2}{4}\varepsilon_o\delta l \right] \times \left(-\frac{1}{2}c_i + \frac{1}{2r_1}r_0 + \frac{r_1+r_2}{2r_1 r_2}\theta q \right) \\
&+ \frac{1}{2}\varepsilon_i\delta l \times \left[\frac{r_2}{4(r_1+r_2)}r_0 + \frac{1}{2}\theta q - \frac{r_1 r_2}{4(r_1+r_2)}c_i + \frac{r_2}{4}c_o \right] \\
&+ \frac{1}{2}\varepsilon_i\delta l \times \frac{r_1 r_2}{4(r_1+r_2)}\varepsilon_i\delta l > 0
\end{aligned}
\tag{7.86}
$$

$$
\begin{aligned}
\pi_{oi} - \pi_{ci} =& \left(\frac{r_1+r_2}{4}\varepsilon_o\delta l - \frac{1}{4}\varepsilon_c\delta l \right) \times \left(\frac{1}{2r_1}r_0 - \frac{1}{2}c_o + \frac{1}{2r_1}\theta q - \frac{1}{2}c_I \right) \\
&+ \left[\frac{1}{2}\varepsilon_o\delta l + \frac{r_2}{2r_1(r_1+r_2)}\varepsilon_c\delta l \right] \times \left(\frac{1}{4}r_0 - \frac{r_1+r_2}{4}c_o - \frac{r_1}{4}c_I \right) \\
&+ \left[\frac{1}{2}\varepsilon_o\delta l \times \frac{r_1+r_2}{4}\varepsilon_o\delta l + \frac{r_2}{2r_1(r_1+r_2)}\varepsilon_c\delta l \times \frac{1}{4}\varepsilon_c\delta l \right] \\
&+ \left[-\frac{r_2}{4}\varepsilon_o\delta l - \frac{4(2r_1+3r_2)}{4(r_1+r_2)}\varepsilon_c\delta l \right] \times \left(-\frac{1}{2}c_i + \frac{1}{2r_1}r_0 + \frac{r_1+r_2}{2r_1 r_2}\theta q \right) \\
&+ \frac{r_1+r_2}{2r_1 r_2}\varepsilon_c\delta l \times \left[\frac{r_2}{4(r_1+r_2)}r_0 + \frac{1}{2}\theta q - \frac{r_1 r_2}{4(r_1+r_2)}c_i + \frac{r_2}{4}c_o \right] \\
&+ \frac{4(2r_1+3r_2)}{4(r_1+r_2)}\varepsilon_c\delta l \times \frac{r_1+r_2}{2r_1 r_2}\varepsilon_c\delta l > 0
\end{aligned}
\tag{7.87}
$$

投资商收益的大小受 ε_c、ε_i、ε_o、δl、r_0、r_1、r_2、c_o、θq 等参数大小的影响。

当 ε_c、ε_i、ε_o 小于 r_0、r_1、r_2 等参数的影响时，即 $I > O > C > E$。

当 ε_c、ε_i、ε_o 大于 r_0、r_1、r_2 等参数的影响时，视 ε_c、ε_i、ε_o、δl、r_0、r_1、r_2、c_o、θq 的具体值而定。

（2）设备供应商的收益函数指标 π_e。

因为 $\dfrac{1}{2}\varepsilon_e\delta l$、$\dfrac{h_1}{2}\varepsilon_e\delta l$ 参数值均大于 0，所以可得 $\pi_{ee} > \pi_{ce} = \pi_{ie} = \pi_{oe}$，即
$E > C = I = O$。

（3）运营商收益指标 π_o。

$$
\begin{aligned}
\pi_{oo} - \pi_{io} &= \left[\frac{1}{4}\varepsilon_o\delta l - \frac{r_1}{4(r_1+r_2)}\varepsilon_i\delta l\right]\left(\frac{1}{4}r_0 - \frac{r_1+r_2}{4}c_o - \frac{r_1}{4}c_i\right) \\
&\quad + \left(\frac{r_1+r_2}{4}\varepsilon_o\delta l - \frac{r_1}{4}\varepsilon_i\delta l\right) \times \left[\frac{1}{4(r_1+r_2)}r_0 - \frac{1}{4}c_o - \frac{r_1}{4(r_1+r_2)}c_i\right] \\
&\quad + \left[\frac{1}{4}\varepsilon_o\delta l \times \frac{r_1+r_2}{4}\varepsilon_o\delta l - \frac{r_1}{4(r_1+r_2)}\varepsilon_i\delta l \times \frac{r_1}{4}\varepsilon_i\delta l\right] > 0
\end{aligned}
\tag{7.88}
$$

$$
\begin{aligned}
\pi_{io} - \pi_{co} &= \left[\frac{r_1}{4(r_1+r_2)}\varepsilon_i\delta l - \frac{1}{4(r_1+r_2)}\varepsilon_c\delta l\right]\left(\frac{1}{4}r_0 - \frac{r_1+r_2}{4}c_o - \frac{r_1}{4}c_i\right) \\
&\quad + \left(\frac{r_1}{4}\varepsilon_i\delta l - \frac{1}{4}\varepsilon_c\delta l\right) \times \left[\frac{1}{4(r_1+r_2)}r_0 - \frac{1}{4}c_o - \frac{r_1}{4(r_1+r_2)}c_i\right] \\
&\quad + \left[\frac{r_1}{4(r_1+r_2)}\varepsilon_i\delta l \times \frac{r_1}{4}\varepsilon_i\delta l - \frac{1}{4(r_1+r_2)}\varepsilon_c\delta l \times \frac{1}{4}\varepsilon_c\delta l\right] > 0
\end{aligned}
\tag{7.89}
$$

运营商收益的大小受 ε_c、ε_i、ε_o、δl、r_0、r_1、r_2、c_o、θq 等参数大小的影响。

当 ε_c、ε_i、ε_o 小于 r_0、r_1、r_2 等参数的影响时，即 $O > I > C > E$。

当 ε_c、ε_i、ε_o 大于 r_0、r_1、r_2 等参数的影响时，视 ε_c、ε_i、ε_o、δl、r_0、r_1、r_2、c_o、θq 的具体值而定。

可得结论如下：微电网产业链运转中各参与方的利润分配与微电网开发的单位补贴 δl、补贴对投资商成本的影响系数 ε_i、补贴对运营商成本的影响系数 ε_o、补贴对用户需求的影响系数 ε_c、用户对运营商售电的价格弹性系数 r_1、用户对运营商和投资商价格差的弹性系数 r_2、投资商提供的微电网质量系数 θ 均显著相关。不同补贴对象下收益的具体值和大小关系由 δl、ε_i、ε_o、ε_c、r_1、r_2、θ 等参数的具体值而定。

当补贴的影响小于价格的影响时，对于投资商的收益而言，补贴给投资商时的利润大于补贴给其他方时的利润。这主要是因为补贴给投资商时，降低了投资商的成本和风险，从而增加了投资商的收益。对于设备供应商的收益而言，补贴给设备供应商时最高，补贴给其他方时较低。这主要是因为补贴给设备供应商时降低了设备供应商的研发和技术成本，从而有利于增加设备供应商的收益。对于运营商的收益而言，补贴给运营商时最高，补贴给其他方时较低。这主要是因为补贴给运营商时降低了运营商的成本，从而增加了运营商的收益。综上，当补贴

的影响小于价格的影响时，可看出不同补贴对象对微电网产业链的利润分配有重要影响。当补贴的影响大于价格的影响时，各方的收益视具体情况而定，补贴将会对微电网产业链中各方的收益产生更加显著的影响。

3. 算例分析

1）算例介绍

我们通过数值分析来进一步探讨微电网产业链补贴和微电网价值补偿问题。假设微电网市场中有五个参与方，分别为政府、设备供应商、投资商、运营商和用户。由于微电网对利用可再生能源、电力市场改革和能源结构调整具有重要意义，在微电网发展初期，为了鼓励微电网发展，政府通过财政补贴的方式促进各方参与微电网开发。

基于微电网行业的特征，以及相关的假设和经济学理论，我们假设：微电网市场电力总需求量、用户对运营商售电的价格弹性系数、用户对运营商和投资商价格差的弹性系数、投资商提供的微电网质量系数分别为 $r_0 = 200$ 千瓦时，$r_1 = 2$，$r_2 = 3$，$\theta = 6$。政府对微电网的补贴系数、单位微电网补贴的最高限额、补贴对投资商成本、设备供应商成本、运营商成本、用户需求的影响系数分别为 $\delta = 0.2$，$l = 100$，$\varepsilon_i = 2.4$，$\varepsilon_e = 0.4$，$\varepsilon_o = 2.2$，$\varepsilon_c = 2$。投资商的投资成本、运营商的运营成本和设备供应商的技术成本分别为 $c_i = 40$（元/千瓦时），$c_o = 10$（元/千瓦时），$c_e = 10$（元/千瓦时）。投资商对设备供应商的总需求、投资商对设备供应商需求的价格弹性系数和质量需求弹性系数分别为 $h_0 = 40$ 千瓦时，$h_1 = 2$，$h_2 = 4$。设备供应商的技术水平、技术系数和技术成本弹性系数分别为 $t = 1$，$\rho = 5$，$k = 2$。

通过 Matlab 我们计算了各补贴模型下市场均衡时的价格和收益情况，如表 7.7 所示。接下来我们进一步分析各补贴模型下微电网产业链的运转效率及技术水平和补贴的变化对各参与方收益的影响。

表 7.7　不同补贴对象下的微电网产业指标

指标	补贴给投资商（模型 I）	补贴给设备供应商（模型 E）	补贴给运营商（模型 O）	补贴给用户（模型 C）
p_o	66.80	86.00	75.00	82.00
p_1	48.50	72.50	94.50	66.50
p_2	58.50	82.50	82.50	65.83
p_e	20.00	16.00	20.00	20.00
π_o	344.45	61.25	1 051.30	151.25
π_i	5 117.60	2 162.00	4 070.00	4 061.70
π_e	200.00	392.00	200.00	200.00

　　2）算例结果分析

　　（1）不同补贴对象下微电网产业链的运转效率。微电网不同发展阶段的主要问题和矛盾不同，因此政府采取的补贴措施也不同。通过选取不同的补贴对象，有利于实现政府的目标和微电网产业链的运转效率。根据表 7.7 中的数据，我们可以分析出政府补贴不同对象时对微电网产业链运转效率的影响。

　　当政府补贴给投资商时，投资商的直接售电价格 0.585（元/千瓦时）在 4 个模型中是最低的，批发价格 0.485（元/千瓦时）在 4 个模型中也是最低的，进而导致运营商的售电价格 0.668（元/千瓦时）在 4 个模型中是最低的，从而使投资商的收益 51.176（亿元）在 4 个模型中是最高的。这主要是因为，补贴给投资商时，降低了投资商的成本，增加了投资商的需求，从而提高了投资商的利润。当政府补贴给设备供应商时，设备供应商的价格 0.16（元/千瓦时）在 4 个模型中是最低的，设备供应商的收益 3.92（亿元）在 4 个模型中是最高的，投资商的售电价格、运营商的售电价格最高，投资商的收益 21.62（亿元）、运营商的收益 0.612 5（亿元）在 4 个模型中是最低的。这主要是因为，补贴给设备供应商时，尽管降低了设备供应商的成本，增加了设备供应商的收益，但设备供应商的收益对整个微电网产业链运转的收益而言，影响较小，导致其他参与方和微电网产业链得到补贴带来的好处较少。当政府补贴给运营商时，此时投资商的直接售电价格 0.825（元/千瓦时）在 4 个模型中是最高的，批发价格 0.945（元/千瓦时）在 4 个模型中是最高的，设备供应商的价格 0.20（元/千瓦时）在 4 个模型中是最高的，运营商的价格 0.75（元/千瓦时）较高，运营商的收益 10.513（亿元）在 4 个模型中是最高的，设备供应商和投资商的收益 2（亿元）、40.7（亿元）也处于较高的位置。这主要是因为，此时补贴降低了运营商的成本，有利于适当降低运营商的售电价格，增加了用户需求及对投资商的需求，从而导致运营商的收益增加。当政府补贴给用户时，增加了用户需求，微电网投资商的售电价格 0.658 3（元/千瓦时）相对较低，从而增加了对微电网投资商和设备供应商的需求。

　　综上，当微电网市场出现不同的特征时，政府可通过调整补贴对象和补贴方式来影响微电网市场，进而合理健康地促进微电网发展。

　　（2）微电网技术水平变化对各参与方收益的影响。微电网属于技术密集型产业，其不同发展阶段的技术水平呈现显著的不同。微电网系统的技术水平不仅影响微电网建设的质量和微电网的用户需求，也影响微电网产业链中各方参与微电网开发的积极性和收益。因此，微电网的技术水平对微电网系统具有重要影响。为了进一步分析技术水平对微电网产业链的影响，我们用图 7.2~图 7.4 分析技术水平变化对微电网各参与方收益的影响。

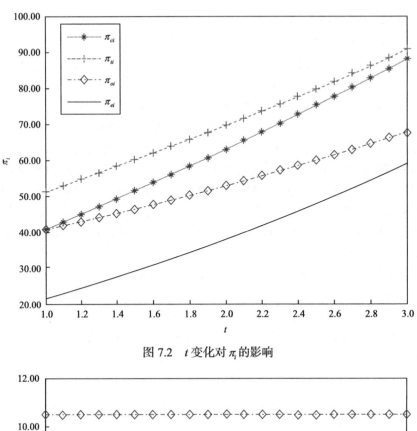

图 7.2　t 变化对 π_i 的影响

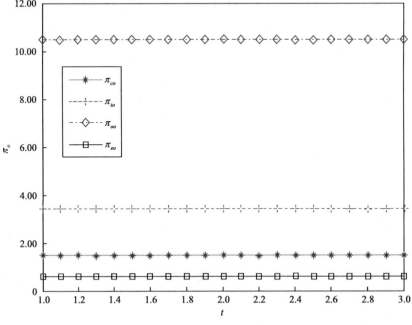

图 7.3　t 变化对 π_o 的影响

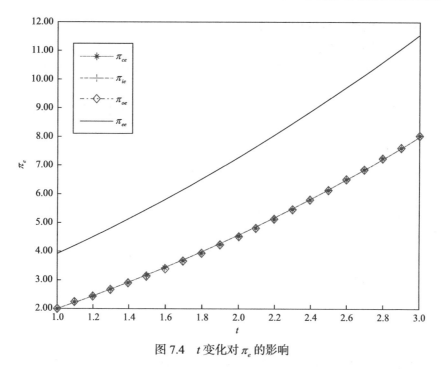

图 7.4　t 变化对 π_e 的影响

由图 7.2 可看出，当技术水平从 1.0 变到 3.0 时，随着技术水平的提升，不同补贴对象下微电网投资商的收益均逐渐上升。补贴给用户时投资商的收益上升得最快。这可能是因为，随着投资商建设微电网的技术水平提升，微电网可更好地保障供电的安全性、可靠性和满足用户需求的程度，增加了用户需求，从而使微电网投资商的收益呈不断上升的趋势。由图 7.3 可看出，当技术水平从 1.0 变到 3.0 时，随着技术水平的提升，各补贴模型下运营商的收益不变，运营商的收益不受技术水平变化的影响。这主要是因为，运营商主要是微电网产业链的中间环节，作为微电网的运营维护方，有固定的收益，受微电网技术水平变化影响较小。由图 7.4 可看出，当技术水平从 1.0 变到 3.0 时，随着技术水平的提升，设备供应商的收益增加。补贴给投资商、运营商和用户时设备供应商的收益相等。同时，补贴给投资商、运营商和用户时设备供应商的收益小于补贴给设备供应商时的收益，且前者也小于后者的增长速度。这主要是因为，补贴给其他参与方时对设备供应商产生的间接影响小于直接补贴给设备供应商带来的影响。

综上，微电网技术水平的提升，有利于提升微电网系统的建设质量及对用户需求的满足，进而提升微电网各方的收益，有利于提高各方参与的积极性和推动微电网发展。同时，随着各参与方收入水平的提升，微电网各参与方能很好地平衡自己的成本和收益，进而对补贴的需求就不太强烈，当微电网技术水平发展成熟的时候，可逐渐取消对微电网的补贴。

3）补贴变化对各参与方收益的影响

不仅补贴对象对微电网产业链的运转效率产生影响，补贴额度和方式的变化也会对微电网产业链产生重要影响。为此，我们用图 7.5~图 7.7 分析补贴变化对微电网各参与方收益的影响。

由图 7.5 可看出，当补贴额度从 0.20（元/千瓦时）变化到 0.40（元/千瓦时）时，随着补贴额度的增加，补贴给用户、设备供应商时投资商的收益减少，补贴给投资商、运营商时投资商的收益增加。这主要是因为，投资商的收益受投资商和运营商的影响较大，受用户和设备供应商的影响较小。由图 7.6 可看出，当补贴额度从 0.20（元/千瓦时）变化到 0.40（元/千瓦时）时，随着补贴额度的增加，补贴给运营商、用户、投资商时运营商的收益均增加，且运营商收益的增加幅度在补贴给运营商时大于补贴给投资商和用户。补贴给设备供应商时运营商的收益不变。这主要是因为，运营商的收益受运营商和投资商的影响较大，受用户的影响较小。由图 7.7 可看出，当补贴额度从 0.20（元/千瓦时）变化到 0.40（元/千瓦时）时，随着补贴额度的增加，补贴给用户、投资商、运营商时设备供应商的收益相等且不变，补贴给设备供应商时设备供应商的收益增加。

综上，可看出补贴额度并不是越高越好，存在最优边界。例如，实际中通过限额补贴、限价补贴及逐渐取消补贴的方式，既促进微电网发展也促进补贴额度的调整，进而促进微电网的市场化运作和发展。

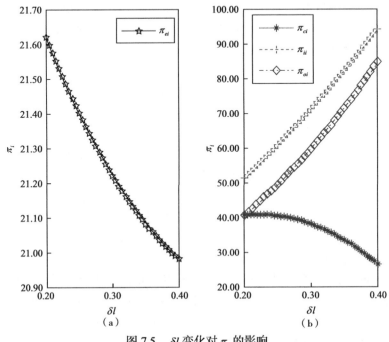

图 7.5　δl 变化对 π_i 的影响

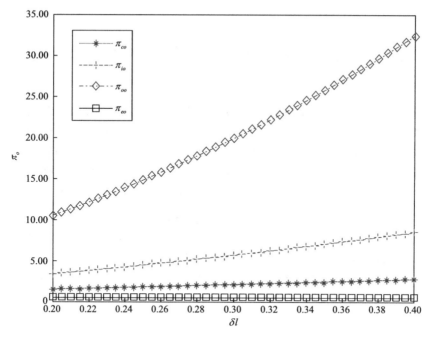

图 7.6　δl 变化对 π_o 的影响

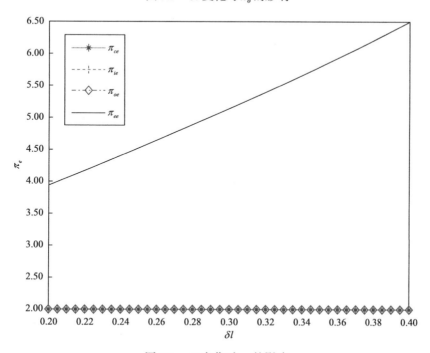

图 7.7　δl 变化对 π_e 的影响

7.4　考虑市场效率的微电网项目市场补偿机制研究

7.3 节从产业效率的角度分析了微电网系统政府补偿机制对微电网价值补偿产生的影响，本节将从市场交易的角度考察其对微电网价值补偿的影响。通过市场交易机制来实现微电网价值补偿既是对微电网现有政府补偿机制的有效补充，也符合未来微电网产业不断发展，产业成熟度、市场化程度提升后的发展趋势。2017 年，我国试行可再生能源绿色电力证书核发及自愿认购交易制度，在此背景下，深入研究可再生能源配额制及绿证制度对微电网价值补偿的影响具有重要的理论和现实意义。本节通过建立三阶段动态博弈，研究可再生能源配额和绿证交易价格对电力企业利润、电量及可再生能源利用技术水平的影响，以及不同的可再生能源利用技术投资决策对电力企业的影响，从而深化对微电网价值补偿问题的认识。

7.4.1　项目市场化价值补偿问题

1. 微电网市场化价值补偿问题提出的背景

据统计，截至 2017 年底我国可再生能源发电补贴缺口已达 1 127 亿元，随着国内可再生能源补贴缺口持续积累，将转为其他替代解决机制进行化解，客观上显示了本书研究相关价值补偿问题的重要性。补贴资金不能及时兑现一方面使相关企业经营陷入困境，另一方面也会动摇市场对可再生能源行业发展的信心。可再生能源补贴资金入不敷出的原因之一在于补贴资金的来源单一。依据《中华人民共和国可再生能源法》，我国自 2006 年开始征收的可再生能源电价附加收入是补贴资金的主要来源。虽然国家发改委不断上调征收标准，已经由 2006 年的 0.1分/千瓦时调整至 2015 年的 1.9 分／千瓦时，但仍难以匹配可再生能源行业的发展规模与速度。为此，鉴于财政压力加大和推进可再生能源产业市场化发展的初衷，我国在《可再生能源发展“十二五”规划》中已提出要实施可再生能源电力配额制，在《可再生能源发展“十三五”规划》中提出建立可再生能源绿色证书交易机制。2017 年 1 月，为促进清洁能源消纳利用，进一步完善风电、光伏发电的补贴机制，国家发改委等部门联合下发了《关于试行可再生能源绿色电力证书核发及自愿认购交易制度的通知》，该通知对可再生能源绿色电力证书的核发和自愿认购规则等做了规定。可再生能源配额制及绿证制度拓展了微电网收益来源渠道，有利于促使微电网从被动等待补贴向积极参与绿证市场交易的角色转变。

然而，在我国未强制实行可再生能源配额制的情况下，绿色电力证书自愿认购的效果并不理想。据统计，截至 2022 年，全年核发绿证 2 060 万个，对应电量 206 亿千瓦时，较 2021 年增长 135%；交易数量达到 969 万个，对应电量 96.9 亿千瓦时，较 2021 年增长 15.8 倍。截至 2022 年底，全国累计核发绿证约 5 954 万个，累计交易数量 1 031 万个[①]。风电和光伏交易量占风电和光伏挂牌量比例分别为 0.6% 和 0.06%，均出现占比低的情况。绿证成交量低的可能原因在于，一是在交易规则还不完善的情况下，收益预期不确定性大，绿证卖方和买方还处于观望阶段；二是绿证卖方和买方在进行利益权衡，如当前政策规定绿证交易价格不高于证书对应电量的可再生能源电价附加资金补贴金额，绿色电力企业出售可再生能源绿色电力证书后，相应的电量不再享受国家补贴，作为绿证卖方就会在获得政府补贴和绿色电力收益中进行权衡。因此，当国家强制实施可再生能源配额制，出台具体可行的政策规划、实施方法及监管措施，绿证买卖双方收益预期不确定性降低后，绿证交易机制会逐步建立起来。

2. 微电网市场化价值补偿问题研究综述

学术界对可再生能源配额制和绿证制度开展了广泛的研究。Tamás 等（2010）在完全竞争市场和不完全竞争市场下对英国实施的可再生能源配额制和上网电价补贴制度进行了实施效果对比分析，研究发现，两种制度在完全竞争市场下作用相同，在不完全竞争市场下可再生能源配额制的效果优于上网电价补贴制度。Sun 和 Nie（2015）建立了两阶段寡头博弈模型比较可再生能源配额制和上网电价补贴制度的效果，研究发现，在增加可再生能源（装机容量）数量和刺激研发投入以降低成本方面，上网电价补贴制度比可再生能源配额制更有效，而可再生能源配额制在减少碳排放和改善消费者剩余方面更有效，但两种政策对社会福利的影响在很大程度上取决于负外部性水平。Ritzenhofen 等（2016）利用动态长期投资分析模型分析了可再生能源支持计划，分析发现可再生能源组合标准、上网电价和市场溢价三个方案均有利于降低可再生能源的利用成本，增加可再生能源的采用和降低二氧化碳的排放。Zuo 等（2019）利用演化博弈分析了可再生能源配额、绿证、补贴和罚款之间的关系，研究发现降低补贴和更高的罚款有利于促进绿证制度和可再生能源配额制的实施。

分析发现，以上研究主要从上网电价补贴和可再生能源配额制与绿证制度的比较中，分析两类政策的实施效果，考察两类政策对可再生能源的利用、碳排放

---

① 国家能源局发布 2022 年可再生能源发展情况并介绍完善可再生能源绿色电力证书制度有关工作进展等情况，https://www.gov.cn/xinwen/2023-02/14/content_5741481.htm，2023-02-14。

及社会福利等的影响，而没有关注可再生能源配额制和绿证制度对微电网价值补偿的问题。因此，本节从市场效率的角度分析可再生能源配额制及绿证制度对微电网项目资源价值补偿机理。本节所使用的变量和参数定义如表 7.8 所示。

表 7.8　变量和参数定义（二）

符号	含义
a	电力市场规模
Q	市场总需求电量
P	单位电量电价
q_m	微电网提供的可再生能源电量
q_g	大电网公司提供的以传统能源为主的电量
x_m	微电网可再生能源利用技术创新水平
x_g	大电网公司可再生能源利用技术创新水平
c_m	微电网单位电量生产成本
c_g	大电网公司单位电量生产成本
c_1	微电网单位电量固定生产成本
c_2	大电网公司单位电量固定生产成本
w_m	微电网已消纳的可再生能源电量
w_g	大电网公司已消纳的可再生能源电量
r_m	微电网需要购买的可再生能源配额
r_g	大电网公司需要购买的可再生能源配额
p^e	绿证交易价格
π_m	微电网利润
π_g	大电网公司利润
E_m	微电网未完成配额产生的环境损失
E_g	大电网公司未完成配额产生的环境损失
CS	用户剩余
SW	社会收益
k	可再生能源利用技术创新投资成本弹性系数
δ	技术溢出系数
θ	政府分配的可再生能源消纳系数（或称可再生能源配额）
ρ	环境损失系数

7.4.2　基于可再生能源配额制和绿证制度的博弈模型建立

1. 模型情境

为缓解可再生能源补贴资金压力和促进可再生能源消纳，政府实施可再生能源配额制和绿证制度，该制度的实施为微电网项目资源价值补偿提供了市场化的途径。为促进可再生能源利用，政府对微电网、大电网公司等电力企业强制分配的可再生能源配额 θ，配额制的实施为电力企业交易绿证提供了动力，绿证又为电力企业绿色电力交易提供了现实载体，让绿色电力交易市场的形成成为可能。θq_i 为电力企业必须消纳的可再生能源电量，大电网公司提供以燃煤为主的电力，在不能完成政府规定的可再生能源配额时，需要向绿证市场购买绿证以完成政府规定的配额。对于微电网来说，由于其提供的电力主要是以风能、太阳能等电源为主，微电网通常在完成自身的可再生能源配额之外，可以将超额完成的部分以绿证的方式在绿证市场进行出售，以此获得绿证收益，可以弥补政府不能及时兑现的可再生能源补贴收益，缓解企业运营压力。同时，微电网生产绿色电力为环境带来的正外部性也通过市场化方式得到了补偿，进而使得微电网项目资源价值得以体现。

在政府实施可再生能源配额制和绿证制度过程中，可再生能源配额及绿证价格对电力企业利润、电量及可再生能源利用技术水平影响如何？不同的可再生能源利用技术创新投资决策对电力企业的影响如何？为回答以上问题，我们构建了以下模型。

2. 模型假设

假设电力市场有寡头竞争主体，分别是微电网和大电网公司，共同为市场提供同质电力产品。微电网主要提供可再生能源电力，大电网公司主要提供燃煤等传统能源电力。假设政府对企业强制实施可再生能源配额制，如果企业未完成可再生能源配额将会依规受到惩罚。设电力市场的反需求函数为

$$P(Q)=a-Q，\quad Q=q_m+q_g，\quad a>0，\quad a>q_m+q_g \text{且} q_m>0，\quad q_g>0 \quad (7.90)$$

其中，a 为电力市场规模；q_m、q_g 分别为微电网提供的可再生能源电量和大电网公司提供的以传统能源为主的电量；Q 为市场总需求电量。

假定电力企业通过投资研发可再生能源利用技术，提高可再生能源电力生产和消纳水平，研发过程存在技术溢出效应。借鉴大多数学者关于创新成本的函数（D'Aspremont and Jacquemin，1988；宋之杰和孙其龙，2012），电力企业的可再生能源利用技术创新投资成本为

$$\frac{k}{2}x_i^2 \tag{7.91}$$

其中，$k(k>0)$ 为可再生能源利用技术创新投资成本弹性系数，k 越大表明研发难度越大，可再生能源利用技术创新投资成本越大；$x_i(i=m,g)$ 分别表示微电网和大电网公司的可再生能源利用技术创新水平。

在电力生产过程中，企业通过自身技术研发和获得竞争企业的技术溢出以降低生产成本。参考 Kamien 和 Zang（2000）的研究，得到微电网和大电网公司单位电量生产成本为

$$c_m = c_1 - x_m - \delta x_g \tag{7.92}$$

$$c_g = c_2 - x_g - \delta x_m \tag{7.93}$$

其中，c_1、c_2 分别表示微电网和大电网公司单位电量固定生产成本；δ 为技术溢出系数 $(0<\delta<1)$。

微电网和大电网公司通过技术创新提高了自身可再生能源利用水平，提高了完成可再生能源配额的效率，减少了未完成的可再生能源配额，从而节约配额购买成本。可得，需要交易的可再生能源配额为

$$r_i = w_i - \theta q_i, r_i(i=m,g) \tag{7.94}$$

其中，θ 为政府分配的可再生能源消纳系数 $(0<\theta<1)$；θq_i 为政府分配给发电企业的可再生能源配额；w_i 为电力企业已提供（消纳）的可再生能源电量。同时，假定在绿证市场买方和卖方的交易是单一的，即不存在既购买证书又销售证书的电力企业。假定微电网主要提供可再生能源电力，因此在完成国家的强制可再生能源配额之后，可以将超额完成部分在绿证市场进行交易，即 $w_i - \theta q_i > 0$。大电网公司因主要提供传统能源电力，不能完成国家强制可再生能源配额，需要在绿证市场购买绿证，即 $w_i - \theta q_i < 0$。截至 2023 年，可再生能源配额制的实施有两种方式：第一种是电力市场和绿证市场分离制，即绿色电力厂商生产的绿色电力可以在电力市场销售，其绿色电力对应的绿证可以在绿证市场销售；第二种是欧美国家推行的电力市场和绿证市场捆绑制，即出售绿证的同时，也出售绿色电力。本章根据我国还处于可再生能源配额制实施初期，还处于政策的探索阶段，考虑在电力市场与绿证市场分开的情境下，讨论可再生能源配额制和绿证制度对微电网价值补偿的影响。

跟可再生能源发电相比，传统能源发电会增加污染物排放，因此，如果企业不能履约完成可再生能源配额，就会对环境带来损失，设环境损失函数为

$$E_i = \rho r_i = \rho(q_i - w_i) \tag{7.95}$$

其中，$\rho(\rho>0)$ 为环境损失系数，表示电力企业非可再生能源发电排放的污染物对环境破坏的程度。

设绿证交易价格 p^e 是外生变量，由市场决定，电力企业的利润为

$$\pi_i\left(q_i, x_i\right) = Pq_i - c_i q_i - \frac{k}{2} x_i^2 + p^e\left(w_i - \theta q_i\right) \tag{7.96}$$

用户剩余表示为

$$\mathrm{CS} = \int_0^Q P(Q)\mathrm{d}Q - P(Q)Q = aQ - \frac{1}{2}Q^2 - P(Q)Q \tag{7.97}$$

政府追求社会收益最大化 SW，社会收益包括用户剩余、企业利润和社会环境损失，即

$$\mathrm{SW} = \mathrm{CS} + \pi_m + \pi_g - E_m - E_g$$
$$= aQ - \frac{1}{2}Q^2 - c_m q_m - c_g q_g - \frac{k}{2}\left(x_m^2 + x_g^2\right) - \rho\left(r_m + r_g\right) \tag{7.98}$$

式（7.96）和式（7.98）代表政府实施可再生能源配额制及绿证制度下的电力企业利润和政府社会收益。其中，本章假定微电网供给的绿证完全由大电网公司购买，故二者在绿证市场上的收入和支出刚好抵消。模型刻画了电力企业以独立或者联合两种方式进行可再生能源利用技术创新投资时，可再生能源配额、绿证交易价格和可再生能源利用技术创新水平对电力企业利润和政府社会收益的影响，其中企业可以通过选择均衡的可再生能源利用技术创新水平和电量水平实现自身收益最大化，而政府则通过确定均衡可再生能源配额使得社会收益最大化。

7.4.3　模型计算和分析

1. 模型求解

本节的博弈属于三阶段动态博弈，在给定政府可再生能源配额的前提下，分析微电网获得的价值补偿及电力企业最优的可再生能源利用技术创新投资策略。第一阶段，在我国政府承诺的可再生能源利用率目标约束下，政府从社会收益最大化的角度确定最优可再生能源配额；第二阶段，电力企业确定最优的可再生能源利用技术创新投资水平；第三阶段，电力企业选择最优的电量水平。通过逆向归纳法求解上述的三阶段博弈模型。

1）最优电量决策

在本节中，两家电力企业就市场电量消费进行寡头竞争，电力企业的均衡电量由利润最大化的一阶条件求得：

$$\max \pi_i\left(q_i, x_i\right) = Pq_i - c_i q_i - \frac{k}{2} x_i^2 + p^e\left(w_i - \theta q_i\right) \tag{7.99}$$

由 $\dfrac{\partial \pi_i}{\partial q_i} = 0 \ (i = m, g)$ 可得

$$q_m = \frac{1}{2}\left(a - q_g - c_1 + x_m + \delta x_g - p^e\theta\right) \tag{7.100}$$

$$q_g = \frac{1}{2}\left(a - q_m - c_2 + x_g + \delta x_m - p^e\theta\right) \tag{7.101}$$

联立式（7.100）和式（7.101）求解得

$$q_m^* = \frac{1}{3}\left[a - 2c_1 + c_2 - p^e\theta + (2-\delta)x_m + (2\delta-1)x_g\right] \tag{7.102}$$

$$q_g^* = \frac{1}{3}\left[a - 2c_2 + c_1 - p^e\theta + (2-\delta)x_g + (2\delta-1)x_m\right] \tag{7.103}$$

由于 $Q = q_m^* + q_g^*$，可得

$$Q = \frac{1}{3}\left[2a - c_2 - c_1 - 2p^e\theta + (1+\delta)\left(x_g + x_m\right)\right] \tag{7.104}$$

将式（7.102）和式（7.103）代入式（7.99）可得微电网和大电网公司的利润分别为

$$\begin{aligned}
\pi_m^* &= \left(a - q_m^* - q_g^*\right)q_m^* - c_m q_m^* - \frac{k}{2}x_m^2 + p^e\left(w_m - \theta q_m^*\right) \\
&= \left(q_m^*\right)^2 - \frac{k}{2}x_m^2 + p^e w_m
\end{aligned} \tag{7.105}$$

$$\begin{aligned}
\pi_g^* &= \left(a - q_m^* - q_g^*\right)q_g^* - c_g q_g^* - \frac{k}{2}x_g^2 + p^e\left(w_g - \theta q_g^*\right) \\
&= \left(q_g^*\right)^2 - \frac{k}{2}x_g^2 + p^e w_g
\end{aligned} \tag{7.106}$$

命题 7.1：随着政府可再生能源配额的增加，电力企业利润会降低。

证明：在式（7.105）和式（7.106）中求关于 θ 的一阶导数，可得

$$\frac{\partial \pi_m^*}{\partial \theta} = -\frac{2}{3}p^e q_m^* < 0$$

$$\frac{\partial \pi_g^*}{\partial \theta} = -\frac{2}{3}p^e q_g^* < 0$$

得证。

该结论表明：当政府提高可再生能源配额时，大电网公司提供的电量主要以燃煤等非可再生能源为发电源，当不能完成规定的可再生能源配额时，需要向绿证市场购买可再生能源电量，因此会增加支出成本，降低大电网公司收益。同理，对微电网而言，微电网需要完成自己的可再生能源配额后，才能将超额完成部分在绿证市场进行交易，因此可再生能源配额增加会增加微电网完成配额的成本，且减少微电网在绿证市场交易的可再生能源电量收益。因此，可再生能源配额不是越高越好，存在一个最优边界，使得电力企业收益最大化。

2）最优可再生能源利用技术创新投资决策

（1）技术创新独立投资。这一阶段，当两家电力企业选择可再生能源利用技术创新独立投资策略时，电力企业最优可再生能源利用技术创新投入需要满足各自企业利润最大化，对式（7.105）和式（7.106）求一阶导数：

由 $\dfrac{\partial \pi_m^*}{\partial x_m} = \dfrac{\partial \pi_g^*}{\partial x_g} = 0$，可得

$$2q_m^*\left(\frac{\partial q_m^*}{\partial x_m}\right) = kx_m,\ 2q_g^*\left(\frac{\partial q_g^*}{\partial x_g}\right) = kx_g \qquad (7.107)$$

将式（7.102）和式（7.103）分别代入式（7.107），可得

$$\frac{2}{3}\left[a - 2c_1 + c_2 - p^e\theta + (2-\delta)x_m + (2\delta-1)x_g\right]\frac{1}{3}(2-\delta) = kx_m \qquad (7.108)$$

$$\frac{2}{3}\left[a - 2c_2 + c_1 - p^e\theta + (2-\delta)x_g + (2\delta-1)x_m\right]\frac{1}{3}(2-\delta) = kx_g \qquad (7.109)$$

联立求解式（7.108）和式（7.109），可得电力企业的均衡可再生能源利用技术创新水平：

$$x_m^{s*} = \frac{2(2-\delta)(a - 2c_1 + c_2 - p^e\theta)\left[9k - 2(2-\delta)^2\right] + 4(2-\delta)^2(2\delta-1)(a - 2c_2 + c_1 - p^e\theta)}{\left[9k - 2(2-\delta)^2\right]^2 - 4(2-\delta)^2(2\delta-1)^2}$$

$$(7.110)$$

$$x_g^{s*} = \frac{2(2-\delta)(a - 2c_2 + c_1 - p^e\theta)\left[9k - 2(2-\delta)^2\right] + 4(2-\delta)^2(2\delta-1)(a - 2c_1 + c_2 - p^e\theta)}{\left[9k - 2(2-\delta)^2\right]^2 - 4(2-\delta)^2(2\delta-1)^2}$$

$$(7.111)$$

将式（7.110）和式（7.111）代入式（7.102）和式（7.103）求出：

$$q_m^{s*} = \frac{3k\left\{(a - 2c_1 + c_2 - p^e\theta)\left[9k - 2(2-\delta)^2\right] + 2(2-\delta)(2\delta-1)(a - 2c_2 + c_1 - p^e\theta)\right\}}{\left[9k - 2(2-\delta)^2\right]^2 - 4(2-\delta)^2(2\delta-1)^2}$$

$$(7.112)$$

$$q_g^{s*} = \frac{3k\left\{(a - 2c_2 + c_1 - p^e\theta)\left[9k - 2(2-\delta)^2\right] + 2(2-\delta)(2\delta-1)(a - 2c_1 + c_2 - p^e\theta)\right\}}{\left[9k - 2(2-\delta)^2\right]^2 - 4(2-\delta)^2(2\delta-1)^2}$$

$$(7.113)$$

$$Q^{s*} = \frac{3k\left(2a - c_2 - c_1 - 2p^e\theta\right)\left\{\left[9k - 2(2-\delta)^2\right] + 2(2-\delta)(2\delta-1)\right\}}{\left[9k - 2(2-\delta)^2\right]^2 - 4(2-\delta)^2(2\delta-1)^2}$$

$$(7.114)$$

将式（7.112）和式（7.113）代入式（7.105）和式（7.106）求出 π_m^{s*} 和 π_g^{s*}。

$$\pi_m^{s*} = \left[\frac{3k\left\{\left(a - 2c_1 + c_2 - p^e\theta\right)\left[9k - 2(2-\delta)^2\right] + 2(2-\delta)2\delta - 1a - 2c_2 + c_1 - p^e\theta\right\}}{\left[9k - 2(2-\delta)^2\right]^2 - 4(2-\delta)^2 2\delta - 1^2}\right]^2$$

$$- \frac{k\left\{2(2-\delta)\left(a - 2c_1 + c_2 - p^e\theta\right)\left[9k - 2(2-\delta)^2\right] + 4(2-\delta)^2(2\delta-1)\left(a - 2c_2 + c_1 - p^e\theta\right)\right\}^2}{2\left\{\left[9k - 2(2-\delta)^2\right]^2 - 4(2-\delta)^2(2\delta-1)^2\right\}}$$

$$+ p^e w_m$$

为方便计算，令 $A = \left[9k - 2(2-\delta)^2\right]^2 - 4(2-\delta)^2(2\delta-1)^2$，$B = a - 2c_1 + c_2 - p^e\theta$，$C = a - 2c_2 + c_1 - p^e\theta$，$D = 9k - 2(2-\delta)^2$，可得微电网的利润为

$$\pi_m^{s*} = \frac{k\left[B^2 D^2 + 4(2-\delta)(2\delta-1)BCD + 4(2-\delta)^2(2\delta-1)^2 C^2\right] + p^e w_m D^4}{A^2}$$

$$- \frac{8p^e w_m (2-\delta)^2(2\delta-1)^2 D^2 - 16p^e w_m (2-\delta)^4(2\delta-1)^4}{A^2}$$

将 A、B、C、D 代入上式可得微电网和大电网公司的利润分别为 π_m^{s*}、π_g^{s*}：

$$\pi_m^{s*} = \frac{k\left(a - 2c_1 + c_2 - p^e\theta\right)^2\left[9k - 2(2-\delta)^2\right]^2}{\left\{\left[9k - 2(2-\delta)^2\right]^2 - 4(2-\delta)^2(2\delta-1)^2\right\}^2}$$

$$+ \frac{4k(2-\delta)(2\delta-1)\left(a - 2c_1 + c_2 - p^e\theta\right)\left(a - 2c_2 + c_1 - p^e\theta\right)\left[9k - 2(2-\delta)^2\right]^2}{\left\{\left[9k - 2(2-\delta)^2\right]^2 - 4(2-\delta)^2(2\delta-1)^2\right\}^2}$$

$$+ \frac{4k(2-\delta)^2(2\delta-1)^2\left(a - 2c_2 + c_1 - p^e\theta\right)^2}{\left\{\left[9k - 2(2-\delta)^2\right]^2 - 4(2-\delta)^2(2\delta-1)^2\right\}^2} + \frac{p^e w_m\left[9k - 2(2-\delta)^2\right]^4}{\left\{\left[9k - 2(2-\delta)^2\right]^2 - 4(2-\delta)^2(2\delta-1)^2\right\}^2}$$

$$- \frac{8p^e w_m (2-\delta)^2(2\delta-1)^2\left[9k - 2(2-\delta)^2\right]^2}{\left\{\left[9k - 2(2-\delta)^2\right]^2 - 4(2-\delta)^2(2\delta-1)^2\right\}^2} + \frac{16p^e w_m (2-\delta)^4(2\delta-1)^4}{\left\{\left[9k - 2(2-\delta)^2\right]^2 - 4(2-\delta)^2(2\delta-1)^2\right\}^2}$$

$$(7.115)$$

$$\pi_g^{s*} = \frac{k\left(a-2c_2+c_1-p^e\theta\right)^2\left[9k-2(2-\delta)^2\right]^2}{\left\{\left[9k-2(2-\delta)^2\right]^2-4(2-\delta)^2(2\delta-1)^2\right\}^2}$$

$$+\frac{4k(2-\delta)(2\delta-1)\left(a-2c_1+c_2-p^e\theta\right)\left(a-2c_2+c_1-p^e\theta\right)\left[9k-2(2-\delta)^2\right]^2}{\left\{\left[9k-2(2-\delta)^2\right]^2-4(2-\delta)^2(2\delta-1)^2\right\}^2}$$

$$+\frac{4k(2-\delta)^2(2\delta-1)^2\left(a-2c_1+c_2-p^e\theta\right)^2}{\left\{\left[9k-2(2-\delta)^2\right]^2-4(2-\delta)^2(2\delta-1)^2\right\}^2}$$

$$+\frac{p^ew_g\left[9k-2(2-\delta)^2\right]^4}{\left\{\left[9k-2(2-\delta)^2\right]^2-4(2-\delta)^2(2\delta-1)^2\right\}^2}$$

$$-\frac{8p^ew_g(2-\delta)^2(2\delta-1)^2\left[9k-2(2-\delta)^2\right]^2}{\left\{\left[9k-2(2-\delta)^2\right]^2-4(2-\delta)^2(2\delta-1)^2\right\}^2}$$

$$+\frac{16p^ew_g(2-\delta)^4(2\delta-1)^4}{\left\{\left[9k-2(2-\delta)^2\right]^2-4(2-\delta)^2(2\delta-1)^2\right\}^2}$$

$$（7.116）$$

（2）技术创新联合投资。设电力企业选择可再生能源利用技术创新联合投资策略，电力企业之间拥有完全信息，不失一般性，技术溢出系数取最大值 $\delta=1$。基于前面的模型，最大化两企业利润之和，$\pi=\pi_m+\pi_g$，由一阶条件可得，电力企业采取可再生能源利用技术创新联合投资策略时的均衡可再生能源利用技术创新水平和电量水平、企业利润计算如下。

$$\pi^c=\pi_m^*+\pi_g^*=\left(q_m^*\right)^2-\frac{k}{2}x_m^2+p^ew_m+\left(q_g^*\right)^2-\frac{k}{2}x_g^2+p^ew_g \qquad（7.117）$$

令 $\dfrac{\partial\pi^c}{\partial x_m}=0,\ \dfrac{\partial\pi^c}{\partial x_g}=0$，得

$$2q_m^*\left(\frac{\partial q_m^*}{\partial x_m}\right)+2q_g^*\left(\frac{\partial q_g^*}{\partial x_m}\right)=kx_m，\quad 2q_m^*\left(\frac{\partial q_m^*}{\partial x_g}\right)+2q_g^*\left(\frac{\partial q_g^*}{\partial x_g}\right)=kx_g \qquad（7.118）$$

将式（7.102）和式（7.103）分别代入式（7.118），可得

$$\frac{2}{9}\left(a-2c_1+c_2-p^e\theta+x_m+x_g\right)+\frac{2}{9}\left(a-2c_2+c_1-p^e\theta+x_g+x_m\right)=kx_m$$

（7.119）

$$\frac{2}{9}\left(a-2c_1+c_2-p^e\theta+x_m+x_g\right)+\frac{2}{9}\left(a-2c_2+c_1-p^e\theta+x_g+x_m\right)=kx_g$$

（7.120）

联立求解式（7.119）和式（7.120），可得电力企业的均衡可再生能源利用技术创新水平：

$$x_m^{c*}=x_g^{c*}=\frac{18k\left(2a-c_1-c_2-2p^e\theta\right)}{\left(9k-4\right)^2-16}$$

（7.121）

将式（7.121）代入式（7.119）和式（7.120）求出：

$$q_m^{c*}=\frac{\left(a-2c_1+c_2-p^e\theta\right)\left[\left(9k-4\right)^2-16\right]+36k\left(2a-c_1-c_2-2p^e\theta\right)}{3\left[\left(9k-4\right)^2-16\right]}$$

（7.122）

$$q_g^{c*}=\frac{\left(a-2c_2+c_1-p^e\theta\right)\left[\left(9k-4\right)^2-16\right]+36k\left(2a-c_1-c_2-2p^e\theta\right)}{3\left[\left(9k-4\right)^2-16\right]}$$ （7.123）

$$Q^{c*}=q_m^{c*}+q_g^{c*}=\frac{81k^2\left(2a-c_1-c_2-2p^e\theta\right)}{3\left[\left(9k-4\right)^2-16\right]}$$

（7.124）

$$\pi^{c*}=\frac{\left[\left(9k-4\right)^2-16\right]^2\left[\left(a-2c_1+c_2-p^e\theta\right)^2+\left(a-2c_2+c_1-p^e\theta\right)^2\right]}{9\left[\left(9k-4\right)^2-16\right]^2}$$

$$+\frac{\left(2\,916k^3-2\,592k^2\right)\left(2a-c_1-c_2-2p^e\theta\right)^2}{9\left[\left(9k-4\right)^2-16\right]^2}$$

$$+\frac{9\left[\left(9k-4\right)^2-16\right]^2\left(p^e w_m+p^e w_g\right)}{9\left[\left(9k-4\right)^2-16\right]^2}$$

（7.125）

命题 7.2：随着电力企业可再生能源利用技术创新水平的提高，电力企业可再生能源利用技术创新投资成本弹性系数会降低。

证明：对式（7.121）求关于 k 的一阶导数，可得

$$\frac{\partial x_m^{c*}}{\partial k} = \frac{\partial x_g^{c*}}{\partial k} = \frac{-1\,458k^2\left(2a - c_1 - c_2 - 2p^e\theta\right)}{\left[\left(9k-4\right)^2 - 16\right]^2}$$

当 $\theta > \dfrac{2a - c_1 - c_2}{2p^e}$ 时，$\dfrac{\partial x_m^{c*}}{\partial k} = \dfrac{\partial x_g^{c*}}{\partial k} = \dfrac{-1\,458k^2\left(2a - c_1 - c_2 - 2p^e\theta\right)}{\left[\left(9k-4\right)^2 - 16\right]^2} < 0$

得证。

该结论表明：通过电力企业可再生能源利用技术创新水平的不断积累，电力企业可再生能源利用技术创新水平会不断提高，电力企业研发成本会降低。

3）最优可再生能源配额选择策略

（1）技术创新独立投资。我国承诺实现 2020 年、2030 年非化石能源占一次能源消费比重分别达到 15%、20% 的能源发展战略目标。为兑现承诺，政府通过确定合理的可再生能源配额使得社会收益最大化。在电力企业选择可再生能源利用技术创新独立投资策略下，对式（7.98）求导，可得到社会收益最大化时的均衡可再生能源配额。

将式（7.110）~式（7.113）、式（7.115）和式（7.116）代入式（7.98），得到 sw^{s*}，然后对 sw^{s*} 关于 θ 求导，可得 $\dfrac{\partial \mathrm{SW}^{s*}}{\partial \theta} = 0$，得出均衡时的可再生能源配额为

$$\theta^{s*} = \frac{2a - c_2 - c_1}{2p^e} - \frac{3\rho\left\{\left[9k - 2\left(2-\delta\right)^2\right]^2 - 4\left(2-\delta\right)^2\left(2\delta-1\right)^2\right\}}{2p^e\left[9k - 2\left(2-\delta\right)^2 + 2\left(2-\delta\right)\left(2\delta-1\right)\right]\left(1+9k\right)}$$

$$(7.126)$$

将式（7.126）代入式（7.110）~式（7.113）、式（7.115）和式（7.116），为方便计算，令

$$A = \left[9k - 2\left(2-\delta\right)^2\right]^2 - 4\left(2-\delta\right)^2\left(2\delta-1\right)^2$$

$$B = \frac{\left(-3c_1 + 3c_2\right)\left[9k - 2\left(2-\delta\right)^2 + 2\left(2-\delta\right)\left(2\delta-1\right)\right]\left(1+9k\right)}{2\left[9k - 2\left(2-\delta\right)^2 + 2\left(2-\delta\right)\left(2\delta-1\right)\right]\left(1+9k\right)}$$

$$+ \frac{3\rho\left\{\left[9k - 2\left(2-\delta\right)^2\right]^2 - 4\left(2-\delta\right)^2\left(2\delta-1\right)^2\right\}}{2\left[9k - 2\left(2-\delta\right)^2 + 2\left(2-\delta\right)\left(2\delta-1\right)\right]\left(1+9k\right)}$$

$$C = \frac{(-3c_2 + 3c_1)\left[9k - 2(2-\delta)^2 + 2(2-\delta)(2\delta-1)\right](1+9k)}{2\left[9k - 2(2-\delta)^2 + 2(2-\delta)(2\delta-1)\right](1+9k)}$$

$$+ \frac{3\rho\left\{\left[9k - 2(2-\delta)^2\right]^2 - 4(2-\delta)^2(2\delta-1)^2\right\}}{2\left[9k - 2(2-\delta)^2 + 2(2-\delta)(2\delta-1)\right](1+9k)}$$

$$D = 9k - 2(2-\delta)^2$$

可得

$$x_m^{s**} = \frac{2BD(2-\delta) + 4C(2-\delta)^2(2\delta-1)}{A} \tag{7.127}$$

$$x_g^{s**} = \frac{2CD(2-\delta) + 4B(2-\delta)^2(2\delta-1)}{A} \tag{7.128}$$

$$q_m^{s**} = \frac{3k\left[BD + 2C(2-\delta)(2\delta-1)\right]}{A} \tag{7.129}$$

$$q_g^{s**} = \frac{3k\left\{CD + 2B(2-\delta)(2\delta-1)\right\}}{A} \tag{7.130}$$

$$\pi_m^{s**} = \frac{k\left[B^2D^2 + 4BCD(2-\delta)(2\delta-1) + 4C^2(2-\delta)^2(2\delta-1)^2\right]}{A^2}$$

$$+ \frac{p^e w_m D^4 - 8p^e w_m (2-\delta)^2(2\delta-1)^2 D^2 + 16p^e w_m (2-\delta)^4(2\delta-1)^4}{A^2}$$

$$\tag{7.131}$$

$$\pi_g^{s**} = \frac{k\left[C^2D^2 + 4BCD(2-\delta)(2\delta-1) + 4B^2(2-\delta)^2(2\delta-1)^2\right]}{A^2}$$

$$+ \frac{p^e w_g D^4 - 8p^e w_g (2-\delta)^2(2\delta-1)^2 D^2 + 16p^e w_g (2-\delta)^4(2\delta-1)^4}{A^2}$$

$$\tag{7.132}$$

（2）技术创新联合投资。技术创新联合投资下，对式（7.98）求导，可得到社会收益最大化时的均衡可再生能源配额。

将式（7.121）~式（7.123）和式（7.126）代入式（7.98），得到sw^{c*}，然后对sw^{c*}关于θ求导，可得均衡时的可再生能源配额为

$$\theta^{c*} = \frac{2a - c_1 - c_2}{2p^e} - \frac{3\rho(81k - 72)}{4p^e(81k - 36)} \tag{7.133}$$

将式（7.133）代入式（7.121）~式（7.123）和式（7.125），得

$$x_m^{c**} = x_g^{c**} = \frac{3\rho}{p^e(9k-4)} \tag{7.134}$$

$$q_m^{c**} = \frac{\left[2(3c_2-3c_1)(81k-36)-3\rho(81k-72)\right]\left[(9k-4)^2-16\right]+216k\rho(81k-72)}{12(81k-36)\left[(9k-4)^2-16\right]} \tag{7.135}$$

$$q_g^{c**} = \frac{\left[2(3c_1-3c_2)(81k-36)-3\rho(81k-72)\right]\left[(9k-4)^2-16\right]+216k\rho(81k-72)}{12(81k-36)\left[(9k-4)^2-16\right]} \tag{7.136}$$

$$\pi^{c**} = \frac{\left[(9k-4)^2-16\right]^2\left\{4(81k-36)^2\left[(3c_2-3c_1)^2+(3c_1-3c_2)^2\right]+18\rho^2(81k-72)^2\right\}}{144(81k-36)^2\left[(9k-4)^2-16\right]^2}$$

$$+ \frac{\left(2\,916k^3-2\,592k^2\right)9\rho^2(81k-72)^2}{144(81k-36)^2\left[(9k-4)^2-16\right]^2}$$

$$+ \frac{144(81k-36)^2\left[(9k-4)^2-16\right]^2\left(p^e w_m+p^e w_g\right)}{144(81k-36)^2\left[(9k-4)^2-16\right]^2} \tag{7.137}$$

2. 不同情景下的价值补偿效应分析

公式的表达式较为复杂，无法进行直接的比较，因此与多数文献类似（如 Bae et al.，2010；Xie et al.，2011a），将在后文使用数值算例来展示不同情形下电力企业的决策，以及对微电网价值补偿的影响，本节先对不同情境下的微电网价值补偿效应进行分析。

1）电力企业利润

（1）情形 1：未强制实施可再生能源配额制时，电力企业自主决定可再生能源利用技术创新投资水平。

假定当政府没有强制实施可再生能源配额制时，绿证市场未形成，市场主体交易绿证的动力不足，则 $p^e=0$，电力企业技术创新独立投资时企业利润如下。

根据式（7.115）和式（7.116）可得

$$\pi_m^{sn*} = \frac{k(a-2c_1+c_2)^2 \left[9k-2(2-\delta)^2\right]^2}{\left\{\left[9k-2(2-\delta)^2\right]^2 - 4(2-\delta)^2(2\delta-1)^2\right\}^2}$$

$$+ \frac{4k(2-\delta)(2\delta-1)(a-2c_1+c_2)(a-2c_2+c_1)\left[9k-2(2-\delta)^2\right]^2}{\left\{\left[9k-2(2-\delta)^2\right]^2 - 4(2-\delta)^2(2\delta-1)^2\right\}^2}$$

$$+ \frac{4k(2-\delta)^2(2\delta-1)^2(a-2c_2+c_1)^2}{\left\{\left[9k-2(2-\delta)^2\right]^2 - 4(2-\delta)^2(2\delta-1)^2\right\}^2}$$

$$\pi_g^{sn*} = \frac{k(a-2c_2+c_1)^2 \left[9k-2(2-\delta)^2\right]^2}{\left\{\left[9k-2(2-\delta)^2\right]^2 - 4(2-\delta)^2(2\delta-1)^2\right\}^2}$$

$$+ \frac{4k(2-\delta)(2\delta-1)(a-2c_1+c_2)(a-2c_2+c_1)\left[9k-2(2-\delta)^2\right]^2}{\left\{\left[9k-2(2-\delta)^2\right]^2 - 4(2-\delta)^2(2\delta-1)^2\right\}^2}$$

$$+ \frac{4k(2-\delta)^2(2\delta-1)^2(a-2c_1+c_2)^2}{\left\{\left[9k-2(2-\delta)^2\right]^2 - 4(2-\delta)^2(2\delta-1)^2\right\}^2}$$

根据数值分析结果可知，在政府可再生能源配额制下，绿证市场的建立，即 $p^e > 0$ 时，电力企业技术创新独立投资时的收益大于没有绿证市场时，即 $p^e = 0$ 的情形。

同理，当政府没有强制实施可再生能源配额制，则 $p^e = 0$，电力企业技术创新联合投资时企业利润如下。

根据式（7.125）可得

$$\pi^{cn*} = \frac{\left[(9k-4)^2-16\right]^2 \left[(a-2c_1+c_2)^2 + (a-2c_2+c_1)^2\right]}{9\left[(9k-4)^2-16\right]^2}$$

$$+ \frac{(2\,916k^3 - 2\,592k^2)(2a-c_1-c_2)^2}{9\left[(9k-4)^2-16\right]^2}$$

根据后文算例的数值分析结果可知，在政府可再生能源配额制下，绿证市场的建立，即 $p^e > 0$ 时，电力企业技术创新联合投资时的收益大于没有绿证市场时，即 $p^e = 0$ 的情形。

（2）情形 2：政府实施可再生能源配额制情况下，不同技术创新投资策略的利润比较。此时需要比较电力企业技术创新独立投资和技术创新联合投资的利润。

根据后文算例的数值分析结果可知，在政府可再生能源配额制下，电力企业技术创新联合投资时的利润大于技术创新独立投资时的情形。

2）电力企业电量

政府实施可再生能源配额制情况下，对不同技术创新投资策略下的电力企业电量进行比较。此时需要比较电力企业技术创新独立投资和技术创新联合投资的电量。由式（7.112）和式（7.113），式（7.122）和式（7.123）可得

$$
Q_m^{s*} = \frac{3k\left\{\left(a - 2c_1 + c_2 - p^e\theta\right)\left[9k - 2(2-\delta)^2\right] + 2(2-\delta)2\delta - 1a - 2c_2 + c_1 - p^e\theta\right\}}{\left[9k - 2(2-\delta)^2\right]^2 - 4(2-\delta)^2 2\delta - 1^2} q_g^{s*}
$$

$$
= \frac{3k\left\{\left(a - 2c_2 + c_1 - p^e\theta\right)\left[9k - 2(2-\delta)^2\right] + 2(2-\delta)(2\delta - 1)\left(a - 2c_1 + c_2 - p^e\theta\right)\right\}}{\left[9k - 2(2-\delta)^2\right]^2 - 4(2-\delta)^2(2\delta - 1)^2}
$$

根据数值分析结果可知，在政府可再生能源配额制下，存在一个临界点，低于临界点，电力企业技术创新联合投资时的电量大于技术创新独立投资时的情形；高于临界点，电力企业技术创新联合投资时的电量小于技术创新独立投资时的情形。

3）电力企业可再生能源利用技术创新水平

政府实施可再生能源配额制情况下，对不同技术创新投资策略下的电力企业可再生能源利用技术创新水平进行比较。此时需要比较电力企业技术创新独立投资和技术创新联合投资的可再生能源利用技术创新水平。

根据后文算例的数值分析结果可知，在政府可再生能源配额制下，存在一个临界点，低于临界点，电力企业技术创新联合投资时的可再生能源利用技术创新水平大于技术创新独立投资时的情形；高于临界点，电力企业技术创新联合投资时的可再生能源利用技术创新水平小于技术创新独立投资时的情形。

3. 算例分析

1）算例介绍

根据上文的分析结果，本节通过数值模拟进一步说明可再生能源配额制下的

微电网价值补偿问题。主要考察可再生能源配额、绿证价格对电力企业收益、电量水平及可再生能源利用技术创新水平的影响。

基于我国关于可再生能源配额与绿证交易的相关规定，结合微电网行业的特征，以及相关的假设和经济学理论，我们假设：电力市场规模、政府分配的可再生能源配额分别为 $a=150$（千瓦时），$\theta=10\%$；微电网单位电量固定生产成本、大电网公司单位电量固定生产成本、绿证交易价格分别为 $c_1=0.7$（元/千瓦时），$c_2=0.4$（元/千瓦时），$p^e=0.3$（元/千瓦时）；微电网和大电网公司已提供（消纳）的可再生能源电量分别为 $w_m=20$（千瓦时），$w_g=2$（千瓦时）；可再生能源利用技术创新投资成本弹性系数、技术溢出系数和环境损失系数分别为 $k=11$，$\delta=1$，$\rho=200$（元/吨）。

通过 Matlab 我们计算了可再生能源配额、绿证价格及电力企业以独立或联合两种方式实施可再生能源利用技术创新投资的情况，以分析不同情景下各参数对电力企业收益、电量等变量的影响，具体分析见图 7.8~图 7.13。

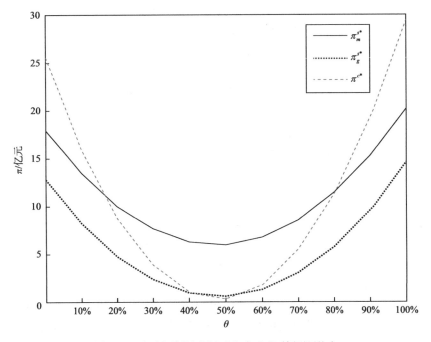

图 7.8　可再生能源配额对电力企业利润的影响

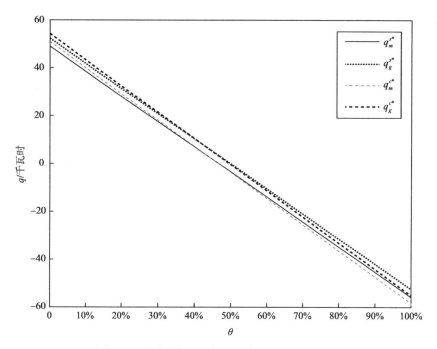

图 7.9　可再生能源配额对电力企业电量的影响

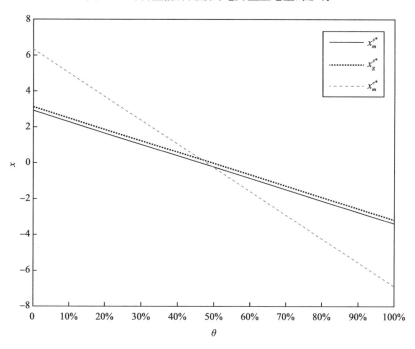

图 7.10　可再生能源配额对电力企业可再生能源利用技术创新水平的影响

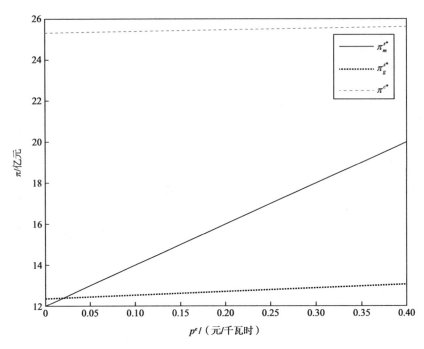

图 7.11　绿证交易价格对电力企业利润的影响

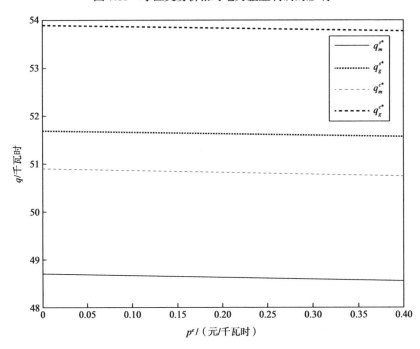

图 7.12　绿证交易价格对电力企业电量的影响

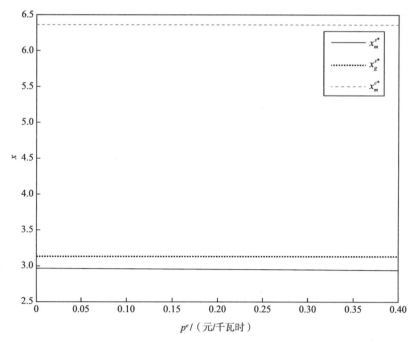

图 7.13　绿证交易价格对电力企业可再生能源利用技术创新水平的影响

2）算例结果分析

（1）可再生能源配额对绿证市场交易的影响。可再生能源配额制下，政府分配给各电力企业的可再生能源配额有利于促进可再生能源利用，但该配额的完成会增加电力企业成本，同时可再生能源配额制也会促进绿证市场的形成，为提供以绿色电力为主的微电网提供了市场化的价值补偿途径。为探究可再生能源配额对电力企业利润、电量及可再生能源利用技术创新水平有哪些影响，可再生能源配额是否存在最优边界，我们作图分析可再生能源配额对电力企业利润、电量及可再生能源利用技术创新水平的影响。

由图 7.8 可以看出，在可再生能源配额制下，θ 存在一个临界点，当 θ 小于临界点时，无论电力企业采取可再生能源利用技术创新独立投资还是可再生能源利用技术创新联合投资，电力企业利润都存在逐渐下降的趋势；当 θ 大于临界点时，无论电力企业采取可再生能源利用技术创新独立投资还是可再生能源利用技术创新联合投资，电力企业利润都存在上升的趋势。同时，我们发现微电网的利润高于大电网公司的利润，微电网和大电网公司在技术创新联合投资情形下的利润高于技术创新独立投资情形下的利润。

由图 7.9 可知，在可再生能源配额制下，电力企业选择技术创新独立投资时的电量低于技术创新联合投资时的电量，且随着可再生能源配额的增加，无论电力企业选择技术创新独立投资还是技术创新联合投资，其电量都呈下降趋势。这可能是因为随着可再生能源配额的提高，电力企业电量越高，需要消纳的可再生能源电量也越高，电力企业宁可降低电量以防范可再生能源发电的消纳问题，也从一个侧面反映了微电网作为就地消纳可再生能源发电的优势。

由图 7.10 可以看出，θ 存在一个临界点，当 θ 小于临界点时，电力企业技术创新联合投资下的可再生能源利用技术创新水平高于技术创新独立投资时的情形；当 θ 大于临界点时，电力企业技术创新联合投资下的可再生能源利用技术创新水平低于技术创新独立投资时的情形。同时，我们发现，大电网公司的可再生能源利用技术创新水平高于微电网的可再生能源利用技术创新水平。可能的原因是，从利润最大化角度来看，大电网公司在资金、技术、经验等资源方面具有优势，应该具有高于微电网的可再生能源利用技术创新水平，但现实中微电网公司更专注于可再生能源利用技术创新水平的提升，因此大电网公司应该更多地将资源向可再生能源利用技术方面倾斜。

（2）绿证交易价格对绿证市场交易的影响。为探究可再生能源配额制下，绿证交易价格对绿证市场交易的影响，我们用图 7.11~图 7.13 分别分析绿证交易价格对电力企业利润、电量和可再生能源利用技术创新水平的影响。

由图 7.11 可知，随着绿证交易价格的增加，电力企业在技术创新独立投资和技术创新联合投资下，其利润都会增加。绿证交易价格对电力企业利润有正向影响。

由图 7.12 可知，随着绿证交易价格的增加，电力企业无论是在技术创新独立投资和技术创新联合投资下，其电量都呈略微下降的趋势。可能的原因是，绿证市场交易价格增加，在可再生能源利用技术创新水平较低时，电力企业生产成本较高，电量会下降。未来随着可再生能源利用技术创新水平的提高，电力企业生产成本降低，电量可能会增加。

由图 7.13 可知，随着绿证交易价格的增加，电力企业的可再生能源利用技术创新水平变化不大，绿证交易价格对可再生能源利用技术水平的影响不明显。

7.5　本章小结

首先，本章从经济价值、投资价值、社会价值三个维度明确并归纳了微电网项目的资源价值。

其次，本章通过对微电网项目资源价值补偿现状的分析，发现各种补贴在补贴对象、补贴实施过程、补贴目标上均有不同。对于国内外主流的可再生能源发展扶持机制，如上网电价补贴制度和可再生能源配额制，二者都有助于提高可再生能源电力生产份额，但这两种模式在生态效益和经济效益方面各有利弊，采用何种方式要结合本国的政治经济环境和产业发展水平。

再次，本章从产业效率的视角研究了政府补贴对微电网产业链的运转效率及对微电网价值补偿效应的影响。本章通过建立微电网产业链补贴模型，计算了不同补贴对象下各参与方的均衡价格，并计算了此时各方的均衡收益，进而分析和比较了不同价格、收益指标作为微电网产业链的优化目标时，最优的补贴策略及相应的影响因素。同时，本章还发现补贴是有最优边界的。

最后，本章通过建立三阶段动态博弈模型，在区别可再生能源利用技术创新独立投资和技术创新联合投资两种策略的基础上，研究了可再生能源配额和绿证交易价格对绿证市场交易的影响。研究结果表明，可再生能源配额制的强制实施会给电力企业带来利润损失，但可再生能源配额制又会促使绿证市场的形成，使得微电网增加收益，特别是绿证交易价格高于可再生能源标杆上网电价差价时，微电网电量和收益增加得更多。可再生能源利用技术创新投资成本弹性系数存在最优边界，使得电力企业可再生能源利用技术创新水平、最优电量和利润最大化。

第8章 基于项目资源转让的微电网价值共享机制分析

第7章分析了微电网项目资源价值及其补偿机制。

本章则专题探讨微电网项目合作开发的一个特定机制，即通过项目资源转让实现价值共享的合作机制。从微电网项目的开发运营流程可看出，微电网项目开发首先面对的问题就是规划立项阶段的项目资源分享问题。

因此，运用拍卖理论对微电网项目的资源转让进行研究，寻找合适的主承建者，构建有效的项目转让拍卖机制以保障微电网项目转让的质量和效率并促进微电网项目的合作开发，同时实现项目业主和主承建者之间的价值共享，对微电网项目合作开发有着重要意义。

8.1 微电网项目业主分析

微电网项目相比传统电网项目，投资建设过程涉及参与者众多，利益相关关系比较复杂，须厘清项目业主类型及其属性，才能顺利地进行微电网项目的投资合作与运营管理。

8.1.1 项目业主的主要类型

微电网项目业主是指微电网项目的产权所有者。微电网项目建成后归谁所有，由谁进行运营维护，都跟微电网项目业主紧密相关。由于微电网项目投资建设的多元性和复杂性，微电网项目业主可以是微电网项目的投资者，也可以是微电网项目的建设者，甚至是微电网项目的设备供应商等。因此，厘清微电网项目业主，对于该项目的决策行为、发展方向、运营维护起着关键性的作用。根据目前我国已经建成投入运行和正在规划核准的微电网项目来看，主要的微电网项目业主可分为以下几个。

1. 地方政府

在微电网项目开发中，地方政府对微电网项目具有项目审核和批准的权力。地方政府不直接对微电网项目进行开发建设，而是通过地方政府投融资平台公司对项目进行投融资建设。

2. 地方政府投融资平台公司

地方政府投融资平台公司主要是地方政府通过财政拨款或注入土地、股权等资产设立的经济实体，可直接参与开发建设并运营微电网项目以获取经济收入，承担政府投资项目融资功能。

3. 大电网公司

大电网公司投资建设微电网项目，并通过对该项目的运营，向用户提供电能，增加输配电业务及收入。

4. 发电集团

发电集团通过投资建设的微电网项目补充发电能力，增加创收方式，扩大市场份额。

5. 大用户

一些大型工厂自主投资建设微电网并运营维护，为工厂生产运作、员工生活等活动提供所需特定能源。

6. 供应商

供应商为微电网系统提供设备，如电源设备、储能设备、控制和保护设备，或软件服务等。供应商的技术水平，决定了其提供设备或服务的质量，其在一定程度上决定了微电网系统的质量。

7. 其他投资主体

当前其他投资主体主要是民营投资主体。民营投资主体运营微电网项目，可获取政策补贴及微电网发电售电投资收益。

由于微电网项目资产的专用性程度较高，转让比较困难，投资建设和运营维护的协调一致性非常重要，目前大部分微电网项目业主为该项目的投资建设者。

8.1.2　项目业主的经济属性

微电网项目业主具有多元化、结构复杂等特点，每个业主的投资目的和需求也呈现多样化，直接导致微电网项目运营过程的发展计划矛盾、协调成本高、决策管理难度大等问题的发生，要解决这些问题，首先应该分析各个项目业主的经济学属性，梳理其参与微电网项目过程中扮演的角色及其能力，为项目业主与利益相关者的协调合作提供参考。

1. 地方政府

地方政府在微电网项目的推进中，扮演着政策执行者和公共服务提供者的重要角色。虽然地方政府并不直接参与微电网项目的开发建设及运营，但其在宏观经济调控和产业发展方面具有重大影响，并可通过特定方式促进有利于微电网健康发展、绿色低碳能源产业发展的地方法规出台。

（1）完善区域微电网发展的政策和法规。微电网作为战略性新兴产业，承担着提高我国可再生能源渗透率、推动电力技术创新、促进电力体制改革的重任。鉴于微电网发展的初期阶段，地方政府在全国人大立法和中央部委规章的框架下，制定地方性政策措施、推动地方性法规出台，以确保所在区域的微电网项目顺利运行，促进电网的安全与可靠性，提升可再生能源的利用率，减少环境污染和碳排放，进而提高社会福利。在微电网项目的规划立项和开发建设阶段，地方政府依照国家法规对项目进行审核和批准。在微电网项目运营维护阶段，地方政府贯彻实施中央政府的政策，完善市场准入和交易机制，提供公平、公正的市场环境。

（2）通过地方政府投融资平台公司参与微电网项目。尽管地方政府不直接参与微电网项目的开发建设及运营，但可以通过成立地方政府投融资平台公司来介入这些过程。地方政府投融资平台公司不仅能从项目运营中获得经济收益，还能在实践中发现现行政策法规的不足，提供经验反馈以协助制定更为合理、全面的政策。此外，地方政府投融资平台公司在参与微电网项目时，能够起到示范和引导作用，向社会传递发展微电网的积极信号，从而吸引更多民营资本的投入，加速微电网的发展。

2. 地方政府投融资平台公司

地方政府投融资平台公司，是由地方政府及其部门和机构等通过财政拨款或注入土地、股权等资产设立，承担政府投资项目融资功能，并拥有独立法人资格的经济实体。地方政府投融资平台公司的运作路线可以描述为：各级地方政府对地方政府投融资平台公司以实物资产或货币资产注资；地方政府投融资平台公司以资产为纽带向国家开发银行、商业银行等债权人借款，或者向银行间市场发行企业债、中期票据及短期融资证券，用于支持项目的投资建设。地方政府投融资平台公司参与微电网项目的开发建设及运营过程，具有以下特性。

（1）微电网项目实施延续性强。微电网项目开发运营一般经历三个阶段，即规划立项阶段、开发建设阶段、运营维护阶段。规划立项阶段，地方政府投融资平台公司需要将自己的微电网项目可行性报告、建设用地的计划提交给地方政府相关部门审核、批准；开发建设阶段及运营维护阶段，当地方政府投融资平台公司在投融资建设、运营维护过程中受到成本和风险的威胁而实施困难时，地方政府适时出台相应的补贴扶持政策保证其顺利运营，提高项目实施的延续性，有效防止项目中途停工、终止等情况的发生，这在一定程度上对其他参与方有"兜底"保证，可提高合作的谈判力。

（2）政策信息搜集成本低，易产生信息优势。作为地方政府设立的国有企业，地方政府投融资平台公司参与微电网项目开发建设过程中对可再生能源政策法规（如可再生能源配额制、绿证制度等）、微电网政策法规（如风电、光伏微电网补贴政策）等信息的搜集具有显著优势，其搜集过程简单、内容全面且搜集成本低，但在一定程度上这些信息对于其他合作参与方则需要付出更大代价才能获得，故容易产生信息不对称，地方政府投融资平台公司可获得信息优势。

3. 大电网公司

大电网公司是电网的主要建设者和运营管理者。在国家电力体系建设初期，大电网公司作为主要建设方，参与国家电网体系的建设；在国家电网体系建设初步完成后，大电网公司作为国家电网体系的运营管理者对电网体系进行运营和管理。在电力体制改革和能源结构调整的背景下，大电网公司为了抢占电网市场和收益，进入微电网市场，参与微电网的投资与建设，与其他微电网投资方进行竞争。其在参与微电网项目的开发运营过程中具有以下特性。

（1）具有电力行业高垄断性。我国电力体制改革前，发电、输配电、售电等功能集中在大电网公司进行。大电网公司在电网体系建设过程中，积累了丰富的建设技术和资源，同时作为电网系统管理者，具有丰富的电网资源，形成了自然的垄断性。当参与微电网开发建设时，其在电力行业的高垄断性及地位为其提供较强的指导权、控制权。

（2）资产专用性优势明显。电力体制改革的总体思路是"管住中间，放开两头"，管住中间即在电网、输配电环节强化政府管理，因为这是自然垄断环节；放开两头即放开发电、售电环节，引入市场竞争。在微电网项目中，大电网公司有能力对微电网项目的电能进行"兜底"保证，在微电网电力输出能力不足、电源间断性发电时进行补充供电，保证终端用户的用能需求。但面对微电网项目的并网计划，大电网公司可以选择并网或不并网，拥有电网接入的主导权，这个主导权来源于大电网公司的专用性资产（即输配电系统），发电集团不能越过大电网公司的输配电系统直接向微电网项目提供电力，而微电网项目也不可能建立与发电集团的输配电系统，因此大电网公司利用其专用性的输配电资产紧紧抓住并网与否的决定权。

4. 发电集团

发电集团是电力系统中电能的生产者、提供者，在电力系统运营过程中是最基础也是最重要的相关方。发电集团决定电源的开发、投资、建设、经营和管理，以及电力（热力）的生产和销售。随着我国电力需求快速发展，以及电力体制改革的需要，发电集团投资微电网项目发电以满足供电需求。其在参与微电网项目的开发运营过程中具有以下特性。

（1）打破传统电力价格机制的限制，降低用户用能成本，提高自身收益。在传统电力系统中，发电集团对自己提供的电能收取上网电价，即发电集团接入主网时的计量价格，而电力用户所付费的价格是按照政府价格主管部门制定的销售电价，中间差价由输配电损耗、输配电价及政府性基金构成，不能最大化发电集团利益。当发电集团投资建设微电网项目时，因为微电网所发电能直接提供给最终用户，省去电力上网的过程，并能够以高于上网电价并低于销售电价的价格出售电能，不仅降低了终端用户用能成本，还提高了自身的经济收益。

（2）提升输配电效率，增强交易灵活性。在传统电力系统中，发电集团提供电能经由大电网公司输配电系统到售电公司最后出售给电力用户，这个过程产生的输电损耗、电缆维护成本等较高，并且用户对用能需求的改变需要提交计划并得到审核后才能实施。但当发电集团参与微电网项目建设运营时，发电集团直接向用户售电，可以根据用户用能需求的方式灵活调整发电输出，提高输配电效率及电能供给灵活性，降低交易成本。因其具有这样的特性，在并网型微电网中，其与大电网公司的议价能力随之增强。

5. 大用户

大用户，如大型化工厂、水泥厂等电力终端用户，具有用电负荷大、对电能质量及稳定性要求高、用电成本高等特点。在传统电力系统中，大用户作为销售电价的接受者，只能被动地接受大电网公司制定的电价及其提供的电能，无法控制电能质量。其在参与微电网项目的开发运营过程中，具有以下特性。

（1）打破垄断价格，降低成本。对于孤岛型微电网，大用户自主投资建设并运营微电网，电能可自发自用，一般情况下无须向电网购电，打破了电力垄断价格，降低了其生产、生活用电成本。同时，通过建立储能系统，提高电力供应的稳定性，从而保证生产、生活等活动的正常进行。

（2）与大电网公司不平等合作带来利益损失。对于并网型微电网，大用户发电能力强且电能除自用外还有剩余量，或大用户的发电运行出现较大波动时，如太阳光、风力的间断性形成的电源不稳定导致所发电能质量低、发电量不足等情况，则需要向大电网公司提交电能上网或输入的需求，大电网公司根据双方达成的协议进行上网和供能。在此售电、购电互动过程中，大电网公司因其能给微电网电力"兜底"占据交易的主导权，大用户更多地处于弱势一方，在签订协议过程中，大电网公司可以提出有利于自身的条款，而大用户的利益有可能受到忽视或损害。

6. 供应商

当前微电网发展处于初期阶段，在技术成熟度低、市场不确定性高、开发风险高的情况下，供应商的技术、设备质量、软件服务等对微电网项目建设来说具有重要影响。供应商在参与微电网项目的开发运营过程中具有以下特性。

（1）资产专用性强。无论供应商提供的硬件设备、软件服务，还是其拥有的技术人员都是专用性资产，当其参与微电网项目建设运营时，将大大降低微电网项目建设的各种硬件、软件设备的采购、安装、维护成本，并且节省设备操作培训、学习时间成本。供应商不容易因专用性资产而被"敲竹杠"，因为其对于设备或服务的重置成本较低，而其他利益相关者则可能因为设备另作他用或转让而使价值大打折扣，较强的资产专用性及配套服务反而为供应商在与其他利益相关者合作时带来谈判优势。

（2）设备或服务供应信息不对称带来"利己"机会主义的可能性。因为供应商参与微电网项目建设运营，项目所需的硬件设备、软件服务由自己或同行提供，其中设备或服务的参数配置、品牌、零部件等信息对于供应商来讲是非常熟悉的，在采购过程中可能产生利用其对这些信息的掌握串通其他供应商获取差价的机会主义行为。为了降低这种机会主义行为发生，其他利益相关者可能在合作协议中提高供应商的利益分配占比。

7. 其他投资主体

其他投资主体主要指民营投资主体，在微电网建设中处于重要地位，因为他们提供资金支持微电网项目的开发建设。作为微电网项目业主，更是理性经济人，民营投资主体最关心的是项目投资效益及公司名誉。其在微电网项目的开发运营过程中具有以下特性。

提供专项资金投入，增强监督管理。民营投资主体对项目有监督管理的作用，因为微电网项目的资金常常不是一次性全款到账，而是分阶段、专项专用，并通过资金报表分析决定是否进行下一阶段的资金投资。专项资金的投入，不仅提高了微电网项目建设的有序性，还增强了其监督管理的能力。微电网项目失去资金支持极可能面临停工或终止的风险，因此民营投资主体在开发建设中的话语权较强，可以对项目建设提出一些要求。

8.2　以微电网项目资源转让实现价值共享

前面分析了微电网项目业主类型及其经济学属性，对深入了解各项目业主的经济学性质起到重要作用，并为将来研究微电网项目各阶段参与方在合作中的话语权、控制权等提供参考。但是，本部分研究的微电网项目资源转让问题，不对项目业主进行分类讨论，只将其视为资源转让过程中的一个参与方。同时，为研究项目资源转让问题，需对其产生原因、发展进程、目前关注方向进行梳理和分析，为下一步研究奠定基础。

8.2.1　项目资源转让与价值共享的问题背景

微电网作为智能电网的重要组成部分，近年来受到人们的广泛关注。作为新型的发配售电系统，微电网可将分布式发电纳入其中，提高可再生能源、清洁能源的利用率，降低电力系统的碳排放。同时，微电网与电网的友好互动技术，可以提高电力系统的可靠性和安全性，减少大规模停电事件的发生，提升用户的用电体验。由于微电网的这些特征和优点，为推进节能减排和能源供给侧结构性改革，以及实现可持续能源发展战略，许多国家均决定推动微电网项目的发展。欧盟、美国、日本等相继出台了促进微电网发展的相关政策和支持计划，以推动微电网项目的发展（European Commission，2014；Lidula and Rajapakse，2011；Ustun et al.，2011）。我国国务院新闻办公室于 2020 年 12 月发布的《新时代的中国能源发展》白皮书和国家发改委、国家能源局于 2016 年 11 月发布的《电力发展"十三五"规划（2016–2020 年）》均把微电网纳入其中，将其作为能源结构调整和电力体制改革的重要方式之一，鼓励微电网项目的建设和发展。

随着社会对微电网的广泛关注，学术界对微电网的研究逐年增多。现有对微电网的研究一部分主要从电源系统（Motevasel et al.，2011）、储能技术（Bahmani-

Firouzi and Azizipanah-Abarghooee，2014）、控制和保护技术（Kamel，2014；Kamel et al.，2016）、能源交换技术（Kamel，2016）、微电网系统的优化（Boait et al.，2017；Kamankesh et al.，2016）及其他关键技术等技术角度研究微电网。另一部分文献则从微电网的配置决策模型（Kim et al.，2017；Guo et al.，2017）、投资成本收益（曾鸣等，2013）、市场运行机制（刘皓明等，2014）、微电网社会福利效应（龙勇等，2014）、微电网利益相关者之间的合作（Pan and Long，2015）等微电网经济管理角度展开研究。然而，相对于微电网其他方面的研究而言，从微电网项目转让角度出发的研究还相对缺乏。在进行微电网项目开发时，只有微电网项目资源的拥有者将微电网项目资源转让出来，其他各方才能参与到微电网项目开发中来。微电网项目资源转让的效率和质量，直接影响着微电网项目的建设和发展。现有关于微电网的项目转让，主要借用电网的转让机制，由于技术特性和市场特性的不同，这些机制对于微电网交易而言存在不适用性，不利于微电网的资源配置和发展。社会技术系统学派认为技术系统决定管理（龙勇等，2014），微电网与电网技术系统的不同，使其项目转让需要不同的机制。同时，利益相关者理论认为，组织涉及众多利益相关者，组织的制度需要平衡各利益相关者的利益（Pan and Long，2015）。在进行微电网项目转让时，微电网项目的市场化特点使其涉及众多的参与方。不同相关方具有不同的利益诉求，如果转让机制无法平衡各方利益，将严重影响微电网项目转让的质量。因此，在微电网进行项目转让时，需要有效的转让机制来平衡各方的利益。微电网项目转让的相关机制缺乏，严重影响了微电网发展和其对可再生能源的利用。为了推动微电网的应用和推广，需要对微电网项目转让问题进行研究，设计相应的转让机制，以促进微电网项目转让和可持续发展。

为了研究微电网项目资源转让和设计相应的转让机制，我们构建了反映微电网系统特点和各利益相关者诉求的多属性拍卖模型。将现有拍卖模型从质量和价格两种属性，扩展为以电源质量、储能质量、碳排放及价格四种属性作为模型变量。我们在考虑微电网系统特点和各利益方诉求的基础上重新设计了拍卖模型和变量，从电源质量、储能质量和碳排放三个变量的组合构建了相应的效用函数，并用这三个变量作为参数来区分不同能源供应商的技术类型，以此来推导最优的策略。同时，在我们的拍卖模型中，还考虑了物理质量因素和拍卖过程中的沉没成本作为模型的影响因素，分析其对微电网拍卖的影响。模型的分析结果，对于项目业主构建合适的拍卖机制来转让微电网项目资源，以及能源供应商如何参与微电网项目资源的拍卖具有重要参考意义。

8.2.2　项目资源转让中的价值共享问题

学者从不同角度对微电网项目资源转让进行了研究。在微电网发展早期，机制的缺乏是面临的主要问题，学者的研究主要关注用什么方式进行微电网项目资源转让（Alibhai et al.，2004），通过研究以寻找不同情境下合适的转让机制（Maity and Rao，2010；Mayr et al.，2014）。例如，Alibhai 等（2004）研究了微电网的分布式能源资源的拍卖，分析了不同场景下拍卖方式的选择。Maity 和 Rao（2010）研究了微电网系统电力资源的拍卖竞价机制，研究表明单一价格投标和歧视价格投标两种投标方式可有效降低消费者的成本和提高微电网的收入。Mayr 等（2014）运用逆向拍卖理论研究了澳大利亚屋顶光伏发电的问题，研究发现逆向拍卖方式有利于增加能源产出和减少政府支出。

随着微电网项目转让实践的发展，学者逐渐关注微电网项目资源转让机制的问题及效率，通过对问题的总结和发现（Mastropietro et al.，2014），重新优化转让机制（Kylili and Fokaides，2015；Marufu et al.，2017），以提高转让效率。例如，Mastropietro 等（2014）通过对南美地区电力拍卖机制的研究，发现南美地区可再生能源电力拍卖规则和传统电力拍卖规则存在显著的不同，在分析问题的基础上设计了相应的拍卖机制以提高可再生能源发电的拍卖效率。Kylili 和 Fokaides（2015）对塞浦路斯可再生能源拍卖的案例进行了分析，在评估整个拍卖过程的基础上揭露了拍卖机制的缺陷，并提出了相应的改进建议，以促进可再生能源利用的竞争性拍卖。Marufu 等（2017）针对微电网市场电力拍卖的买卖双方的欺骗攻击，设计了相应的异常处理机制来进行欺骗检查和分解算法，以提高资源受限条件下微电网的可靠性和稳定性。

近年来，项目转让拍卖后的不履行及融资难等各种问题的出现，促使学者开始关注拍卖质量。由此，学者也逐渐深入转让机制内部进行研究，以设计合适的转让机制，提高微电网项目的转让质量，促进微电网的可持续发展。例如，Ferruzzi 等（2016）研究了不确定条件下微电网在能源市场的最优竞价问题，发现微电网的最优竞价策略视自身可再生能源生产的不确定而定。Eberhard 和 Berger（2016）研究了南非通过竞争性拍卖方式对可再生能源利用的影响，研究发现拍卖在降低了可再生能源发电成本的同时提高了项目融资成功率，有利于促进可再生能源的利用，同时总结的相关拍卖政策可供其他国家参考。Atalay 等（2017）研究了海湾地区的可再生能源支持机制，识别了上网电价和可再生能源拍卖两种方式在海湾地区实施的支持条件，并识别了二者在海湾地区成功的必需条件。Gephart 等（2017）针对可再生能源拍卖的成本效益问题，探讨了高项目实施率与最小化投标人风险之间的平衡，并分析了不同因素对可再生能源拍卖的影响，为设计有效的拍卖机制提供了参考。Voss 和 Madlener（2017）研究了德国可再生能源拍卖策略和竞价策略，发现第一价格拍卖可获得额外收益，同时发现投资成本不确定性对项目价值的影响视拍卖参数值而定。

通过文献回顾可看出，如何提高微电网项目资源转让质量，促进微电网可持续发展，是当前研究的发展趋势。值得一提的是，现有对微电网项目资源转让的研究主要从拍卖机制的问题和优化方面进行研究，缺乏从微电网系统本身特点和平衡利益相关者诉求的角度出发进行研究。尽管拍卖体系的完善很重要，但拍卖机制本身如果不能反映出微电网系统的特点将严重影响拍卖质量；微电网项目转让方各自的利益诉求不同，项目转让机制不能平衡微电网各方利益诉求的情况，将严重影响微电网项目拍卖。因此，我们从微电网系统的特点和利益相关者的诉求出发，构建反映微电网系统特点和平衡各方利益诉求的拍卖模型来研究微电网项目资源转让问题，以提升微电网项目资源转让质量，促进微电网合理健康地发展。

8.2.3　以拍卖机制实现价值共享目标

以政府、工业园区、小区、大用户等为代表的微电网项目业主，拥有微电网项目资源。由于项目业主的自身专业性或分工，不能单独完成微电网的建设。为克服微电网项目开发的成本—收益压力，促进微电网项目的建设和发展，项目业主作为资源拥有者，对微电网项目资源进行拍卖，寻求合作方，实现资源互补、共享专业化效率以完成微电网项目开发。项目业主通过拍卖微电网项目的特许经营权等项目资源，与其他各方进行合作，以寻求最优的方式进行微电网项目开发。

微电网项目资源的拍卖主要分四个阶段。第一阶段，微电网项目业主根据自身的需求发布招标计划，并暗示自己对电源质量 q、储能质量 s 和碳排放 e 的价值偏好为 v_q、v_s、v_e，以及前期竞标成本 c_f 和能接受的最高碳排放水平 E。第二阶段，以大电网公司、设备供应商、能源投资商等为代表的微电网能源供应商根据项目业主的招标计划，以及单位电源质量成本 c_q、单位储能质量成本 c_s 和碳排放成本 c_e 等来决定是否参加微电网项目的竞标，如果选择竞标的话，就开展调研、设计方案和制作标书，并进行投标。第三阶段，项目业主组建专家团队进行评标，根据投标方案是否满足项目业主对微电网的需求和目的，以及能源供应商的技术类型和投标方案来选取中标方。第四阶段，项目业主和中标的能源供应商洽谈合作细节，并签订正式合同，双方履约，微电网项目资源转让拍卖过程结束。微电网项目资源转让的多阶段拍卖流程如图 8.1 所示。

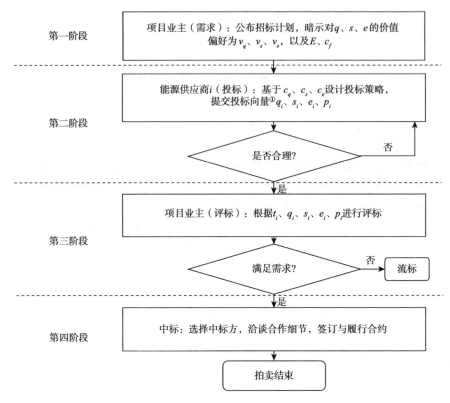

图 8.1　微电网项目资源转让的多阶段拍卖流程

图中变量的含义可参见表 8.1

表 8.1　变量符号及含义

符号	变量含义
v_q	电源质量价值偏好
v_s	储能质量价值偏好
v_e	碳排放价值偏好
c_f	前期竞标成本
E	最高碳排放水平
c_q	单位电源质量成本
c_s	单位储能质量成本
c_e	碳排放成本
q_i	能源供应商 i 提供的电源质量

---

① 本书涉及的向量等均用白体表示。

续表

符号	变量含义
s_i	能源供应商 i 提供的储能质量
e_i	能源供应商 i 提供的碳排放水平
p_i	能源供应商 i 的投标价格
t_i	能源供应商 i 的技术类型
q_l	电源质量下限
q_h	电源质量上限
s_l	储能质量下限
s_h	储能质量上限
e_l	碳排放下限
e_h	碳排放上限
r_i	可再生能源利用率
o_i	能源综合利用率
t_m	均衡时能源供应商的技术类型
q_m	均衡时电源质量
s_m	均衡时储能质量
e_m	均衡时碳排放水平

项目业主发布微电网项目的招标计划后，能源供应商投标的最优策略是什么？项目业主怎样选择能源供应商？哪些因素会影响及怎样影响微电网项目资源的拍卖？为了探究这些问题，我们构建了下文的模型。

8.3　研究方法与变量设计

8.3.1　研究方法

对于微电网项目资源转让问题，拍卖是一种合适的机制（Alibhai et al., 2004; Maity and Rao, 2010; Mayr et al., 2014）。相对于通过上网电价能快速提升可再生能源的利用率，拍卖能较好地控制成本和提高项目实施的质量，有利于支持能源项目的发展（Butler and Neuhoff, 2008）。同时，国家相关政策也鼓励采取公开招投标、竞争性谈判、竞争性磋商等方式来确定能源项目的承担方，规范有序地推进能源项目的开发（European Commission，2014；Kreiss et al.，2016）。由于微电网项目资源涉及众多重要属性，我们采用拍卖理论中的多属性逆向拍卖理论来研究这一问题。区别于单属性拍卖理论强调低价获胜的机制而忽视了项目其他属性的重要性，多属性逆向拍卖理论很好地考虑了项目其他属性的重要性，能更好地控制拍卖的质量（国家能源局，2016）。多属性逆向拍卖理论广泛运用于大型企业的产品采购和招投标中，能有效地节约企业的采购成本和提升企业的采购效率（刘树林和王明喜，2009）。同时，多属性逆向拍卖也广泛运用于电力系统资源的拍卖中。例如，Kreiss 等（2016）研究了可再生能源项目的拍卖，主张运用金融、物理要求及惩罚的方式来促使拍卖获得方履行实施能源项目，有效地提升了可再生能源项目的履行质量（马本江等，2013）。方德斌等（2013）运用多属性逆向拍卖理论研究了电网对于上网用电的采购拍卖，主张大电网公司不仅应考虑价格还应考虑发电企业的碳排放量来进行采购，提升了上网用电拍卖的质量（方德斌等，2013）。相对于单属性拍卖机制，多属性逆向拍卖机制既注重价格又注重项目其他质量方面的特点，是一种很好的分析方法，能有效地解决微电网项目资源转让的相关问题（Butler and Neuhoff，2008；马本江等，2013）。

8.3.2　变量设计

运用多属性逆向拍卖理论来研究微电网项目资源转让的一个重要问题是拍卖涉及微电网项目的哪些属性。现有文献一般从投标价格和投标质量两个投标属性来研究电力项目资源的拍卖（马本江等，2013；方德斌等，2013），这些属性不能很好地反映出微电网项目的特点和质量因素，也不利于分析参与者的策略。扩展现有的研究，结合文献理论分析及微电网项目实践，我们考虑将电源质量、储能质量和碳排放作为微电网项目的重要质量属性引入拍卖模型中。

（1）电源质量指微电网系统的电源技术和电源配置的质量。电源作为电网系统的基础，微电网的电源技术和电源配置是微电网系统的核心部分。微电网的电源以光伏发电、风力发电、天然气发电为主，同时根据当地能源的特点结合相应的电源技术，如生物质发电、余热发电等就地生产和消纳。根据当地的电源资源和技术特点合理配置微电网电源，不仅有利于利用当地能源资源和技术资源，还有利于形成当地特色的微电网发展模式。因此，我们将电源质量作为微电网关键的质量因素引入拍卖模型中。

（2）储能质量指微电网系统的储能技术和储能配置的质量。由于微电网电源的间断性及用电负荷的波动性，储能作为削峰填谷、充分利用能源的重要方式是微电网的重要组成部分。微电网在运用超级电容、锂电池和铅酸电子等电池进行储能时，结合微电网系统对冷热电的具体需求，综合运用水储能、冰储能、联供储能站及与电动车充电相结合等创新的储能方式，有利于提升能源的利用效率。微电网系统内这些创新的储能方式和储能技术，是微电网平衡能源供给和利用的重要部分，是微电网重要的质量因素，因此我们也将其纳入拍卖模型中。

（3）碳排放指微电网系统的碳排放水平。微电网系统中存在大量的碳排放问题，一是微电网系统自身除利用可再生能源和清洁能源外，其他电源以燃煤发电为主，存在大量的碳排放（Bahmani-Firouzi and Azizipanah-Abarghooee，2014；Kamel，2014）。二是当微电网在与外部进行电力交换时，由于外部电力的生产主要以燃煤为主，此时微电网系统用电的碳排放量也会增加。鉴于此，为了突出微电网对碳排放的重要性，《微电网管理办法》（征求意见稿）指出并网型微电网与外部电网的年交换电力一般不超过年用电量的 50%，强调微电网的可再生能源装机容量应占到最大负荷的 50% 以上，或能源综合利用率在 70% 以上，突出了碳排放问题的重要性[①]。因此，为了体现微电网系统在碳排放方面的重要性，以及其带来的环保效益，我们将碳排放作为决策变量加入模型。

模型的变量符号及其含义如表 8.1 所示。

8.4　拍卖假设与模型建立

在了解项目业主的招标计划和偏好后，有 n 个能源供应商参与微电网项目的竞标。能源供应商 $i(i=1,2,\cdots,n)$ 提供的电源质量、储能质量、碳排放水平和价格分别表示为 q_i、s_i、e_i 和 p_i。

假设 8.1：能源供应商提供的电源质量 q_i、储能质量 s_i 和碳排放水平 e_i 相互独立且分别为 $[q_l,q_h]$、$[s_l,s_h]$ 和 $[e_l,e_h]$ 上的连续增函数（q_l、q_h，s_l、s_h，e_l、e_h 分别表示电源质量、储能质量和碳排放的上限和下限），概率密度函数和累积分布函数分别为 $f_q(q_i)$ 和 $F_q(q_i)$、$f_s(s_i)$ 和 $F_s(s_i)$、$f_e(e_i)$ 和 $F_e(e_i)$。

假设 8.2：碳排放 e_i 为可再生能源利用率 r_i 和能源综合利用率 o_i 的减函数。

由前文对碳排放影响因素的分析可知，当微电网系统的可再生能源利用率提升时，提升了清洁能源利用率，从而降低了微电网系统的碳排放水平；当微电网系统的能源综合利用率提升时，在提升了清洁能源利用率的同时降低了对外部碳排放的高能源消费，微电网系统的碳排放水平也会降低。这两方面均是碳排放的

---

① 国家能源局综合司关于征求《微电网管理办法》意见的函. http://zfxxgk.nea.gov.cn/auto84/201702/t20170209_2561.htm，2017-02-07.

重要方面，因此这一假设是合理的。

　　假设 8.3：能源供应商的投标价格为电源质量、储能质量和碳排放的函数，且这些信息为能源供应商的私有信息。也就是说，能源供应商知道自己投标的 p_i、q_i、s_i 和 e_i，以及知道其他能源供应商的分布函数，并不知道其他能源供应商投标的具体值。

　　假设 8.4：项目业主和能源供应商的风险偏好为中性，且都是理性经济人，均在完美、完全信息下进行决策。

　　项目业主的收益函数为质量属性、价值系数和投标价格的线性函数，表示为

$$U\left(p_i, q_i, v_s, e_i\right) = v_q q_i + v_s s_i + v_e\left(E - e_i\right) - p_i \tag{8.1}$$

　　能源供应商的收益函数为投标价格、质量属性和成本系数的线性函数，表示为

$$\pi_i\left(p_i, q_i, e_i\right) = p_i - c_q q_i - c_s s_i - c_e\left(E - e_i\right) \tag{8.2}$$

　　在竞标中，能源供应商能赢得竞标的概率受到参与拍卖的能源供应商数量 n，以及自身的投标价格 p_i、电源质量 q_i、储能质量 s_i 和碳排放水平 e_i 的影响。同时，当能源供应商赢得拍卖时，项目业主的收益应处于最优状态 U^*。记这个概率为 $\mathrm{prob}\left(p_i, q_i, s_i, e_i, U^*, n\right)$，简记为 $\mathrm{prob}(\cdot)$。因此，能源供应商赢得竞标的期望收益可以表示为

$$E\left(\pi_i\right) = \left[p_i - c_q q_i - c_s s_i - c_e\left(E - e_i\right)\right] \times \mathrm{prob}(\cdot) - c_f \tag{8.3}$$

　　假设 8.5：利用能源供应商投标提供的电源质量、储能质量和碳排放水平来区分能源供应商 $i\left(i = 1, 2, \cdots, n\right)$ 的技术类型 t_i。同时，项目业主对能源供应商的技术类型的判断函数为

$$t_i = \left(v_q - c_q\right)q_i + \left(v_s - c_s\right)s_i + \left(v_e - c_e\right)\left(E - e_i\right) \tag{8.4}$$

　　因为 $\left(v_q - c_q\right)$ 表示单位电源质量的边际收益，$\left(v_s - c_s\right)$ 表示单位储能质量的边际收益，$\left(v_e - c_e\right)$ 表示单位碳排放的边际收益，所以用式（8.4）来区分能源供应商的技术类型是合理的。

　　计算 t_i 的分布函数。令 $q_i' = \left(v_q - c_q\right)q_i$，$s_i' = \left(v_s - c_s\right)s_i$，$e_i' = \left(v_e - c_e\right)\left(E - e_i\right)$。变换后 $t_i = q_i' + s_i' + e_i'$。由假设 8.1 可知，q_i、s_i、e_i 相互独立，因此 q_i'、s_i'、e_i' 也相互独立。同时，由 q_i' 是 q_i 的线性关系，可知 q_i' 的密度函数 $f_{q_i'}\left(q_i'\right)$ 也为 $f_q\left(q_i\right)$ 的线性变换。同理，$f_{s_i'}\left(s_i'\right)$、$f_{e_i'}\left(e_i'\right)$ 为 $f_s\left(s_i\right)$、$f_e\left(e_i\right)$ 的线性变换。由 $f_q\left(q_i\right)$、$f_s\left(s_i\right)$、$f_e\left(e_i\right)$ 为已知，故 $f_{q_i'}\left(q_i'\right)$、$f_{s_i'}\left(s_i'\right)$、$f_{e_i'}\left(e_i'\right)$ 也为已知。由多重卷积计算方法和 t_i 的边界关系可计算出能源供应商的技术类型 t_i 的累积分布函数为

$$F_t\left(t_i\right) = \int_{t_1}^{t_i} f_t(t)\,\mathrm{d}t = \int_{t_1}^{t_i}\left[f_{q_i}\left(q_i^{'}\right)f_{s_i}\left(s_i^{'}\right)f_{e_i}\left(e_i^{'}\right)\right]\mathrm{d}t$$

$$= \int_{t_1}^{t_i}\left[\int_{-\infty}^{+\infty}\int_{-\infty}^{+\infty} f_{q_i}(x_1)f_{s_i}(x_2)f_{e_i}(t-x_1-x_2)\,\mathrm{d}x_2\mathrm{d}x_1\right]\mathrm{d}t \qquad (8.5)$$

$$= \int_{t_1}^{t_i}\left[\int_{t_1}^{t}\left[\int_{t_1}^{t-x_1} f_{q_i}(x_1)f_{s_i}(x_2)f_{e_i}(t-x_1-x_2)\,\mathrm{d}x_2\right]\mathrm{d}x_1\right]\mathrm{d}t$$

t_1 为 t_i 的下限，$t_1 = \left(v_q-c_q\right)q_l+\left(v_s-c_s\right)s_l+\left(v_e-c_e\right)\left(E-e_h\right)$。式（8.5）中密度函数和取值已知，故 $F_t\left(t_i\right)$ 已知。

假设 8.6：能源供应商之间没有合谋，且考虑项目业主收益的投标向量 $U_i = \left(p_i,q_i,s_i,e_i\right)$ 根据投标函数 B 来确定。B 为增函数。

在实际投标中，为了获得特许经营权，能源供应商之间可能存在合谋围标等行为。在这种情况下不但提高了中标价格，也降低了项目质量，损害了项目业主的利益。为了避免这种情况发生，项目业主通常会采取手段防止投标方合谋。因此没有合谋行为的假设是合理的。

对于能源供应商 $i\,(i=1,2,\cdots,n)$ 的投标属性向量 $U_i = \left(p_i,q_i,s_i,e_i\right)$，$i$ 的投标为 $B\left(U_i\right)$。同时，因为 $p_i\left(q_i,s_i,e_i\right)$ 和 $t_i\left(q_i,s_i,e_i\right)$ 均为 q_i、s_i 和 e_i 的增函数，所以当能源供应商的技术类型 t_i 越好时，投标价格 p_i 就会越高，因此 B 也为增函数。

8.4.1　拍卖机制博弈分析

我们用逆推法来分析最优策略。由假设 8.4，项目业主和能源供应商在完全信息下进行决策。因此，在拍卖第三阶段的纳什均衡处，项目业主会选择给其带来最大收益的能源供应商为中标方。此时项目业主的收益与能源供应商的投标，满足如下等式：

$$U_i = v_q q_i + v_s s_i + v_e\left(E-e_i\right) - p_i = \max U_j\ (j=1,2,\cdots,n) \qquad (8.6)$$

逆推到第二阶段，能源供应商投标时，能源供应商会选择依据自身的技术类型，同时满足自身收益最大化的投标向量进行投标。因此，当能源供应商在第三阶段赢得拍卖时，能源供应商的技术类型、投标向量及收益满足如下等式：

$$\max \pi_i\left(t_i,U_i\right) = \left(t_i-U_i\right)\times\mathrm{prob}\left(p_i,q_i,s_i,e_i,U^*,n\right) - c_f \qquad (8.7)$$

根据优化理论，对式（8.7）进行纳什均衡求解，推导能源供应商投标的最优价格如下。

定理 8.1：在微电网项目资源转让的拍卖中，参与拍卖的能源供应商的最优投

标价格为

$$p_i = \begin{cases} 0, t_i < t_m \\ v_q q_i + v_s s_i + v_e (E - e_i), t_i = t_m \\ c_q q_i + c_s s_i + c_e (E - e_i) + \dfrac{\int_{t_m}^{t_i} (F_t(t))^{n-1} \, \mathrm{d}t}{(F_t(t_i))^{n-1}} + \dfrac{c_f}{(F_t(t_i))^{n-1}}, t_i > t_m \end{cases} \tag{8.8}$$

其中，$t_m = (q_m, s_m, e_m)$ 为投标处于纳什均衡时的能源供应商的技术类型。

证明：当能源供应商 i 的投标为纳什均衡投标时，项目业主 $E(\pi_i)$ 和能源供应商 U_m 的收益均为 0。即 $E(\pi_m) = (t_m - U_m) \times \mathrm{prob}(p_i, q_i, e_i, U^*, n) - c_f = t_m \times \mathrm{prob}(\cdot) - c_f = 0$。当处于纳什均衡时，能源供应商赢得拍卖的概率为其他能源供应商的技术类型小于均衡类型，即 $\mathrm{prob}(\cdot) = F_t(t_m)^{n-1}$。因此，能源供应商的收益可写为 $E(\pi_m) = t_m F_t(t_m)^{n-1} - c_f$。

（1）当 $t_i < t_m$ 时。由 $t_i < t_m$、$c_f > 0$ 且 $F_t(t_i)$ 为增函数，可得能源供应商的期望收益 $E(\pi_i) = t_i F_t(t_i)^{n-1} - c_f < t_m F_t(t_m)^{n-1} - c_f < 0$。能源供应商的期望收益小于竞标成本，因此能源供应商的最优策略是不参与竞标。因为此时能源供应商提供的电源质量、储能质量和碳排放水平不能同时满足项目业主的要求，即便参与竞标也不会获胜，反而会浪费前期竞标成本 c_f。

（2）当 $t_i = t_m$ 时。能源供应商的投标向量刚好位于纳什均衡处，能源供应商的成本等于收益。此时项目业主的收益也为 0，满足式（8.1）=0，即

$$U_i (p_i, q_i, v_s, e_i) = v_q q_i + v_s s_i + v_e (E - e_i) - p_i = 0$$

等式变换得投标价格为

$$p_i = v_q q_i + v_s s_i + v_e (E - e_i) = v_q q_m + v_s s_m + v_e (E - e_m) \tag{8.9}$$

（3）当 $t_i > t_m$ 时。假设 i 是投标的获胜者，则投标向量 $U_i = (p_i, q_i, s_i, e_i)$ 满足 $B(U_j) < B(U_i)$，$j(j = 1, 2, \cdots, n) \neq i$。获胜的概率 $\mathrm{prob}(B(U_i)) = \left[F_t(B^{-1}(U_i)) \right]^{n-1}$。此时 i 的收益可写为

$$\pi_i (t_i, U_i) = (t_i - U_i) \times \left[F_t(B^{-1}(U_i)) \right]^{n-1} - c_f \tag{8.10}$$

能源供应商的投标必为最优投标 U_i^*，因此：

$$\frac{\partial \pi_i}{\partial U_i}\bigg|_{U_i = U_i^*} = 0 \tag{8.11}$$

对 $\pi_i (t_i, U_i)$ 关于 t_i 求导可得

$$\frac{\mathrm{d}\pi_i}{\mathrm{d}t_i} = \frac{\partial \pi_i}{\partial t_i} + \frac{\partial \pi_i}{\partial U_i}\frac{\mathrm{d}U_i}{\mathrm{d}t_i} \tag{8.12}$$

由式（8.10）和式（8.11），以及偏导的含义，可得

$$\frac{\mathrm{d}\pi_i}{\mathrm{d}t_i}\Big|_{U_i=U_i^*} = \frac{\partial \pi_i}{\partial t_i}\Big|_{U_i=U_i^*} + \frac{\partial \pi_i}{\partial U_i}\Big|_{U_i=U_i^*}\frac{\mathrm{d}U_i}{\mathrm{d}t_i}$$

$$= \frac{\partial \pi_i}{\partial t_i}\Big|_{U_i=U_i^*} \tag{8.13}$$

$$= \left[F_t\left(B^{-1}(U_i)\right)\right]^{n-1}$$

由假设 8.1 可知，拥有相同技术类型的能源供应商均衡时的投标策略是一样的，即有 $U_i = B(t_i)$。代入式（8.13）得

$$\frac{\mathrm{d}\pi_i}{\mathrm{d}t_i} = \left(F_t(t_i)\right)^{n-1} \tag{8.14}$$

两边求积分：

$$\pi_i - \pi_i(t_m) = \int_{t_m}^{t_i}\left(F_t(t)\right)^{n-1}\mathrm{d}t \tag{8.15}$$

由均衡时 $\pi_i(t_m) = 0$ 得

$$\pi_i = \int_{t_m}^{t_i}\left(F_t(t)\right)^{n-1}\mathrm{d}t \tag{8.16}$$

式（8.16）联合 $\pi_i(t_i, U_i) = (t_i - U_i)F_t(t_i)^{n-1} - c_f$ 求得

$$p_i = c_q q_i + c_s s_i + c_e(E - e_i) + \frac{\displaystyle\int_{t_m}^{t_i}\left(F_t(t)\right)^{n-1}\mathrm{d}t}{\left(F_t(t_i)\right)^{n-1}} + \frac{c_f}{\left(F_t(t_i)\right)^{n-1}} \tag{8.17}$$

得证。

由定理 8.1 可知，当能源供应商的技术类型小于等于均衡类型时，能源供应商的最优策略是不参与竞标，只有当能源供应商的技术类型大于均衡类型时，能源供应商参与竞标才是可取的。因为当能源供应商的技术类型小于等于均衡类型时，其参与竞标不仅期望收益为 0，还会损失前期竞标成本；当能源供应商的技术类型大于均衡类型时，其获得的期望收益才能大于成本，此时参与竞标才是可取的，同时由计算可知此时的竞标价格为纳什均衡值。

定理 8.2：在微电网项目资源拍卖的子博弈纳什均衡处，随着项目业主对可再生能源利用率和能源综合利用率要求的提升，均衡时能源供应商的技术类型也会提升。

证明：均衡时有

$$t_m = \left(v_q - c_q\right)q_m + \left(v_s - c_s\right)s_m + \left(v_e - c_e\right)(E - e_m) \tag{8.18}$$

由假设 8.1 可知，能源供应商提供的碳排放水平 e_i 为可再生能源利用率 r_i 和能源综合利用率 o_i 的减函数，设表达式为 $e_i(r,o)=1-(w_r r_i + w_o o_i)$，$w_r$、$w_o$ 分别为相关的权重系数。

（1）当 v_e、c_e 不变时，新均衡与均衡之差为

$$t_m' - t_m = (v_e - c_e)(e_m - e_m') \qquad (8.19)$$

由假设 8.2 可知，式（8.19）为正，故均衡水平上升，得证。

（2）当 v_e、c_e 变化时，我们假设当可再生能源利用率和能源综合利用率的质量增加，会导致碳排放价值系数和成本系数的相应增加。

新的均衡式为

$$t_m' = (v_q - c_q)q_m + (v_s - c_s)s_m + (v_e' - c_e')(E - e_m') \qquad (8.20)$$

我们用增量表示新的均衡值：

$$e_m' = e_m + V_e$$
$$v_e' = v_e + V_v$$
$$c_e' = c_e + V_c$$

e_m'、v_e'、c_e' 和 V_e、V_v、V_c 分别表示 e_m、v_e、c_e 的新值和增量。

将增量公式代入式（8.19）的计算：

$$
\begin{aligned}
t_m' - t_m &= (v_e' - c_e')(E - e_m') - (v_e - c_e)(E - e_m) \\
&= (v_e + V_v - (c_e + V_c))(E - e_m - V_e) - (v_e - c_e)(E - e_m) \\
&= (v_e' - c_e')e_m - e_m' + (V_v - V_c)(E - e_m) > 0
\end{aligned}
$$

得证。

在等比例增长的情境下，由于 v_e 显著大于 c_e，其增量也相对大于 c_e 的增量。当价值系数的增长速度大于成本系数的增长速度时，均衡水平的提升速度也会进一步提升。由定理 8.2 可知，当对微电网系统可再生能源利用率和能源综合利用率的要求提升时，均衡时能源供应商的技术类型也会提高。根据后文定理 8.4，随着能源供应商技术类型的提高，微电网项目的质量及对项目业主需求的满足程度会有所提高，有利于提升项目业主的收益。综上，项目业主在拍卖中可暗示自身对可再生能源利用率和能源综合利用率的偏好来控制微电网项目的拍卖质量，提升微电网项目的价值和自身的收益。这是合理的，现实中政府也是通过这两个因素来控制微电网发展的质量。对能源供应商的启发是，能源供应商在拍卖时可创新可再生能源的利用机制，以及综合利用各种能源的方式，通过这两方面去合理提高自身的技术类型以赢得拍卖。

定理 8.3：在微电网项目资源拍卖的子博弈纳什均衡处，随着前期竞标成本和参与竞标的能源供应商数量的增加，均衡时能源供应商的技术类型会提高。

证明： 由均衡时的收益函数有

$$\pi_i(t_m) = t_m F_t(t_m)^{n-1} - c_f = 0 \qquad (8.21)$$

变换等式得

$$t_m F_t(t_m)^{n-1} = c_f$$

由 t_m 和 $F_t(t_m)$ 均为增函数，当前期竞标成本 c_f 增加时，t_m 会提高。

由 $0 \leqslant F_t(t_m) \leqslant 1$，当 c_f 不变时，n 增加，t_m 也会提高。得证。

由定理 8.3 可知，前期竞标成本作为前期沉没成本，作为对微电网项目前期的准备，代表了能源供应商前期工作的扎实程度。随着前期竞标成本的上升，能源供应商的技术类型会提高，也就是说更多优秀的能源供应商加入微电网项目资源拍卖中来。当 $c_f = 0$ 时，t_m 也为 0，即技术类型更低的能源供应商都可参加拍卖，这种情况下降低了微电网项目资源的拍卖质量，不利于项目业主的利益。当参与拍卖的能源供应商数量增加时，微电网项目拍卖的竞争性就会增加，均衡时能源供应商的技术类型也会增加，有利于提升项目业主的收益。综上，项目业主可在拍卖前设计相应机制控制前期竞标成本和能源供应商参与数量，以控制微电网项目资源的拍卖质量。

定理 8.4： 在微电网项目资源转让的拍卖中，当能源供应商按最优价格进行投标时，随着能源供应商技术类型的提高，均衡时项目业主和能源供应商的收益也均增加。

证明： 当 $t_i \leqslant t_m$ 时能源供应商不参与拍卖或参与拍卖时收益为 0，故考虑 $t_i > t_m$ 情景。

（1）项目业主方面：

$$U_i(p_i, q_i, s_i, e_i) = v_q q_i + v_s s_i + v_e(E - e_i) - p_i$$

将 $p_i = c_q q_i + c_s s_i + c_e(E - e_i) + \dfrac{\displaystyle\int_{t_m}^{t_i} \left(F_t(t)\right)^{n-1} \mathrm{d}t}{\left(F_t(t_i)\right)^{n-1}} + \dfrac{c_f}{\left(F_t(t_i)\right)^{n-1}}$ 代入式（8.1）得

$$U_i(p_i, q_i, e_i) = v_q q_i + v_s s_i + v_e(E - e_i) - p_i$$

$$= t_i - \frac{\displaystyle\int_{t_m}^{t_i} \left(F_t(t)\right)^{n-1} \mathrm{d}t}{\left(F_t(t_i)\right)^{n-1}} - \frac{c_f}{\left(F_t(t_i)\right)^{n-1}} \qquad (8.22)$$

将式（8.22）对 t_i 求导，得

$$\frac{\mathrm{d}U_i}{\mathrm{d}t_i} = \frac{\mathrm{d}}{\mathrm{d}t_i}\left[t_i - \frac{\int_{t_m}^{t_i}\left(F_t(t_i)\right)^{n-1}\mathrm{d}t}{\left(F_t(t_i)\right)^{n-1}} - \frac{c_f}{\left(F_t(t_i)\right)^{n-1}} \right]$$

$$= \frac{\mathrm{d}}{\mathrm{d}t_i}\left[\frac{t_i\left(F_t(t_i)\right)^{n-1} - \int_{t_m}^{t_i}\left(F_t(t_i)\right)^{n-1}\mathrm{d}t - c_f}{\left(F_t(t_i)\right)^{n-1}} \right]$$

$$= \frac{\left(F_t(t_i)^{n-1} + (n-1)F_t(t_i)^{n-2}F_t't_i - F_t(t_i)^{n-1}\right)F_t(t_i)^{n-1} - t_i\left(F_t(t_i)\right)^{n-1} - \int_{t_m}^{t_i}\left(F_t(t_i)\right)^{n-1}\mathrm{d}t - c_f(n-1)F_t(t_i)^{n-2}F_t't_i}{\left(F_t(t_i)^{n-1}\right)^2}$$

$$= \frac{\left(t_i(n-1)F_t(t_i)^{n-2}F_t't_i\right)F_t(t_i)^{n-1} - t_i\left(F_t(t_i)\right)^{n-1} - \int_{t_m}^{t_i}\left(F_t(t_i)\right)^{n-1}\mathrm{d}t - c_f(n-1)F_t(t_i)^{n-2}F_t't_i}{F_t(t_i)^n}$$

$$= \frac{\left[\int_{t_m}^{t_i}\left(F_t(t)\right)^{n-1}\mathrm{d}t + c_f\right](n-1)F_i'(t_i)}{\left(F_i(t_i)\right)^n} > 0$$

得证。

（2）能源供应商方面：

$$E\left(\pi_i(p_i,q_i,e_i)\right) = \left[p_i - c_q q_i - c_s s_i - c_e(E-e_i) \right] \times \mathrm{prob}(\cdot) - c_f$$

将 $p_i = c_q q_i + c_s s_i + c_e(E-e_i) + \dfrac{\int_{t_m}^{t_i}\left(F_t(t)\right)^{n-1}\mathrm{d}t}{\left(F_t(t_i)\right)^{n-1}} + \dfrac{c_f}{\left(F_t(t_i)\right)^{n-1}}$ 和 $\mathrm{prob}(\cdot) = \left(F_t(t_i)\right)^{n-1}$

代入式（8.3）得

$$E\left(\pi_i(p_i,q_i,s_i,e_i)\right) = \int_{t_m}^{t_i}\left(F_t(t_i)\right)^{n-1}\mathrm{d}t \qquad (8.23)$$

将式（8.23）对 t_i 求导，得

$$\frac{\mathrm{d}\pi_i}{\mathrm{d}t_i} = \left(F_t(t_i)\right)^{n-1} > 0$$

得证。

由定理 8.4 可知，项目业主会选取技术类型优秀的能源供应商作为拍卖的获胜者。由 p_i、t_i 为 (q_i,s_i,e_i) 的增函数可知此时的均衡价格也较高。综上，项目业主不是选择价格低的能源供应商作为投标的获胜者，而是综合考虑能源供应商的技术类型和价格，选取技术类型优秀、价格高的能源供应商作为拍卖的获胜者。

定理 8.5：在微电网项目资源转让的拍卖中，能源供应商参与拍卖时不受外部收益的影响，如上网电价、政府补贴等，能源供应商参与拍卖的最优策略是依据自身真实的电源质量、储能质量、碳排放和价格参与拍卖。

证明：当存在外部收益，如上网电价、政府补贴时，假设技术类型 $t_i = (q_i, s_i, e_i)$ 的能源供应商考虑这些收益，将自身的技术类型提高或降低变为 $t_i' = (q_i', s_i', e_i')$，假定其他能源供应商不变化，此时能源供应商带给项目业主的收益为 U_i'，赢得拍卖的概率变为 $(F_t(t_i'))^{n-1}$。即技术类型为 t_i 的能源供应商，通过提供技术类型为 t_i'，带给项目业主的收益 U_i' 以赢得拍卖，此时能源供应商赢得拍卖的概率为 $(F_t(t_i'))^{n-1}$。由公式 $\pi_i(t_i, U_i) = [t_i - U_i(t_i)] \times (F_t(t_i))^{n-1} - c_f$ 知，此时能源供应商的收益等式为

$$\begin{aligned}\pi_i(t_i, t_i') &= (t_i - U_i t_i') \times (F_t(t_i'))^{n-1} - c_f \\ &= t_i (F_t(t_i'))^{n-1} - U_i(t_i')(F_t(t_i'))^{n-1} - c_f\end{aligned} \quad (8.24)$$

将式（8.24）对 t_i' 求偏导得

$$\frac{\partial \pi_i(t_i, t_i')}{\partial t_i'} = t_i \frac{\mathrm{d}}{\mathrm{d}t_i'}[F_t(t_i'))^{n-1}] - \frac{\mathrm{d}}{\mathrm{d}t_i'}[U_i(t_i')(F_t(t_i'))^{n-1}] \quad (8.25)$$

记 t_i 处 $U_i(t_i)(F_t(t_i))^{n-1} = K_i$，即

$$K_i = U_i(t_i)(F_t(t_i))^{n-1} = [v_q q_i + v_s s_i + v_e(E - e_i) - p_i](F_t(t_i))^{n-1} \quad (8.26)$$

将 $p_i = c_q q_i + v_s s_i + c_e(E - e_i) + \dfrac{\displaystyle\int_{t_m}^{t_i}(F_t(t))^{n-1}\mathrm{d}t}{(F_t(t_i))^{n-1}} + \dfrac{c_f}{(F_t(t_i))^{n-1}}$ 代入式（8.26）得

$$\begin{aligned}K_i &= U_i(t_i)(F_t(t_i))^{n-1} = (v_q q_i + v_s s_i + v_e(E - e_i) - p_i)(F_t(t_i))^{n-1} \\ &= t_i(F_t(t_i))^{n-1} - \int_{t_m}^{t_i}(F_t(t_i))^{n-1}\mathrm{d}t - c_f\end{aligned} \quad (8.27)$$

将式（8.27）对 t_i 求导：

$$\frac{\mathrm{d}K_i}{\mathrm{d}t_i} = (F_t(t_i))^{n-1} + t_i \frac{\mathrm{d}}{\mathrm{d}t_i}[(F_t(t_i))^{n-1}] - (F_t(t_i))^{n-1} = t_i \frac{\mathrm{d}}{\mathrm{d}t_i}[(F_t(t_i))^{n-1}] \quad (8.28)$$

由式（8.28）及 $K_i = U_i(t_i)(F_t(t_i))^{n-1}$ 得

$$\frac{\mathrm{d}}{\mathrm{d}t_i}[U_i(t_i)(F_t(t_i))^{n-1}] = \frac{\mathrm{d}K_i}{\mathrm{d}t_i} = t_i \frac{\mathrm{d}}{\mathrm{d}t_i}[(F_t(t_i))^{n-1}] \quad (8.29)$$

将式（8.29）的 t_i 换为 t_i'，代入式（8.25）得

$$\frac{\partial \pi_i(t_i,t_i')}{\partial t_i'}=t_i\frac{\mathrm{d}}{\mathrm{d}t_i'}\Big[\big(F_t(t_i')\big)^{n-1}\Big]-\frac{\mathrm{d}}{\mathrm{d}t_i'}\Big[U_i(t_i')\big(F_t(t_i')\big)^{n-1}\Big]$$

$$=t_i\frac{\mathrm{d}}{\mathrm{d}t_i'}\Big[\big(F_t(t_i')\big)^{n-1}\Big]-t_i'\frac{\mathrm{d}}{\mathrm{d}t_i'}\Big[\big(F_t(t_i')\big)^{n-1}\Big] \qquad (8.30)$$

$$=t_i-t_i'\frac{\mathrm{d}}{\mathrm{d}t_i'}\Big[\big(F_t(t_i')\big)^{n-1}\Big]$$

$$=(t_i-t_i')(n-1)\big(F_t(t_i')\big)^{n-2}F_t'(t_i')$$

当能源供应商赢得拍卖时其收益导数等式满足：

$$\frac{\partial \pi_i(t_i,t_i')}{\partial t_i'}=0$$

同时，$F_t(t_i)$ 为增函数且大于 0，故式（8.30）只有唯一的解，就是 $t_i=t_i'$。得证。

上述是假设其他能源供应商不变的情况。当其他能源供应商也考虑外部收益而改变自身投标的技术类型时，最优策略依然不变。因为此时有两种情况，一是由于大家都同方向改变了技术类型，此时的拍卖结果与最优策略结果赢得拍卖的概率没有差别；二是对于中标的能源供应商来说，由于其改变了技术类型，提高价格的同时也提升了自身的项目成本，企业并不会获得更多收益。因此，能源供应商的最优策略还是按自身真实的技术类型参与拍卖。

由定理 8.5 可知，尽管中标后的外部收益有利于增加能源供应商的收益，但能源供应商最优的投标价格是按照自身的真实情况进行投标。如果不按真实情况投标的话，由于存在外部收益，能源供应商为赢得拍卖会选择降低投标价格或提升投标质量来进行投标。第一种情况，当能源供应商提供相同质量但低价投标时，此时如果中标的话，中标价格较低，能源供应商的收益会下降；第二种情况，当能源供应商提供相同价格但提升投标质量时，此时如果中标的话，投标质量偏高，随着后续建设成本的不确定性，会增加能源供应商的成本风险，随着成本上涨，为了获得收益，能源供应商可能会降低微电网项目的质量，更有甚者，当违约的收益大于实施的收益时能源供应商将终止微电网项目的实施。这两种情况均损害了项目业主和能源供应商的收益。综上，尽管实践中能源供应商为获得微电网项目的拍卖会将外部收益考虑到投标中降低价格或提升质量，但微电网项目资源竞标的最优方式是能源供应商根据自身的真实情况进行竞标，这种方式下项目业主和能源供应商的收益均处于最优，所获得的社会总收益也最大。

定理 8.6：本章所构建的多属性微电网项目资源逆向拍卖机制符合个体理性原则和激励相容原则，是有效的微电网项目转让拍卖机制。

机制设计理论认为，一个机制是否有效必须满足个体理性原则和激励相容原则。由定理 8.1 和定理 8.4 可看出，项目业主与能源供应商均以自身收益最大化为目的参与微电网项目资源的拍卖，满足个体理性原则。同时，由定理 8.4 和定理 8.5 可知，能源供应商不受其他外部收益的影响而按照其自身的真实情况投标，且个体收益和集体收益均处于最优状态，满足激励相容原则。因此，本章所构建的多属性微电网项目资源逆向拍卖机制是有效的拍卖机制。

8.4.2　算例分析

我们运用 Matlab 对微电网项目资源转让问题进行数值分析。假设现有一个微电网项目，项目业主为了建设微电网，对微电网项目进行拍卖。项目业主首先发布招标计划，并暗示电源质量、储能质量、碳排放价值偏好和前期竞标成本分别为 $v_q = 1.3$、$v_s = 1.2$、$v_e = 1.1$ 和 $c_f = 0.01$，并暗示最高碳排放水平 $E = 1$。在公布招标计划后，假设有两个能源供应商来参与竞标，假设不知道其 q_i、s_i 和 e_i 的具体值，但知道 q_i、s_i 和 e_i 均服从 $[0,1]$ 的均匀分布，且 q_i、s_i 和 e_i 的成本系数为 $c_q = 0.3$、$c_s = 0.2$、$c_e = 0.1$。接下来我们分析各方的策略和相应的影响因素。

1. 能源供应商策略

为了进一步探讨能源供应商的策略，我们首先依据前面的公式和能源供应商的分布，计算能源供应商的技术类型分布函数为

$$F_t(t_i) = \begin{cases} 0, \ t_i < 0 \\ \dfrac{1}{6}t_i^3, \ 0 \leqslant t_i < 1 \\ -\dfrac{1}{3}t_i^3 + \dfrac{3}{2}t_i^2 - \dfrac{3}{2}t_i + \dfrac{1}{2}, \ 1 \leqslant t_i < 2 \\ \dfrac{1}{6}t_i^3 - \dfrac{3}{2}t_i^2 + 3t_i - 2, \ 2 \leqslant t_i \leqslant 3 \\ 1, \ t_i > 3 \end{cases}$$

其次，计算能源供应商的投标价格。均衡时有 $t_i\big(F_t(t_i)\big)^{n-1} - c_f = 0$，当能源供应商 $n = 2$ 时，$t_m = 0.49$。将上述 t_m 和 $F_t(t_i)$ 代入价格公式，得此时价格的表达式为

$$p_i = \begin{cases} 0, \ t_i \leqslant 0.49 \\ 0.3q_i + 0.2s_i + 0.1(1-e_i) + \dfrac{t_i^4 - 0.06}{4t_i^3}, \ 0.49 < t_i < 1 \\ 0.3q_i + 0.2s_i + 0.1(1-e_i) + \dfrac{-t_i^4 + 6t_i^3 - 9t_i^2 + 6t_i - 1.44}{-4t_i^3 + 18t_i^2 - 18t_i + 6}, \ 1 \leqslant t_i < 2 \\ 0.3q_i + 0.2s_i + 0.1(1-e_i) + \dfrac{t_i^4 - 12t_i^3 + 36t_i^2 - 48t_i - 17.33}{t_i^3 - 36t_i^2 - 72t_i - 48}, \ 2 \leqslant t_i \leqslant 3 \end{cases}$$

最优的投标价格可根据上式进行计算。同时，由上式可看出，能源供应商是否参与投标，根据自身的技术类型来判定。

我们根据上式用图 8.2 和图 8.3 分析相关因素对能源供应商策略的影响。由图 8.2 可看出，随着能源供应商技术类型的提高，投标价格先逐步增加然后呈阶梯性下降的趋势。这是符合实际的，随着电源质量、储能质量逐渐提高到一定程度，以及碳排放降低到一定程度时，成本会急剧增长，投标价格也会急剧增加。当能源供应商的技术类型增加到一定程度时，投标价格呈阶梯性下降，说明能源供应商的投标价格存在最优边界。本章由于算例参数较小，最优边界也相对较低。因此，由对图 8.2 的分析可知，不同项目存在最优的价格和能源供应商的技术类型。将算例数值代入前文表达式可得到图 8.3。由图 8.3 可看出，可再生能源利用率与能源综合利用率均正向影响均衡类型，这一关系与定理 8.2 相符，支持了定理 8.2 的内容。

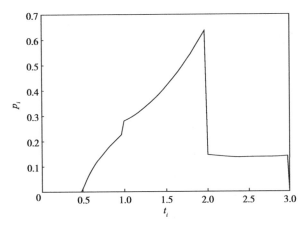

图 8.2　能源供应商的技术类型与投标价格的关系

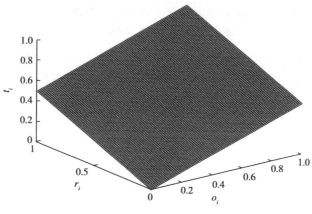

图 8.3　r_i、o_i 与 t_i 的关系

2. 项目业主策略

项目业主依照能源供应商的技术类型来选择拍卖的获胜方，因此为了分析项目业主的策略，我们分析能源供应商的技术类型与收益之间的关系。首先，我们计算 U_i、π_i，将算例数值代入 U_i、π_i 的表达式，计算得

$$U_i = \begin{cases} t_i - \dfrac{t_i^4 - 0.06}{4t_i^3}, & 0.49 < t_i < 1 \\[3mm] t_i - \dfrac{-t_i^4 + 6t_i^3 - 9t_i^2 + 6t_i - 1.44}{-4t_i^3 + 18t_i^2 - 18t_i + 6}, & 1 \leqslant t_i < 2 \\[3mm] t_i - \dfrac{t_i^4 - 12t_i^3 + 36t_i^2 - 48t_i - 17.33}{t_i^3 - 36t_i^2 - 72t_i - 48}, & 2 \leqslant t_i \leqslant 3 \end{cases}$$

$$\pi_i = \begin{cases} \dfrac{t_i^4 - 0.06}{4t_i^3 \times 1/6t_i^3}, & 0.49 < t_i < 1 \\[3mm] \dfrac{-t_i^4 + 6t_i^3 - 9t_i^2 + 6t_i - 1.44}{\left(-4t_i^3 + 18t_i^2 - 18t_i + 6\right) \times \left(-1/3t_i^3 + 3/2t_i^2 - 3/2t_i + 1/2\right)}, & 1 \leqslant t_i < 2 \\[3mm] \dfrac{\left(t_i^4 - 12t_i^3 + 36t_i^2 - 48t_i - 17.33\right)}{\left(t_i^3 - 36t_i^2 - 72t_i - 48\right) \times \left(1/6t_i^3 - 3/2t_i^2 + 3t_i - 2\right)}, & 2 \leqslant t_i \leqslant 3 \end{cases}$$

由上述 U_i、π_i 的表达式可得到图 8.4 和图 8.5。如图 8.4、图 8.5 所示，项目业主和能源供应商的收益随着能源供应商技术类型的提高而逐渐增加，验证了定理 8.4 的内容。由图 8.5 还可发现，能源供应商的收益随着技术类型的提高增加到一定值后下降。这是合理的，因为对于项目业主而言，随着技术类型的提高，项目业主会获得更多的收益；然而，对于能源供应商而言，当技术类型提高到一定

程度时，却面临很高的成本和技术难度，从而负向影响能源供应商的收益。结合图 8.4 和图 8.5 还可看出均衡时能源供应商的技术类型较高，由前文的分析可知此时对应的投标价格也较高。综上可知，微电网项目资源转让拍卖的均衡是各质量属性和价格综合最优的组合，显著不同于以往低价获胜的情况，此时项目业主和能源供应商的收益也处于最优水平。

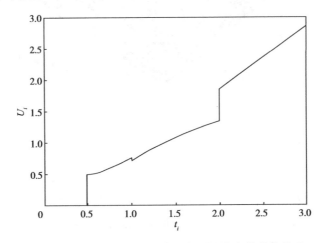

图 8.4　能源供应商的技术类型与项目业主收益的关系

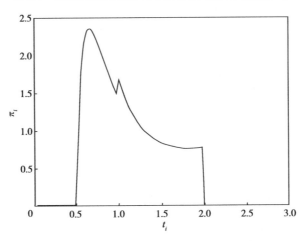

图 8.5　能源供应商的技术类型与收益的关系

3. 成本和数量对拍卖的影响

我们分析前期竞标成本和参与竞标的能源供应商数量对拍卖策略的影响。同理，由算例均衡条件和表达式可得到图 8.6 和图 8.7。由图 8.6 和图 8.7 可看出，前期竞标成本的不断增加和参与竞标的能源供应商数量的增加，提高了均衡时能源供应商的技术类型，这验证了定理 8.3 的内容。由图 8.6 和图 8.7 还可发现，当 c_f 和 n 增加到一定值时，均衡类型趋于一个值，表示 c_f 和 n 的取值并不是越大越好，而是存在最优的取值边界。这是符合实际的，因为前期竞标成本作为沉没成本，只要能保证能源供应商项目的前期调研和设计等达到合适的程度即可，更高的前期竞标成本会增加能源供应商的成本，同时对于项目业主来说也并不必要；参与竞标的能源供应商数量也不必太多，数量太多不仅会增加项目业主的审核成本，还影响参与竞标的能源供应商的质量。综上，项目业主可控制相应的前期竞标成本和参与竞标的能源供应商数量来提高微电网项目资源的拍卖质量。

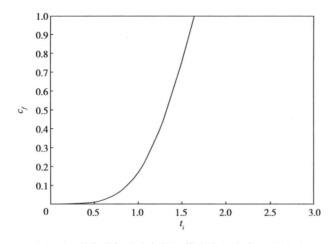

图 8.6　前期竞标成本与能源供应商均衡类型的关系

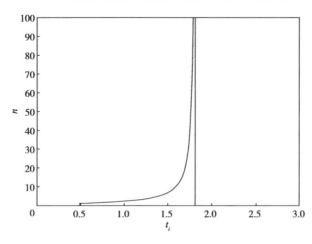

图 8.7　参与竞标的能源供应商数量与能源供应商均衡类型的关系

8.5　本　章　小　结

本章对基于项目资源转让的微电网价值共享机制进行了研究，首先分析微电网项目业主的主要类型及其经济属性，明晰各类型项目业主的利益诉求，为认识微电网项目的不同阶段参与方合作需求提供基础。

其次，分析了项目资源转让与价值共享的问题背景，并提出以拍卖机制实现价值共享目标，同时将微电网项目资源转让的多阶段拍卖流程分成四个阶段。

再次，推导出能源供应商的最优投标价格，并证明了该投标价格为拍卖博弈的子博弈纳什均衡解；在此基础上，分析得到了项目业主和能源供应商的最优策略。

最后，当投标的能源供应商之间不存在合谋、均为风险中性且对等时，多属性逆向拍卖机制是微电网项目资源转让的有效机制。

第 9 章　基于价值补偿和社会责任的微电网项目合作开发模式

本章是对第 7 章、第 8 章两章研究结果的归纳和延伸讨论。第 7 章、第 8 章分析的价值补偿和价值共享只涉及微电网的内部治理,而本章将涉及微电网的外部治理。

微电网项目合作开发是一个系统的工程,不仅涉及众多狭义利益相关者,由于其引起显著的社会公众利益变动,同时还涉及众多广义利益相关者。因此,微电网项目合作开发不仅涉及项目自身的运行效率、经济效益,也面临相应的社会责任与广义利益相关者的利益诉求。

因此,通过项目价值补偿机制、社会责任治理体系,形成微电网项目价值补偿与社会责任承担的"双向利益机制",构建基于广义利益相关者关系的微电网项目"广义合作开发模式",对微电网项目合作开发具有重要意义。这样,不仅可以保障微电网各利益相关者的利益诉求,促进社会效益、环境效益,还可以推动微电网项目的健康发展。

9.1　微电网项目合作开发中的补偿机制及价值共享问题归纳

微电网具有丰富的项目资源价值,通过前文的分析,总结出其价值主要表现在经济、投资和社会方面。微电网项目通过市场交易,销售电力产品获得直接经济报酬;提高了综合能源利用率,降低了用户用能成本等特征构成了其经济价值。微电网项目发展潜力大,具备利润空间;可提供能源辅助服务,具备潜在商业价值;改善局部地区供能,促进当地经济发展等特征使其具有投资价值。微电网项目安全可靠，提高电力供应稳定性；提升消纳能力，推动可再生电力发展；减少碳排放，降低对生态环境的破坏；增加就业岗位，带动关联产业的发展等特征是其社会价值的主要表现。明晰微电网项目资源价值以后，我们对微电网开发中的价值补偿机制及价值共享问题做出进一步的研究。

9.1.1 微电网项目合作开发中的价值补偿机制

微电网项目资源价值丰富，然而由于市场交易机制的不完善，其经济价值不能得到很好的体现，并且其社会价值的存在使得微电网的经济效应不能达到最大化，而经济价值不能实现将影响微电网项目的长期健康发展，从而影响其社会价值的实现，因此需要对其进行一定的价值补偿。

当前阶段，针对微电网项目资源价值补偿的手段主要分为政府补偿和市场补偿两种类别。

1. 微电网项目的政府补偿

第 7 章提到，政府补偿包括上网电价补贴、装机容量补贴，以及投资补贴、研发补贴等其他补偿方式。上网电价补贴是一种针对可再生能源的电价补贴制度，由政府强制规定高于常规上网电价的标杆上网电价，对其差价进行补贴，而补贴资金经由售电企业转嫁给消费者。上网电价补贴的优势在于政府调控的掌控力强且其缩减成本、提高收益、促进可再生能源产业发展效果明显，其不足之处在于信息不对称导致的最优补贴价格难以确定，以及无法有效解决我国较为突出的弃风、弃光问题。同时，随着产业的发展，存在补贴逐渐降低，可再生能源附加征收逐渐降低的趋势。装机容量补贴是对达到一定装机容量的可再生能源微电网发电项目给予补贴。装机容量补贴易于统计和监督，能直接快速地增加可再生能源装机容量，但缺乏对可再生能源电力消纳问题的关注。因此，某种程度上属于可再生能源微电网开发前期补贴方式，适用于提高可再生能源装机容量。除此之外，政府还通过投资补贴、研发补贴等其他补偿方式支持可再生能源微电网项目建设。

研究发现，补贴给设备供应商和投资商时，微电网产业链渠道价格指标较低；补贴给运营商和用户时，微电网产业链渠道价格指标较高。同时，与补贴其他对象相比，补贴给自身时，自身收益达到最大值。由此可见，政府可在微电网发展初期或微电网市场低迷时，通过对微电网设备供应商和投资商进行补贴，以推动微电网的投资和发展。当微电网发展到趋向市场饱和时，政府可通过补贴给微电网运营商和用户，提高微电网的运营质量和刺激用户对微电网的需求，进一步促进微电网发展。同时还发现补贴是有最优边界的，一方面，当微电网技术水平发展到一定程度时，各参与方的收益可平衡自身的成本和风险，此时可随着技术水平的提升逐渐降低对微电网的补贴；另一方面，为了更好地让补贴发挥作用，不仅应采取恰当的补贴方式，还应采用恰当的补贴额度。

2. 微电网项目的市场补偿

本书从市场效率的角度分析可再生能源配额制及绿证制度对微电网项目资源价值补偿机理。可再生能源配额制通过建立长期稳定的市场，旨在为可再生能源技术投资、可再生能源不断增长的供给创造需求。其既兼顾了可再生能源电力的生产，也促进了可再生能源电力的消纳。可再生能源配额制具有很强的政策把控性，同时可减轻政府财政负担，但其不足之处在于"一刀切"，且其惩罚机制不完善。绿证制度下可再生能源电力的生产者会获得与预先确定的发电量相应的绿证，需要完成可再生能源配额的主体可以在绿证市场去购买和出售绿证。绿证制度使得配额可交易，避免了经济效率损失，但对于可再生能源发电成本较高的发电商，在绿证市场完成的可能性会降低。

上述研究为微电网的价值补偿模式提供了依据。微电网的价值补偿模式应全面考虑各种补贴政策的优缺点，在微电网项目发展的不同时期采用最合适的补贴政策，在使微电网项目建设开发者和用户都从中受益的同时促进微电网项目健康、持续的发展。

9.1.2　微电网项目合作开发中的价值共享问题

由于微电网项目的特性，其开发运营需要通过合作进行，涉及众多的利益相关方，因此微电网项目资源价值不能由一方独占，而应该实现各合作方之间的价值共享。由于微电网项目业主通常不能自主或独立完成微电网项目开发，需要将项目资源转让出来，而微电网项目转让的质量和效率直接决定了微电网项目开发的效率和质量，因此需对其进行研究。另外，微电网项目资源转让过程还应从利益相关者角度考虑各利益相关者的收益，因此转让过程中应实现项目业主和主承建者之间的价值共享。

第 8 章以微电网项目资源转让为例研究微电网价值共享机制。首先，对微电网项目业主进行了分析，说明了项目业主的几种主要类型，即地方政府、政府平台公司、大电网公司、发电集团、大用户、供应商及其他投资主体等，并具体分析了各类型项目业主的经济属性，明晰了其利益诉求，为进一步分析项目资源转让机制奠定了基础。其次，从微电网系统的特点和利益相关者的诉求出发，构建了反映微电网系统特点和平衡各方利益诉求的拍卖模型来研究微电网项目资源的转让问题，以提升微电网项目资源的转让质量，促进微电网合理健康的发展。我们提出通过电源质量、储能质量和碳排放对能源供应商的技术类型进行区分，并把能源供应商的投标价格看作电源质量、储能质量和碳排放的函数从而推导出能源供应商的最优投标价格，并证明了该投标价格为拍卖博弈的子博弈纳什均衡解。再次，在均衡状态下，通过证明和算例分析得出，随着参与竞标的能源供应商数量的增加或前期投标成本的增加，供应商的均衡类型会变好。因此，项目业主设定较高的前期投标成本是合理的；此外，项目业主应将参与竞标的能源供应商数量控制在合适的范围内。分析得出随着能源供应商的技术类型提高，能源供应商和项目业主的收益都会增加。我们还推导出能源供应商的最优投标策略是按真实的电源质量、储能质量、碳排放和最优价格进行投标；项目业主的最优策略是把根据电源质量、储能质量、碳排放和价格综合最优的能源供应商作为拍卖的获胜者。最后，当投标的能源供应商之间不存在合谋、均为风险中性且对等时，多属性逆向拍卖机制是微电网项目资源转让的有效机制。同时，该拍卖模型从利益相关者的角度出发，考虑各利益相关者的诉求和收益，保障了利益相关者的收益，实现了项目业主和主承建者之间的价值共享。

该研究为微电网的价值共享模式提供了一定参考。微电网的利益相关者众多，其他的利益相关者之间的合作也涉及价值共享问题，因此微电网的价值共享还可以有别的形式。然而，其都应该考虑到各利益相关者的诉求，保障各利益相关者的收益，使得各利益相关者平等且更大化地获得微电网项目的收益。

微电网项目开发除了要考虑其价值补偿和价值共享以外，由于微电网引起了社会公众利益的显著变动，必须考虑其外部利益，即社会责任。故还要考虑其广义利益相关者，以满足广义利益相关者的利益，同时应承担相应的社会责任。

9.2　微电网项目合作开发中的社会责任治理研究

明晰微电网项目资源价值，有利于微电网项目多方合作的开展及建立相应的治理机制，但这种治理机制仅包含微电网项目内部的治理，并未涉及微电网项目外部的治理。由于微电网项目开发会引起社会公众、竞争者、地方政府等利益的显著变动，必须考虑微电网项目的外部治理，即社会责任治理。

9.2.1　微电网项目社会责任概述

1. 社会责任概念与实现机制创新

社会责任是指一个组织对社会应负的责任，是组织承担的高于组织自身目标的社会义务。米尔顿·弗里德曼曾指出，企业最大的社会责任是获取利润。如图 9.1 所示，随着理论的进一步发展，企业的社会责任超越了把利润作为唯一目标的传统理念，包含了更广阔的四个方面，即经济责任、法律责任、道德责任、慈善责任（Carroll，1991）。

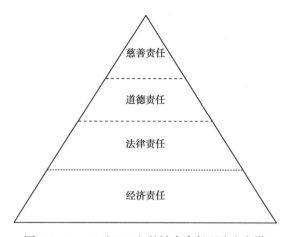

图 9.1　Carroll（1991）的社会责任理论金字塔

与传统企业的社会责任和传统自由主义传播理论认为的社会是个体的组合而其本身没有目的不同，现今的社会责任理论则认为，社会本身虽无目的，但它代表了所有个体的整体利益。在文明的社会中，社会公益高于个人利益，这是现代个人主义与集体主义的调和，也是社会责任理论的基本观点。在当今社会，社会责任理论进一步泛化，广义的社会责任可以涉及安全生产、环境保护、公共利益及社会道德等多个方面，不同的组织具体承担的社会责任也不完全相同。利益相关者理论认为，组织的生存与发展依赖于利益相关者，组织通过履行社会责任可以取得利益相关者的支持，从而获得各种资源，提高其竞争力。同时，组织社会责任理论要求组织既要谋求股东利益最大化，还应最大限度地满足其他利益相关者的利益。从这个视角来看，微电网也应该公平地承担一定的社会责任。对微电网相关的社会责任的研究主要从以下两个角度思考：一是微电网应当承担哪些社会责任？二是要通过何种方式使微电网顺利承担这些社会责任？针对此情况，我们将利益相关者理论和组织社会责任理论结合起来，以实现社会价值为目标，考虑微电网的特性，厘清微电网的主要社会责任并指出其实现社会责任的几条途径。

2. 微电网项目的社会责任

电力系统的发展规划应围绕国家当前的总体战略布局，坚持创新、协调、绿色、开放、共享的新发展理念，主动适应经济发展新常态，贯彻以人民为中心的发展思想，把改善人民生活、增进人民福祉作为工作的出发点和落脚点，全面履行社会责任，成为壮大综合国力、保障民生的重要力量。作为未来智能电网的重要构成部分，微电网在其中也将发挥自己的作用，承担起应付的社会责任。从其自身的特性来看，当前微电网项目可以承担的社会责任主要有以下几个方面。

（1）通过推动微电网项目建设为电力行业管理提供新思路，促进电力体制改革。我国电力体制改革的总体目标是，打破垄断，引入竞争，提高效率，降低成本，健全电价机制，优化资源配置，促进电力发展，推进全国联网，构建政府监管下的政企分开、公平竞争、开放有序、健康发展的电力市场体系。2014年《关于进一步深化电力体制改革的若干意见》征求意见稿以"放开两头、监管中间"为原则，提出"四放开、一独立、一加强"[①]。微电网具有的技术特征使从用户侧稀释电网自然垄断性成为可能（汪於，2018）。同时，在新的售电侧市场化改革形势下，多种资本将会进入微电网建设的大潮中，微电网系统能够参与电力交易，无论是分布式发电的建设者、运营者和电力用户，还是水电气热公共服务单位、发电企业、独立配售电企业都可以采用智能微电网这种技术和商务平台，开展自己的配售电业务。新一轮电力体制改革和微电网建设引入的竞争机制在某种程度上将会促使电力企业以经济性为目标，从而减少电网的盲目投资，一定程度上提高管理效率，通过管理手段的多样化和服务体系的系统化提升电力企业形象，转变企业定位，充分发挥其在电力改革和能源转型中的核心地位（唐璜，2015）。

（2）微电网可以有效推动新能源的综合利用、减少碳排放，促进国家能源结构调整。2015年发布的《国家能源局关于推进新能源微电网示范项目建设的指导意见》指出，"新能源微电网代表了未来能源发展趋势"，"是'互联网+'在能源领域的创新性应用"。这类新能源微电网是基于局部配电网建设的，能够做到风、光、天然气等各类分布式能源多能互补，具备较高的新能源电力接入比例，可通过能量存储和优化配置实现本地能源生产与用能负荷的基本平衡，可根据需要与公共电网灵活互动或者相对独立运行的智慧型能源综合利用局域网。作为电网配售侧向社会主体开放的一种具体方式，微电网不但能推动电力体制改革，还为各种新能源创造了巨大的发展空间。

在过去，光伏发电和风力发电由于较高的波动性，只能被电网有限制地接纳。

---

① 资料来源：电改不应如温水煮蛙 需要真改革，http://www.chinasmartgrid.com.cn/news/20141014/554404.shtml，2014-10-14。

在大力发展清洁能源的政策指导下，电网逐渐放松了对风光电力的接纳限制，但这并没有从根本上解决风光等新能源的高波动性。同时，风力、光伏等新能源发电热度渐增，但产生的大量电力无法就地消纳，电力输送所需的巨大成本也加重了弃风、弃光现象。与传统电网相比，微电网并不以集中式的大型火电、水电为主，可以就地利用各地的多种清洁能源，其电源是分散的，负荷也是分散的，电力也能以就地消纳为主。通过智能电网及综合能源管理系统，可以形成以清洁能源为主的高效一体化分布式能源系统。新能源微电网提出的"互联网+"创新性应用，有助于我国新能源乃至整个能源结构调整的布局和调整，对节能减排有重要的意义。

（3）可以为用户提供更灵活、便捷和安全的能源服务，改善民生。微电网发展顺应电网智能化的发展趋势，在能源互联网构建中扮演重要角色，拥有的离网独立运行与并网运行两种模式，可以为用户提供更灵活、便捷的能源服务。建设于广大边远无电地区、有人无电海岛的离网型独立微电网，是改善边远无电地区百姓生存状况的民生工程，具有很重要的社会价值。目前，在全世界发展中国家仍有数以亿计的无电人口，在没有条件修建大电网的地区，微电网系统为改善他们的生活条件带来了希望，社会价值远远大于其经济价值。在我国，由于拥有较为完善的大电网基础设施建设，对微电网的需求比起让电从无到有，更倾向提高用电质量。因此，除了考虑对海岛，以及送电到乡或无电地区电力建设已经初步完成，但供电能力仍有不足的地区，国内的微电网可更多考虑与大电网并网运行，对国防、公共设施、医院、大数据中心或其他高供电可靠性用户提供多重保障，增加清洁能源在大电网覆盖地区的使用率，以提高供电可靠性和提升电能质量为目标，改善民生。由于微电网系统的特性，在未来的智能电网系统中，所有企业和家庭都有条件通过分布式能源，参加到清洁能源的生产中，可以在家里屋顶、办公室屋顶、厂房屋顶、住宅周围等就地利用微电网系统进行清洁能源发电、交易。通过这样的系统，可以有效加深用户与智慧能源系统的互动，让更多社会个体参与进来。

9.2.2　微电网项目的社会责任治理

明确了企业社会责任的概念及内涵，接下来我们将对企业社会责任的治理机制进行研究。社会责任治理机制一直是社会责任研究中的重点问题，学者对此进行了大量的研究，目前，学术界对社会责任治理机制已达成某些共识，下面进行具体阐述。

　　1. 社会责任治理机制研究

　　学术界将社会责任治理机制分为外部治理机制和内部治理机制。

　　（1）在公司内部治理机制方面，要着重从以下方面入手：第一，建立共同的决策机制，即通过一套制度安排，使各利益相关者有平等的机会参与公司决策。这主要表现在，在董事会中要建立这种决策机制，因为董事会是公司的最高决策机构。为此，就需要在进一步完善股东董事制度、独立董事制度和员工董事制度等现有董事制度的基础上，建立银行董事制度、政府代表董事制度、消费者董事制度等其他利益相关者董事制度。第二，建立共同的监督机制，即通过在公司监事会中建立共同的监督机制来保证各利益相关者对公司行为实施监督。即在公司监事会中除了现有的股东监事制度外，还要建立员工监事制度、银行监事制度、政府代表监事制度和消费者监事制度等其他利益相关者监事制度。第三，构建公司治理文化，在公司内部通过建立一套伦理道德支持体系，以及根植于员工内心深处的价值观念，妥善地处理不同的利益分配关系，实现各方利益的制衡并促进利益相关者的共同发展。构建公司治理文化主要包括：树立以实现各方利益相关者的共同利益为目标的公司治理目标，建立综合考虑各方利益相关者利益的公司治理理念，以及在公司内部形成重视利益相关者的文化氛围，等等。

　　（2）在公司外部治理机制方面，要建立与公司社会责任相适应的"利益相关者"治理模式，其内容主要包括以下方面。一是完善法律制度，主要表现在：在立法制度方面，要建立一部具有综合性的公司社会责任法；在司法制度方面，要建立问责制，以加大执法部门的执法力度，使之真正做到有法必依、执法必严、违法必究。二是建立"绿色市场准入"制度，即凡是符合社会责任要求的公司才能进入市场从事各种交易活动的一种制度。例如，凡是不符合"绿色工程"制度的项目一律不能立项；凡是不符合"绿色证券"制度的公司一律不能进入证券市场进行投融资活动；凡是不符合"绿色贷款"制度的公司一律不能从银行取得贷款；等等。建立"绿色市场准入"制度，可以净化市场，规范市场竞争，提高市场效率，从而避免不承担社会责任的公司打败承担社会责任的公司，出现"劣币驱逐良币"的后果。三是建立政府引导与监督制度，包括建立公司社会责任信息披露制度、公司社会责任评价与认证制度、公司社会责任奖惩制度等。在这里，要解决公司承担社会责任与政府之间的均衡问题。解决这一问题的办法主要包括：政府要依法监管；政府要提高监管效率；政府在加强监管的同时也要注重引导和服务。四是发挥社会舆论的作用，尤其是新闻媒体的作用。大量的事实也证明了这一点，目前一些公司的财务丑闻和严重违背社会责任事件都是因媒体的质疑和曝光而被发现的。

2. 微电网项目的社会责任治理机制

考虑微电网项目的特点，结合上述企业社会责任治理机制，归纳得出微电网项目的社会责任治理机制主要包括以下方面。

（1）微电网项目的内部治理机制主要包括：第一，制定微电网项目社会责任的发展战略，确定社会责任实施的财务预算，形成以社会责任为目标的绩效考核方案，内化社会责任的价值，促使微电网项目在追逐利润的同时承担起相应的社会责任。第二，建立微电网项目合作各方的相互监督机制，微电网项目在开发运营过程中涉及众多合作方，各合作方之间要相互监督，尤其是大电网公司、地方政府平台公司等，防止某一方因追求利润最大化而忽视对社会责任的履行。第三，增强微电网项目各参与方的社会责任理念，提高社会责任意识，使各参与方在微电网项目合作开发过程中有意识地承担起相应的社会责任。

（2）微电网项目的外部治理机制主要包括：第一，构建公正有效的市场竞争机制，完善税收法律制度。进行税制改革，推动税收从传统的所得税、消费税、营业税向环境税或社会公正税转变，以减少微电网运营过程中的社会成本与环境成本的外部化行为。应该根据微电网供能外部边际成本的高低实施差异化征税，如使用不可再生资源的比例越高，征收的资源税税率越高，排放的污染物越多，对排放税的征收越重，对环境友好型企业减税，对促进社会公正的组织与企业进行奖励。第二，建立和完善市场准入和金融市场机制。建立符合微电网项目社会责任要求的市场准入制度，凡是不符合要求的微电网项目一律不能进入市场从事经营、投资活动及获取各种资源，增强社会责任在市场准入负面清单的效力。刺激和加快金融市场发展，提高资金配置效率；引导投资者将微电网项目的社会责任纳入投资决策，促进社会投资者的短期投资向长期价值投资转变。第三，建立政府引导与监管制度，政府应对有利于实现社会责任的微电网项目进行补贴与奖励，对可再生能源发电与推动技术改革等活动给予补贴，对增加就业提升服务质量等活动给予奖励，同时还应该加大监管力度，完善社会责任披露制度，使微电网项目社会责任的履行程度公开透明地呈现在公众面前。第四，要推动建立公众有关企业社会责任行为的惩罚和激励机制，如鼓励消费者更多使用清洁能源，鼓励投资者积极投资于可再生能源项目，减少或限制对不可再生能源项目的投资和消费。要完善公众举报制度，鼓励居民对企业不负责任行为的检举揭发。要充分利用新闻媒体的力量宣传报道企业社会责任行为，揭露企业不负责任的行为等。总之，通过多方的共同努力，构建起公正有效的市场竞争机制，让负责任的企业获得更大的竞争优势，让不负责任的企业最终退出市场竞争。

对微电网项目社会责任治理机制的分析，有利于构建合理的社会责任治理机制，激励和约束项目业主承担社会责任，保障微电网健康、可持续发展，也能更好地满足微电网项目广义利益相关者的利益，从而提高社会对微电网的接受度。

9.3　考虑广义利益相关者的微电网广义合作机制与开发模式研究

对微电网项目资源价值、社会责任问题的探讨并不能保障微电网所有利益相关者的利益诉求，为了实现微电网健康、可持续发展，必须考虑微电网项目的广义利益相关者，使其参与到微电网项目合作开发中来。基于对本章 9.1 节和 9.2 节的分析，本节我们将对考虑广义利益相关者的微电网广义合作机制与开发模式进行研究。

9.3.1　微电网的广义合作开发

将利益相关者的概念进行延伸，得到广义利益相关者的概念。微电网项目合作开发是一个系统的工程，不仅涉及众多狭义利益相关者（如投资商、业主、大电网、供应商、用户等），由于其可引起显著的社会公众利益变动，同时还涉及众多广义利益相关者（除以上狭义利益相关者外，还有政府、媒体、竞争者、社会公众、环境相关者等）。广义利益相关者理论认为，组织作为整体社会的微观单位，与其相关联的不仅有直接利害关系的股东、投资者等，还有诸如用户、供应商、政府、社会、环境、社会公众等其他间接利益相关者，因此，企业为了实现可持续发展，除了考虑自身财务与经营状况实现股东价值最大化以外，还应加入对社会、环境影响的考量，以满足社会各方利益诉求的责任。如是，为了实现微电网健康、可持续发展，微电网项目在考虑提升其利益相关者社会整体福利水平的情况下，应分别考虑其个体效用是否最优、各方收益分配是否公平等。因此，有必要关注微电网的广义利益相关者问题，在此基础上平衡微电网的效率、效益与多方利益之间的关系，推动微电网稳定、健康、可持续发展。

9.3.2　广义合作开发视角下的微电网"双向利益机制"设计原则

通过项目价值补偿机制、社会责任治理体系，形成微电网项目价值补偿与社会责任承担的"双向利益机制"，构建基于广义利益相关者关系的微电网项目"广义合作开发模式"。这样，可以保障微电网各利益相关者的利益诉求，促进社会效益、环境效益，推动微电网项目的健康发展。根据前文的研究，提炼出以下三点微电网"双向利益机制"设计原则。

1. 社会福利效应最优

微电网多方关系的和谐，首先需要微电网项目的社会福利得到改善。微电网广义合作的目的，应该是使各方利益达到最大化，即社会福利效应最优。根据微观经济学理论，垄断会减少社会福利，而竞争则会增加福利，故微电网合作必须是降低垄断属性的。因此，微电网"双向利益机制"设计必须以社会福利改善为原则。

2. 个体效用最优机制设计

在微电网项目整体福利改善的基础上，基于帕累托最优和帕累托改善，以个体效用最优为目标进行机制设计，使资源配置具有效率，同时保障在没有牺牲任何一方福利的情况下改善另一方或多方的福利。考虑广义利益相关者的利益，并不代表忽视微电网项目本身的利益，与之相反，微电网项目本身的经济效益也相当重要，只有微电网项目本身的利益得到保障，才能更好地考虑广义利益相关者的利益，从而使广义合作能够更加顺利进行。

3. 从微电网价值补偿和社会责任承担两者的互动关系来设计"双向利益机制"

在前文研究的基础之上，对合作机制进行深入解剖，从微电网系统、微电网内部环境、微电网外部关系、微电网利益相关者利益诉求多个视角，基于公平理论、广义利益相关者理论，从微电网价值补偿和社会责任承担两者的互动关系，构建微电网"双向利益机制"，以促进微电网健康、可持续发展。

9.3.3　微电网的广义合作开发典型模式

在上述广义合作视角下的微电网"双向利益机制"设计原则基础上，提出以下三种微电网的广义合作开发典型模式。

1. 微电网竞争者之间合作开发模式

资源基础理论认为，企业是各种资源与能力的集合体，这种资源和能力被看作企业的竞争优势。这个观点，对微电网也是成立的。出于各种不同的原因，企业（项目业主）拥有的资源各不相同，其资源具有异质性，这种资源异质性决定了不同投资者竞争力的差异。由于经济和竞争的全球化，企业往往不能独自拥有其所需的所有资源，为了获得持续的竞争优势，企业之间为了共同的战略利益而进行合作。微电网项目开发也如此，恰当的合作机制有利于合作的开展与合作目标的达成。相对于传统电网，微电网是一种高新技术产业，其相关技术还有很大的提升改进空间，然而，一种新技术的研发成本总是昂贵的，单个项目业主难以承受高昂的成本，处于行业中的竞争者之间可以相互合作、整合资源，分担风险与成本。同时，竞争者之间合作研发新技术可以获得技术进步相关补贴，这样就能够使竞争者在承受更小风险和成本的同时更加快速地推动技术进步，从而享受到技术进步带来的收益，也能够提供更好的电力服务。

2. 社会公众参与合作开发模式

社会公众作为小用户，与工业园区、商业园区等大用户对电力资源需求量非常大有所不同，社会公众只需满足日常生活需要，总体上对电力资源需求量并不大。然而，随着生活水平的提高，社会公众用电需求越来越多，加之电力不足、限电等原因，有时社会公众对电力的需求不能得到完全满足，而微电网就可作为一种补充电力资源，起到为社会公众提供电力服务的作用，也能提高电力系统的稳定性，从而使社会公众享受到更加稳定的电力服务，改善其用电体验。同时，由于微电网自发自用、就地消纳的特性，可充分利用当地发电资源，在一定程度上可节约电力成本，社会公众即可因此享受到更加便宜的电力服务。并且，利用当地的可再生能源，社会公众可以由此获得政府对可再生能源利用方面的相关补贴，从而进一步降低用电成本。因此，可在社会公众聚集且当地可再生能源丰富的地方，鼓励社会公众参与微电网项目合作开发。

3. 环境保护者参与合作开发模式

经济社会的不断发展在为人们带来便利的同时也引发了一系列严重的生态环境问题，近年来，全球变暖等原因促使人们的环保意识日渐增强，越来越多的人加入环境保护者的行列中。传统的火力发电与环保理念十分不符，因此，国家和社会大力提倡使用可再生能源、清洁能源等更加环保的能源。微电网可以充分利用当地的可再生能源、清洁能源等，自发自用、就地消纳，能够提高可再生能源利用率，符合环保理念。因此，由于微电网在促进可再生能源接入电网的低碳环保贡献，可以就环境保护者对低碳环保的重视，引导其参与微电网项目合作开发，为微电网的"绿色贡献"买单，同时提高清洁能源使用比例，加大环保力度。在这个过程中，环境保护者也可获得由政府提供的相关环保补贴和享受减免政策，从而进一步促进其参与到微电网项目合作开发中来。

以上几种广义合作开发典型模式为微电网的广义合作开发提供了参考，在考虑广义利益相关者的前提下，让广义利益相关者参与进来的微电网广义合作开发能够满足更多人的利益诉求，也能将微电网的经济效益和社会效益发挥得更好。

9.4　本章小结

　　本章主要研究基于价值补偿和社会责任的微电网项目合作开发模式。首先，对微电网项目合作开发中的价值补偿及价值共享问题进行归纳，明确了微电网的各种丰富价值，而因为其某些价值不能得到相应的经济收益，所以需对微电网进行补偿；又因为微电网的丰富价值不能独占，所以研究了其价值共享问题。

　　其次，微电网合作开发涉及众多外部利益者，因此对微电网项目的社会责任问题进行研究。在明确社会责任的概念及其实现机制的创新后，对微电网项目的社会责任进行概括，接着归纳学术界对社会责任治理机制的研究，进而结合微电网的特点提出了其社会责任治理机制。

　　最后，基于以上分析，考虑了微电网广义合作机制与开发模式。在提出微电网的广义合作开发的基础上，提出三点广义合作开发视角下的微电网"双向利益机制"设计原则，即社会福利效应最优、个体效用最优，以及从微电网价值补偿和社会责任承担两者的互动关系来设计"双向利益机制"，从而提出了三种微电网的广义合作开发典型模式，分别是微电网竞争者之间合作开发模式、社会公众参与合作开发模式、环境保护者参与合作开发模式。

第 10 章　智慧能源微电网项目投融资合作机制分析

本章和第 11 章研究对微电网项目合作开发有特殊影响的两个特定合作机制。本章聚焦于投融资合作机制分析。

在微电网项目开发的投资建设阶段，发展初期具有高额投资成本和高不确定风险等问题，亟须各方通过合作投资开发以分摊成本和分散风险。微电网项目的主导者需考虑其他参与方作为跟随者参与微电网投资建设的意愿，以及参与合作时如何设置股权融资结构，这是项目成功的重要基础。基于该问题的考虑，本章对微电网项目投融资合作机制开展研究，解决微电网项目的股权融资问题，提出能源供应商主导下的投融资合作模式，促进微电网项目合作开发。

10.1　微电网项目合作开发的投融资机制

微电网项目发展初期具有高额投资成本和高不确定风险问题，亟须各方通过合作投资开发以分摊成本和分散风险；同时，在我国当前的电力市场环境下，电网垄断、发输配电网分立、核准制等市场组织结构与制度突出微电网项目开发多利益主体参与的特征，且主张的利益各不相同，因此，形成有效的合作机制以平衡各方的利益对微电网开发建设非常重要。

10.1.1　投融资特点

微电网利用风能、太阳能等清洁能源发电，对环境无污染；可提供冷热电等多种能源，利用效率高；使用多种储能装置，既能并网运行，也可独立运行；安装地点灵活，开关切换速度快。随着化石能源越来越稀缺，以及能源价格易受地区政治稳定影响，微电网以可再生清洁能源供能使其具有长期发展潜力。同时，政府对清洁能源行业的补贴和支持政策，对行业发展起着强大的激励作用。微电网的多主体参与特征决定其项目投融资与传统电网存在许多差异，包括投资资金需求量大、投资回报周期长、国家及地方能源政策更新快等。微电网项目投融资决策特点如下。

（1）微电网项目投融资不可逆性。微电网项目投融资具有不可逆性，资金一旦投入就不可能立即、完全地收回。同时，项目施工一旦开始，项目内容就不能随意改变。微电网项目建设周期较长、工程量大，项目投融资回收过程中也面临着一定的风险和损失。再者，不同于其他固定资产，微电网项目资产具有高度专用性，不容易转让或变现，投融资资金难以撤回。

（2）微电网项目投融资复杂性。微电网项目投融资复杂性表现在投融资决策的过程和决策分析的内容复杂方面。微电网项目需要通过数据收集、调研、项目评估分析，其中包括的内容涉及项目的参与对象、规模、技术能力、地理环境、自然资源条件、政策、投资形式、融资能力、风险、未来收益、管理形式、市场经济状况等。

（3）微电网项目投融资主体复杂性。微电网项目投资的资金需求大，运营风险不确定性高，导致一些微电网项目投资者很难以单个主体的方式进行微电网项目的投资建设，只能通过与其他有投资意愿且难以独自承担巨额投资成本和风险的投资者合作共同投资建设微电网项目，这不仅可以分担投资成本和经营风险，而且可以共同计划、实施、运营维护微电网项目，推动微电网项目的建设和发展。然而，由于微电网项目的主体呈现多元化的特点，这在一定程度上给微电网投融资带来了潜在风险。例如，作为其他投资者之一的电网，其凭借自己在电力行业的主导地位优势可能以不平等的方式（如以电力上网作为条件获得项目干股）参与合作，一旦遇到微电网项目后期资金不足或者运营效果不理想的情况，可以全身而退，不产生任何经济损失，但其他投资者则需承担项目失败带来的损失。

（4）微电网政策不确定性。当前，我国微电网项目处于初期投融资阶段，项目建设增长迅速，这不仅与可再生能源发电的市场需求有关，更得益于国家制定的微电网政策优惠支持。近几年，我国对光伏发电、风力发电等清洁无污染的微电网发电方式出台了一系列的补贴优惠政策，如光伏板补贴、单位电量定额补贴政策等，这大大提高了投资者投资微电网项目的积极性，依靠政策补贴和自发自用的电能将降低投资成本的回收期。但是，微电网发展终究需要经历市场的检验，随着微电网补贴优惠政策的退坡，微电网项目能否在激烈的市场竞争中生存、发展就具有不确定性。这也体现了微电网投资的一些风险是不可预测的。

10.1.2　投融资机制

微电网项目具有投资成本高、生命周期长、长期运营等特点，且微电网项目资产具有高度专用性，如固定资产专用性、场地专用性、技术专用性等，需要探索合理的投融资机制，为项目投融资提供参考。

1. 股权融资

微电网股权融资是指微电网投资企业愿意让出部分微电网项目所有权，通过项目增资的方式引进新股东的融资方式。由于微电网项目具有投资成本较大、运营过程涉及利益相关者众多等特点，对不具备足够资金和承担风险的能力但愿意参与微电网运营的企业来讲，通过股权融资来获得项目投资资金并降低风险是明智的决定。就股权融资所获得的资金，企业无须还本付息，但新股东将与老股东同样分享企业的盈利与增长。例如，某市的某电力分布式发电项目由该市某电力有限公司开发建设和运营，而该公司则由中国某电力股份有限公司、该市某开发投资集团有限公司、涪陵某电力有限公司、该市某热电有限公司构成，股份占比分别为 36%、34%、20%、10%。

2. 债权融资

债权资金是在一定期限满后企业必须偿还本金并支付利息的资金，这部分资金不是股东的资本，但这部分资金可为股东带来利益。债权融资主要包括向金融机构贷款和发行企业债券两种形式，一般情况下贷款方式为银行贷款。银行贷款、企业债券均是以投资企业为主体进行的融资。其中，银行贷款需要投资企业提供抵押或担保，银行贷款也是目前大多数初创企业选择融资的渠道。例如，某市天然气分布式能源项目由某集团独资成立，自主投资占比 20%，贷款占比 80%。由于银行不愿意提供巨额的长期贷款，银行融资以中短期资金为主，而且当企业财务状况不佳、负债比率过高时，贷款利率较高，甚至根本得不到贷款，而企业债券融资以中长期资金为主。微电网项目回收成本的周期较长，因此更需要长期资金的持续注入，并且通过债券融资筹集的资金通常要比通过银行贷款更加稳定，这在很大程度上降低了微电网项目的投融资风险。

3. 风险投资

风险投资常常聚焦于高风险、高潜在收益的项目或者企业，而微电网作为新兴的电力网络，具有投资成本高、风险大、市场前景广阔等特点，计划投资建设微电网的小企业因为短时间内不具备足够资金投资项目，所以这给风险资本流入项目和企业提供了机会。风险投资公司不以经营被投资公司或项目为目的，仅提供资金及专业方面的知识与经验，以协助被投资公司或项目获取更大的利润。这既解决小企业投资建设微电网项目的资金难题，又防止项目经营的控制权受到稀释。

4. 融资租赁

微电网项目投资建设成本高、资产专用性强，给投资主体带来较大的资金筹集难度和经营风险，一旦项目投资主体所在微电网供应链上的相关企业在合作过程中发生投机、背离合同规定等行为，如设备供应商以成本提高为由不再提供专用设备的零部件或收取高昂费用，投资主体的项目建设成本提高，项目开发风险增加。融资租赁在一定程度上能够解决这种难题，项目投资主体通过向融资租赁方提出微电网项目开发建设需要的发电、输电、控制器、开关、变压器等设备及其参数，并指定具体的设备供应商，融资租赁方向设备供应商购买项目投资主体指定的各种设备，然后以收取租金的方式将设备在规定的期限内出租给项目投资主体供其使用。因为投资主体无须短时间花费巨额资金购买设备，而是通过分期付款使用设备，所以这种方式不仅解决了投资主体开发建设微电网项目资金不足的困难，还降低了投资主体购买微电网专用资产所面临的机会主义行为产生的设备贬值和项目停工风险。

10.2　项目治理刻画

微电网项目投资建设的参与方众多，投融资形式多样且复杂，为了对各参与方参与过程进行管理和指导，需建立合适的治理机制规定各方权力、约束各方行为、激励各方合作，促进微电网项目健康发展。

10.2.1　股权治理与债权治理

企业控制权是一种管理公司的资源权力，它的分布和配置决定了企业的决策行为。股权治理结构为不同股份在权益资本中所占份额，一定程度上体现了企业控制权的分布和配置情况。常常将股权集中度作为股权治理的关键因素。在微电网项目投资建设过程中，过度分散的股权会导致委托代理问题，因为过度分散的股权将削弱股东对项目经营者的控制权，增加代理成本，同时可能降低项目完成进度和质量。一方面，股权集中可以提高股东对微电网项目决策和行为的影响力；另一方面，可提高股东对项目经营者的监管意愿，监管收入大于成本时，股东愿意花更多时间和精力监管经营者决策行为。股权越集中，股东越有动机和能力来监管，这将提高项目建设质量，进而增加项目收益。当然，如果股权过度集中，表现为可能大量股权配置给单个股东，会导致另一类委托代理问题，降低微电网项目运营质量和效果。一方面，过度集中的股权使大股东对微电网项目决策行为产生巨大的影响；另一方面，股权过度集中给大股东带来"绝对"的控制权，投机、寻求私利的机会主义行为发生概率将大大增加，不仅会侵害小股东的利益，还严重影响微电网的稳定发展。针对这样的情况，有学者提出股权制衡的理论，即通过合理的股权配置，使几个大股东共享控制权，通过股东之间的相互限制和约束，防止单个大股东拥有过度的控制权，减少或避免单个大股东的投机和私利行为，有效保护小股东的权益，提高微电网项目决策的准确性，从而提升微电网项目运营效率。

债权治理指企业债权人作为企业治理主体之一对企业实施的治理，在微电网项目中，债权人通过贷款、购买债券等方式将资金注入项目或企业，为保证自己可靠的投资性收益需参与项目资金用途、流动情况等方面的监督控制。债权治理作为企业外部治理方式，不像股权治理能直接参与项目的决策、实施，只有当被投资主体的经营情况不乐观的时候会参与到项目的治理中，这在一定程度上增加了债权人的投资风险。微电网项目投资金额较大、建设运营周期较长，债权人需要密切关注被投资主体来保证自己的收益最大化或风险最小化。债权人可通过以下两个方面参与治理过程。

（1）流动性治理。债权人通过监控微电网项目主体的流动资产（尤其是现金）保有量及流动比率、速动比率等指标以保持其具有足够的偿债能力，从而对其实施监督。

（2）控制权治理。股权证券与债权证券的区别并不在于其持有者对企业或项目控制权的有无，而在于其持有者获得企业或项目控制权的方式和状态不同。债权是一种"状态依存"的企业产权。企业负债契约中所规定的债务人对债权人的偿还额不仅仅代表着债权人对企业现金收益流量的要求权，还包含着在约定的偿还额无法支付时，企业控制权由债务人向债权人的转移。在微电网项目投资建设过程中，债权人作为项目治理主体之一，通过监督和约束股东及经营者的经营行为，维护自身权益、降低债务代理成本，并在项目运营主体无法偿还债权人的债务时实施对项目开发建设的参与、债务重组等活动。

10.2.2　合同治理

微电网项目开发建设过程复杂，涉及的利益相关者众多，平衡各利益相关者的利益是促进微电网良性发展的保证。在微电网规划立项阶段，项目业主通过拍卖微电网项目的特许经营权等项目资源与合适的能源供应商签订项目资源转让合同，合同内容包括能源供应商提供的电源质量、储能质量、碳排放等，以寻求最优的方式进行微电网项目开发。在微电网开发建设阶段，供应商向微电网项目提供发电设备、线缆、控制器等硬件设备及其安装与操作培训，同时软件服务商提供微电网运行软件服务，双方通过签订供货协议、软件服务协议保证项目设施的完整和运行技术的掌握，顺利开发建设微电网项目。同时，通过借款合约的订立，筹集微电网项目开发建设费用资金，并在借款合约中规定微电网项目若干保护性条款来降低资金使用风险，如借贷资金的用途限制或专款专用、对支付现金股利和再购入股权的限制、对资本支出规模的限制等。在微电网运营维护阶段，项目直接面对的对象是终端用户，为了微电网项目的长期发展，可通过与用户签订长期使用协议解决项目的电能消纳问题，同时为了解决微电网使用的可再生能源（如光伏、风力等）出现间断性发电问题，与大电网公司协商签订电力补充协议，即在微电网电源发电不稳定时，通过电网输电满足微电网终端用户的电能需求，微电网与大电网公司签订协议对电网输出的电能进行价格补偿。利用签订比较完备的合同、协议等具备强约束力的文件，以预防和治理合作过程中的各类机会主义行为，将大大提高微电网项目成功的概率。

10.2.3　关系治理

微电网项目无论是在规划立项阶段、开发建设阶段还是运营维护阶段都与不同的利益相关者，如规划立项阶段的能源供应商、开发建设阶段的能源投资商、运营维护阶段的终端用户等签订合同或协议来促进项目各阶段的顺利实施和完成，这是一种基于合同治理的正式关系治理方式，为应对交易风险或微电网专用资产投资风险提供了解决方案。然而，微电网项目的建设、运营是长期性的，由于微电网项目业主及其利益相关者认知能力的局限，他们不可能在事前对未来进行准确的预期，因此很难在合同中明确地规定对未预期事件的可能解决办法。如果在合同执行期间，环境发生了很大的变化，如新能源政策补贴退坡、可再生能源发电补贴政策改变等，合同本身就不能保证关系的连续性或能以各方都能接受的方式解决矛盾。合同虽能终止合作关系，但是，终止合作的行为将给微电网项目的利益相关者带来巨大的损失，因为微电网开发建设的资产具有专用性，这类专用资产一旦被弃用将大大贬值，此时关系治理能够弥补合同治理的不足。

项目业主通过与利益相关方建立信任、信息共享等方式促进双方或多方的合作关系构建，提高项目实施质量。建立信任可以有效地降低项目建设、管理的成本，并能够防范机会主义行为的发生，还能降低不确定性风险。例如，在微电网项目建设过程中，由于微电网政策的改变，最初设计的发电设备的功率超出要求，此时需要通过与供应商进行协调磋商改变发电设备的供应，但因合同条款规定可终止发电设备的供应并提出赔偿要求，使双方都产生巨额损失。相反，如果项目业主和供应商除了在合同规定的义务范围内进行生产活动外，还建立了相互信任的伙伴关系，这不在合同中体现，当面临上述的发电设备设计需要改变的情况时，供应商可能会牺牲短期利益重新设计符合政策要求的发电设备供项目业主使用，不仅解决了项目业主面临项目延期或停工的问题，从长远来看，这种相互信任降低了以后双方合作的谈判、交易成本，节约了拟定合同或协议的时间和精力，增加了双方的经济利益。

10.3　项目股权融资模型准备

微电网处于发展初期，大部分项目为示范试点工程，离市场规模化发展仍存在差距，经济效益还未得到体现，收益具有很大的不确定性，这使得投资者对微电网持观望态度。同时，微电网初期开发的高成本和高风险，使微电网项目的开发面临成本-收益平衡问题，很难平衡开发的成本和收益，阻碍了微电网各参与方的积极性和热情。在电网市场方面，电网市场属于垄断市场，生产、销售具有很强的垄断性，市场配置资源的作用比较弱，这也阻碍了对微电网的投资。在资本市场方面，我国的资本市场不发达，多层次的金融体系不完善，融资工具相对有限，阻碍了微电网投融资的进行和外部投资者对微电网的投资。微电网项目股权融资机制的缺失，在一定程度上阻碍了微电网发展。因此，我们关注微电网项目的股权融资问题。

10.3.1　项目股权融资问题

微电网的研究主要从保护和控制技术、与电网交互技术、微电网系统优化技术、储能技术、电力生产技术等技术方面，以及微电网的社会福利效应、利益相关者合作、微电网成本效益评估等经济管理角度进行研究，缺乏从微电网项目的股权治理角度出发进行的研究。股权融资所带来的资金资源可有效地降低能源供应商开发微电网时所面临的成本和风险。同时，股权融资所带来的技术资源、关系资源等，可通过合作促进微电网开发的顺利进行。

　　在能源供应商主导的投融资合作模式下，微电网项目开发利益链的投融资决策阶段的关键利益相关者包括能源供应商、股权投资商、设备供应商及用户。

　　（1）能源供应商。例如，发电集团、地方能源投资集团等。能源供应商在微电网市场进行投资，建设微电网，并根据市场需求及自身收益来判断投资微电网的规模，进行微电网生产和运作。

　　（2）股权投资商。微电网的股权投资商，如大电网公司、政府相关投资平台、其他能源供应商等，为了在微电网市场迅速发展的时期，占领市场或获得相应的收益，对微电网项目进行股权投资，以提高自身的收益。

　　（3）设备供应商，包括原料供应商，为微电网供应设备和原料。例如，微电网的电机设备、储能设备等关键设备供应商，燃气原料等关键原料供应商。为了扩大自身收益，设备供应商参与相关项目，以提高自身收益。

　　（4）用户。微电网给用户提供电能、热、冷等能源服务，相对于电网，微电网在需求侧提高了服务质量，更好地满足了用户需求。

　　综上，在能源供应商作为领导者、其他关键利益相关者作为跟随者的微电网项目股权融资中，能源供应商如何进行股权融资？股权投资者如何参与微电网项目股权融资和进行股权投资？股权投资者的投资给微电网带来什么？设备供应商如何参与微电网项目股权融资？设备供应商的参与给微电网项目开发利益链带来什么？有哪些影响因素，以及如何影响微电网项目股权融资？为了探讨这些问题，我们构建了如下模型。

10.3.2　变量设计与模型假设

1. 变量含义及其符号

变量含义及其符号如表 10.1 所示。

表 10.1　变量含义及其符号

符号	变量含义	符号	变量含义
e	能源供应商	b	价格弹性
es	设备供应商	c_{es}	设备供应商单位成本
ei	股权投资商	c_e	能源供应商单位成本
Φ	市场总体需求	π_e	能源供应商收益
D_e	用户能源需求	π_{es}	设备供应商收益
D_{es}	微电网设备需求	π_{ei}	股权投资商收益

续表

符号	变量含义	符号	变量含义
t	设备供应商的技术水平	v	估值因子
k	技术成本系数	h_0	设备总需求
$C(t)$	设备供应商的技术成本	h_1	设备价格弹性系数
q	设备供应商的质量属性	h_2	设备技术弹性系数
θ	设备供应商的质量属性系数	g	市场增长因子
p_{es}	设备供应商的单位价格	i	创新水平
p_e	能源供应商的单位价格	$C(i)$	创新成本
CA	自有资金	k_1	创新成本系数
FA	固定资产	γ	设备质量的技术系数
$F(e)$	股权融资额	$C(q)$	设备质量成本
ω	营运资金比例	k_2	设备质量成本系数

2. 模型假设

假设 10.1：能源供应商、股权投资商、设备供应商、用户均为风险中性，均以自身收益最大化为目标。

能源供应商为了获得更大的市场收益而进行股权融资，通过运营以提高自身的收益。同样地，股权投资商希望通过投资微电网项目获得更多的收益，以获得资本回报。设备供应商也以收益最大化作为行动目标。用户以自身收益最大化选择对微电网的使用与否，决定了微电网的市场需求。它们均为风险中性。

假设 10.2：假设能源供应商在进行微电网市场拓展前的自有资源能够满足自身运营，假设自有资源由资金代替，假设初始自有资金为 CA，固定资产为 FA。当进行微电网市场扩展时，由于资源不足，进而向其他方进行股权融资。

假设 10.3：假设能源供应商的股权融资额为 $F(e)$，其中一部分资金 $\omega F(e)$ 用于微电网开发，同自有资金 CA 共同用于微电网项目的开发运营，另一部分资金 $(1-\omega)F(e)$ 用于进行固定资产的购买和投资以保证微电网的生产。

假设 10.4：假定在进行股权投资时，能源投资商和股权投资商双方达成协议，运用估值函数 $v(\cdot)$ 对项目进行估值。

上市公司的相对估值法，如市净率法通过资产乘以市净率进行估值，市盈率法通过收益乘以市盈率来估值，我们借鉴这些估值中采用的资产乘以估值因子的方式进行估值。对于微电网市场的成长性，我们从资产、收益、市场成长等多个角度考虑估值因子。我们综合运用对非上市公司采用的资产法、收益法和市场法的估值方法，并借鉴上市公司的相对估值法，综合得出以企业资产和收益为依据的估值因子 v，运用估值因子乘以微电网资产进行估值。

假设 10.5：不同类型的企业在微电网建设领域的电网建设资源和利益协调能力不同，在微电网建设中同大电网公司的讨价还价能力不同。

在我国，因经济社会和产业发展的特定历史沿革和资源约束，尽管国家已出台系列政策推动外部投资商及社会资本积极参与微电网开发并以一定形式参与大电网建设或投资，但电网技术特点决定的自然垄断属性、其他参与人在电力能源产业或项目建设中差异度非常大的资源优势及产业嵌入度，导致不同类型的企业在参与微电网项目开发中的协调能力明显不同。其中，大电网公司占据较为突出的优势，其他参与人则出于上述原因而在与大电网的讨价还价中也表现出明显不同的能力。

假设 10.6：假设能源供应商为微电网项目股权融资的牵头方，进行各方的协调和整合。同时，假设用创新水平 i 和市场增长因子 g 作为代表变量来衡量能源供应商的企业成长性。

能源供应商作为微电网项目的主承建者，在微电网项目股权融资中起到牵头和领导作用是合理的。同时，能源供应商作为项目的总牵头方和协调方，其企业的成长性对于估值和微电网项目的收益有重要影响。我们区别其他做法，选取微电网的销售和收入的市场增长性，以及能源供应商的创新程度和努力程度来衡量企业成长性。能源供应商作为微电网项目的主承建者，其创新水平区别于设备供应商的技术水平。设备供应商只在电机、储能、燃气等领域具有技术能力，我们用设备质量来衡量。设备供应商不能保证微电网系统的技术水平，如技术配置、微电网系统优化等技术，这些技术通常直接影响微电网的安全性、可靠性、电能质量、用户体验。能源供应商的创新水平 i，对微电网项目整个利益链的收益具有重要影响，正向反映能源供应商在微电网开发中的努力程度。因此，我们将创新水平 i 和市场增长因子 g 作为衡量其企业成长性的重要代表变量。

10.4　项目股权融资模型分析

10.4.1　模型及计算

1. 无市场拓展的基础模型

当微电网只进行简单的生产运营，不存在扩展新市场和领域时，设备供应商、能

源供应商和用户按照通常情况进行生产、分配和消费。此时的基础模型如图 10.1
所示。

图 10.1　微电网项目开发的基础模型

用户的能源需求函数为

$$D_e = \Phi - bp_e \tag{10.1}$$

针对设备供应商，其收益函数为

$$\pi_{es}(p_{es}) = (p_{es} - c_{es})D_{es} \tag{10.2}$$

$$D_{es} = h_0 - h_1 p_{es} + h_2 t \tag{10.3}$$

设备供应商的技术水平 t，决定了设备供应商的质量属性 q 和微电网对相应设
备的需求 D_{es}。设备供应商的技术水平也是实际操作中选择设备的重要因素。设备
供应商的技术成本和单位成本的关系为

$$c_{es} = C(t) = \frac{1}{2}kt^2 \tag{10.4}$$

将式（10.3）、式（10.4）代入式（10.2）得到设备供应商收益函数：

$$\pi_{es}(p_{es}) = (p_{es} - c_{es})D_{es} = \left(p_{es} - \frac{1}{2}kt^2\right)(h_0 - h_1 p_{es} + h_2 t)$$

对 π_{es} 求关于 p_{es} 的一阶导，

$$\frac{\partial \pi_{es}}{\partial p_{es}} = h_0 - h_1 p_{es} + h_2 t - h_1\left(p_{es} - \frac{1}{2}kt^2\right) \tag{10.5}$$

由均衡的一阶条件可知，均衡时 $\dfrac{\partial \pi_{es}}{\partial p_{es}} = 0$，式（10.5）为 0，可得

$$\frac{\partial \pi_{es}}{\partial p_{es}} = h_0 - h_1 p_{es} + h_2 t - h_1\left(p_{es} - \frac{1}{2}kt^2\right) = 0$$

$$2h_1 p_{es} = h_0 + h_2 t + \frac{1}{2}kt^2 h_1$$

设备供应商单位价格均衡解：

$$p_{es}^* = \frac{h_0}{2h_1} + \frac{h_2}{2h_1}t + \frac{1}{4}kt^2 \tag{10.6}$$

能源供应商设备需求均衡解：

$$D_{es}^* = h_0 - \frac{h_0}{2} - \frac{h_2}{2}t - \frac{1}{4}kt^2 h_1 + h_2 t = \frac{h_0}{2} + \frac{h_2}{2}t - \frac{1}{4}kt^2 h_1 \tag{10.7}$$

针对能源供应商，其收益函数为

$$\pi_e(p_e) = (p_e - c_e)D_e - p_{es}D_{es} \quad (10.8)$$

将式（10.1）代入式（10.8），得

$$\pi_e(q) = (p_e - c_e)D_e - p_{es}D_{es} = (p_e - c_e)(\Phi - bp_e) - p_{es}^* D_{es}^* \quad (10.9)$$

对 π_e 求关于 p_e 的一阶导，得

$$\frac{\partial \pi_e}{\partial p_e} = \Phi - bp_e - b(p_e - c_e) \quad (10.10)$$

由均衡时的一阶条件可知，均衡时有 $\dfrac{\partial \pi_e}{\partial p_e} = 0$ ，可得

$$\frac{\partial \pi_e}{\partial p_e} = \Phi - bp_e - b(p_e - c_e) = 0$$

$$2bp_e = \Phi + bc_e$$

能源供应商单位价格均衡解：

$$p_e^* = \frac{\Phi}{2b} + \frac{c_e}{2} \quad (10.11)$$

用户能源需求均衡解：

$$D_e^* = \Phi - bp_e^* = \Phi - \frac{\Phi}{2} - \frac{bc_e}{2} = \frac{\Phi - bc_e}{2} \quad (10.12)$$

能源供应商的最优收益为

$$\pi_e^* = \left(\frac{\Phi}{2b} + \frac{c_e}{2} - c_e\right)\left(\frac{\Phi - bc_e}{2}\right) - \left(\frac{h_0}{2h_1} + \frac{h_2}{2h_1}t + \frac{1}{4}kt^2\right)\left(\frac{h_0}{2} + \frac{h_2}{2}t - \frac{1}{4}kt^2 h_1\right)$$

$$= \frac{(\Phi - bc_e)^2}{4b} - \left(\frac{h_0}{2h_1} + \frac{h_2}{2h_1}t + \frac{1}{4}kt^2\right)\left(\frac{h_0}{2} + \frac{h_2}{2}t - \frac{1}{4}kt^2 h_1\right)$$

$$(10.13)$$

设备供应商的最优收益为

$$\pi_{es}^* = \left(\frac{h_0}{2h_1} + \frac{h_2}{2h_1}t - \frac{1}{4}kt^2\right)\left(\frac{h_0}{2} + \frac{h_2}{2}t - \frac{1}{4}kt^2 h_1\right) \quad (10.14)$$

假设在进行股权融资前，自有资金刚好能满足企业的正常运转，均衡时可得企业的自有资金 CA 为

$$CA = p_{es}^* D_{es}^* = \left(\frac{h_0}{2h_1} + \frac{h_2}{2h_1}t + \frac{1}{4}kt^2\right)\left(\frac{h_0}{2} + \frac{h_2}{2}t - \frac{1}{4}kt^2 h_1\right) \quad (10.15)$$

2. 市场拓展模型

由于电力体制改革和能源结构调整，国家鼓励可再生能源和清洁能源的利用，

并准许资金进入电网建设领域。能源供应商为了获得更多的收益和市场份额，进行市场拓展。然而，由于资金、资源有限，需要进行相应融资才可推动市场拓展。在市场拓展中，引入股权投资商 ei。股权投资商的参与，不仅提供了资金帮助，还提供了技术资源、关系资源及其他相关的资源，有利于促进微电网的市场增长和能源供应商的创新。此时，能源供应商的需求函数不仅受到其在进行市场扩张时市场增长因子 g 的影响，还受到其对微电网的创新水平 i 的影响。同时，创新的供能、供电方式，可带来环保、经济、社会等综合收益，如江北嘴片区和弹子石的水泵供冷系统等通过创新性的江水循环系统为大剧院和能源投资公司建筑进行供冷，提高微电网的竞争力。能源供应商在主导建设微电网时，资源整合的创新性、供能供电设计的创新性、设备配置的创新性、运营维护抢险或其他机制的创新性等因素，均是影响用户对微电网质量、安全、可靠性评价的重要因素，对能源供应商所建设微电网的市场占有率产生重要影响。因此，市场拓展下用户的能源需求函数为

$$D_e = \Phi - bp_e + gi \tag{10.16}$$

创新成本为

$$C(i) = \frac{1}{2}k_1 i^2 \tag{10.17}$$

假设能源供应商的股权融资额为 $F(e)$，股权融资中使用的估值函数为 $v(*)$。股权投资商通过 $v(*)$ 函数来对微电网项目进行估值，进而进行投资。假设投资额等于股权融资额。最后，根据融资额来重新划分微电网项目的股权份额。股权融资后，能源供应商的股权份额为

$$\frac{v(\text{FA}+\text{CA})}{v(\text{FA}+\text{CA})+F(e)} \tag{10.18}$$

股权投资商的股权份额为

$$\frac{F(e)}{v(\text{FA}+\text{CA})+F(e)} \tag{10.19}$$

能源投资商作为微电网项目股权融资的领导者，股权投资商作为微电网项目股权融资的第一跟随者，当股权投资商的股权投资完成后，在微电网项目市场拓展中会面临两种情况：一种是设备供应商不参与合作；另一种是设备供应商参与合作。

1）设备供应商不参与合作

设备供应商不参与合作，设备供应商不与股权投资商和能源供应商形成协同建设关系，只按照市场化进行运作。各方的关系如图 10.2 所示。

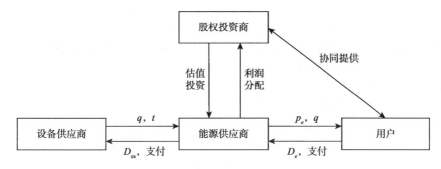

图 10.2　设备供应商不参与合作的微电网项目股权融资模型

由于设备供应商不参与合作，能源供应商可根据设备的质量和价格任意挑选设备供应商。同时，设备供应商提供的设备处于市场水平，不会增加用户对微电网的市场需求。此时，用户能源需求仍为

$$D_e = \Phi - bp_e + gi \tag{10.20}$$

创新指新技术、新材料、新的细分市场、新机制。能源供应商可通过创新，开发、形成自己的蓝海市场，独立运行。例如，有的垃圾发电企业形成了自己的蓝海市场。

此时，能源供应商的融资额度不宜过高，过高不仅会闲置资金，造成高额的资金成本，还可能导致能源供应商对微电网项目控制权的减弱。因此，能源供应商的融资额度应该等于其扩张的成本。假设设备供应商的价格不变，有如下关系式成立：

$$p_{es}^* D_{es} + \frac{1}{2} k_1 i^2 = CA + \omega F(e) \tag{10.21}$$

假设能源供应商创新水平提高导致对微电网的需求增加，进而导致对设备供应商需求的增加率为 r_1。由前文的假设可知，自有资金 CA 抵消了需求 D_{es} 中 $\Phi - bp_e$ 部分的成本，即 $p_{es}^* D_{es}(\Phi - bp_e) = CA$，需求中还剩下扩张的需求 $r_1 gi$ 部分，可得

$$F(e) = \frac{1}{\omega}\left(p_{es}^* r_1 gi + \frac{1}{2} k_1 i^2 \right) \tag{10.22}$$

能源供应商的收益为

$$\pi_e(p_e) = \left(p_e^* - c_e \right)\left(D_e^* + gi \right) - \frac{1}{2} k_1 i^2 \tag{10.23}$$

能源供应商的总资产为

$$FA + CA + F(e) + \pi_e(p_e) \tag{10.24}$$

设备供应商的收益为

$$\pi_{es}(p_{es}) = \left(p_{es}^* - c_{es}\right)D_{es}(i) \tag{10.25}$$

定理 10.1：当设备供应商不参与微电网合作开发时，追求利润最大化的微电网产业链中各方均衡时的价格和收益指标为

$$\pi_e(p_e) = \left(p_e^* - c_e\right)\left(D_e^* + gi\right) - \frac{1}{2}k_1 i^2 - p_{es}^* D_{es}^* \tag{10.26}$$

对 π_e 求关于 i 的一阶导，可得

$$\frac{\partial \pi_e}{\partial i} = g\left(p_e^* - c_e\right) - k_1 i \tag{10.27}$$

均衡时，有一阶条件 $\dfrac{\partial \pi_e}{\partial i} = 0$，可得能源供应商的最优创新水平为

$$i^* = \frac{g\left(p_e^* - c_e\right)}{k_1} \tag{10.28}$$

微电网最优的设备需求为

$$D_{es}^*\left(i^*\right) = D_{es}^* + r_1 g i^* = D_{es}^* + \frac{r_1 g^2 \left(p_e^* - c_e\right)}{k_1} \tag{10.29}$$

能源供应商的股权融资额为

$$
\begin{aligned}
F\left(i^*\right) &= \frac{1}{\omega}\left(p_{es}^* r_1 g i + \frac{1}{2}k_1 i^2\right) = \frac{1}{\omega}\left[p_{es}^* \frac{r_1 g^2 \left(p_e^* - c_e\right)}{k_1} + \frac{g^2 \left(p_e^* - c_e\right)^2}{2k_1}\right] \\
&= \frac{1}{\omega}\left[\frac{g^2 \left(p_e^* - c_e\right)\left(2r_1 p_{es}^* - p_e^* + c_e\right)}{2k_1}\right] = \frac{g^2 \left(p_e^* - c_e\right)\left(2r_1 p_{es}^* + p_e^* - c_e\right)}{2\omega k_1}
\end{aligned}
\tag{10.30}
$$

能源供应商的收益为

$$\pi_e\left(i^*\right) = \left(p_e^* - c_e\right)\left[D_e^* + \frac{g^2 \left(p_e^* - c_e\right)}{k_1}\right] - \frac{g^2 \left(p_e^* - c_e\right)^2}{2k_1} - p_{es}^* \times \left[D_{es}^* + \frac{r_1 g^2 \left(p_e^* - c_e\right)}{k_1}\right] \tag{10.31}$$

设备供应商的收益为

$$\pi_{es}\left(i^*\right) = \left(p_{es}^* - c_{es}\right)\left[D_{es}^* + \frac{r_1 g^2 \left(p_e^* - c_e\right)}{k_1}\right] \tag{10.32}$$

2）设备供应商参与合作

设备供应商参与合作，设备供应商与股权投资商和能源供应商形成协同建设关系，各方的关系如图10.3所示。

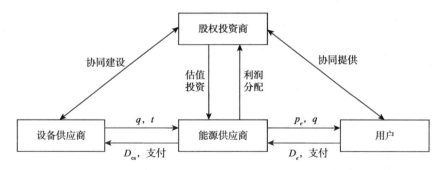

图 10.3　设备供应商参与合作的微电网项目股权融资模型

设备供应商可能通过联盟或入股的形式加入能源供应商主导的微电网建设。一般具有一定优势的设备供应商通过提供专用资源参与微电网建设，如微电网中通常采用的是小于 20 兆瓦的机组，而大型发电机组的智能化程度比较高，小型发电机组的智能化程度比较低，当参与合作建设微电网时，设备供应商可针对微电网项目设计开发小型智能化机组，显著提高微电网设备的适用性和效率。同时，作为利益链上的储能供应商，其提供储能设备的价格和质量问题是微电网市场化发展的巨大阻力，通过合作提高储能的质量和效率，有利于提高微电网的供电能力。由于参与合作，设备供应商将提供优质的设备和资源，将可能增加用户对微电网的需求。假设设备供应商以增加微电网质量收益的形式加入，从而增加了用户对微电网的需求。此时，用户能源需求函数变为

$$D_e = \Phi - bp_e + gi + \theta q \qquad (10.33)$$

$q(t) = \gamma t$ 为能源供应商提供的微电网质量，受设备供应商设备技术水平的影响。能源供应商通过创新性的配置方案、建设方案与运营维护方案，在利用设备供应商所供应设备的基础上，给用户提供质量属性为 q 的能源，有利于促进微电网市场需求的增长。能源供应商提供微电网质量时的设备质量成本为

$$C(q) = \frac{1}{2}k_2 q^2 \qquad (10.34)$$

此时，能源供应商的收益为

$$\pi_e(p_e) = \left(p_e^* - c_e\right)\left(D_e^* + gi + \theta q\right) - \frac{1}{2}k_1 i^2 - \frac{1}{2}k_2 q^2 - p_{es}^* D_{es}^* \qquad (10.35)$$

假设能源供应商供能质量水平提高导致对微电网的需求增加，进而导致对设备供应商需求的增加率为 r_2，则能源供应商的融资额度为

$$F(e) = \frac{1}{\omega}\left[p_{es}^*\left(r_1 gi + r_2 \theta q\right) + \frac{1}{2}k_1 i^2 + \frac{1}{2}k_2 q^2 \right] \qquad (10.36)$$

设备供应商的收益为

$$\pi_{es}(p_{es}) = (p_{es}^* - c_{es})D_{es}(i,q) \tag{10.37}$$

定理 10.2：当设备供应商参与微电网产业链的合作开发时，各参与方的价格和收益指标如下。

能源供应商作为产业链的领导者，能源供应商融资后进行微电网市场扩张的收益为

$$\pi_e(i,\ q) = (p_e^* - c_e)(D_e^* + gi + \theta q) - \frac{1}{2}k_1 i^2 - \frac{1}{2}k_2 q^2 - p_{es}^* D_{es}^* \tag{10.38}$$

设备供应商作为跟随者，参与到微电网项目股权融资开发中，设备供应商的收益为

$$\pi_{es}(i,q) = (p_{es} - c_{es})D_{es}(i,q) \tag{10.39}$$

对 $\pi_e(i,q)$ 求关于 i、q 的一阶导，可得

$$\frac{\partial \pi_e(i,q)}{\partial i} = (p_e^* - c_e)g - k_1 i \tag{10.40}$$

$$\frac{\partial \pi_e(i,q)}{\partial q} = (p_e^* - c_e)\theta - k_2 q \tag{10.41}$$

均衡时一阶条件为 0，即 $\dfrac{\partial \pi_e(i,q)}{\partial i} = 0$，$\dfrac{\partial \pi_e(i,q)}{\partial q} = 0$，可得能源供应商的最优创新水平和设备供应商的质量属性为

$$i(p_e) = \frac{g(p_e^* - c_e)}{k_1} \tag{10.42}$$

$$q(p_e) = \frac{\theta(p_e^* - c_e)}{k_2} \tag{10.43}$$

设备供应商的收益（微电网设备需求）为

$$D_{es} = h_0 - h_1 p_{es} + h_2 t \tag{10.44}$$

$$q(t) = \gamma t \tag{10.45}$$

$$c_{es} = C(t) = \frac{1}{2}kt^2 \tag{10.46}$$

$$\begin{aligned}
\pi_{es}(i,q) &= (p_{es} - c_{es})D_{es}(i,q) \\
&= \left(p_{es}^* - \frac{1}{2}kt^2\right)\left(D_{es}^* + r_1 gi + r_2 \theta \gamma t\right) \\
&= \left(p_{es}^* - \frac{1}{2}kt^2\right)\left(h_0 - h_1 p_{es} + h_2 t + r_1 gi + r_2 \theta \gamma t\right)
\end{aligned} \tag{10.47}$$

对 $\pi_{es}(i,q)$ 求关于 p_{es} 的导数，有

$$\frac{\partial \pi_{es}(i,q)}{\partial p_{es}} = h_0 - h_1 p_{es} + h_2 t + r_1 g i + r_2 \theta \gamma t - h_1 p_{es} + h_1 \frac{1}{2} k t^2 \qquad (10.48)$$

均衡时一阶导数 $\dfrac{\partial \pi_{es}(i,q)}{\partial p_{es}} = 0$，设备供应商的最优定价为

$$p_{es}^{**} = \frac{1}{2h_1}\left(h_0 + h_2 t + r_1 g i + r_2 \theta \gamma t + h_1 \frac{1}{2} k t^2 \right) \qquad (10.49)$$

由 $q(t) = \gamma t$，得 $t = \dfrac{q}{\gamma}$，由 $q(p_e) = \dfrac{\theta(p_e^* - c_e)}{k_2}$，得 $t = \dfrac{\theta(p_e^* - c_e)}{\gamma k_2}$，可得

$$p_{es}^{**} = \frac{1}{2h_1}\left[h_0 + h_2 \frac{\theta(p_e^* - c_e)}{\gamma k_2} + \frac{r_1 g^2(p_e^* - c_e)}{k_1} + \frac{r_2 \theta^2(p_e^* - c_e)}{k_2} + h_1 \frac{1}{2} k \frac{\theta^2(p_e^* - c_e)^2}{\gamma^2 k_2^2} \right]$$

$$= \frac{h_0}{2h_1} + \frac{\theta(h_2 + r_2 \gamma \theta)(p_e^* - c_e)}{2h_1 \gamma k_2} + \frac{r_1 g^2(p_e^* - c_e)}{2h_1 k_1} + \frac{k\theta^2(p_e^* - c_e)^2}{4\gamma^2 k_2^2}$$

$$(10.50)$$

因此，微电网对设备的需求水平为

$$D_{es}^{**} = h_0 - h_1 p_{es}^{**} + h_2 t + r_1 g i + r_2 \theta \gamma t$$

$$= h_0 - \frac{h_0}{2} - \frac{\theta h_2 + r_2 \gamma \theta(p_e^* - c_e)}{2\gamma k_2} - \frac{r_1 g^2(p_e^* - c_e)}{2k_1} - \frac{h_1 k\theta^2(p_e^* - c_e)^2}{4\gamma^2 k_2^2}$$

$$\quad + h_2 t + r_1 g i + r_2 \theta \gamma t$$

$$= \frac{h_0}{2} + \frac{\theta(h_2 + r_2 \gamma \theta)(p_e^* - c_e)}{2\gamma k_2} + \frac{r_1 g^2(p_e^* - c_e)}{2k_1} - \frac{h_1 k\theta^2(p_e^* - c_e)^2}{4\gamma^2 k_2^2}$$

$$(10.51)$$

能源供应商的最优股权融资额为

$$F(e) = \frac{1}{\omega}\left[p_{es}^*(r_1 g i + r_2 \theta q) + \frac{1}{2} k_1 i^2 + \frac{1}{2} k_2 q^2 \right]$$

$$= \frac{1}{\omega}\left[\frac{h_0}{2h_1} + \frac{\theta(h_2 + r_2 \gamma \theta)(p_e^* - c_e)}{2h_1 \gamma k_2} + \frac{r_1 g^2(p_e^* - c_e)}{2h_1 k_1} + \frac{k\theta^2(p_e^* - c_e)^2}{4\gamma^2 k_2^2} \right]$$

$$\left[\frac{r_1 g^2(p_e^* - c_e)}{k_1} + \frac{r_2 \theta^2(p_e^* - c_e)}{k_2} \right] + \frac{g^2(p_e^* - c_e)^2}{2\omega k_1} + \frac{\theta^2(p_e^* - c_e)^2}{2\omega k_2}$$

$$(10.52)$$

能源供应商的收益为

$$\pi_e(i,q) = \left(p_e^* - c_e\right)\left(D_e^* + gi + \theta q\right) - \frac{1}{2}k_1 i^2 - \frac{1}{2}k_2 q^2 - p_{es}^* D_{es}^*$$

$$= \left(p_e^* - c_e\right)\left[D_e^* + \frac{g^2\left(p_e^* - c_e\right)}{k_1} + \frac{\theta^2\left(p_e^* - c_e\right)}{k_2}\right]$$

$$- \frac{g^2\left(p_e^* - c_e\right)^2}{2k_1} - \frac{\theta^2\left(p_e^* - c_e\right)^2}{2k_2}$$

$$- \left[\frac{h_0}{2h_1} + \frac{\theta\left(h_2 + r_2\gamma\theta\right)\left(p_e^* - c_e\right)}{2h_1\gamma k_2} + \frac{r_1 g^2\left(p_e^* - c_e\right)}{2h_1 k_1} + \frac{k\theta^2\left(p_e^* - c_e\right)^2}{4\gamma^2 k_2^{\,2}}\right]$$

$$\left[\frac{h_0}{2} + \frac{\theta\left(h_2 + r_2\gamma\theta\right)\left(p_e^* - c_e\right)}{2\gamma k_2} + \frac{r_1 g^2\left(p_e^* - c_e\right)}{2k_1} - \frac{h_1 k\theta^2\left(p_e^* - c_e\right)^2}{4\gamma^2 k_2^{\,2}}\right]$$

$$\text{（10.53）}$$

设备供应商的收益为

$$\pi_{es}(i,q) = \left(p_{es} - c_{es}\right)D_{es}(i,q) = \left(p_{es}^* - \frac{1}{2}kt^2\right)\left(D_{es}^* + r_1 gi + r_2\theta\gamma t\right)$$

$$= \left[\frac{h_0}{2h_1} + \frac{\theta\left(h_2 + r_2\gamma\theta\right)\left(p_e^* - c_e\right)}{2h_1\gamma k_2} + \frac{r_1 g^2\left(p_e^* - c_e\right)}{2h_1 k_1} - \frac{k\theta^2\left(p_e^* - c_e\right)^2}{4\gamma^2 k_2^{\,2}}\right]$$

$$\left[\frac{h_0}{2} + \frac{\theta\left(h_2 + r_2\gamma\theta\right)\left(p_e^* - c_e\right)}{2\gamma k_2} + \frac{r_1 g^2\left(p_e^* - c_e\right)}{2k_1} - \frac{h_1 k\theta^2\left(p_e^* - c_e\right)^2}{4\gamma^2 k_2^{\,2}}\right] \qquad \text{（10.54）}$$

$$= \frac{1}{h_1}\left[\frac{h_0}{2} + \frac{\theta\left(h_2 + r_2\gamma\theta\right)\left(p_e^* - c_e\right)}{2\gamma k_2} + \frac{r_1 g^2\left(p_e^* - c_e\right)}{2k_1} - \frac{h_1 k\theta^2\left(p_e^* - c_e\right)^2}{4\gamma^2 k_2^{\,2}}\right]^2$$

定理 10.3：当能源供应商通过融资来开发微电网项目时，作为跟随者的设备供应商总是愿意参与微电网项目合作开发，但能源供应商对是否融资的选择则根据市场增长因子和质量属性系数而定。当市场增长因子 g 小于一定水平时，能源供应商应不进行融资，以防其他各方的参与影响自身的发展和对股权及控制权的稀释；当市场增长因子 g 处于一定水平，质量属性系数 θ 较小时，能源供应商在进行股权融资时，应尽量避免设备供应商的参与，以避免设备供应商提高价格和稀释项目利润；当市场增长因子 g 较大，质量属性系数 θ 较大时，能源供应商最优的方式是与微电网产业链的各方进行合作开发。

通过对上文的公式进行计算可得

$$p_{\mathrm{es}}^{**} - p_{\mathrm{es}}^* = \frac{1}{2h_1}(r_1 gi + r_2 \theta \gamma t) > 0 \tag{10.55}$$

$$D_{\mathrm{es}}^{**} - D_{\mathrm{es}}^*\left(i^*\right) = \frac{h_0}{2} + \frac{\theta\left(h_2 + r_2\gamma\theta\right)\left(p_e^* - c_e\right)}{2\gamma k_2} - \frac{r_1 g^2\left(p_e^* - c_e\right)}{2k_1} - \frac{h_1 k\theta^2\left(p_e^* - c_e\right)^2}{4\gamma^2 k_2^2} \tag{10.56}$$

$$\pi_{\mathrm{es}}(i,q) - \pi_{\mathrm{es}}\left(i^*\right) = \left(p_{\mathrm{es}}^{**} - \frac{1}{2}kt^2\right)\left(D_{\mathrm{es}}^{**} + r_1 gi + r_2 \theta \gamma t\right) - \left(p_{\mathrm{es}}^* - c_{\mathrm{es}}\right)\left(D_{\mathrm{es}}^* + r_1 gi\right) \tag{10.57}$$

$$\pi_e(i,q) - \pi_e\left(i^*\right) = \left(p_e^{**} - c_e\right)\left(D_e^{**} + gi + \theta q\right)$$
$$- \frac{1}{2}k_2 q^2 - p_{\mathrm{es}}^{**} D_{\mathrm{es}}^{**} - \left(p_e^* - c_e\right)\left(D_e^* + gi\right) - p_{\mathrm{es}}^* D_{\mathrm{es}}^* \tag{10.58}$$

由 π_e、π_e^*、π_e^{**}，π_{es}、π_{es}^*、π_{es}^{**}，以及 p_e、p_e^*、p_e^{**}，p_{es}、p_{es}^*、p_{es}^{**} 的计算公式可知定理成立。

同时，由上述公式还可发现，市场增长因子和质量属性系数受创新成本系数 k_1 和设备质量成本系数 k_2 的影响。由定理 10.3 可知，能源供应商的股权融资行为的决策与设备供应商无关，其行为决策主要取决于市场增长因子和质量属性系数。较低的市场增长因子制约着能源供应商的创新水平，此时创新水平偏低，不需要相应的股权融资行为，同时需注意设备供应商提高价格侵蚀利润；较高的市场增长因子伴随着较高的创新水平，为了克服市场增长与创新带来的市场拓展的成本和创新成本上升等问题，能源供应商需要进行融资以平衡自身的成本和收益；当质量属性系数较高时，提高设备的技术和微电网质量，有利于提高微电网的市场需求，进而使微电网项目的收益提高，此时与设备供应商合作可有效地平衡创新和质量的成本与收益。当市场增长因子和质量属性系数都较低时，设备供应商了解这些信息后，可能通过提高设备的价格等方式来侵蚀微电网项目的利润。设备供应商对利润的侵蚀可能导致能源供应商降低自己的创新水平。此时，如与设备供应商合作，由于微电网项目的收益较低，设备供应商的利润分享也只会降低其他各方的收益。当市场增长因子和质量属性系数均较高时，尽管分享了部分利润给设备供应商，但剩下的利润仍大于不合作的情况，此时与设备供应商的合作是可行的。

由融资额度和股权份额公式可看出，市场增长水平还与股权份额和控制权密切相关。市场增长性好的项目，容易吸引资本，资本的进入很容易稀释股权。同时，当能源供应商自身的发展资金不足，通过股权融资以支付设备成本、开发成本、创新成本和质量成本等时，也削弱了能源供应商对项目的股份和控制权。当然，能源供应商为了保有对项目的控制权和股份，可降低自身的创新水平、质量水平来降低自身的增长水平。

10.4.2　结果分析

我们以我国微电网市场情况为基础来建立数值分析情景，运用数值分析来分析股权融资机制。假设微电网市场总体需求、价格弹性分别为 $\Phi=100$ ， $b=4$ 。估值因子 $v=2$ 。为方便分析和计算，设初始情况下创新成本系数、设备质量成本系数、技术成本系数均为1，即 $k=k_1=k_2=1$ 。设备总需求、设备价格弹性系数和设备技术系数弹性分别为 $h_0=40$ ， $h_1=2$ ， $h_2=4$ 。设备质量的技术系数、设备供应商的质量属性系数、能源供应商单位成本、设备需求的增加率分别为 $\gamma=1$ ， $\theta=1$ ， $c_e=5$ ， $r_1=0.1$ 。设市场增长因子和创新水平的初始值为 $g=i=1$ ，为了分析方便，让市场增长因子 g 的取值在[1,5.5]之间变化，由 g 与 i 的关系式，可得 i 的相应变化值；估值因子的初始值 $v=2$ ，为了分析变化让估值因子的取值在[1,10]之间变化；同时， ω 的取值在[0.1,1]之间变化。根据前文的公式和 Matlab 运行计算，具体的数值计算结果见表10.2~表10.4。接下来我们进一步分析股权融资机制和相应的影响因素。

表 10.2　市场增长因子对股权融资的影响

模型	市场增长因子 g	股权融资额/亿元	能源供应商股权份额	项目总收益/亿元	能源供应商收益/亿元	设备供应商收益/亿元	股权投资商收益/亿元	股权投资商收益率	产业链总收益/亿元
基础模型	0.00	0.00	100%	171.75	171.75	21.62	0.00	0.000 0	193.37
设备供应商不参与合作模型	1.00	650.00	89.33%	312.25	278.92	34.65	33.32	0.051 3	346.90
	1.50	1 462.50	78.81%	499.75	393.86	48.40	105.90	0.072 4	548.15
	2.00	2 600.00	67.66%	762.25	515.74	67.65	246.51	0.094 8	829.90
	2.50	4 062.50	57.25%	1 099.80	629.56	92.40	470.16	0.115 7	1 192.20
	3.00	5 850.00	48.18%	1 512.30	728.63	122.65	783.67	0.134 0	1 634.95
	3.50	7 962.50	40.59%	1 999.80	811.64	158.40	1 188.08	0.149 2	2 158.20
	4.00	10 400.00	34.34%	2 562.30	879.91	199.65	1 682.41	0.161 8	2 761.95
	4.50	13 163.00	29.24%	3 199.80	935.65	246.40	2 264.18	0.172 0	3 446.20
	5.00	16 250.00	25.08%	3 912.30	981.15	298.65	2 931.10	0.180 4	4 210.95
	5.50	19 663.00	21.67%	4 699.80	1 018.40	356.40	3 681.35	0.187 2	5 056.20
设备供应商参与合作模型	1.00	177.00	96.85%	322.25	312.09	35.75	10.15	0.057 3	358.00
	1.50	383.25	93.42%	509.75	476.19	49.50	33.54	0.087 5	559.25
	2.00	672.00	89.00%	772.25	687.33	68.75	84.95	0.126 4	841.00
	2.50	1 043.30	83.91%	1 109.80	931.16	93.50	178.57	0.171 2	1 203.30
	3.00	1 497.00	78.42%	1 522.30	1 193.70	123.75	328.51	0.219 4	1 646.05
	3.50	2 033.30	72.79%	2 009.80	1 462.90	159.50	546.87	0.269 0	2 169.30
	4.00	2 652.00	67.22%	2 572.30	1 729.20	200.75	843.20	0.317 9	2 773.05
	4.50	3 353.30	61.86%	3 209.80	1 985.70	247.50	1 224.22	0.365 1	3 457.30
	5.00	4 137.00	56.8%	3 922.30	2 227.90	299.75	1 694.43	0.409 6	4 222.05
	5.50	5 003.30	52.09%	4 709.80	2 453.30	357.50	2 256.47	0.451 0	5 067.30

表 10.3　估值因子对股权融资的影响（设备供应商不参与合作模型）

估值因子 v	股权融资额 /亿元	能源供应商 股权份额	能源供应商 收益/亿元	股权投资商 收益/亿元	股权投资商 收益率
1.00	650.00	80.71%	252.02	60.23	0.092 7
3.00	650.00	92.62%	289.21	23.04	0.035 4
5.00	650.00	95.44%	298.01	14.24	0.021 9
7.00	650.00	96.70%	301.94	10.31	0.015 9
9.00	650.00	97.41%	304.17	8.08	0.012 4
10.00	650.00	97.67%	304.96	7.29	0.011 2

表 10.4　营运资金比例对股权融资的影响（设备供应商不参与合作模型）

营运资金比例 ω	股权融资额 /亿元	能源供应商 股权份额	能源供应商 收益/亿元	股权投资商 收益/亿元	股权投资商 收益率
0.10	650.00	89.33%	278.92	33.33	0.051 3
0.30	216.67	96.17%	300.29	11.96	0.055 2
0.50	130.00	97.67%	304.96	7.29	0.056 1
0.70	92.86	98.32%	307.01	5.24	0.056 4
0.90	72.22	98.76%	308.16	4.09	0.056 6
1.00	65.00	98.82%	308.56	3.69	0.056 8

1. 市场增长因子对股权融资的影响

为了分析市场增长性的影响，我们基于前文的公式计算出表 10.2。根据表 10.2 对比基础模型和股权融资的两个模型，可以发现微电网项目股权融资可以有效提高项目总收益水平，也能显著提高能源供应商收益。同时，可以从表 10.2 看出，随着市场增长因子的提高，股权融资额也越来越大，股权投资商所占微电网项目的股份越来越多，股权投资商收益率也越来越大。此时随着市场增长因子的提高，在项目股权融资下，尽管能源供应商收益增加，但控制权被稀释得很严重，特别是设备供应商不参与合作模型下，控制权被严重削弱。相比设备供应商不参与合作的情景而言，股权投资商和能源供应商在设备供应商参与合作的情况下股权回报率更高。原因可能是，在设备供应商参与合作下可增加整个微电网项目建设的协同性，进而促进微电网得到快速的发展和获得更高的收益水平。

2. 估值因子对股权融资的影响

为了分析估值因子的影响，我们基于前文的公式计算出表 10.3。由表 10.3 可看出估值因子与能源供应商收益和股权份额正相关，与股权投资商收益和收益率负相关。可看出估值因子对能源供应商和股权投资商收益的影响重大，为了获得更多的收益和控制权，能源供应商需提高自身的估值水平，同时也应和股权投资商达成一个公平公正的估值。

由融资额度的公式还可看出融资额度与市场增长性、创新水平、质量增长性等相关，在进行股权融资时，要根据项目的设备需求和其他成本及运营资金的需要进行融资，项目的估值也应考虑这些因素的影响。由于微电网发展处于初期阶段，微电网的市场增长性较高，发展空间大，对微电网的估值更应考虑微电网的成长性和发展性。同时，估值的高低，不仅关系到各方的股权和控制权，也关系到各方的收益分配。微电网项目中，若各方的利润分配不能有效解决各方的利益诉求，将严重影响微电网开发各方的积极性，进而影响微电网发展。

3. 营运资金比例对股权融资的影响

为了进一步分析营运资金比例的影响，我们基于前文的公式计算出表 10.4。由表 10.4 可以看出随着营运资金比例上升，融资额逐渐减小，尽管能源供应商股份占比和控制权得到提升，但能源供应商收益增长缓慢，同时由于融资额偏小，股权投资商收益也较少。由表 10.4 还可看出，随着营运资金比例增加，能源供应商收益的增长速度由快到慢，呈现出倒 U 形增长速度，说明营运资金比例存在一个最优值。因此，在实践中，能源供应商应控制自身的营运资金比例，寻找项目合适的营运资金比例以提高自身的收益和保住自身的控制权。

由股权融资额和收益公式可看出，流动资金和固定资产的分配对项目和融资产生重要影响。能源供应商应尽量减少固定资产的投资，加大融资资金对项目运营和开发的支持。

$$F\left(i^{*}\right) = \frac{1}{\omega}\left(p_{es}^{*}r_{1}gi + \frac{1}{2}k_{1}i^{2}\right)$$

$$F(i,q) - F\left(i^{*}\right) = \frac{1}{\omega}\left[\left(p_{es}^{**} - p_{es}^{*}\right)r_{1}gi + p_{es}^{**}r_{2}\theta q + \frac{1}{2}k_{2}q^{2}\right]$$

4. 创新水平对股权融资的影响

为了进一步分析营运资金比例的影响，我们基于前文的公式得到图 10.4~图 10.8。由图 10.4~图 10.8 可看出，随着能源供应商创新水平的提升，股权融资额上升，项目总收益、能源供应商收益、股权投资商收益也上升，能源供应商股权份额下降。同时，由图 10.7 可看出，随着创新水平的提升，能源供应商收益的上升速度呈现出逐渐下降的趋势。这表明能源供应商的创新并不是越高越好，存在创新边界。为了控制自身的成本，以及获得市场增长，能源供应商需平衡创新的成本和增长，以选择自身合适的创新水平的同时获得足够的收益和保住自身对项目的控制权。

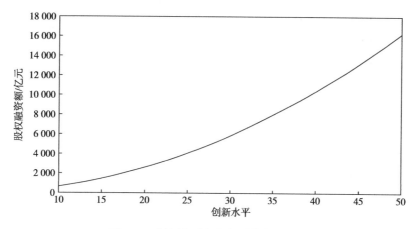

图 10.4　创新水平与股权融资额的关系

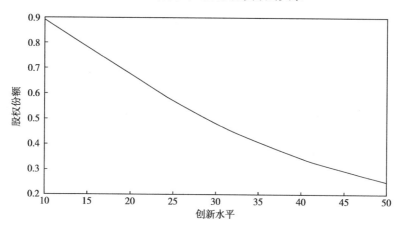

图 10.5　创新水平与能源供应商股权份额的关系

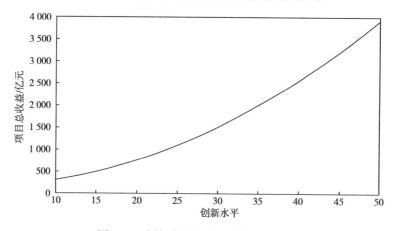

图 10.6　创新水平与项目总收益的关系

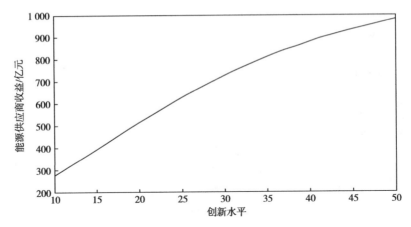

图 10.7　创新水平与能源供应商收益的关系

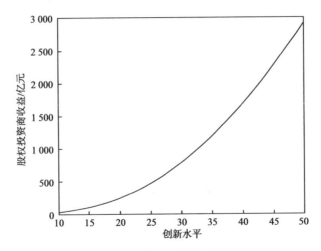

图 10.8　创新水平与股权投资商收益的关系

5. 股权投资商的策略

尽管股权投资商的参与付出了相应的资金，但股权投资商也从中获取了相应的股权份额、收益分配额度和控制权。同时，对于微电网来说，股权投资商不只是提供资金上的支持，其关系资源、技术资源、人力资源等资源对微电网的支持可能更加重要。股权投资商在选择是否参与时，除了考察获得收益是否大于成本和其他项目支出，还应考虑项目本身的可持续性和发展性，以及能源供应商的市场增长因子、创新水平和质量属性系数，同时还应考察项目和能源供应商是否符合国家发展战略、可再生能源利用、电力市场改革和能源结构调整等方面内容。通过这些评判标准，在获取相应经济利润的同时，促进微电网的可持续发展、能源结构调整、电力体制改革和国家经济社会的可持续发展。

6. 企业性质对微电网市场增长的影响

由上文的分析和计算过程，我们可看出市场增长性对微电网项目发展和股权融资具有重要影响。对于影响微电网市场增长性的因素，不仅是前文提到的创新水平和质量属性系数，还包括项目相关方的企业性质。在微电网实践中，特别是微电网发展初期，相关政策机制的不完善、政府的执行缺乏政策依据、大电网公司与微电网的利益冲突等问题，对微电网的推广和发展产生了重要影响，使得政府特别是地方政府对微电网发展持谨慎态度。同时，微电网的建设将促进可再生能源的发电利用，大电网将面临大量可再生能源微电网接入时对电力系统的可靠性和稳定性带来的影响。本来在大电网统筹下开展微电网建设更有利于提高电力系统的可靠性，然而出于应对大规模可再生能源发电和微电网其他要素（如负载和储能）接入的新挑战，大电网公司有可能在参与政府关于微电网项目的审核或立项活动时存在顾虑。尽管电力体制改革和能源结构调整鼓励各方进行微电网建设，但传统的电力市场结构和利益对现在的电力市场影响深刻。尽管电力市场改革和能源结构调整是主要方向，但也不能马上摆脱传统电力市场结构和能源结构的束缚。电力市场改革和能源结构调整必须处理好相关各方的利益，逐步推进电力市场改革和能源结构调整。因此，为了顺利推动微电网发展必须重视这些现实问题和利益问题。这些问题处理得好，微电网将得到迅速发展，微电网的市场增长率就高；这些问题处理不好，微电网的开发困难，且市场增长率低。

对于能源供应商来说，作为微电网建设的领导者，能源供应商的性质对于微电网建设和市场增长率有重要影响。当能源供应商的企业性质为大电网公司时，将很好地协调这些问题（电网批准、电网接入、电力交易及电网系统安全和可靠性问题等），微电网的市场增长率高；当能源供应商的企业性质为电力类国有企业时，只要能源供应商具有较高的创新性，能源供应商也能很好地协调这些问题（电网批准和电力交易问题），微电网的市场增长率较高；当能源供应商为私营企业或外资企业时，由于企业的体制属性，不好协调这些问题（电力批准和电力交易等问题），但当能源供应商的创新水平较高时，可在一定程度上协调这些问题，微电网的市场增长率视能源供应商的创新水平而定。

对于股权投资商而言，作为微电网的股权投资者，不仅给微电网带来了资金资源，还带来了关系资源和技术资源。由于股权投资商拥有项目的股份，享有项目收益的分红，股权投资商很乐意提供除资金之外的资源，以使项目收益最大化，进而使自身收益最大化。当股权投资商为政府时，如地方政府或相应的园区管委会等，具有政策优势，同时也可在一定程度上协调与电力公司之间的利益矛盾，在地方政府的管辖范围内，微电网具有很高的市场成长性；当股权投资商为大电网公司时，大电网公司在传统的电力市场中主导电网建设，因此可有效协调微电网的输电问题，微电网具有很好的市场成长性；当股权投资商为电力类国有企业时，能在一定程度上协调好各方的利益，同时还能带来一些创新的电力建设方案，微电网具有较好的市场成长性；当股权投资商为私营企业或外资企业时，关键资源协调能力较低，微电网的市场成长性视股权投资商所带来的技术资源而定。

10.5　本 章 小 结

本章从微电网项目开发建设阶段的利益链和项目参与方出发的角度对微电网项目投融资问题进行了研究，我们发现市场增长因子、设备供应商的质量属性系数、创新成本、设备质量成本对各参与方在股权融资中的策略具有重要影响。同时，股权融资尽管会带来相应的资源，但可能导致控制权丧失。此外，股权融资各参与方的企业性质和创新水平对市场增长性具有不同的影响。

本章针对微电网项目投融资区别于其他投融资的研究问题，分析了微电网项目投融资的特点及机制问题，并在研究中强调了股权融资作为项目治理和利益制衡的重要方式对项目开发和发展的影响，提出了股权投资商和参与方的属性对项目的开发和发展具有重要影响，同时提出了股权投资商的关系资源和技术资源在微电网中也许相对其提供的资金资源来说更重要。这点在微电网实践中得到很好的证明。

微电网发展初期，许多私营企业、民营企业在进入微电网市场时，政策的不完备和大电网公司的竞争，使其无法获得足够的支持以进行微电网开发，导致项目停滞。相对于私营企业而言，具有大电网公司或国有背景的企业在开发微电网时，能很好地协调微电网与政府和大电网公司的关系，进而发展顺利和迅速。我们通过分析和计算无市场拓展的基础模型、市场拓展模型（设备供应商参与合作和不参与合作模型下）各方的价格和收益，并对比各模型下的价格和收益，发现市场增长因子、设备供应商的质量属性系数、创新成本、设备质量成本对于各参与方在股权融资中的策略具有重要影响。同时，我们强调了股权融资尽管会带来相应的资源，但也会使相应的控制权丧失，因此提出能源供应商在股权融资中，应根据这些影响因素，适当地调整自己的股权融资策略，在自身的控制权和发展之间取得平衡。然后，我们提出了微电网估值应该考虑微电网的成长性和发展性，同时融资所获得的资金应用于市场开拓，尽量降低股权投资商对项目控制权和收益的侵蚀。最后，我们提出股权融资各参与方的企业性质和创新水平对市场增长性具有不同的影响，并分析了不同情况下的具体影响。本章的结果形成了各利益相关者参与的微电网股权融资机制，对于各利益相关者如何参与微电网项目股权融资、如何平衡各利益相关者的利益以激励各参与方共同参与微电网项目合作开发具有重要的参考意义。

第 11 章 微电网移动储能站供应链优化机制分析

继第 10 章分析了智慧能源微电网项目投融资合作机制之后，本章聚焦于分析微电网项目合作开发的另一个特定合作机制：微电网移动储能站供应链优化机制。

智能技术与通信技术的创新与发展，使交通领域进入"数智"时代，电动汽车需求日益增加，市场规模持续扩大。但是，电动汽车的快速发展引发电池退役和回收再利用等问题。微电网移动储能站可充分整合电动汽车退役电池，有效利用峰谷电价差，为电动汽车商提供电能产品，并将多余的电能在微电网后备电源供电不稳定或有用电需求时出售给对方。由于微电网移动储能站项目的经济性和环保性，以及区别于传统储能电站需要建设专用厂房、施工周期长且固定无法移动，移动式储能系统可进行工厂化生产，具备环境适应性强、安装简便、可扩展性高的特点，能够为地点灵活的电动汽车提供电能互动；其作为微电网项目的一种新的商业模式受到关注。基于此，本章提出基于微电网移动储能站项目的微电网与电动汽车商的利益分配模式，以激励电动汽车商参与微电网移动储能站项目，双方均获取合作收益。

11.1 移动储能站项目利益相关者

移动储能站项目本身具有充电、放电的双重特性，其既可以作为电源为其他负荷进行供电，又可以作为负荷对其他来源的电能进行消费。由于电价的峰谷变价制度，移动储能站一般是在电价较低的用电低谷期进行充电，并在电价较高的用电高峰期根据用户不同的用电特征与需求进行放电，从而增强电力系统供电质量与供电稳定性。移动储能站运用集成设计将小型便携的储能单元紧凑排布于集装箱内，使其具有方便移动、安装简便的特性。由于这样的特性，移动储能站可以满足其用电负荷在不同时间和地点对电能产品的需要，可以充分整合和利用电能资源。通过前文关于项目利益相关者的分析，我们可以筛选出微电网移动储能站项目利益相关者的范围，为进一步研究移动储能站项目利益相关者角色和关系打下基础。

11.1.1　移动储能站项目利益相关者诉求

微电网移动储能站项目有以下利益相关方：移动储能站运营商、电动汽车商、用户、微电网后备电源、政府、大电网公司、承包商、设备供应商。图 11.1 展示了微电网移动储能站项目利益相关方利益诉求。

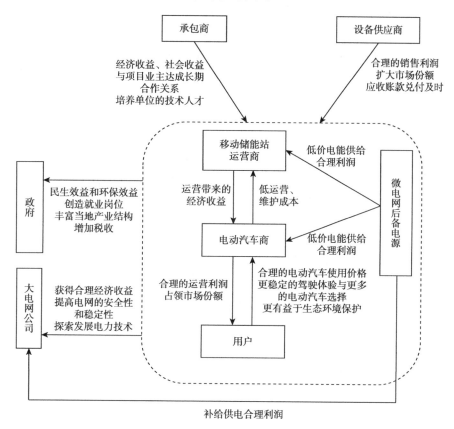

图 11.1　移动储能站项目利益相关方利益诉求展示

1. 移动储能站运营商

移动储能站运营商在整个项目建设运营过程中有着非常重要的地位。作为关键的利益相关者，运营商非常重视移动储能站项目的运营收益情况，直接对项目运营进行日常管理。移动储能站运营商最直接的盈利模式是销售电能产品，其中最主要的电能产品首先是电动汽车的车载电池，其次是将多余的电能在微电网后备电源供电不稳定或有用电需求时出售给对方。移动储能站主要的生产方式是通过加工、存储、转换来形成电能产品。

移动储能站运营商对项目的利益诉求为：①项目运营为其带来经济收益。通过生产出售电能产品，来获得自身的收益。除政府以外，所有移动储能站项目的利益相关者都是追求自身收益最大化的理性人。对于他们而言，有稳定的投资回报才会进行投资，这里的回报是指真正的物质上、金钱上的回报，并且以收益最大化为目标，这显著区别于政府投资。②项目运营过程是长期且可持续的。几乎所有的公共工程项目都属于长期工程，运营商对于工程的初期投资成本无法在项目建设完毕时即刻收回投资，只有移动储能站项目保持长期可持续运营，运营商的利益回报才能得到保障。③项目建设和运营期间的成本要在可承受的范围内。不管是建设成本还是运营成本，太高可能会导致运营商受到亏损、资金链断裂、破产等严重的负面影响。

2. 电动汽车商

作为移动储能站最大的利益伙伴，电动汽车商在所有项目利益相关者中占有非常重要的位置。电动汽车商的主要盈利模式首先是出租电动汽车，通过行驶里程与行驶时间来向用户收取费用；其次是出售电动汽车来赚取营业利润。其运营成本包括：一是电动汽车的制造、维护费用；二是向移动储能站购买电能的产品费用。

电动汽车商对于项目的利益诉求为：①通过租车、售车行为来获得经济收益。一方面，通过用户的行驶里程与行驶时间来向用户收取使用费；另一方面，通过电动汽车的售卖来获取利润。②低运营、维护成本。由于电动汽车的驱动是由移动储能站提供的车载电池来进行的，如何降低移动储能站车载电池的价格与自身维护费用也很必需。③占领电动汽车市场份额，提高自身技术水平。通过移动储能站项目的推广和普及，增加电动汽车的提供量，占领市场份额，并在电动汽车运营过程中提高创新技术水平，降低电量损耗，提升电能利用效率，增加企业收益。

3. 用户

用户是移动储能站项目的最终使用者，他们影响项目的方式就是"用脚投票"，即消费或不消费，而且因为移动储能站项目的建设运营会让用户使用到更加稳定的电能质量和数量更多的电动汽车，所以用户也是移动储能站与电动汽车项目的直接受益者。

用户对于项目的利益诉求为：①合理的电动汽车使用价格。用户具有独立的效用函数，单位价格带来用车的边际效用大于单位价格的边际成本时，用户才会选择消费。②更稳定的驾驶体验与更多的电动汽车选择。作为电动汽车使用者，用户在使用过程中会更加注重汽车的续航能力与选择数量的多少，希望汽车的续航能力强，行驶里程长，并且在多数时间段会有充足的电动汽车供自己使用。③更有益于生态环境保护。随着经济社会的推进，人们的环保意识也在逐渐增强。环保的生态环境是用户健康生活的基础，在移动储能站提供电能能源的前提下，电动汽车的使用会减少空气中有害物质的排放，提升空气质量。

4. 微电网后备电源

微电网建设的原因之一就是其可以充当后备电源，稳定电能输出，为电网供电提供有力补充，作为智能电网的重要组成部分，微电网后备电源主要承担满足电网供电需求的任务。

微电网后备电源对于项目的利益诉求为合理的运营利润。微电网后备电源选择在电价较低的时段进行电能储备，其中包含以较低价格接受电动汽车的电能残留与移动储能站的用电补给等，然后在电网出现供电问题时以较高价格出售给需要的用电单位。

5. 政府

政府在移动储能站项目建设运营过程中起着重要的作用，由于微电网项目的特殊性，其前期投入金额大，运营管理成本高，而政府又是财政拨款的主体和特殊项目的支持者，故政府成为项目主要的利益相关者。同时，新兴产业项目对政府的支持依赖程度高，微电网移动储能站项目与电动汽车的推行需要政府政策的大力支持。

政府对于微电网移动储能站项目的利益诉求为：①微电网项目运营带来的民生效益和环保效益。由于移动储能站项目建设运营之后对公共用电、居民用电的稳定性都有明显益处，政府将收获极大的民生满意度，而且电动汽车的大力推广有助于降低有害气体的排放，也能收获极大的环保效益。政府对于移动储能站项目投资的目的不同于其他利益相关者，其首要原因就是考虑有益社会和环境。②创造就业岗位。移动储能站项目建设运营可以创造就业岗位，激发产业技术革新与发展，政府也将支持。③丰富当地产业结构。政府不再将目光局限于对环境产生污染的产业结构，而是探索可持续、绿色高质量产业结构，降低单一或落后产业结构对当地经济发展的潜在威胁。④移动储能站项目与电动汽车的运营可以适当为政府部门增加税收。

6. 大电网公司

大电网公司在电网建设运营中的施工、运营、维护、资金、技术与并网方面有着强大的优势和丰富的经验，既是现阶段电力行业的领头羊，也是受微电网发展影响的受益者。在移动储能站项目建设运营过程中，大电网公司都是与其生产活动相联系的。大电网公司为了追求自身收益最大化，会在移动储能站项目建设运营的所有阶段，从各个方面来参与项目的治理与研究。

大电网公司对于移动储能站项目的利益诉求为：①获得合理经济收益。大电网公司作为理性经济人，投资要求回报，并追求合理利润。②通过微电网项目的建设运营提高电网的安全性和稳定性。对敏感性较高的用户而言，如医院、国防单位等，对供电保障及电能质量有着较高要求。兴建微电网可以保障备用电源的稳定，有利于规避电网大规模停电风险，满足敏感性较高用户的用电要求，对电网形成有力补充。③通过对移动储能站项目建设运营的探索发展电力技术，把握电力行业发展趋势。微电网项目作为电力行业发展的一种创新形态，各国还处于摸索阶段，积极参与微电网项目的建设运营，有利于大电网公司把握电力行业发展的主动权。

7. 承包商

移动储能站项目中承包商的范围主要涵盖设计单位、监理单位、供应商等。其中，设计单位负责为施工过程设计方案，设计方案对移动储能站项目的成功建设影响巨大；监理单位负责监督工程的建设情况，确保施工有序进行，避免延期、质量不达标等情况；供应商为整个工程提供建设所需物资。这些承包商都是微电网项目的利益相关者，不同的施工阶段其参与的方式和所起作用都不一样。例如，在决策阶段，设计单位需要提供前期设计方案、施工过程设计图、竣工阶段设计图等；监理单位需要做好详细的监理规划，提前做好施工组织设计报审表的审查。在决策阶段，施工单位与供应商并没有参与建设过程，只是通过有效的法律形式确认与项目业主的委托关系。

其中，监理单位在微电网项目决策阶段的利益诉求为：①获得适当的经济收益；需要其余各单位配合监督、共同努力保证微电网项目建设任务能够及时、安全、有质量地完成；②与项目业主达成长期合作关系。设计单位在微电网项目决策阶段的利益诉求为：①获得经济收益、社会收益；②在项目建设过程中培养单位的技术人才。

8. 设备供应商

移动储能站项目建设得是否成功也受供应商所提供设备质量好坏的影响，因此设备供应商也是移动储能站项目的重要利益相关者。

设备供应商对于微电网项目建设的利益诉求为：①合理的销售利润。供应商也是理性经济人，也追求自身收益最大化。②扩大市场份额。通过提供相关专业设备，在市场中树立良好口碑，尽量扩大市场份额。③应收账款兑付及时。大多数工程的结款方式都是预先付部分合同金额，工程结束之后再兑付剩余金额或按建设阶段结款。因此，能及时收回应收账款也是供应商诉求之一。

11.1.2　移动储能站项目关键利益相关者关系描述

在基于微电网移动储能站项目的微电网与电动汽车商的利益分配模式下，由于在运营维护阶段承包商与供应商极少参与到移动储能站项目中，在此阶段先不考虑其与其他利益相关者的关系。因此，微电网移动储能站供应链的关键利益相关者包括移动储能站运营商、电动汽车商、用户、政府及微电网后备电源。图 11.2 显示了移动储能站项目关键利益相关者的参与方式。

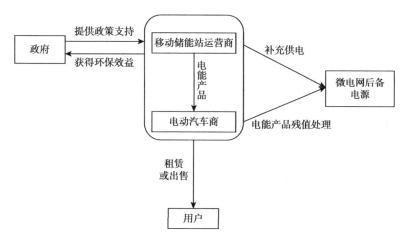

图 11.2　移动储能站项目关键利益相关者的参与方式

在移动储能站运营维护过程中，由移动储能站将生产的电能产品（车载电池）出售给电动汽车商，后者将电能产品安装到电动汽车上后再将汽车租赁（或出售）给用户使用。同时移动储能站还负责作为微电网后备电源的补充供电来源，电动汽车商也将没有用完的电能产品以残值处理给微电网后备电源。政府则是给予整个项目过程政策支持与资金补贴。

11.2　移动储能站供应链优化的建模思路

由于在移动储能站与电动汽车商的供应链中存在电能产品的缺货损失，并且在分散式供应链决策中，电动汽车商在批发价格下的电能产品最优订货量可能会偏离集成式供应链的电能产品最优订货量，因此本章研究移动储能站运用价格补贴契约是否可以有效协调供应链。

11.2.1　模型分析思路

先对由移动储能站与电动汽车商组成的集成式供应链决策模型进行分析，找到集成式供应链的电能产品最优订货量，接下来分析在分布式供应链决策模型中，在批发价格契约下电动汽车商的电能产品最优订货量，分析在批发价格契约下电动汽车商的电能产品最优订货量是否偏离集成式供应链的电能产品最优订货量，若有偏离，则研究移动储能站运用价格补贴契约是否能够有效协调供应链，使得电动汽车商在价格补贴契约下的电能产品最优订货量等于集成式供应链的电能产品最优订货量。

11.2.2　变量设计

考虑由一个上游移动储能站（供应商）和一个下游电动汽车商（零售商）组成的供应链，假设市场信息为移动储能站与电动汽车商的共同信息。

为了将峰谷电价变化对供应链期望效用的影响纳入分析，特将移动储能站生产电能产品时的成本（充电成本）设为 c_i，表示移动储能站的充电成本随峰谷电价的不同而变化。用 ω 表示电能产品的批发价格；W 表示电能产品缺货带来的缺货损失；m 表示价格补贴契约下，电动汽车商每剩余一单位电能产品，移动储能站给予的价格补贴。相关变量符号及其含义如表 11.1 所示。

表 11.1　相关变量符号及其含义

符号	含义
X	市场需求，为一个非负的、连续的随机变量，均值为 μ
$G(x)$	市场需求的累积分布函数

续表

符号	含义
$\bar{G}(x)$	$1-\int_0^x g(t)\mathrm{d}t$，市场需求累积分布函数期望值
$g(x)$	市场需求的概率密度函数
$G^{-1}(x)$	市场需求的累积分布函数的逆函数
p	电动汽车单位电能使用价格
q	订货量
c_t	移动储能站充电成本，随时间不同而变化
ω	移动储能站以批发价格 ω 向电动汽车商提供电能产品，表示电能产品的批发价格
W	电能产品缺货带来的缺货损失，$W=W^s+W^r$
W^s	移动储能站电能缺货损失
W^r	电动汽车商电能缺货损失
m	在销售阶段结束，移动储能站依据价格补贴契约以价格补贴 m 支付给电动汽车商
ε	电动汽车商对剩余电能按残值 ε 进行处理
$\varPi$	利润
π	期望利润
U	效用函数
上标 c	集中化供应链
上标 r	电动汽车
上标 s	移动储能站
上标 sc	整个供应链
下标 m	价格补贴契约
上标*	最优决策

为了便于模型的建立，我们做出如下假设。

假设 11.1：对于单位电能产品的销售价格、批发价格、充电成本、残值，有 $p>\omega>c>\varepsilon>0$。其中 $\omega>m+\varepsilon$，表示鼓励电动汽车商在价格补贴契约中积极销售电能产品。

假设 11.2：假设电动汽车商效用函数为订货量的凸函数。

假设 11.3：假设移动储能站效用函数是批发价格的凸函数。

11.3 移动储能站供应链优化模型分析

对移动储能站与电动汽车商组成的集成式供应链决策模型及分布式供应链决策模型在批发价格情况下进行建模分析，当两种情形下最优电能产品订货量偏离时，再通过价格补贴契约来纠正这种偏离，使订货量一致。

11.3.1 集成式供应链决策模型

考虑供应链为一个集成式决策系统，假设其为风险中性，当电能产品订货量为 q 时，供应链的利润为

$$\Pi^c = \begin{cases} px + \varepsilon(q-x) - c_t q, & x \leqslant q \\ pq - (W^s + W^r)(x-q) - c_t q, & x > q \end{cases} \quad (11.1)$$

则供应链期望利润 π^c 为

$$\pi^c = \int_0^q \left[px + \varepsilon(q-x) - c_t q \right] g(x) \mathrm{d}x + \int_q^{+\infty} \left[pq - (W^s + W^r)(x-q) - c_t q \right] g(x) \mathrm{d}x \quad (11.2)$$

分别对 π^c 求 q 的一阶导数和二阶导数，得到

$$\frac{\partial \pi^c}{\partial q} = (p + W - \varepsilon)\bar{G}(q) + \varepsilon - c_t \quad (11.3)$$

$$\frac{\partial^2 \pi^c}{\partial q^2} = -(p + W - \varepsilon)g(q) < 0 \quad (11.4)$$

由式（11.4）可得 π^c 为凸函数，故又由式（11.3）= 0 得出集成式供应链最优订货量为

$$q^{c*} = \bar{G}^{-1}\left(\frac{c_t - \varepsilon}{p + W - \varepsilon} \right) \quad (11.5)$$

式（11.5）所得出的 q^{c*} 为集成式供应链的最优订货量，代表当移动储能站与电动汽车商作为一个利益整体追求效用最大化时得出的最优订货量，因此下文会以 q^{c*} 作为与分布式供应链决策模型下的最优订货量比较的标尺。

11.3.2 批发价格契约下供应链决策模型

当移动储能站与电动汽车商是决策权独立的两个实体时，供应链是一个分布式决策系统。

此处借用前景理论中的 loss-averse 模型来探讨移动储能站为风险中性、电动汽车商为风险厌恶型时的决策。用 $U^i, i \in \{s,r\}$ 表示移动储能站和电动汽车商风险偏好类型的效用函数，并且效用函数满足：

$$U^i\left(\Pi^i\right)=\begin{cases}\Pi^i, & \Pi^i>0 \\ \lambda^i\Pi^i, & \Pi^i<0\end{cases}, \ i \in \{s,r\} \tag{11.6}$$

其中，λ^i 表示移动储能站与电动汽车商的损失厌恶系数。$\lambda^i=1$ 时，为风险中性者；$\lambda^i>1$ 时，为风险厌恶者；$\lambda^i<1$ 时，为风险偏好者。λ^i 越大表示双方越害怕利润损失。对集成式供应链有 $U\left(\Pi^c\right)=\Pi^c$。

当移动储能站向电动汽车商提供批发价格为 ω、电动汽车商订货量为 q 时，设电动汽车商盈亏均衡点对应的市场需求为 x_0^r，则电动汽车商的利润情况有情况 1 和情况 2 两种。

情况 1：若 $x \leqslant q$，则电动汽车商的利润为

$$\Pi^r(q)=(p-\varepsilon)x-(\omega-\varepsilon)q \tag{11.7}$$

令 $\Pi^r(q)=0$，得 $x_0^r=\dfrac{\omega-\varepsilon}{p-\varepsilon}q$。设 $q_{01}(q)=x_0^r$，当 $x<q_{01}(q)$ 时，$\Pi^r(q)<0$；当 $q_{01}(q) \leqslant x \leqslant q$ 时，$\Pi^r(q)>0$。因此，当 $x \leqslant q$ 时，电动汽车商的期望效用为

$$E\left(U^r\left(\Pi^r(q)\right)\right)=\lambda^r\int_0^{q_{01}(q)}\Pi^r g(x)\mathrm{d}x+\int_{q_{01}(q)}^q\Pi^r g(x)\mathrm{d}x。$$

情况 2：若 $x>q$，则电动汽车商的利润为

$$\Pi^r(q)=\left(p+W^r-\omega\right)q-W^r x \tag{11.8}$$

令 $\Pi^r(q)=0$，得 $x_0^r=\dfrac{p+W^r-\omega}{W^r}q$。设 $q_{02}(q)=x_0^r$，当 $q<x \leqslant q_{02}(q)$ 时，$\Pi^r(q) \geqslant 0$；当 $x>q_{02}(q)$ 时，$\Pi^r(q)<0$。因此，当 $x>q$ 时，电动汽车商的期望效用为 $E\left(U^r\left(\Pi^r(q)\right)\right)=\lambda^r\int_{q_{02}(q)}^{+\infty}\Pi^r g(x)\mathrm{d}x+\int_q^{q_{02}(q)}\Pi^r g(x)\mathrm{d}x$。

为了简化方便，以下用 $E\left(U^r(q)\right)$ 代替 $E\left(U^r\left(\Pi^r(q)\right)\right)$。

综合情况 1 和情况 2，得到电动汽车商电能产品订货量为 q 时，其期望效用为

$$E\big(U^{\mathrm{r}}(q)\big)=\lambda^{\mathrm{r}}\int_{0}^{q_{01}(q)}\varPi^{\mathrm{r}}g(x)\mathrm{d}x+\int_{q_{01}(q)}^{q}\varPi^{\mathrm{r}}g(x)\mathrm{d}x+\lambda^{\mathrm{r}}\int_{q_{02}(q)}^{+\infty}\varPi^{\mathrm{r}}g(x)\mathrm{d}x+\int_{q}^{q_{02}(q)}\varPi^{\mathrm{r}}g(x)\mathrm{d}x$$

（11.9）

电动汽车商的目标是在移动储能站给定的批发价格下，确定电能产品最优订货量使得期望效用最大。因此对式（11.9）求 q 的一阶导数和二阶导数，得到

$$\frac{\partial E\big(U^{\mathrm{r}}(q)\big)}{\partial q}=\big(p+W^{\mathrm{r}}-\omega\big)\Big[\bar{G}(q)+\big(\lambda^{\mathrm{r}}-1\big)\bar{G}\big(q_{02}(q)\big)\Big]$$

$$-\big(\omega-\varepsilon\big)\Big[G(q)+\big(\lambda^{\mathrm{r}}-1\big)\bar{G}\big(q_{01}(q)\big)\Big]$$

（11.10）

$$\frac{\partial^{2}E\big(U^{\mathrm{r}}(q)\big)}{\partial q^{2}}=-\big(\lambda^{\mathrm{r}}-1\big)\left[\frac{\big(p+W^{\mathrm{r}}-\omega\big)^{2}}{W^{\mathrm{r}}}g\big(q_{02}(q)\big)+\frac{\big(\omega-\varepsilon\big)^{2}}{p-\varepsilon}g\big(q_{01}(q)\big)\right]$$

$$-\big(p+W^{\mathrm{r}}-\varepsilon\big)g(q)$$

（11.11）

又由式（11.11），得 $\dfrac{\partial^{2}E\big(U^{\mathrm{r}}(q)\big)}{\partial q^{2}}<0$。令 $\dfrac{\partial E\big(U^{\mathrm{r}}(q)\big)}{\partial q}=0$ 得到电动汽车商电能产品最优订货量 $q^{*}(\omega)$ 满足：

$$\big(p+W^{\mathrm{r}}-\omega\big)\Big[\bar{G}\big(q^{*}(\omega)\big)+\big(\lambda^{\mathrm{r}}-1\big)\bar{G}\big(q_{02}\big(q^{*}(\omega)\big)\big)\Big]$$

$$-\big(\omega-\varepsilon\big)\Big[G\big(q^{*}(\omega)\big)+\big(\lambda^{\mathrm{r}}-1\big)\bar{G}\big(q_{01}\big(q^{*}(\omega)\big)\big)\Big]=0$$

（11.12）

对式（11.12）中 $q^{*}(\omega)$ 求 ω 的导数，得到

$$\frac{\partial q^{*}(\omega)}{\partial \omega}=$$

$$\frac{-\big(\lambda^{\mathrm{r}}-1\big)\Big[\bar{G}\big(q_{02}\big(q^{*}(\omega)\big)\big)-q_{02}\big(q^{*}(\omega)\big)g\big(q_{02}\big(q^{*}(\omega)\big)\big)+G\big(q_{01}\big(q^{*}(\omega)\big)\big)+q_{01}\big(q^{*}(\omega)\big)g\big(q_{01}\big(q^{*}(\omega)\big)\big)\Big]-1}{\big(\lambda^{\mathrm{r}}-1\big)\dfrac{\big(p+W^{\mathrm{r}}-\omega\big)^{2}}{W^{\mathrm{r}}}g\big(q_{02}\big(q^{*}(\omega)\big)\big)+\big(\lambda^{\mathrm{r}}-1\big)\dfrac{\big(\omega-\varepsilon\big)^{2}}{p-\varepsilon}g\big(q_{01}\big(q^{*}(\omega)\big)\big)+\big(p+W^{\mathrm{r}}-\varepsilon\big)g\big(q^{*}(\omega)\big)}$$

（11.13）

对式（11.12）中 $q^{*}(\omega)$ 求 W^{r} 的导数，得到

$$\frac{\partial q^{*}(\omega)}{\partial W^{\mathrm{r}}}=$$

$$\frac{\bar{G}\big(q^{*}(\omega)\big)+\big(\lambda^{\mathrm{r}}-1\big)\bar{G}\big(q_{02}\big(q^{*}(\omega)\big)\big)+\big(\lambda^{\mathrm{r}}-1\big)\dfrac{p-\omega}{W^{\mathrm{r}}}q_{02}\big(q^{*}(\omega)\big)g\big(q_{02}\big(q^{*}(\omega)\big)\big)}{\big(\lambda^{\mathrm{r}}-1\big)\dfrac{\big(p+W^{\mathrm{r}}-\omega\big)^{2}}{W^{\mathrm{r}}}g\big(q_{02}\big(q^{*}(\omega)\big)\big)+\big(\lambda^{\mathrm{r}}-1\big)\dfrac{\big(\omega-\varepsilon\big)^{2}}{p-\varepsilon}g\big(q_{01}\big(q^{*}(\omega)\big)\big)+\big(p+W^{\mathrm{r}}-\varepsilon\big)g\big(q^{*}(\omega)\big)}$$

（11.14）

由式（11.14）得到 $\dfrac{\partial q^*(\omega)}{\partial W^{\tau}}>0$，说明电动汽车商电能产品最优订货量随电能缺货损失增大而增加。

当电动汽车商电能产品订货量为 $q^*(\omega)$ 时，设移动储能站的利润盈亏均衡点对应的市场需求为 x_0^s，则移动储能站的利润有情况 3 和情况 4 两种。

情况 3：若 $x \leqslant q^*(\omega)$，则移动储能站的利润为

$$\varPi^s(\omega)=(\omega-c_t)q^*(\omega) \tag{11.15}$$

因为 $\omega>c$，所以 $\varPi^s(\omega) \geqslant 0$，因此在 $x \leqslant q^*(\omega)$ 时移动储能站的期望效用为

$$U^s\big(\varPi^s(\omega)\big)=(\omega-c_t)q^*(\omega) \tag{11.16}$$

情况 4：若 $x > q^*(\omega)$，则移动储能站的利润为

$$\varPi^s(\omega)=\big(\omega-c_t+W^s\big)q^*(\omega)-W^s x \tag{11.17}$$

令 $\varPi^s(\omega)=0$，得 $x_0^s=\dfrac{\omega+W^s-c_t}{W^s}q^*(\omega)$。设 $q_0^s\big(q^*(\omega)\big)=x_0^s$，则当 $q^*(\omega)<x<q_0^s\big(q^*(\omega)\big)$ 时，$\varPi^s(\omega)\geqslant 0$；当 $x>q_0^s\big(q^*(\omega)\big)$ 时，$\varPi^s(\omega)<0$。因此，当 $x>q^*(\omega)$ 时，移动储能站的期望效用为

$$E\big(U^s\big(\varPi^s(\omega)\big)\big)=\int_{q_0^s(q^*(\omega))}^{+\infty} \varPi^s g(x)\mathrm{d}x+\int_{q}^{q_0^s(q^*(\omega))} \varPi^s g(x)\mathrm{d}x \tag{11.18}$$

综合情况 3 和情况 4，得到当电动汽车商的电能产品订货量为 $q^*(\omega)$ 时，移动储能站的期望效用为

$$E\big(U^s\big(\varPi^s(\omega)\big)\big)=\int_{q_0^s(q^*(\omega))}^{+\infty} \varPi^s g(x)\mathrm{d}x+\int_{q}^{q_0^s(q^*(\omega))} \varPi^s g(x)\mathrm{d}x+\int_{0}^{q^*(\omega)} \varPi^s g(x)\mathrm{d}x$$

$$\tag{11.19}$$

为简化方便，以下用 $E\big(U^s(\omega)\big)$ 来代替 $E\big(U^s\big(\varPi^s(\omega)\big)\big)$。在式（11.19）中对 $E\big(U^s(\omega)\big)$ 求 ω 的一阶数，得到

$$\frac{\partial E\big(U^s(\omega)\big)}{\partial \omega}=q^*(\omega)+\Big[(\omega-c_t)+W^s\bar{G}\big(q^*(\omega)\big)\Big]\frac{\partial q^*(\omega)}{\partial \omega} \tag{11.20}$$

由于 $E\big(U^s(\omega)\big)$ 是 ω 的凸函数，令 $\dfrac{\partial E\big(U^s(\omega)\big)}{\partial \omega}=0$，得到移动储能站的最优批发价格 ω^* 满足：

$$q^*\left(\omega^*\right)+\left[\left(\omega^*-c_t\right)+W^s\overline{G}\left(q^*\left(\omega^*\right)\right)\right]\frac{\partial q^*\left(\omega^*\right)}{\partial\omega}=0 \qquad （11.21）$$

因为式（11.21）中 $q^*\left(\omega^*\right)>0$，$\left(\omega^*-c_t\right)+W^s\overline{G}\left(q^*\left(\omega^*\right)\right)>0$，所以必有 $\frac{\partial q^*\left(\omega^*\right)}{\partial\omega}<0$，即在移动储能站最优策略下，电动汽车商电能产品最优订货量随移动储能站最优批发价格提高而减少。

发现 11.1：若电动汽车商与移动储能站都有最优策略，电动汽车商电能产品最优订货量随批发价格的提高而减少。

分布式供应链的期望效用为

$$\pi^{sc}=E\left(U^r\left(q^*\right)\right)+E\left(U^s\left(\omega^*\right)\right) \qquad （11.22）$$

给定批发价格 $\omega_0\in(c,p)$，要使得损失厌恶型电动汽车商的电能产品订货量 $q^*=q^{c^*}$，则必有

$$\begin{aligned}&\left(p+W^r-\omega_0\right)\left[\overline{G}\left(q^{c^*}\right)+\left(\lambda^r-1\right)\overline{G}\left(q_{02}\left(q^{c^*}\right)\right)\right]\\&-\left(\omega_0-\varepsilon\right)\left[G\left(q^{c^*}\right)+\left(\lambda^r-1\right)\overline{G}\left(q_{01}\left(q^{c^*}\right)\right)\right]=0\end{aligned} \qquad （11.23）$$

设 $F\left(W^r\right)=\left(p+W^r-\omega_0\right)\left[\overline{G}\left(q^{c^*}\right)+\left(\lambda^r-1\right)\overline{G}\left(q_{02}\left(q^{c^*}\right)\right)\right]-\left(\omega_0-\varepsilon\right)\left[G\left(q^{c^*}\right)+\left(\lambda^r-1\right)G\left(q_{01}\left(q^{c^*}\right)\right)\right]$，当 $W^r\to 0$ 时，则 $q_{02}\left(q^{c^*}\right)\to+\infty$，$\overline{G}\left(q_{02}\left(q^{c^*}\right)\right)\to 0$，$\left(p+W^r-\omega_0\right)\overline{G}\left(q^{c^*}\right)-\left(\omega_0-\varepsilon\right)G\left(q^{c^*}\right)=0$，得到 $\lim\limits_{W^r\to 0}F\left(W^r\right)=-\left(\lambda-1\right)\left(\omega_0-\varepsilon\right)G\left(q_{01}\left(q^{c^*}\right)\right)<0$；当 $W^r\to+\infty$ 时，$\left(p+W^r-\omega_0\right)\left[\overline{G}\left(q^{c^*}\right)+\left(\lambda^r-1\right)\overline{G}\left(q_{02}\left(q^{c^*}\right)\right)\right]\to+\infty$，得到 $\lim\limits_{W^r\to 0}F\left(W^r\right)>0$。因此，对于 ω_0，存在一个电能缺货损失 W_0，使得 $F\left(W_0\right)=0$。

结合式（11.14）中 $\frac{\partial q^*}{\partial W^r}>0$，有：

当移动储能站制定电能批发价格 $\omega_0\in(c,p)$ 时，若 $W^r=W_0$，则式（11.23）成立，电动汽车商最优订货量 $q^*=q^{c^*}$；若 $W^r\in\left(0,W_0\right)$，则式（11.23）不成立，电动汽车商最优订货量 $q^*<q^{c^*}$；若 $W^r\in\left(W^0,+\infty\right)$，则式（11.23）不成立，电动汽车商最优订货量 $q^*>q^{c^*}$。

这说明，电动汽车商在批发价格契约下的最优订货量可能偏离集成式决策下的最优订货量。

11.3.3　价格补贴契约下供应链决策模型

当出现电动汽车商最优订货量 $q^* < q^{c^*}$ 时，考虑移动储能站向电动汽车商提供价格补贴契约 (ω_m, m)，其中 m 为价格补贴。

当移动储能站向电动汽车商提供价格补贴契约为 (ω_m, m)、电动汽车商电能产品订货量为 q_m 时，设电动汽车商利润的盈亏平衡点市场需求为 x_m^r，电动汽车商面临的利润有情况 5 和情况 6 两种。

情况 5：若 $x \leqslant q_m$，则电动汽车商的利润为

$$\Pi_m^r(q_m) = (p - m - \varepsilon)x - (\omega_m - m - \varepsilon)q_m \tag{11.24}$$

令式（11.24）$=0$，得 $x_m^r = \dfrac{\omega_m - m - \varepsilon}{p - m - \varepsilon}q_m$。设 $q_1(q_m) = x_m^r$，则当 $x < q_1(q_m)$ 时，$\Pi_m^r(q_m) < 0$；当 $q_1(q_m) \leqslant x \leqslant q_m$ 时，$\Pi_m^r(q_m) \geqslant 0$。因此，当 $x \leqslant q_m$ 时电动汽车商的期望效用为

$$E\left(U_m^r\left(\Pi_m^r(q_m)\right)\right) = \lambda^r \int_0^{q_1(q_m)} \Pi_m^r g(x)\mathrm{d}x + \int_{q_1(q_m)}^{q_m} \Pi_m^r g(x)\mathrm{d}x \tag{11.25}$$

情况 6：若 $x > q_m$，则电动汽车商的利润为

$$\Pi_m^r(q_m) = (p + W^r - \omega_m)q_m - W^r x \tag{11.26}$$

令式（11.26）$=0$，得 $x_m^r = \dfrac{p + W^r - \omega_m}{W^r}q_m$。设 $q_2(q_m) = x_m^r$，当 $q_2(q_m) \leqslant x \leqslant q_m$ 时，$\Pi_m^r(q_m) \geqslant 0$；当 $x > q_2(q_m)$ 时，$\Pi_m^r(q_m) < 0$。因此，当 $x > q_m$ 时，电动汽车商的期望效用为

$$E\left(U_m^r\left(\Pi_m^r(q_m)\right)\right) = \lambda^r \int_{q_2(q_m)}^{+\infty} \Pi_m^r g(x)\mathrm{d}x + \int_{q_m}^{q_2(q_m)} \Pi_m^r g(x)\mathrm{d}x \tag{11.27}$$

为方便分析，现用 $E\left(U_m^r(q_m)\right)$ 代替 $E\left(U_m^r\left(\Pi_m^r(q_m)\right)\right)$。

综合情况 5 和情况 6，得到电动汽车商订货量为 q_m 时，其期望效用为

$$E\left(U_m^r(q_m)\right) = \lambda^r \int_{q_2(q_m)}^{+\infty} \Pi_m^r g(x)\mathrm{d}x + \int_{q_m}^{q_2(q_m)} \Pi_m^r g(x)\mathrm{d}x + \lambda^r \int_0^{q_1(q_m)} \Pi_m^r g(x)\mathrm{d}x + \int_{q_1(q_m)}^{q_m} \Pi_m^r g(x)\mathrm{d}x \tag{11.28}$$

电动汽车商的目标是在给定的价格补贴契约下，确定使期望效用最大的最优订货量。对式（11.28）求 q_m 的一阶导数与二阶导数，得到

$$\frac{\partial E\left(U_{\mathrm{m}}^{\mathrm{r}}(q_{\mathrm{m}})\right)}{\partial q_{\mathrm{m}}}=\left(p+W^{\mathrm{r}}-\omega_{\mathrm{m}}\right)\left[\bar{G}(q_{\mathrm{m}})+\left(\lambda^{\mathrm{r}}-1\right)\bar{G}(q_2(q_{\mathrm{m}}))\right]$$
$$-\left(\omega_{\mathrm{m}}-m-\varepsilon\right)\left[G(q_{\mathrm{m}})+\left(\lambda^{\mathrm{r}}-1\right)G(q_1(q_{\mathrm{m}}))\right] \quad (11.29)$$

$$\frac{\partial^2 E\left(U_{\mathrm{m}}^{\mathrm{r}}(q_{\mathrm{m}})\right)}{\partial q_{\mathrm{m}}^2}=-\left(p+W^{\mathrm{r}}-\omega_{\mathrm{m}}\right)\left[g(q_{\mathrm{m}})+\left(\lambda^{\mathrm{r}}-1\right)\frac{p+W^{\mathrm{r}}-\omega_{\mathrm{m}}}{W^{\mathrm{r}}}g(q_2(q_{\mathrm{m}}))\right]$$
$$-\left(\omega_{\mathrm{m}}-m-\varepsilon\right)\left[g(q_{\mathrm{m}})+\left(\lambda^{\mathrm{r}}-1\right)\frac{\omega_{\mathrm{m}}-m-\varepsilon}{p-m-\varepsilon}g(q_1(q_{\mathrm{m}}))\right]$$
$$(11.30)$$

由式（11.30）可知 $\dfrac{\partial^2 E\left(U_{\mathrm{m}}^{\mathrm{r}}(q_{\mathrm{m}})\right)}{\partial q_{\mathrm{m}}^2}<0$，令 $\dfrac{\partial E\left(U_{\mathrm{m}}^{\mathrm{r}}(q_{\mathrm{m}})\right)}{\partial q_{\mathrm{m}}}=0$，得到电动汽车商在价格补贴契约 (ω_{m},m) 下的最优订货量 q_{m}^*，即

$$\left(p+W^{\mathrm{r}}-\omega_{\mathrm{m}}\right)\left[\bar{G}\left(q_{\mathrm{m}}^*(\omega_{\mathrm{m}},m)\right)+\left(\lambda^{\mathrm{r}}-1\right)\bar{G}\left(q_2\left(q_{\mathrm{m}}^*(\omega_{\mathrm{m}},m)\right)\right)\right]$$
$$-\left(\omega_{\mathrm{m}}-m-\varepsilon\right)\left[G\left(q_{\mathrm{m}}^*(\omega_{\mathrm{m}},m)\right)+\left(\lambda^{\mathrm{r}}-1\right)G\left(q_1\left(q_{\mathrm{m}}^*(\omega_{\mathrm{m}},m)\right)\right)\right]=0 \quad (11.31)$$

为了简化方便，用 q_{m}^* 替代 $q_{\mathrm{m}}^*(\omega_{\mathrm{m}},m)$，用 q^* 替代 $q^*(\omega)$。若批发价格为 ω^*，将式（11.31）改写为

$$\left(p+W^{\mathrm{r}}-\omega^*\right)\left[\bar{G}\left(q_{\mathrm{m}}^*\right)+\left(\lambda^{\mathrm{r}}-1\right)\bar{G}\left(q_2\left(q_{\mathrm{m}}^*\right)\right)\right]$$
$$-\left(\omega^*-m-\varepsilon\right)\left[G\left(q_{\mathrm{m}}^*\right)+\left(\lambda^{\mathrm{r}}-1\right)G\left(q_1\left(q_{\mathrm{m}}^*\right)\right)\right]=0 \quad (11.32)$$

对 $q_1(q_{\mathrm{m}})$ 有 $\dfrac{\partial q_1(q_{\mathrm{m}})}{\partial m}=\dfrac{\omega^*-p}{(p-m-\varepsilon)^2}q_{\mathrm{m}}<0$，因此 $\dfrac{\omega^*-\varepsilon}{p-\varepsilon}>\dfrac{\omega^*-m-\varepsilon}{p-m-\varepsilon}$。若 $q^*=q_{\mathrm{m}}^*$，则 $q_2\left(q_{\mathrm{m}}^*\right)=q_{02}\left(q^*\right)$，$q_{01}\left(q^*\right)>q_1\left(q_{\mathrm{m}}^*\right)$，将式（11.12）代入式（11.32），式（11.32）左边大于 0，与右边矛盾。若 $q^*>q_{\mathrm{m}}^*$，由于 $G(q^*)>G\left(q_{\mathrm{m}}^*\right)$，$\bar{G}(q^*)<\bar{G}\left(q_{\mathrm{m}}^*\right)$，$q_{01}\left(q^*\right)>q_1\left(q_{\mathrm{m}}^*\right)$，$G\left(q_{01}\left(q^*\right)\right)>G\left(q_1\left(q_{\mathrm{m}}^*\right)\right)$，$q_{02}\left(q^*\right)>q_2\left(q_{\mathrm{m}}^*\right)$，$G\left(q_{02}\left(q^*\right)\right)>G\left(q_2\left(q_{\mathrm{m}}^*\right)\right)$，$\bar{G}\left(q_{02}\left(q^*\right)\right)<\bar{G}\left(q_2\left(q_{\mathrm{m}}^*\right)\right)$，则有

$$\left(p+W^{\mathrm{r}}-\omega^*\right)\left[\bar{G}\left(q_{\mathrm{m}}^*\right)+\left(\lambda^{\mathrm{r}}-1\right)\bar{G}\left(q_2\left(q_{\mathrm{m}}^*\right)\right)\right]>\left(p+W^{\mathrm{r}}-\omega^*\right)\left[\bar{G}\left(q^*\right)+\left(\lambda^{\mathrm{r}}-1\right)\bar{G}\left(q_2\left(q^*\right)\right)\right]$$

和 $\left(\omega^*-\varepsilon\right)\left[G\left(q^*\right)+\left(\lambda^{\mathrm{r}}-1\right)G\left(q_{01}\left(q^*\right)\right)\right]>\left(\omega^*-\varepsilon\right)\left[G\left(q_{\mathrm{m}}^*\right)+\left(\lambda^{\mathrm{r}}-1\right)G\left(q_{01}\left(q_{\mathrm{m}}^*\right)\right)\right]$

将式（11.12）代入式（11.32），式（11.32）左边：

$$\left[\overline{G}\left(q_{\mathrm{m}}^{*}\right)+\left(\lambda^{\tau}-1\right)\overline{G}\left(q_{2}\left(q_{\mathrm{m}}^{*}\right)\right)\right]-\left(\omega^{*}-\varepsilon\right)\left[G\left(q_{\mathrm{m}}^{*}\right)+\left(\lambda^{\tau}-1\right)G\left(q_{1}\left(q_{\mathrm{m}}^{*}\right)\right)\right]$$

$$+m\left[G\left(q_{\mathrm{m}}^{*}\right)+\left(\lambda^{\tau}-1\right)G\left(q_{1}\left(q_{\mathrm{m}}^{*}\right)\right)\right]>$$

$$\left[\overline{G}\left(q^{*}\right)+\left(\lambda^{\tau}-1\right)\overline{G}\left(q_{02}\left(q^{*}\right)\right)\right]-\left(\omega^{*}-\varepsilon\right)\left[G\left(q_{\mathrm{m}}^{*}\right)+\left(\lambda^{\tau}-1\right)G\left(q_{1}\left(q_{\mathrm{m}}^{*}\right)\right)\right]$$

$$+m\left[G\left(q_{\mathrm{m}}^{*}\right)+\left(\lambda^{\tau}-1\right)G\left(q_{1}\left(q_{\mathrm{m}}^{*}\right)\right)\right]>$$

$$\left[\overline{G}\left(q^{*}\right)+\left(\lambda^{\tau}-1\right)\overline{G}\left(q_{02}\left(q^{*}\right)\right)\right]-\left(\omega^{*}-\varepsilon\right)\left[G\left(q^{*}\right)+\left(\lambda^{\tau}-1\right)G\left(q_{01}\left(q_{\mathrm{m}}^{*}\right)\right)\right]$$

$$+m\left[G\left(q_{\mathrm{m}}^{*}\right)+\left(\lambda^{\tau}-1\right)G\left(q_{1}\left(q_{\mathrm{m}}^{*}\right)\right)\right]$$

$$=\frac{m\left[G\left(q_{\mathrm{m}}^{*}\right)+\left(\lambda^{\tau}-1\right)G\left(q_{1}\left(q_{\mathrm{m}}^{*}\right)\right)\right]}{\left(p+W^{\tau}-\omega^{*}\right)}>0$$

与右边相矛盾。因此，$q^{*}<q_{\mathrm{m}}^{*}$。

发现 11.2：若批发价格为 ω^{*}，电动汽车商在价格补贴契约下的电能产品最优订货量大于批发价格下的电能产品最优订货量。

当电动汽车商订货量为 q_{m}^{*} 时，设移动储能站利润的盈亏均衡点对应的市场需求为 $x_{\mathrm{m}}^{\mathrm{s}}$，移动储能站面临的利润有情况 7 和情况 8 两种。

情况 7：若 $x\leqslant q_{\mathrm{m}}^{*}$，则移动储能站的利润为

$$\Pi_{\mathrm{m}}^{\mathrm{s}}\left(\omega_{\mathrm{m}},m\right)=\left(\omega_{\mathrm{m}}-m-c_{t}\right)q_{\mathrm{m}}^{*}+mx \tag{11.33}$$

如果 $\omega_{\mathrm{m}}\geqslant m+c_{t}$，则 $\Pi_{\mathrm{m}}^{\mathrm{s}}\left(\omega_{\mathrm{m}},m\right)>0$。若 $\omega_{\mathrm{m}}<m+c_{t}$。令 $\left(\omega_{\mathrm{m}}-m-c_{t}\right)q_{\mathrm{m}}^{*}+mx=0$，

解得 $x_{\mathrm{m}}^{\mathrm{s}}=-\dfrac{\omega_{\mathrm{m}}-m-c_{t}}{m}q_{\mathrm{m}}^{*}$。设 $q_{\mathrm{m1}}^{\mathrm{s}}\left(q_{\mathrm{m}}^{*}\right)=x_{\mathrm{m}}^{\mathrm{s}}$，则当 $0<x<q_{\mathrm{m1}}^{\mathrm{s}}\left(q_{\mathrm{m}}^{*}\right)$ 时，$\Pi_{\mathrm{m}}^{\mathrm{s}}\left(\omega_{\mathrm{m}},m\right)<0$；

当 $q_{\mathrm{m1}}^{\mathrm{s}}\left(q_{\mathrm{m}}^{*}\right)\leqslant x\leqslant q_{\mathrm{m}}^{*}$ 时，$\Pi_{\mathrm{m}}^{\mathrm{s}}\left(\omega_{\mathrm{m}},m\right)\geqslant 0$。因此，若 $x\leqslant q_{\mathrm{m}}^{*}$ 时，移动储能站的期望效用为

$$E\left(U_{\mathrm{m}}^{\mathrm{s}}\left(\Pi_{\mathrm{m}}^{\mathrm{s}}\left(\omega_{\mathrm{m}},m\right)\right)\right)=\int_{0}^{q_{\mathrm{m1}}^{\mathrm{s}}\left(q_{\mathrm{m}}^{*}\right)}\Pi_{\mathrm{m}}^{\mathrm{s}}\left(\omega_{\mathrm{m}},m\right)g\left(x\right)\mathrm{d}x+\int_{q_{\mathrm{m1}}^{\mathrm{s}}\left(q_{\mathrm{m}}^{*}\right)}^{q_{\mathrm{m}}^{*}}\Pi_{\mathrm{m}}^{\mathrm{s}}\left(\omega_{\mathrm{m}},m\right)g\left(x\right)\mathrm{d}x$$

$$\tag{11.34}$$

情况 8：若 $x>q_{\mathrm{m}}^{*}$，则移动储能站的利润为

$$\Pi_{\mathrm{m}}^{\mathrm{s}}\left(\omega_{\mathrm{m}},m\right)=\left(\omega_{\mathrm{m}}-c_{t}\right)q_{\mathrm{m}}^{*}-W^{\mathrm{s}}\left(x-q_{\mathrm{m}}^{*}\right) \tag{11.35}$$

令 $\Pi_{\mathrm{m}}^{\mathrm{s}}\left(\omega_{\mathrm{m}},m\right)=0$，得到 $x_{\mathrm{m}}^{\mathrm{s}}=\dfrac{\omega_{\mathrm{m}}+W^{\mathrm{s}}-c_{t}}{W^{\mathrm{s}}}q_{\mathrm{m}}^{*}$。设 $q_{\mathrm{m2}}^{\mathrm{s}}\left(q_{\mathrm{m}}^{*}\right)=x_{\mathrm{m}}^{\mathrm{s}}$，则当 $q_{\mathrm{m}}^{*}<x\leqslant$

$q_{\mathrm{m2}}^{\mathrm{s}}\left(q_{\mathrm{m}}^{*}\right)$ 时，$\Pi_{\mathrm{m}}^{\mathrm{s}}\left(\omega_{\mathrm{m}},m\right)\geqslant 0$；当 $x>q_{\mathrm{m2}}^{\mathrm{s}}\left(q_{\mathrm{m}}^{*}\right)$ 时，$\Pi_{\mathrm{m}}^{\mathrm{s}}\left(\omega_{\mathrm{m}},m\right)<0$。因此，若 $x>q_{\mathrm{m}}^{*}$

时，移动储能站的期望效用为

$$E\left(U_{\mathrm{m}}^{\mathrm{s}}\left(\varPi_{\mathrm{m}}^{\mathrm{s}}\left(\omega_{\mathrm{m}},m\right)\right)\right)=\int_{q_{\mathrm{m2}}^{\mathrm{s}}\left(q_{\mathrm{m}}^{*}\right)}^{+\infty}\varPi_{\mathrm{m}}^{\mathrm{s}}\left(\omega_{\mathrm{m}},m\right)g\left(x\right)\mathrm{d}x+\int_{q_{\mathrm{m}}^{*}}^{q_{\mathrm{m2}}^{\mathrm{s}}\left(q_{\mathrm{m}}^{*}\right)}\varPi_{\mathrm{m}}^{\mathrm{s}}\left(\omega_{\mathrm{m}},m\right)g\left(x\right)\mathrm{d}x$$

（11.36）

为简化方便，以下用 $E\left(U_{\mathrm{m}}^{\mathrm{s}}\left(\omega_{\mathrm{m}},m\right)\right)$ 来替代 $E\left(U_{\mathrm{m}}^{\mathrm{s}}\left(\varPi_{\mathrm{m}}^{\mathrm{s}}\left(\omega_{\mathrm{m}},m\right)\right)\right)$。

综合情况 7 和情况 8，得到当电动汽车商订货量为 q_{m}^{*} 时，移动储能站的期望效用为

$$\begin{aligned}E\left(U_{\mathrm{m}}^{\mathrm{s}}\left(\omega_{\mathrm{m}},m\right)\right)=&\int_{0}^{q_{\mathrm{m1}}^{\mathrm{s}}\left(q_{\mathrm{m}}^{*}\right)}\varPi_{\mathrm{m}}^{\mathrm{s}}\left(\omega_{\mathrm{m}},m\right)g\left(x\right)\mathrm{d}x+\int_{q_{\mathrm{m1}}^{\mathrm{s}}\left(q_{\mathrm{m}}^{*}\right)}^{q_{\mathrm{m}}^{*}}\varPi_{\mathrm{m}}^{\mathrm{s}}\left(\omega_{\mathrm{m}},m\right)g\left(x\right)\mathrm{d}x\\&+\int_{q_{\mathrm{m2}}^{\mathrm{s}}\left(q_{\mathrm{m}}^{*}\right)}^{+\infty}\varPi_{\mathrm{m}}^{\mathrm{s}}\left(\omega_{\mathrm{m}},m\right)g\left(x\right)\mathrm{d}x+\int_{q_{\mathrm{m}}^{*}}^{q_{\mathrm{m2}}^{\mathrm{s}}\left(q_{\mathrm{m}}^{*}\right)}\varPi_{\mathrm{m}}^{\mathrm{s}}\left(\omega_{\mathrm{m}},m\right)g\left(x\right)\mathrm{d}x\end{aligned}$$

（11.37）

则供应链的期望效用为

$$\pi_{\mathrm{m}}^{\mathrm{sc}}=E\left(U_{\mathrm{m}}^{\mathrm{r}}\left(q_{\mathrm{m}}^{*}\right)\right)+E\left(U_{\mathrm{m}}^{\mathrm{s}}\left(\omega_{\mathrm{m}},m\right)\right)$$

（11.38）

发现 11.3：移动储能站通过价格补贴契约，可以协调整个供应链。

证明：在价格补贴契约下，如果电动汽车商电能产品最优订货量 $q_{\mathrm{m}}^{*}=q^{\mathrm{c}*}$，由式（11.31）得到移动储能站制定的补贴价格为

$$m\left(\omega_{\mathrm{m}}\right)=\frac{\left(\omega-c_{t}\right)-\left(\lambda^{\mathrm{r}}-1\right)\left[\left(p+W^{\mathrm{r}}-\omega_{\mathrm{m}}\right)\overline{G}\left(q_{2}\left(q^{\mathrm{c}*}\right)\right)-\left(\omega_{\mathrm{m}}-\varepsilon\right)G\left(q_{1}\left(q^{\mathrm{c}*}\right)\right)\right]}{\overline{G}\left(q^{\mathrm{c}*}\right)+\left(\lambda^{\mathrm{r}}-1\right)G\left(q_{1}\left(q^{\mathrm{c}*}\right)\right)}$$

（11.39）

将 $m\left(\omega_{\mathrm{m}}\right)$ 代入式（11.37），对式（11.37）求 ω 的一阶导数，令 $\dfrac{\partial E\left(U_{\mathrm{m}}^{\mathrm{s}}\left(\omega_{\mathrm{m}},m\left(\omega_{\mathrm{m}}\right)\right)\right)}{\partial\omega_{\mathrm{m}}}=0$，解得 ω_{m}^{*} 和 m^{*}，其中，$m^{*}\in\left(0,\omega_{\mathrm{m}}^{*}-\varepsilon\right)$。证毕。

发现 11.4：移动储能站在用电低谷时段进行储能生产更能提升供应链的期望效用。

证明：由式（11.2）得 $\dfrac{\partial\pi^{\mathrm{c}}}{\partial c_{t}}<0$，由式（11.38）得 $\dfrac{\partial\pi_{\mathrm{m}}^{\mathrm{sc}}}{\partial c_{t}}<0$，因此减少 c_{t}，可以提高集成式供应链和价格补贴契约下供应链的总效用。c_{t} 代表移动储能站充电成本，其随时间不同用电价格也不一样，如表 11.2 所示。

表 11.2　峰谷时段大工业用户电价

峰谷时段	用电分类	基本电价		电度电价/[分/千瓦时（含税）]	城市建设附加费/[分/千瓦时（含税）]	合计/[分/千瓦时（含税）]
		变压器容量/[元/（千伏安·月）]	最大需量/[元/（千瓦·月）]			
高峰 10：00~15：00 18：00~21：00	1. 执行省网电价电量	9.00	13.50	69.48	1.40	70.88
	2. 一般大工业	9.00	13.50	82.32	1.40	83.72
平谷 7：01~9：59 15：01~17：59 21：01~22：59	1. 执行省网电价电量	9.00	13.50	57.90	1.40	59.30
	2. 一般大工业	9.00	13.50	69.60	1.40	70.00
低谷 23：00~7：00	1. 执行省网电价电量	9.00	13.50	40.53	1.40	41.93
	2. 一般大工业	9.00	13.50	48.02	1.40	49.42

如表 11.2 所示，一般大工业用户在用电低谷（23：00~7：00）的电价远低于在用电高峰与平谷的电价。因此，移动储能站在用电低谷生产电能产品能有效降低 c_t，提高供应链的期望效用。

11.4　移动储能站供应链优化的现实意义

移动储能站是一种安全、灵活、稳定、环保的储能系统，采用内置高能量密度的锂离子电池来提供稳定交流、直流电输出的电源系统。其能够在多种应用场景下满足负载和用户对电力的需求。电动汽车产业快速发展对电池续航里程提出了较高的要求，但是短期内无法实现车载电池的颠覆式技术革新，因此利用环境适应性高、可移动性强、安装简便的移动储能站提供电池交换将减缓对电池续航难题的焦虑。同时，连接微电网将发挥移动储能站削峰填谷的储能系统的作用，并可利用电动汽车退役电池作为储能单元，提高电池回收效率，减少电池污染。

鉴于微电网项目（包括关联产业，如电动汽车、移动储能站）投资成本高、不确定风险大、关联利益相关者多等特征，其规划立项、开发建设、运营维护等项目各阶段涉及供应链的各类利益主体的利益主张各异，因此难以仅为某一个利益相关者实施运营。考虑将微电网移动储能站供应链的上下游作为一个企业的基准模型是为了降低移动储能站与电动汽车商之间互动的交易成本，在集成式供应链条件下的电能产品最优订货量，可实现移动储能站与电动汽车商的整体效用最大。但现实情况是，将微电网移动储能站与电动汽车商视作一个企业有很大的困难，原因是资金成本高、不确定风险大。因此，微电网项目中移动储能站与电动汽车商以分布式供应链进行互动与交易等生产经营活动更具优势。通过分布式供应链模型分析，作为独立决策的电动汽车商，其电能产品的最优订货量会随着电能缺货损失的增大而增加，以减少因缺货造成的损失。最优订货量还会随移动储能站批发价格的提高而减少，这可能导致最优订货量偏离集成式决策下的最优订货量。如何减少直至纠正分布式决策与集成式决策的最优订货量的偏离，成为移动储能站供应链重点关注的现实问题。价格补贴是纠正和协调移动储能站供应链分布式决策的重要方式。移动储能站通过对电动汽车商实施价格补贴，一方面，减少了电动汽车商的电能产品购买或使用成本，激励其在不变总成本条件下为了减少电能缺货损失增加了电能产品订货量；另一方面，通过价格补贴，协调了移动储能站的整个供应链，同时，移动储能站在用电低谷时段进行储能生产将提升供应链的期望效用。价格补贴可协调各利益相关者的最优决策，促进移动储能站供应链的分工与合作绩效，同时，利用低谷电价为移动储能站蓄能，也在一定程度上减少价格补贴对移动储能站的成本冲击，提升供应链效用。

11.5　本章小结

本章首先对移动储能站项目利益相关者，包括移动储能站运营商、电动汽车商、用户、政府及微电网后备电源等的利益诉求（如移动储能站运营商主张项目运营为其带来经济收益，项目运营过程是长期且可持续的，以及项目建设和运营期间的成本要在可承受的范围内；电动汽车商主张通过租车、售车行为来获得经济收益，低运营、维护成本，占领电动汽车市场份额及提高自身技术水平；等等）进行总结和梳理。其次，精炼移动储能站与电动汽车商之间的电能产品供应链，并对该供应链的生产及盈利模式进行分析。最后，建立移动储能站与电动汽车商合作的供应链优化模型。

移动储能站与电动汽车商的供应链中存在电能缺货损失的问题，并且移动储能站与电动汽车商在分布式供应链决策中，电动汽车商在批发价格下的电能产品最优订货量可能会偏离集成式供应链的电能产品最优订货量，本章利用价格补贴契约来研究移动储能站运用价格补贴契约是否可以有效协调供应链。通过分析，以集成式供应链的电能产品最优订货量为基准，与批发价格契约下电动汽车商的最优订货量做比较，发现批发价格契约下电动汽车商的最优订货量会偏离集成式供应链的电能产品最优订货量，发现当移动储能站采取价格补贴契约时，可以有效调节供应链，使得在价格补贴契约下电动汽车商的最优订货量等于集成式供应链的最优订货量。研究证明了移动储能站在用电低谷时段进行储能生产更能提升供应链的期望效用。这体现了一定的激励补贴政策在协调供应链方面的积极作用，也为移动储能站与电动汽车商之间的合作提供了理论基础。

第12章 智慧能源微电网项目合作风险的类型和来源

在前文对微电网分析的基础上，本章运用交易成本理论分析微电网的资产特性，探讨微电网项目合作开发过程中合作风险的类型和来源。借鉴高新技术项目开发的工作流程，将微电网项目开发运营过程分为规划立项、开发建设和运营维护三个阶段。由于三个阶段涉及了不同的利益相关者，他们对项目的控制程度不同，利益诉求也不一致，因此三个阶段会面临不同的合作风险。本章对微电网建设不同阶段的合作风险发生机制进行分析，可以为本书微电网合作风险的防范模式建立提供依据。

12.1 项目合作风险概念

不同主体之间为了共同的利益相互合作进行微电网项目开发，环境的动态性与不确定性，以及个体理性的存在，导致合作风险的出现，从微电网项目一开始的规划立项阶段到最后的运营维护阶段，合作风险都贯穿其中。从经济管理角度来看，合作风险是指多方合作所带来的固有的"合作风险"。根据合作战略和交易成本经济学中"不完全合约理论"，任何貌似完美的合作都存在合作伙伴背叛的潜在风险。

12.1.1 微电网项目的委托代理及机会主义风险

当多个利益相关者采取行动以最大化各自的收益时，服务提供者和用户之间的利益分割就会产生委托代理问题。当微电网资产的所有权不在社区时，问题就变得更严重。委托代理理论认为，委托人（用户）和代理人（供应商）之间存在信息不对称和激励不兼容，这使得一方相对于另一方具有信息优势，其可以牺牲对方的利益来获取自己的利益。用户希望获取廉价可靠的电力供应，而供应商希望获取最大的经济回报。用户可以监督供应商，但需要具备一定的专业知识才能够监督供应商的服务和需求的实际成本。在经济诱惑下，供应商可以采取巡视或者简单地通过降低其成本（因此服务质量也会下降）来获得所需的回报。因此，这些潜在的利益分歧可能会导致微电网管理和服务效率低下，缺乏有效的监督系统和信息不对称会使这种情况变得更加严重（Koo et al.，2013）。例如，在澳大利亚的国家电力市场，受监管企业比监管机构专业性更强，这样的信息不对称导致了监管定价的"博弈"，由此给电力用户带来了经济损失（Productivity Commission，2014）。微电网项目委托代理会产生机会主义、"敲竹杠"和"搭便车"等问题。

机会主义是指交易过程中任何一方为了增加自己的利益，而做出违反交易合约的行为。机会主义是人们在经济活动中的一种损人利己、保护和增加自己一方利益的行为。机会主义行为在增加自己利益的同时附带损害他人的利益或者完全为了利益损害他人。新制度经济学认为，机会主义产生的主要原因是人们追求效用最大化的有限理性、双方从事交易的资产专用性及信息不对称。高度的资产专用性会导致交易双方交易频率比较低，如果交易双方对长期关系不感兴趣，或者不在乎声誉的损失，就会采用偶尔交易的行为，加大机会主义产生的风险。信息不对称导致的机会主义行为又分为事前机会主义行为和事后机会主义行为。事前机会主义行为是指交易双方在合同签订之前，一方利用信息不对称和掌握的关键信息在对方无法获知的情况下，夸大自己的能力，隐藏自己的不足，欺骗对方为自己谋取利益而签订合约，这种机会主义行为也叫"逆向选择"。事后机会主义行为是指交易各方在合同签订之后利用掌握信息的优势，要么减少自己的投入，要么钻政策、制度和合同的漏洞来最大化自己的利益，这种行为使得信息劣势一方无法监督或者无法观察，又或者监管的成本太高，这通常也叫作"道德风险"。

微电网作为新一代的社区能源基础设施，它和其他公共基础设施项目（如道路和水资源）都面临着降低成本和吸引资金的挑战。微电网项目是高度的资产专用性项目，它的利益相关者众多，电力部门的专业性比较强，也容易引起信息不对称。因此，微电网项目开发很容易受到机会主义行为的威胁。因为机会主义行为的存在，交易双方的承诺、信任及相互适应的难度都增加了。信任在降低机会主义风险方面发挥着重要的作用，是影响企业绩效的关键因素。联盟中成员存在不同资源的动态组合及成员之间的机会主义行为，在彼此存在竞争关系的企业组建的联盟中，合作成员在关注资源互补或协同产生绩效的同时，也担心竞争对手的机会主义行为，以及存在竞争关系所带来的潜在风险。联盟成员对联盟做出不可置信承诺，以及实施将对合作前景造成负面影响的机会主义行为。交易成本经济学更是指出，从机会主义风险的角度，竞争性联盟的失败概率相对更高，作为竞争对手的合作伙伴更有动力实施机会主义行为。为了降低联盟成员实施机会主义行为的概率及削弱这种投机行为给联盟带来的不利影响，联盟就需要采用某些治理机制。

"敲竹杠"是指利用交易对方的弱点侵占对方专用性资产投资利益的行为，它是一种事后的机会主义行为。根据交易成本理论，微电网项目合约的不完整、资产专用性太高会导致交易双方进行"敲竹杠"的行为。交易双方一旦投入了专用性资产，就相当于"套牢"了双方的关系，专用性资产不能变卖或者转投他用，即使可以转投他用，投入的专用性资产价值也会大打折扣，这就形成了事后的垄断，给交易双方带来"敲竹杠"的机会。如果没有充分的合约或者相应的制度保障，专用性资产投入过多的一方会被交易的另一方"敲竹杠"，以退出交易让对方损失专用性资产的准租金进行威胁。要避免"敲竹杠"行为，就需要交易双方在合约签订之前对每一个交易细节进行充分讨论，形成完整的合约，但是完整的合约往往是不可能的，因此很难在事前就从根本上避免"敲竹杠"行为，双方就交易反复不断地讨价还价也提高了交易成本。

微电网分布式发电单元（如光伏发电）和电池存储单元通常安装在某一特殊的位置，需要大量的前期成本，还需要定期维护以保持高性能，如果重新安装，将会带来显著的额外成本，如运输和人工成本。配电网需要大量的资本存量，一般只能安装在特定地点，通常是离散的单位。一旦这些基础设施建成，这些投资就变成了沉没资本，不可以转化为其他实物或转售。因此，微电网项目资产投入过多一方由于退出成本较高，容易被"敲竹杠"。

"搭便车"是指不付出成本和投入而享受别人利益的投机行为。在某些经济活动中，某些参与方自觉或者不自觉地避开投入，在经济活动产生收益时坐享其成。"搭便车"问题容易发生在诸如电力、交通、水利等公共事业问题上。某一些人或者经济参与方，在公共事业投入初期，有意或者无意地声称自己一方对该公共财产并无需要，在该公共事业投入建设完成后，就可以享受其收益。"搭便车"行为产生的最根本原因是公共物品的非排他性用途，"搭便车"的人多了，经济活动的总体效率就会降低，导致市场失灵，损失市场效率。

微电网中的发电和配电是"公共资源"（common pool resource，CPR），要进行有效管理。电力消耗是竞争性的，一个消费者的过量消耗会减少其他消费者的消耗。配电网络需要对电力输送进行负载和容量管理，随着用户数量的增加，管理的复杂性会增加。用电高峰时，这个问题会变得特别突出。总之，社区电力设施的物理能力有限，过度使用会导致电力供应的质量和可靠性下降、电力供应不均，还会导致更高的维护和更换成本。微电网的非排他性用途会使得电网中的人在不进行投入的情况下获取微电网带来的好处与便利，如果缺乏合理的预防措施，就会产生"搭便车"问题，导致市场失灵，私营企业和资本就不会参与微电网的建设。

12.1.2　电网建设的控制权陷阱

所有权来源于资源或财产的控制权，它包括了排除非所有者获取资源的权利，适当利用经济租金和资源投资的权利，以及出售或转让资源给他人的权利。根据"不完全合约理论"，资产剩余控制权就是产权的本质，它是"在合约中事先不能规定的那份控制权的权力"。所有者的产权是与他们的非合约（non-contractaible）投资水平相关的，是对资产和讨价还价能力的剩余权利。当所有权的最优分配基于资产剩余控制权时，股权结构应该用于最大化投资激励和回报。所有权提高了所有者的议价能力，因而增加了在分歧情况下投资的边际收益，影响了双方的分歧收益，分配了事后盈余和事后投资激励。具体来说，当假定双方具有对称信息时，如果一方的投资具有最大的边际报酬，则该方应该是所有者。所有权分配与当事人对公共产品的估值有关，并且和主要影响收入流的当事人有关。无论技术方面如何，所有权一方可能是最重视项目质量和项目效益的一方。将所有权分配给具有较少事后议价能力的当事方，以平衡事前投资激励和资产的剩余控制权，尽管该方可能对产品的估价不高（Schmitz, 2013）。公共所有权可以付出牺牲利润最大化和生产效率的代价从而更好地获取社会福利，但在缺乏资本市场监督和激励目标及利益集团游说的情况下变得脆弱，可能要花费巨大的成本。在非合约质量损失的高风险情况下、服务供应竞争不足的情况下、缺乏惩罚业绩不佳措施的情况下、私营部门表现不佳而声誉损失的情况下，公共所有权能更好地解决委托代理问题。获得的收益可以分享，也可以由私人所有者共享和保留并在社区内重新分配。私人所有权可以带来更多的技术、创新、效率，以及更好地处理建设和融资风险，但可能无法解决社会问题，如向弱势客户提供非经济基础的税收或其他社会和环境效益（Haney and Pollitt, 2013）。私人投资比公共投资更具有成本优势，并且具有更强的处理风险和不确定性的能力，特别是对商品和服务的需求预期很高时（Haney and Pollitt, 2013）。因此，激励措施是必要的，如允许私人投资者适当获取长期生产性资产的价值；通过执行规则和义务来惩罚私人投资者的投资不足；或者赋予自主权以鼓励私人投资者追求创新和更高效的解决方案。另外，当需要大量资本投入时，混合形式的公共和私人所有权可能就是必要的。在公共和私人投资者之间分配适当的投资激励和财产控制权，平衡所有权。

融资需求、社会福利和风险偏好是选择能源部门所有权的三个关键方面（Diffney et al., 2009）。所有权是控制权的来源和合约不完整时行使控制的权力，根据一系列经济和社会目标，地方能源系统的所有权结构可以是当地拥有和控制的非营利或营利的社区所有权，也可以是公用事业所有权，还可以是私人所有权和公私合并混合所有权（Hawkey et al.，2013）。不同的利益相关者可能在社区微电网项目中拥有自己的利益和目标，并相应地进行投资和所有权决策。例如，当高度依赖微电网服务作为可靠电力供应来源时，社区可以对微电网项目进行高估价。私人投资者将根据未来现金流和经济回报来评估微电网项目。公用设施管理方看中的是微电网项目经济价值高，可以减轻区域电网的拥塞，提高用电可靠性和节约成本。当难以获取可接受的完整性合约或不确定性水平比较高时，特别是需求侧，那么混合所有权就是最优选择。

12.2　微电网合作风险的影响因素及其对建设的影响

合作理论认为，不同主体为了共同的目标，往往通过协议或其他联合方式，形成优势互补，以获取整体上的竞争优势与协同效应。合作在给各方带来收益的同时，由于个体理性及环境的不确定性，往往也伴随相应的风险。微电网项目合作也一样。微电网合作涉及众多内外部利益相关者，由于个体理性及环境的不确定性，微电网项目合作开发涉及众多的风险。在微电网项目开发运营的不同阶段，有不同的因素会给微电网项目带来风险，并且即使相同的因素在不同的阶段，对微电网项目的影响也是不同的，因此这里将微电网按实施的顺序来划分成不同阶段，即将微电网项目划分成规划立项阶段、开发建设阶段、运营维护阶段。在微电网项目规划立项阶段，由于信息的不对称与不完全，微电网投资商可能会采取骗取项目经费的事前机会主义和钻合同空子的事后机会主义行为，电网公司存在对电力市场垄断及让非微电网用户"搭便车"的行为，电网公司也可能联合微电网对用户"敲竹杠"，造成项目开发的合作风险；在微电网项目开发建设阶段，由于参与主体的个体理性存在，可能出现电网公司针对微电网"上网""敲竹杠"，微电网投资商建设施工偷工减料的道德风险行为和囚徒困境，从而导致合作风险的产生；在微电网项目运营维护阶段，微电网运营商可能不顾大局，妨碍国家的节能减排政策，伤害用户用电稳定性和可靠性，产生委托代理的合作风险问题。为了兼顾微电网多方的利益，以及促进微电网建设的健康发展，必须关注微电网合作开发过程中出现的合作风险问题。对合作风险进行发生机制分析、发生过程与对微电网的影响分析，为合作风险防范机制的构建奠定基础。

12.2.1　微电网项目规划立项阶段的风险影响因素

在规划立项阶段，微电网项目的主要工作是可行性研究及项目的规划等。从项目自身来说，这个阶段可能面临的风险因素有制度风险、资金运作风险、投资合作风险等。制度风险一般是指项目公司自身管理制度的制定、执行等不到位所引起的风险，如激励奖惩制度的不完善、项目进度完成的不及时等。资金运作风险和投资合作风险是相互影响的，是指在选择投资合作伙伴和投资进度安排上的不妥当而可能引起的风险。

从合作方面来说，主要面临着联盟制度风险、信息风险、道德风险等。风险主要是从联盟成员方面来说的，联盟的伙伴之间在联盟的初期由于制度制定的不完善及信息的不透明会带来一系列合作风险。

从外部环境方面来说，主要面临着自然环境风险、社会风险、经济环境风险、法律风险、市场风险、社会信用风险等。

微电网是高度专用性资产，它的投资回收期长、回报不确定，因此微电网规划立项阶段存在大量的合作风险。这阻碍了投资商向微电网的全面投资，影响了微电网发展。对微电网规划立项阶段的风险分析发现，规划立项阶段主要存在以下合作风险：从投资商的视角考虑，风险来源于电网公司担心微电网抢占自己垄断的电力市场而不愿意合作。另外，微电网资产交易的频率低，交易双方对长期关系不感兴趣或者不在乎声誉，就会采用偶尔的交易行为，导致微电网项目开发的机会主义。其中包括了微电网投资商在协议签订之前隐藏自己的信息，夸大自己的能力，骗取项目款的事前机会主义行为，以及合同签订之后投资方利用合同的漏洞，钻制度和政策空子骗取国家补贴而伤害用户利益的行为；从电网公司的视角来看，并网后的微电网作为一种公共资源向用户提供服务，它的非排他性会使得参与人都可以获取便利，缺乏预防措施，存在"搭便车"的问题，这就导致了参与人集体提供的供给不足。微电网若对电力调度等公共事业无贡献，也将形成对电网公司的"搭便车"行为；从微电网用户的视角来看，电网公司和微电网也可能存在着"敲竹杠"行为，故意强调电力的稳定性和夸大建设投资的要求，导致微电网建设成本的激增，不利于微电网的规划发展。

12.2.2　微电网项目开发建设阶段的风险影响因素

微电网项目开发建设阶段所面临的风险和项目规划立项阶段有所不同，同样从三个方面来分析。从项目自身来说，主要是项目的工期延误和工程质量引起的。微电网项目对工期和质量要求远远高于一般的工程项目，因此项目的工期和项目的质量是一个最主要的利益冲突点，而投资方和施工方的利益诉求不同所带来的风险是微电网项目自身最主要的风险。

从合作和外部环境方面来说，在微电网项目开发建设阶段同样面临着联盟制度风险、信息风险、道德风险、自然环境风险、社会风险、经济环境风险、法律风险、市场风险、社会信用风险等。

微电网项目规划立项阶段完成以后，将进入项目开发建设阶段，开发建设阶段也存在着大量的合作风险，这会阻碍微电网项目向运营维护阶段的顺利发展。对微电网项目开发建设阶段的梳理和研究发现，开发建设阶段主要存在以下合作风险：从微电网投资商的视角来看，电网公司存在对"上网"问题"敲竹杠"的风险。对于并网型微电网，开发建设过程中要通过电网公司和主网实现并网。电网公司则会从用电的安全性、可再生能源发电的不稳定性、占用电网公司容量费等方面和投资商就"上网"问题进行讨价还价，阻碍微电网项目的正常运行。本书对我国 28 个全国微电网示范项目进行考察发现，大多数微电网项目在和电网公司合作过程中都存在"上网"困难的问题；从电网公司视角来看，微电网属于高资产专用性项目，投资太高，一旦微电网的基础设施建成，这些投资都转变为沉没资本，不能转化为其他实物或者转售。微电网投资商存在道德风险问题，为了项目的营利，可能在建设期间偷工减料，或者私自改动微电网规划立项阶段的设计，替换成本比较高的可再生能源发电设备，骗取国家对可再生能源的补贴后停运项目；从用户的视角来看，项目建设失败将导致用电得不到保障，无法实现效用。以上风险发生的根本原因是开发建设阶段电网公司、微电网投资商和用户的合作收益分配不均。

12.2.3　微电网项目运营维护阶段的风险影响因素

微电网项目运营维护阶段所面临的主要风险和项目的规划立项阶段、开发建设阶段是有差异的。从项目自身来说，主要来自微电网项目的维护和运营方面，主要的矛盾来源于运营商和用户。

在维护运营阶段，虽然合作风险较小，大多数情况下可以忽略，但外部环境风险依然存在，主要包括自然环境风险、社会风险和经济环境风险。其中，社会风险、经济环境风险所包含的法律风险、市场风险和社会信用风险尤为显著，需要特别关注和系统应对。

微电网项目开发建设阶段完成后，将进入项目维护运营阶段。该阶段涉及众多利益相关者，由于各方利益诉求不同，存在一定的合作风险，如果不妥善解决，可能直接影响微电网项目的运营，形成影响微电网发展的风险因素。通过对微电网项目维护运营阶段的梳理和研究发现，该阶段主要面临以下风险：从政府的视角来看，政府鼓励微电网的运营是为了促进可再生能源的利用，减少污染和碳排放，提升社会福利水平。然而，微电网项目建成后，运营商为了提高收益，可能会关停成本较高的微电网可再生能源发电设施，直接从大电网购电供给用户，甚至直接自建或启用高碳发电设备（如柴油发电机组）。这就违背了政府节能减排的初衷，损害了公众利益。此外，微电网如果关停储能系统和备用容量的服务，还会对电网调度带来不利影响，增加了运营商"合作背叛"的道德风险。例如，本书对某市某养殖场沼气微电网项目考察发现：项目业主考虑到发电成本，在获得了国家可再生能源补贴后，将养殖场收集的沼气直接排放到空气中，不再进行发电。从微电网运营商的视角来看，要考虑运营成本与收益，获取利润，项目运营失败，将导致前期投入无法收回，因此要尽可能地压缩运营成本，提高收益。从用户的视角来看，微电网项目运营专业性高，操作复杂，用户无法监督微电网项目的运营过程，或者监督的成本太高，微电网运营商和用户就会形成委托代理问题。在经济诱惑下，运营商会降低服务质量来获得所需的回报。潜在的利益分歧会导致微电网运营管理和服务效率低下。

微电网项目合作风险如图 12.1 所示。

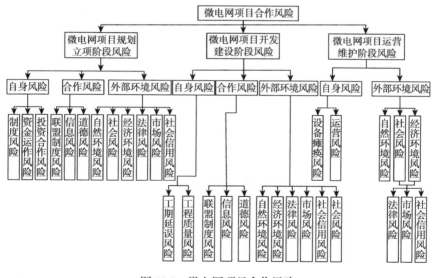

图 12.1 微电网项目合作风险

12.3 本 章 小 结

根据"不完全合约理论"，任何貌似完美的合作都存在合作伙伴背叛的"陷阱"，再加上微电网资产专用性高，项目建设具有特殊性，因此微电网项目开发存在巨大的合作风险。研究风险发生机制，建立合作风险的防范机制，是微电网项目开发必不可少的条件。

本章运用利益相关者理论和交易成本经济学理论分析了微电网项目的资产属性和交易特征，分析了微电网规划立项阶段、开发建设阶段和运营维护阶段，有哪些利益相关者参与项目的决策，他们的利益诉求和分歧是什么，他们是否在项目决策过程中占据主导地位，分析了合作风险的发生机制，在此基础上分析了微电网项目三个阶段主要的合作风险。

规划立项阶段，微电网投资商和电网公司对项目的开发起主导和决策作用。电网公司担心微电网抢占其垄断的电力市场而不愿意合作，微电网投资商则要在垄断的市场环境中找到项目生存的空间，他们是领导与跟随的竞争关系。开发建设阶段，微电网投资商、电网公司和用户参与项目的决策，起主导作用。电网公司拥有微电网并网和上网电价的决策权。微电网投资商拥有项目所有权和建设权。用户依法要求享有稳定电力使用权。电网公司、投资商、用户是利益妥协下的合作关系。运营维护阶段，电网公司、微电网运营商参与运营决策，政府制定环境保护政策、电力公司调度电力、运营商拥有项目经营权、用户依法享有电力使用权。电网公司和运营商是政府环境政策约束下的领导与跟随关系。

第13章 微电网项目利益相关者合作开发的风险防范模式设计

前文对微电网项目合作风险的基础性理论和合作风险的发生机制进行了分析，本章探讨微电网项目开发不同阶段的合作风险防范模式。根据微电网项目开发运营流程的逻辑顺序，本章依次讨论微电网项目规划立项阶段、开发建设阶段和运营维护阶段的合作风险防范，针对这些具体的合作风险，建立数理模型，形成微电网合作开发的风险防范模式。本章可为我国微电网项目开发提供可参考的合作风险防范方法，建立微电网合作开发的经济激励和政策激励，形成我国独特的微电网可持续发展模式。

13.1 微电网项目规划立项阶段的风险防范模式设计

从前文的分析可以得知，由于微电网是高度专用性资产，它的投资回收期长、回报不确定，微电网规划立项阶段存在着大量的合作风险，这阻碍了投资商向微电网的全面投资，影响了微电网发展。矛盾的根源是微电网合作收益的分配问题，本节运用博弈论提出微电网利益相关者分配模型。

13.1.1 利益相关者分配模型的建立

博弈论自提出以来，被广泛地应用于不同行业的经济管理问题研究中。博弈论分为两大主要部分，即合作博弈与非合作博弈。合作博弈主要应用于博弈双方达成合作时，如何对既得收益进行分配方面。

合作博弈的收益分配问题既强调公平、效率，又注重集体理性和个人理性，因此参与联盟的局中人的收益分配问题也必须在集体理性和个人理性同时兼顾的情况下，按照公平、效率的原则来进行分配。合作博弈的分类按照效用是否可转移划分为效用可转移合作博弈和效用不可转移合作博弈。在微电网项目中，项目的利益相关者为了共同的利益结成联盟，本节采用联盟型的博弈作为研究工具，同时项目的总收益可以在不同的利益相关者之间相互转移，因此微电网项目的联盟博弈是效用可转移合作博弈。

1. 微电网利益相关者分配模式的假设提出

在多人联盟博弈中，每个局中人都有两种不同的选择，即可以与其他局中人结成联盟，或者单独采取行动。因此，对于每个局中人来说，如果要选择联盟，则选择哪些局中人作为联盟伙伴就显得尤为重要。

$N = \{1, 2, \cdots, n\}$ 为联盟中全部局中人的集合，也可以认为是合作联盟中全部的决策主体。$i \in N$ 表示第 i 个局中人。在微电网开发过程中，根据在微电网开发中所扮演角色起到的重要性，将各个利益相关者划分为三个层级，分别为核心利益团体（投资方、建设单位）、边缘利益团体（施工方、政府）、潜在利益团体（社会公众、设计单位、监理单位、供应商等），因此 $N = \{$核心利益团体，边缘利益团体，潜在利益团体$\}$。

假设联盟用 S 来表示，则 $S \in N$，且 $S \neq \varnothing$。所有联盟的全体记为 $R(N)$，$|S|$ 表示联盟 S 中利益相关者的个数。联盟是所有参与微电网的利益相关者的一部分。在采取联盟策略之前，所有选择联盟的微电网利益相关者会达成一个能够约束联盟所有成员的契约，以便能够保证他们为了联盟的整体利益而采取一致行为，从而使联盟在博弈中的收益分配总和最大。为了研究利益分配，本章假设如果利益相关者结成联盟，那么联盟在整个微电网项目过程中保持稳定。

特征函数是合作博弈中一个非常重要的概念，它表示联盟通过协调所有成员，采取共同策略，所能得到的最大赢得（或支付），因此可以引用特征函数来表示微电网开发过程中的核心利益团体、边缘利益团体及潜在利益团体的合作收益。核心利益团体、边缘利益团体及潜在利益团体的合作收益是定义在 N 上的一切子集，其收益函数为 $U(S)$，并满足以下条件。

（1）$U(\varnothing) = 0$，$\varnothing$ 为空集。

（2）$U\{$核心利益团体，边缘利益团体，潜在利益团体$\} \geqslant U\{$核心利益团体$\} + U\{$边缘利益团体$\} + U\{$潜在利益团体$\}$。

条件（1）的含义是任何一方都不参与合作，其合作收益为 0。

条件（2）为超加性条件，它的含义是微电网开发过程中的核心利益团体、边缘利益团体及潜在利益团体合作产生的最大收益 $U\{S, T, V\}$ 不小于各方单独开发微电网时所得的最大收益之和，即 $U\{S\} + U\{T\} + U\{V\}$。其中，T 表示边缘利益团体，V 表示潜在利益团体。因为只有这样，双方才有合作的可能，否则，利益相关者各方都不会合作。本章的前提是假定合作能形成，因此，这一条件必须满足。

假设微电网开发过程中的利益相关者结成的联盟中参与合作的局中人个数为 N，且对于每个局中人 $i(i \in N)$ 而言，其独立实施项目的收益为 Y_i，核心利益团体、边缘利益团体及潜在利益团体结成联盟 S 实施微电网项目开发所得的收益为 $U(S)$。其中，当 $1 \leqslant S \leqslant N$ 时，微电网项目的全体利益相关者由 S 个利益相关者结成的联盟与 $N-S$ 个联盟外部的利益相关者组成。对所有的核心利益团体、边缘利益团体及潜在利益团体所达成的联盟 S 都计算出 $U(S)$，就得到微电网项目开发过程中的一个合作博弈 (N,U)，求得该合作博弈的解集，便可以将微电网项目开发过程中所获得的总利润分配给各个利益相关者团体。博弈 (N,U) 应满足以下条件。

（1）联盟所带来的收益一定要大于等于每个局中人单独实施项目所产生的收益之和，从而能够给联盟中的每个局中人带来更大的收益。

（2）对联盟内部而言，应存在着具有帕累托改进性质的分配规则，即联盟中的每个局中人所获得的收益都比没有参与联盟时所获得的收益高。

（3）若其中一个局中人在联盟中进行收益分配时得到的收益小于其独立实施项目的收益，显然此局中人将不会接受这样的收益分配方案，也不会参与到这样的联盟中。因此，合理收益方案应满足：

$$U(i) \geqslant Y_i \geqslant 0, \ i \in N$$

其中，Y_i 为第 i 个局中人不与其他任何利益相关者合作所获得的收益。

（4）联盟所得的收益应在联盟中的各局中人之间完全分配，即

$$\sum_{i=1}^{n} U_i = U(N)$$

（5）在多人合作博弈中还应满足合作合理性条件：

$$\sum_{i \in S} U_i \geqslant U(S) \quad \forall S \subset N，并且 |S| > 1$$

符合上述条件的分配方案是内部稳定联盟的稳定解，也是本章需要的解集。

2. Shapley 值法用于微电网项目开发中的利益相关者收益分配的适用性分析

通过以上分析可知，在研究合作联盟的收益分配问题上，Shapley 值理论得到了学术界的大力推崇，同样在微电网项目利益相关者联盟的收益分配问题上具有较高的适用性，下面从两方面进行阐述。

1）微电网项目中的合作模式是一种合作对策

首先，作为一种合作对策要具有强制性、约束性和信息互通性。在微电网项目中，利益相关者选择联盟，则联盟契约可以看作具有强制性和约束性的对策，

并且在联盟中，利益相关者的信息是共通的，因此也满足信息互通性。

其次，微电网项目中利益相关者的合作，核心利益团体、边缘利益团体、潜在利益团体以微电网建设开发收益最大化为目标，并且该合作的基础是信息共享，因此该合作可视为一种合作对策。

2）Shapley 值法在微电网项目中利益分配的适用性

Shapley 值法对本书研究的适用性体现在其符合上述微电网项目收益分配原则和标准。

从收益分配原则来看，Shapley 值法是一种科学又合理的分配方法，并且该方法根据微电网项目利益相关者的边际贡献来进行收益分配，是一种相对公平合理的收益分配方法。并且，在初步进行收益分配后，本书会对初步收益分配进行风险系数和投资系数修正，可以进一步体现风险与收益对等的原则，引入投资系数调整可以使收益分配更加合理。

从收益分配标准来看，Shapley 值法的整体合理性和个体合理性的两条公理正符合收益分配标准的两条要求。

因此，无论是从收益分配原则来看，还是从收益分配标准来看，Shapley 值法都适用于研究微电网项目中利益相关者的收益分配问题。

（1）收益分配原则。微电网项目开发过程中的利益相关者合作收益分配原则应符合科学性、公平性、贡献与收益对等性、风险与收益对等性。科学性要求联盟收益要以科学的分配原理和分配方法为基础来进行收益分配，需要将客观事实和主观判断相结合。公平性要求在收益分配过程中要保持信息公开并且确定相应的分配原则和标准，不会因为企业的规模、实力等而区别对待。贡献与收益对等性要求企业的收益分配要符合贡献越多收益越多的要求。风险与收益对等性要求在收益分配中，企业承担的风险越大其收益也就越多，反之，风险承担越小其收益也就越少。

（2）收益分配标准。从收益分配标准来看，在微电网开发过程中利益相关者组成的联盟至少符合以下两个基本标准，即合作可以使利益相关者在微电网项目中获得联盟总收益大于等于未合作之前各利益相关者的收益之和，参与微电网项目联盟的利益相关者获得的收益大于等于其未参与联盟前获得的收益，只有这样才能保证每个参与微电网项目联盟的利益相关者的基本利益。

满足以上两个标准才能保持微电网项目联盟运行的稳定和效率，才能充分调动微电网项目利益相关者的积极性，并且只有符合了这两个标准才能保证合作联盟的长期动态平衡。

3. 基于 Shapley 值法的收益分配过程

1）特征函数分析

由上面的可行性分析可知，可以将微电网开发过程中的核心利益团体、边缘利益团体及潜在利益团体形成的合作视为一个合作对策或者联盟博弈 (N,V)，在本节中，$N=$（核心利益团体，边缘利益团体，潜在利益团体），V 为三者组成的不同联盟所对应的特征函数。根据 Shapley 值法的内涵和本书研究的问题，特征函数 V 是本书研究的微电网开发所获收益，也可以定义为核心利益团体、边缘利益团体和潜在利益团体三者在不同联盟组合方式下的总收益。这样，利用 Shapley 值法对三者组成的合作联盟进行求解，就可以得到理论上的理想收益分配方案。由前文关于 Shapley 值法的介绍可知，利用 Shapley 值法得到的收益方案中，微电网项目开发过程中的核心利益团体、边缘利益团体和潜在利益团体均可获得开发收益的增加，这样就达到了收益分配的公平合理，并且可以促使三方利益团体都有足够的积极性参与微电网项目开发，并且努力维持该合作联盟的稳定性和持久性。

在此合作中，所有局中人的集合为 $N=$（核心利益团体，边缘利益团体，潜在利益团体），N 中的任何一个子集都反映一种结成合作联盟的方式，不同的联盟方式对应不同的特征函数。

（1）子集 $S=$（边缘利益团体）时，边缘利益团体单独开发微电网项目，边缘利益团体由政府、施工方共同组成，政府在政策上及项目审批方面有决定权，施工方可以单独为微电网项目施工，但是没有建设单位及投资方，没有项目整体实施指导和资金支持，难以单独开发微电网项目，因此，在这种情况下，边缘利益团体的微电网项目开发收益 V（边缘利益团体）$=0$。

（2）子集 $S=$（核心利益团体）时，核心利益团体单独开发微电网项目，核心利益团体由建设单位、投资方共同组成，建设单位拥有微电网项目开发的资质而投资方拥有资金，建设单位和投资方可以单独完成微电网项目开发，因此，在这种情况下，核心利益团体的微电网项目开发收益记为 V（核心利益团体）。

（3）子集 $S=$（潜在利益团体）时，潜在利益团体单独实施微电网项目开发工作，不与任何企业合作，潜在利益团体由社会公众、设计单位、监理单位、供应商等组成，而微电网项目开发至少要和建设单位、投资方合作才能实施微电网项目的开发工作，因此，在这种情况下，潜在利益团体的微电网项目开发收益 V（潜在利益团体）$=0$。

（4）子集 $S=$（边缘利益团体，潜在利益团体）时，边缘利益团体和潜在利益团体合作组成的联盟由政府、施工方、社会公众、设计单位、监理单位、供应商等组成，但是微电网项目开发至少要和建设单位及投资方合作才能实施，政府、施工方及社会公众、设计单位、监理单位、供应商等在没有资金及开发资质的前提下不能进行微电网项目开发，因此，在这种情况下，边缘利益团体和潜在利益团体合作的总收益 V（边缘利益团体，潜在利益团体）$=0$。

（5）子集 $S=$（核心利益团体，边缘利益团体）时，核心利益团体和边缘利益团体组成联盟，由政府、施工单位、建设单位及投资方共同组成，政府可以对项目进行政策性支持，建设单位拥有建设资质，而投资方拥有资金，施工方负责项目的具体施工，因此，可以单独实施微电网项目开发，本书将此情况下的核心利益团体和边缘利益团体合作的总收益记为 V（核心利益团体，边缘利益团体）。

（6）子集 $S=$（核心利益团体，潜在利益团体），核心利益团体和潜在利益团体组成合作联盟实施微电网项目开发，有建设单位实施开发的整体开发运营，投资方提供持续的资金流，设计单位及监理单位、供应商等提供辅助支持，社会公众提供社会支持，可以实施微电网项目开发工作，因此在这种情况下，将核心利益团体和潜在利益团体合作的总收益记为 V（核心利益团体，潜在利益团体）。

（7）子集 S 为全元素集合时，即子集 $S=$（核心利益团体，边缘利益团体，潜在利益团体）时，由建设单位、投资方、政府、施工单位、社会公众、设计单位、监理单位、供应商等组成联盟，建设单位拥有开发资质，投资方提供稳定的资金流，政府提供政策上的支持，施工单位主持项目的具体施工，设计单位、监理单位等提供辅助支持，社会公众提供社会支持，这样能够为微电网项目的实施提供充足的保证，因此，把此时的合作联盟收益记为 V（核心利益团体，边缘利益团体，潜在利益团体）。

2）基于 Shapley 值法的收益分配方案

在得到了各种子集 S 的特征函数的基础上，微电网项目利益相关者的收益分配方案就可以通过 Shapley 值法得到，下面将核心利益团体、边缘利益团体、潜在利益团体得到的微电网项目收益用公式表达出来。

为表述方便起见，核心利益团体简写为核心，边缘利益团体简写为边缘，潜在利益团体简写为潜在。

（1）计算核心利益团体在微电网项目中所得分配收益。

表 13.1 列示了核心利益团体参与的所有微电网项目联盟，并且利用 Shapley 值的公式表示出与不同的利益相关者联盟所得到的微电网项目收益，根据 Shapley 值的相关理论，用公式表示出核心利益团体在微电网项目中的收益，即 Shapley 值为

$$Y_{核心}(V) = W(|S|)\big[V(S) - V(S \setminus 核心)\big]$$
$$= \sum_{核心 \in S}\Bigg(V(核心)\Big/3 + V(核心，边缘)\Big/6$$
$$+ V(核心，潜在)\Big/6 + V(核心，边缘，潜在)\Big/3 \Bigg)$$

表 13.1　核心利益团体收益分配

子集 S 中的组成	核心	核心，边缘	核心，潜在	核心，边缘，潜在
$V(S)$	V（核心）	V（核心，边缘）	V（核心，潜在）	V（核心，边缘，潜在）
$V(S\backslash核心)$	0	0	0	0
$V(S)-V(S\backslash核心)$	V（核心）	V（核心，边缘）	V（核心，潜在）	V（核心，边缘，潜在）
$\|S\|$	1	2	2	3
$W(\|S\|)$	1/3	1/6	1/6	1/3
$W(\|S\|)[V(S)-V(S\backslash核心)]$	V（核心）/3	V（核心，边缘）/6	V（核心，潜在）/6	V（核心，边缘，潜在）/3

（2）计算边缘利益团体在微电网项目中所得分配收益。

表 13.2 列示了边缘利益团体参与的所有微电网项目联盟，并且利用 Shapley 值的公式表示出与不同的利益相关者联盟所得到的微电网项目收益，根据 Shapley 值的相关理论，用公式表示出边缘利益团体在微电网项目中的收益，即 Shapley 值为

$$
\begin{aligned}
Y_{边缘}(V) &= W(|S|)\Big[V(S)-V(S\backslash边缘)\Big] \\
&= \sum_{边缘\in S}\left(\Big[V(核心，边缘)-V(核心)\Big]\Big/6 \right. \\
&\quad +\Big[V(核心，边缘，潜在)-V(核心，潜在)\Big]\Big/3\bigg)
\end{aligned}
$$

表 13.2　边缘利益团体收益分配

子集 S 中的组成	边缘	核心，边缘	边缘，潜在	核心，边缘，潜在
$V(S)$	0	V（核心，边缘）	0	V（核心，边缘，潜在）
$V(S\backslash边缘)$	0	V（核心）	0	V（核心，潜在）
$V(S)-V(S\backslash边缘)$	0	V（核心，边缘）－V（核心）	0	V（核心，边缘，潜在）－V（核心，潜在）
$\|S\|$	1	2	2	3
$W(\|S\|)$	1/3	1/6	1/6	1/3
$W(\|S\|)[V(S)-V(S\backslash边缘)]$	0	[V（核心，边缘）－V（核心）]/6	0	[V（核心，边缘，潜在）－V（核心，潜在）]/3

（3）计算潜在利益团体在微电网项目中所得分配收益。

表 13.3 列示了潜在利益团体参与的所有微电网项目联盟，并且利用 Shapley 值的公式表示出与不同的利益相关者联盟所得到的微电网项目收益，根据 Shapley

值的相关理论，用公式表示出潜在利益团体在微电网项目中的收益，即 Shapley 值为

$$Y_{潜在}(V) = W(|S|)\big[V(S) - V(S \setminus 潜在)\big]$$

$$= \sum_{潜在 \in S}\left(\Big[V(核心，潜在) - V(核心)\Big]\Big/6\right.$$

$$\left. + \Big[V(核心，边缘，潜在) - V(核心，边缘)\Big]\Big/3\right)$$

表 13.3　潜在利益团体收益分配

子集 S 中的组成	潜在	核心，潜在	边缘，潜在	核心，边缘，潜在
$V(S)$	0	$V($核心，潜在$)$	0	$V($核心，边缘，潜在$)$
$V(S$潜在$)$	0	$V($核心$)$	0	$V($核心，边缘$)$
$V(S) - V(S$潜在$)$	0	$V($核心，潜在$) - V($核心$)$	0	$V($核心，边缘，潜在$) -$ $V($核心，边缘$)$
$|S|$	1	2	2	3
$W(|S|)$	1/3	1/6	1/6	1/3
$W(|S|)[V(S) - V(S$潜在$)]$	0	$[V($核心，潜在$) -$ $V($核心$)]/6$	0	$[V($核心，边缘，潜在$) -$ $V($核心，边缘$)]/3$

3）数值算例

上文中，我们利用公式分析了核心利益团体、边缘利益团体、潜在利益团体在微电网项目中所获的分配收益，为了更加明确地分析各个利益团体在微电网项目中所得的分配收益，下面列举一个简单的算例，通过数字具体说明各个利益团体的分配收益状况。

（1）算例假设。

假设 $V($核心$)=100$，$V($核心，边缘$)=180$，$V($核心，潜在$)=160$，$V($核心，边缘，潜在$)=240$。

（2）基于假设的收益分配。

核心利益团体所获的微电网项目收益如下：

$$Y_{核心}(V) = W(|S|)\big[V(S) - V(S \setminus 核心)\big] = 170$$

$$Y_{边缘}(V) = W(|S|)\big[V(S) - V(S \setminus 边缘)\big] = 40$$

$$Y_{潜在}(V) = W(|S|)\big[V(S) - V(S \setminus 潜在)\big] = 30$$

（3）算例结果分析。

通过上文的公式计算过程，可以看出，Shapley 值法的计算过程相对不复杂，对于解决微电网项目利益相关者的收益分配问题也有着较强的适用性。同时，计算结果也可以表明，微电网项目利益相关者也都通过合作联盟提高了自身的收益，同时若微电网项目的全体利益相关者组成联盟，微电网项目的总收益也获得提高，这样也在不同程度上提高了核心利益团体、边缘利益团体、潜在利益团体的微电网项目收益。

通过表 13.4 微电网项目利益相关者团体参与联盟前后收益变化分析，我们可以看出：①在微电网项目中，利益相关者通过合作联盟可以大幅度地提高微电网项目的收益，其中核心利益团体收益增幅 70%，总体收益增幅达 140%。②在参与联盟后，应用 Shapley 值法对微电网项目收益进行分配，各个利益团体的收益都有所增加，核心利益团体收益增加值为 70，边缘利益团体收益增加值为 40，潜在利益团体收益增加值为 30。③各个利益团体的收益增加值不均等，其中核心利益团体收益增加值最大，增幅也显著，因此为维持联盟的稳定性，在达成微电网项目联盟之前，必须通过契约形式确定联盟关系，其中必须明确微电网项目收益分配方案。

表 13.4　微电网项目利益相关者团体参与联盟前后收益变化

微电网项目利益相关者团体	参与联盟之前	参与联盟之后	收益增加值	收益增幅
核心利益团体	100	170	70	70%
边缘利益团体	0	40	40	40%
潜在利益团体	0	30	30	30%
合计	100	240	140	140%

由上文分析可知，利用 Shapley 值法确定的项目收益分配方案是科学的、合理的、公平的，并且是根据各利益团体对项目的边际贡献进行分配的，因此利用 Shapley 值法进行收益分配是为各利益团体所能接受的方案。

4）小结

从收益分配原则和收益标准，Shapley 值法的内容和收益分配应用过程来看，我们采用 Shapley 值法对微电网项目收益进行分配是较为合理和公平的，避免了平均分配等不合理的做法，并且从边际贡献出发，遵循多劳多得、按劳分配的思想，充分调动了核心利益团体、边缘利益团体、潜在利益团体，即建设单位、投资方、政府、施工单位、社会公众、设计单位、监理单位、供应商等的积极性，使项目的各个参与方都发挥了较高的主观能动性，能够保证微电网项目较好实施。

Shapley 值法进行收益分配的过程，也证明了在微电网项目中，联盟的各利益团体所应得的收益，是在微电网项目中的加权分配而不是简单的平均分配或者仅仅按照投入资金的多少来进行分配。

但是，Shapley 值法是一种风险中性的收益分配方案，即理论前提假设在微电网联盟中，各方利益团体的承受风险是相同的。但是，这是与现实不相符的，在微电网联盟中，核心利益团体、边缘利益团体、潜在利益团体的风险承受度是不一致的。如果按照风险中性假设来进行收益分配对各方利益团体来说是不公平的，这样也不利于维持微电网联盟的稳定性。为了能够维持联盟的稳定性，收益分配的合理性必须得到保证，因此下文我们将各方利益团体面临风险的不同程度在收益分配中明确地体现出来。本书将采用风险系数对上文利用 Shapley 值法得到的收益分配方案进行修正，使之更加符合现实情况。

13.1.2 基于风险修正和投资额的 Shapley 值法收益分配方案

前文建立的微电网项目合作风险评估体系，指出了微电网项目所面临的合作风险及其影响因素，同时利用层级结构完整地构建了合作风险影响因素之间的隶属关系。在此基础上，可以确定微电网项目各种合作风险的权重，这对于微电网项目合作风险分析是极为重要的。风险分析是否合理在很大的程度上取决于权重的确定是否合理，在实践中，我们往往采用专家打分法来判断各种风险的权重。

第一，赋予风险指标权重，确保其加总的和为 1。第二，采用两两比较的方法来确定风险对微电网项目的影响程度。第三，确定每一种风险的影响因素的权重，同样采用两两比较法，选取相对重要的因子赋予最高的权重，重要性略低的次之。例如，在微电网项目运营维护阶段，自然环境风险相对外部环境风险的权重为 0.2，外部环境风险相对运营维护阶段风险的权重为 0.4，而运营维护阶段风险相对整个微电网项目合作风险的权重为 0.4，则自然环境风险相对微电网项目合作风险的组合权重为 $0.2 \times 0.4 \times 0.4 = 0.032$。

同样采用这种逐级权重相乘的方法能够确定所有风险的权重，从而完成微电网项目合作风险评价指标体系。

1. 风险系数确定

在前文确定了微电网项目合作风险评价指标体系及权重的基础上，下面来确定各个利益团体的风险系数。在实践中，一般采用模糊综合评价法。这是一种以模糊数学综合评价法为基础的评价方法，这种方法可以将定性的评价转换为定量的评价，能够很好地解决难以量化的评价，并且这种方法在实际操作中应用得较多，可操作性较强。

1）确定评判的尺度

在风险评估中，各指标均为定性指标，因此需要通过模糊评判和统计的方法使之量化。按照各层次对风险指标的影响程度不同，可以采用五级标注法，采用评语集合为{极小，较小，一般，较大，极大}，相对分数集合为{1，3，5，7，9}。

2）确定风险指标的评判结果

我们可以邀请微电网项目的不同参与方的工作人员来填写调查问卷，从而得到各个风险指标的评判结果，具体如表 13.5 所示。

表 13.5　微电网项目风险系数确定

投资方		微电网项目规划立项阶段			微电网项目开发建设阶段			微电网项目运营维护阶段		
		资金运作风险	…	市场风险、社会信用风险	工期延误风险	…	市场风险、社会信用风险	设备故障风险	…	市场风险、社会信用风险
组合权重		A1	…	A10	A11	…	A20	A21	…	A28
评价尺度	1									
	3									
	5									
	7									
	9									

此处只列举了投资方的表格作为代表，其他利益相关者的风险系数评判表格相同，此处不予赘述。

收集了所有的表格后，运用相关的数学方法，我们便可以得到各个利益相关者的风险系数。需要注意的是，在核心利益团体中，为了计算简便，我们只选取了两个主要的利益相关者，而在潜在利益团体中不止两个利益相关者，因此在计算的时候要将数量不同的利益相关者做相应的比例处理。例如，在潜在利益团体中，有四个利益相关者，那么每一个利益相关者的风险系数都要乘以对应的比例，如 1/4。

我们在得到了三个利益团体的风险系数后，即 $R_{核心}$，$R_{边缘}$，$R_{潜在}$，其只是一个绝对量，因此需要做归一化处理，即

$$\mathrm{RL}_i = R_i / \left[R_{核心} + R_{边缘} + R_{潜在} \right]$$

其中，i=核心，边缘，潜在。

2. 风险系数修正后的分配方案

将微电网项目利益相关者团体的风险系数归一化之后，我们得到三个利益团体的风险系数，即核心利益团体 $RL_{核心}$、边缘利益团体 $RL_{边缘}$、潜在利益团体 $RL_{潜在}$。在前文中，我们假设三个利益团体的风险系数相同，为 1/3。用 $VR_{核心}$、$VR_{边缘}$、$VR_{潜在}$ 来表示微电网项目核心利益团体、边缘利益团体、潜在利益团体在参与微电网项目中实际承担的风险与假设的风险承担情况的差值，即

$$VR_{核心} = RL_{核心} - R_{核心}$$
$$VR_{边缘} = RL_{边缘} - R_{边缘}$$
$$VR_{潜在} = RL_{潜在} - R_{潜在}$$

因为对修正后的风险系数做了相应的归一化处理，所以，

$$RL_{核心} + RL_{边缘} + RL_{潜在} = 1, \quad VR_{核心} + VR_{边缘} + VR_{潜在} = 0$$

根据上文未修正的 Shapley 值法的收益分配过程可知，微电网核心利益团体、边缘利益团体、潜在利益团体的总收益为 V（核心，边缘，潜在），在未修正的风险均等的情况下，微电网项目的核心利益团体、边缘利益团体、潜在利益团体分配得到的收益为 $Y_{核心}(V)$、$Y_{边缘}(V)$、$Y_{潜在}(V)$，现在分别用 $VY_{核心}(V)$、$VY_{边缘}(V)$、$VY_{潜在}(V)$ 来表示微电网项目核心利益团体、边缘利益团体、潜在利益团体从总收益中风险系数修正后的变化量。

$$VY_{核心}(V) = V(核心，边缘，潜在) \times VR_{核心}$$
$$VY_{边缘}(V) = V(核心，边缘，潜在) \times VR_{边缘}$$
$$VY_{潜在}(V) = V(核心，边缘，潜在) \times VR_{潜在}$$

用 $Y'_{核心}(V)$、$Y'_{边缘}(V)$、$Y'_{潜在}(V)$ 来表示风险系数修正后从微电网项目中所分配得到的收益，则：

$$Y'_{核心}(V) = Y_{核心}(V) + VY_{核心}(V)$$
$$Y'_{边缘}(V) = Y_{边缘}(V) + VY_{边缘}(V)$$
$$Y'_{潜在}(V) = Y_{潜在}(V) + VY_{潜在}(V)$$

通过修正可以看出，当变化量 $VY_i(V)$ 大于等于零时，即在微电网项目中联盟成员承担较大的风险时，它的收益变化量是大于等于零的，从而风险修正后得到的收益比未经过风险修正的收益要多；而当变化量 $VY_i(V)$ 小于零时，即在微电网项目中联盟成员承担较小的风险时，它的收益变化量是小于零的，从而风险修正后得到的收益比未经过修正的收益要少。这种风险修正的方法，可以保证总收益不变，收益只是在各个联盟成员中合理转移，并且根据风险修正，能够保证联盟的总收益分配得更加合理和公平，有利于维持联盟的稳定性和长远性。

3. 引入投资额向量

上文虽然将各个利益团体在微电网项目中的贡献率和所承担的风险都考虑在内，但是没有考虑到在微电网项目中各个利益团体的投资大小。微电网项目是需要大量物资投入的基础设施建设项目，因此在收益分配中，也需要将各个利益团体的投资额大小作为一个重要的收益分配依据。

假设核心利益团体的投入为 $I_{核心}$，边缘利益团体的投入为 $I_{边缘}$，潜在利益团体的投入为 $I_{潜在}$，则微电网项目的总投入为

$$I = I_{核心} + I_{边缘} + I_{潜在}$$

仅考虑投资额大小的各个利益团体的投资分配系数为

$$W_{核心} = I_{核心} / I$$
$$W_{边缘} = I_{边缘} / I$$
$$W_{潜在} = I_{潜在} / I$$

若只考虑投资额大小，则各个利益团体的分配额为

$$Y''_{核心}(V) = (I_{核心} / I) \times V(核心，边缘，潜在) = W_{核心} \times V(核心，边缘，潜在)$$
$$Y''_{边缘}(V) = (I_{边缘} / I) \times V(核心，边缘，潜在) = W_{边缘} \times V(核心，边缘，潜在)$$
$$Y''_{潜在}(V) = (I_{潜在} / I) \times V(核心，边缘，潜在) = W_{潜在} \times V(核心，边缘，潜在)$$

若 Shapley 值法中引入风险系数修正和投资额系数修正，则将 Shapley 值法的分配方案更进一步地赋予了合理性和公平性。在微电网项目的始末，收益分配方案都是联盟能否维持稳定的核心，也是决定联盟参与方积极性的基石。为了将风险修正和投资额修正结合起来，假设风险修正后收益分配与投资额大小分配的权重向量为

$$A = (A_1，A_2)$$

由此可以得到各个利益团体的最终收益额为

$$Y'''_{核心}(V) = A_1 \times Y'_{核心}(V) + A_2 \times Y''_{核心}(V)$$
$$Y'''_{边缘}(V) = A_1 \times Y'_{边缘}(V) + A_2 \times Y''_{边缘}(V)$$
$$Y'''_{潜在}(V) = A_1 \times Y'_{潜在}(V) + A_2 \times Y''_{潜在}(V)$$

4. 算例证明引入投资额向量后的分配方案

1）风险系数修正

在微电网项目中，假设核心利益团体、边缘利益团体、潜在利益团体的风险系数分别为 0.5、0.3、0.2，下面我们来演示风险系数修正后的收益分配。

通过表 13.6 我们可以看出总收益没有变化，但是经过风险系数的修正，总收

益在不同的利益团体中进行转移，在本书的假设中核心利益团体所承受的风险较大，因此经过风险系数修正后其收益增加，而潜在利益团体所承受的风险较小，因此经过风险系数修正后其收益减少。通过引入风险，对微电网项目的收益分配进行相对应的调整，这样更加符合实际情况。

表 13.6　风险系数修正后收益分配方案

利益团体	原分配值	风险系数变化	变化量	修正后的分配值
核心利益团体	170	0.40-1/3	16	186
边缘利益团体	40	0.25-1/3	4	44
潜在利益团体	30	0.35-1/3	-20	10

2）投资额系数修正

在微电网项目中，假设核心利益团体、边缘利益团体、潜在利益团体的投资额分别是 50、30、20，收益分配方案如表 13.7 所示。

表 13.7　仅考虑投资额大小的收益分配方案

利益团体	投资额	投资额系数	分配收益
核心利益团体	50	0.5	120
边缘利益团体	30	0.3	72
潜在利益团体	20	0.2	48
合计	100	1	240

在微电网项目中，假设风险系数修正后风险与投资分配的权重向量为 $A=$（0.7，0.3），则最终各利益团体的收益分配方案如表 13.8 所示。

表 13.8　最终各利益团体的收益分配方案

利益团体	投资分配	风险分配	最终分配
	0.3	0.7	
核心利益团体	120	186	166.2
边缘利益团体	72	44	52.4
潜在利益团体	48	10	21.4
合计	240	240	240

通过表 13.8 可以看出，在收益分配的过程中，总收益额的大小并没有发生改变，但是收益在不同的利益团体间根据风险因素和投资额大小而转移。在经过风

险系数修正后的收益分配方案中，核心利益团体占据了绝大部分的收益，而经过投资额系数的修正，其收益减少，减少的收益则转移到边缘利益团体和潜在利益团体，这样的动态利益分配方案更加符合实际状况。

13.2　微电网项目开发建设阶段的风险防范模式设计

微电网项目规划立项阶段完成以后，将进入项目开发建设阶段，开发建设阶段也存在着大量的合作风险，这会阻碍微电网项目向运营维护阶段的顺利发展。针对上述微电网项目开发建设阶段的合作风险，本节构建了反映微电网项目开发利益传导的多层次激励模型。本节从微电网项目开发建设阶段中利益链和各阶段的利益相关者出发，构建了政府对电网公司和能源投资商补贴激励模型，同时设计了能源投资商对设备供应商参与微电网项目的合作激励机制，并构建了电网公司与能源投资商竞争性定价对用户消费的激励模型。运用两个嵌套的领导者-跟随者模型构建以政府、电网公司、能源投资商、设备供应商、用户为主要参与方的三阶段激励博弈模型。在求解最优补贴激励和合作激励的基础上，计算电网公司和能源投资商对用户的最优价格激励，并分析相关因素对这些激励的影响。同时，分析政府补贴、合作激励和相关因素对电网公司、能源投资商和设备供应商之间竞争和合作的影响。模型的分析结果，对于如何刺激微电网项目的投资需求和消费需求，如何促进各方积极、高效地参与微电网项目合作开发具有重要的参考意义。

13.2.1　问题描述与模型建立

在微电网项目开发建设阶段，微电网项目开发建设的利益传导主要涉及政府、大电网公司、能源投资商、设备供应商和用户五个参与方。微电网项目的开发收益在这五个参与方之间不断地流动和传导。微电网发展初期，微电网项目开发的成本收益问题，使各阶段的参与方对微电网的投资需求和消费需求不足。为了推动微电网发展，微电网项目开发建设阶段需要相应的机制以激励各方积极、高效地参与微电网项目开发。

1. 问题描述

微电网项目开发的激励同利益传导一样也主要分四个层面。

首先，在政府层面。政府 g 为了推动微电网发展，根据微电网的社会收益 r

制定补贴策略，通过对微电网给予政府补贴 s 以激励投资方对微电网项目的投资。

其次，在投资层面。大电网公司 m，如我国的国家电网和南方电网，在电力体制改革和能源供应结构调整的背景下，为了提高可再生能源的利用率及获得更多的市场收益，进入微电网市场开发微电网项目。在电力体制改革和能源供应结构调整的背景下，国家逐步放开电网市场的准入，能源供应商 e，如我国的五大发电公司、各地方能源投资集团、各地燃气公司、各地新能源公司、众筹基金等能源投资者得以进入电网建设领域，开发增量配网项目，建设微电网，与大电网公司在微电网市场上形成竞争。在微电网投资市场上，大电网公司和能源供应商，根据政府补贴，自身的单位建设成本 c_m、c_e 和收益 π_m、π_e 来决定是否投资建设微电网。如果决定投资，就开始进行微电网项目开发。

再次，在建设层面。大电网公司 m 作为主干电网的主要建设者和运营者，是电力市场的垄断者，具有很强的电网建设资源和技术。由于电网公司的体制属性和资源属性，其在进行微电网项目开发时市场化程度低，同时由于其拥有丰富的电网建设资源，通常独立地进行微电网项目开发。能源供应商 e 不同于电网公司的体制和资源属性，其具有典型的市场化特征，对市场的变化和反应较快，能创新性地去解决市场问题，但电网建设技术和资源相对于电网公司来说较弱。为了提高微电网的建设质量和效率，保障微电网项目开发的顺利进行，能源供应商需要与微电网项目的其他参与方进行合作，特别是与微电网的关键技术方，如电机供应商、储能供应商等设备供应商 es 进行合作，以提升自身的微电网建设实力。能源供应商 e 通过提供合作激励（能源供应商的利润分享系数）β 以激励设备供应商 es 参与合作，设备供应商通过提供自身的技术水平 t 和质量属性 q 与能源供应商共同建设微电网。在能源供应商方面，通过合作有利于突破能源供应商建设微电网所需的资源和技术约束，同时这种市场运作方式还能带来创新性和差异化的微电网建设方案和价格，有利于满足用户多样化需求，使其能够与电网公司在微电网市场上进行竞争。在设备供应商方面，微电网的电机设备和储能设备等关键设备属于国家战略性新兴产业，是国家重点鼓励发展的行业。设备供应商与能源供应商在微电网项目开发上的合作，有利于在促进微电网发展的同时分享利润以提高设备供应商的收入，使其有足够的资金进行相关设备的生产和研发，有利于促进设备供应商和相关产业的发展。

最后，在消费层面。大电网公司 m 与能源供应商 e 建设的微电网在市场上进行竞争，并分别通过制定单位价格 p_m、p_e 以激励用户对微电网的消费需求。二者的价格竞争最终在微电网市场形成均衡，微电网开发的利益传导激励结束。

微电网项目开发建设的激励如图 13.1 所示。

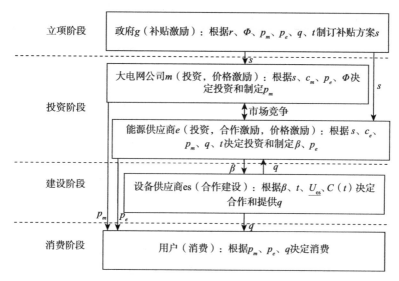

图 13.1　微电网项目开发建设的激励

相关字母的含义见表 13.9

表 13.9　相关变量符号及其含义

符号	变量含义
g	政府
r	微电网的社会收益
s	政府补贴（角/千瓦时）
m	大电网公司
e	能源供应商
es	设备供应商
Φ	市场总体需求（太瓦时）
D_m	大电网公司的市场价格需求（太瓦时）
D_e	能源供应商的市场价格需求（太瓦时）
b	价格弹性
d	替代弹性
c_m	大电网公司单位建设成本（角/千瓦时）
c_e	能源供应商单位建设成本（角/千瓦时）
π_m	大电网公司收益（亿元）
π_e	能源供应商收益（亿元）
π_{es}	设备供应商收益（亿元）

符号	变量含义
β	能源供应商的利润分享系数
t	设备供应商的技术水平
γ	设备供应商的技术系数
k	成本弹性系数
$C(t)$	设备供应商的技术成本
q	设备供应商的质量属性
θ	设备供应商的质量属性系数
p_m	大电网公司微电网的单位价格（角/千瓦时）
p_e	能源供应商微电网的单位价格（角/千瓦时）
$I(\pi_{co})$	能源供应商提供的激励合约
π_{co}	不同质量属性设备所带来的利润
h	技术水平的产出系数
α	设备供应商的固定收益
ε	外生不确定性因素对产出的影响
U_{cs}	设备供应商的效用
$\underline{U_{cs}}$	设备供应商的效用边界
ρ	不变的绝对风险规避量

综上，微电网项目开发中政府作为第一领导者，大电网公司、能源供应商作为跟随者进行微电网项目投资；能源供应商作为第二领导者，设备供应商作为跟随者，二者合作开发微电网并同大电网公司在微电网市场中进行价格和质量竞争。在这个嵌套的领导者-跟随者模型中，政府对大电网公司和能源供应商建设微电网的最优补贴是多少？能源供应商对设备供应商的最优激励是多少？大电网公司和能源供应商刺激用户消费需求的最优定价是多少？有哪些因素影响及怎样影响政府的补贴策略、能源供应商的合作激励和微电网市场价格？为了探究这些问题，我们构建了如下的博弈模型。

2. 符号定义与模型假设

1）符号定义
相关变量符号及其含义如表 13.9 所示。

2）模型假设

假设 13.1：大电网公司（m）和能源供应商（e）建设的微电网存在差异，即市场对二者进行区分，同时在某种程度上二者可以相互替代，二者在微电网市场上展开价格竞争，其各自的市场需求函数与自身单位价格有关，并受对方价格的影响。二者微电网的单位价格分别为 p_m、p_e，对应的单位建设成本分别为 c_m、c_e，各自的市场价格需求函数分别为 $D_m = \Phi - bp_m + dp_e$、$D_e = \Phi - bp_e + dp_m$。其中，Φ 为市场总体需求，b 为价格弹性，d 为替代弹性，$b \geqslant d > 0$。一般有 $p_e < p_m$。

在现行电力体制改革的条件下，在增量配网的情况下，微电网的直接发电和售电省去了中间环节，在价格上可以与电网进行竞争，用户可以根据自己的需求和相应价格选择合适的微电网提供商，因此，假设是合理的。

假设 13.2：能源供应商与设备供应商合作开发微电网，一方面，设备供应商所提供设备的质量属性增加了能源供应商的价格需求函数；另一方面，据此获得的利润分享一部分给设备供应商以激励设备供应商的参与。此时，能源供应商的市场价格需求函数变为 $D_e = \Phi - bp_e + dp_m + \theta q$。$q$ 为质量属性，θ 为质量属性系数。设备供应商的质量属性包括设备供应商的技术质量和配置质量。

假设能源供应商为激励设备供应商参与微电网项目，给设备供应商提供的激励合约为 $I(\pi_{eo}) = \alpha + \beta \pi_{eo}$，$\alpha$ 为设备供应商的固定收益，与 π_{eo} 无关，π_{eo} 为微电网中由设备供应商提供的不同质量属性设备所带来的利润，β 为能源供应商的利润分享系数。π_{eo} 的表达式为 $\pi_{eo} = ht + \varepsilon$，$h$ 为设备供应商的技术水平的产出系数，ε 表示外生不确定性因素对产出的影响，满足 $\varepsilon \sim N(0, \sigma^2)$。

设备供应商为能源供应商提供的微电网设备的质量属性，如发电和储能的技术和配置质量越高，越能满足用户的多样化需求，越能有效提高微电网的市场需求。同时，能源投资商分享利润以鼓励设备供应商的参与和提供优质的设备配置质量。设备供应商所提供设备的产出受到其技术水平和外生不确定性因素的影响。因此，假设是合理的。

假设 13.3：假设设备供应商的质量属性为其技术水平 t 的函数，设表达式为 $q(t) = \gamma t$，γ 为技术系数，$\gamma > 0$。同时，设备供应商自身的技术成本满足关系式 $C(t) = \dfrac{1}{2} k t^2$，$k > 0$，$k$ 为成本弹性系数。

设备供应商的技术水平越高，所提供的微电网设备及相应解决方案的质量就越高。随着设备供应商技术水平的提高，成本也呈递增式增长。因此，假设是合理的。

假设 13.4：假设政府、大电网公司、能源供应商均为风险中性的理性经济人参与决策，设备供应商为风险规避者，其效用满足不变风险规避的效用函数关系式 $U_{es} = -e^{-\rho \pi_{es}}$，$\rho$ 为不变的绝对风险规避量，π_{es} 表示设备供应商收益。

从领导者-跟随者模型中各参与方的角色和信息的角度来说，政府、大电网公司和能源供应商是微电网项目的主要投资者，拥有项目的主导权和利润分享权，同时还拥有更多的项目信息，因此假设它们为风险中性是合理的；设备供应商作为跟随参与者，对项目收益及自身的利润分享具有不确定性，因此假设设备供应商为风险规避者是合理的。

3. 模型建立

政府作为第一领导者，大电网公司、能源供应商作为跟随者进行微电网项目开发；能源供应商作为第二领导者，设备供应商作为跟随者参与微电网项目开发。基于收益函数理论和效用理论，各方的决策函数如下。

1）政府的收益决策函数

政府作为领导者，根据微电网所带来的单位社会收益 R，通过提供政府补贴 s 来支持和引导微电网发展。考虑将政府决策内生化到决策模型中，以政府补贴 s 为决策变量，在满足微电网发展的同时使自身收益最大化作为政府的目标函数，构建政府的收益决策函数。值得一提的是，实践中政府主要以发电量或装机容量为标准对电价和成本进行补贴，但不管以哪种方式进行补贴均与发电量相关，发电量为微电网的供给侧，根据供需平衡的原理，均衡时有需求量等于发电量，因此，我们用微电网的市场需求量作为发电量的替代放入政府的收益决策模型中。

综上，政府考虑自身效用最大化的收益决策函数为

$$
\begin{aligned}
\max \pi_g &= r - s(D_m + D_e) \\
&= r - s(\Phi - bp_m + dp_e + \Phi - bp_e + dp_m + \theta q) \\
&= (r - s)[2\Phi + (d - b)(p_m + p_e) + \theta q]
\end{aligned}
$$

2）大电网公司的收益决策函数

大电网公司建设微电网的收益主要来源于两部分，一部分是微电网开发收益，另一部分是政府补贴收益。大电网公司的决策目标为最大化公司收益，其表达式为

$$
\max \pi_m = sD_m + (p_m - c_m)D_m = (s + p_m - c_m)(\Phi - bp_m + dp_e)
$$

3）能源供应商的收益决策函数

能源供应商建设微电网的收益主要包含三部分，即微电网开发收益、政府补贴收益及分享给设备供应商的收益，其表达式为

由 $\varepsilon \sim N(0, \sigma^2)$，$E(\varepsilon) = 0$，可得

$$
E(\pi_{eo}) = ht, \quad E(I(\pi_{eo})) = \alpha + \beta ht
$$

因此，能源供应商的期望收益为

$$
E(\pi_e) = sD_e + (\Phi - bp_e + dp_m + \theta q)(p_e - c_e) - \beta ht - \alpha
$$

由设备供应商的收益决策函数可知，此时能源供应商的收益决策函数的前提是设备供应商参与到微电网项目开发中，满足约束条件：

$$\text{s.t.}\quad U'_{es} = E(U_{es}) - \frac{1}{2}\rho\beta^2\sigma^2 = \alpha + \beta ht - \frac{1}{2}kt^2 - \frac{1}{2}\rho\beta^2\sigma^2 \geqslant \underline{U_{es}}$$

在均衡时，上述参与约束的等式成立，于是有

$$\alpha = \underline{U_{es}} - \beta ht + \frac{1}{2}kt^2 + \frac{1}{2}\rho\beta^2\sigma^2$$

将上述表达式代入收益决策函数，能源供应商的收益决策函数变为

$$\max E(\pi_e) = sD_e + (\Phi - bp_e + dp_m + \theta q)(p_e - c_e) - \beta ht - \underline{U_{es}} + \beta ht - \frac{1}{2}kt^2 - \frac{1}{2}\rho\beta^2\sigma^2$$

$$= (\Phi - bp_e + dp_m + \theta q)(s + p_e - c_e) - \underline{U_{es}} - \frac{1}{2}kt^2 - \frac{1}{2}\rho\beta^2\sigma^2$$

4）设备供应商的收益决策函数

设备供应商的收益决策函数为收入减去成本，由于设备供应商是风险规避的，设备供应商收益决策函数为

$$U_{es} = I(\pi_{eo}) - C(t) = \alpha + \beta(ht + \varepsilon) - \frac{1}{2}kt^2$$

由于 $\varepsilon \sim N(0, \sigma^2)$，有

$$E(\varepsilon) = 0，\quad \text{Var}(\varepsilon) = \sigma^2$$

设备供应商的期望收益为

$$E(U_{es}) = I(\pi_{eo}) - C(t) = \alpha + \beta ht - \frac{1}{2}kt^2$$

由于设备供应商为风险规避者，由效用理论可知其收益存在风险升水。为了进行决策，需要将不确定性收益转化为确定性收益。由确定性等价理论或方法可知，通过期望收益减去风险升水可得设备供应商的确定性等价收益。下面计算设备供应商的确定性等价收益。

由 $\text{Var}(\varepsilon) = \sigma^2$，收益的风险升水为

$$\frac{1}{2}\rho\text{Var}(I(\pi_{eo})) = \frac{1}{2}\rho\text{Var}(\alpha + \beta(ht + \varepsilon)) = \frac{1}{2}\rho\beta^2\sigma^2$$

因此，设备供应商收益的确定性等价收益为

$$U'_{es} = E(U_{es}) - \frac{1}{2}\rho\beta^2\sigma^2 = \alpha + \beta ht - \frac{1}{2}kt^2 - \frac{1}{2}\rho\beta^2\sigma^2$$

设备供应商参与微电网存在效用边界 $\underline{U_{es}}$，只有参与微电网的效用大于效用边界 $\underline{U_{es}}$ 时，设备供应商才接受能源供应商的激励合约参与微电网项目开发。因此，设备供应商的参与约束满足：

$$U'_{es} = E(U_{es}) - \frac{1}{2}\rho\beta^2\sigma^2 = \alpha + \beta ht - \frac{1}{2}kt^2 - \frac{1}{2}\rho\beta^2\sigma^2 \geqslant \underline{U_{es}}$$

设备供应商的收益决策函数为最大化确定性等价收益，即

$$\max U'_{es} = \alpha + \beta ht - \frac{1}{2}kt^2 - \frac{1}{2}\rho\beta^2\sigma^2$$

13.2.2　模型计算和分析

我们从第三阶段（图 13.1 的建设阶段）设备供应商的均衡开始，用逆推法来计算模型的均衡。

设备供应商均衡时，一阶条件有

$$\frac{\partial U'_{es}}{\partial t} = 0$$

此时技术水平 t 的表达式为

$$t = \frac{h}{k}\beta$$

将上式代入 q 的表达式，有

$$q = \gamma t = \frac{\gamma h}{k}\beta$$

将 t、q 的表达式代入能源供应商的收益决策表达式，能源供应商的收益决策函数变为

$$\max E(\pi_e) = \left(\Phi - bp_e + dp_m + \frac{\gamma}{k}h\beta\theta\right)(s + p_e - c_e) - \underline{U_{es}} - \frac{1}{2}\frac{h^2\beta^2}{k} - \frac{1}{2}\rho\beta^2\sigma^2$$

能源供应商按价格 p_e 和对设备供应商的利润分享 β 进行决策，因此，均衡时一阶条件有 $\frac{\partial E(\pi_e)}{\partial \beta} = 0$、$\frac{\partial E(\pi_e)}{\partial p_e} = 0$。对上式关于 β 和 p_e 求导，计算可得

$$\beta^* = \frac{\gamma h\theta(s + p_e - c_e)}{h^2 + k\rho\sigma^2}$$

$$p_e^* = \frac{1}{2b}\left(dp_m + \Phi + bc_e + \theta\frac{\gamma h}{k}\beta - bs\right)$$

大电网公司按价格 p_m 进行决策，均衡时一阶条件有 $\frac{\partial \pi_m}{\partial p_m} = 0$。对大电网公司的收益决策函数关于 p_m 求导，计算可得

$$p_m^* = \frac{1}{2b}(dp_e + \Phi + bc_m - bs)$$

p_e^* 和 p_m^* 表达式互相嵌套，因此，对 p_e^* 和 p_m^* 表达式化简可得

$$p_m^* = \frac{(2b+d)\varPhi + 2b^2 c_m + bdc_e + \dfrac{d\gamma h\theta}{k}\beta - b(2b+d)s}{4b^2 - d^2}$$

$$p_e^* = \frac{(2b+d)\varPhi + 2b^2 c_e + bdc_m + \dfrac{2b\gamma h\theta}{k}\beta - b(2b+d)s}{4b^2 - d^2}$$

上述化简后的 p_e^* 和 p_m^* 表达式里均包含 β，β^* 中也含有 p_e，因此，联立上述化简后 p_e^* 和 p_m^* 的表达式及 β^* 继续化简计算得

$$\beta^* = \frac{k\gamma h\theta\big[(2b^2 - bd - d^2)s + (2b+d)\varPhi + bdc_m - (2b^2 - d^2)c_e\big]}{k(h^2 + k\rho\sigma^2)(4b^2 - d^2) - 2bh\gamma^2\theta^2}$$

$$p_e^* = \frac{(2b+d)\varPhi + 2b^2 c_e + bdc_m - b(2b+d)s}{4b^2 - d^2}$$

$$+ \frac{2b\gamma^2 h^2 \theta^2 \left[\dfrac{1}{(2b-d)}\varPhi + \dfrac{bd}{(4b^2 - d^2)}c_m - \dfrac{(2b^2 - d^2)}{(4b^2 - d^2)}c_e\right] - 2b\gamma^2 h^2 \theta^2 \dfrac{b-d}{2b-d}s}{k(h^2 + k\rho\sigma^2)(4b^2 - d^2) - 2bh\gamma^2\theta^2}$$

$$p_m^* = \frac{(2b+d)\varPhi + 2b^2 c_m + bdc_e - b(2b+d)s}{4b^2 - d^2}$$

$$+ \frac{d\gamma^2 h^2 \theta^2 \left[\dfrac{1}{(2b-d)}\varPhi + \dfrac{bd}{(4b^2 - d^2)}c_m - \dfrac{(2b^2 - d^2)}{(4b^2 - d^2)}c_e\right] - d\gamma^2 h^2 \theta^2 \dfrac{b-d}{2b-d}s}{k(h^2 + k\rho\sigma^2)(4b^2 - d^2) - 2bh\gamma^2\theta^2}$$

定理 13.1：均衡时，政府对微电网的最优单位补贴 s^* 满足式（13.1）；能源供应商对设备供应商的最优激励 β^* 满足式（13.2）。

证明：将 q 的表达式和化简后的 β^* 表达式代入政府的收益决策函数中，求政府的最优收益决策。政府按 s 进行最优化的内生决策，均衡时满足 $\dfrac{\partial \pi_g}{\partial s} = 0$。对政府的收益决策函数关于 s 求导，计算可得

$$s^* = \frac{\big[2b\varPhi - b(b-d)(c_m + c_e) - 2b(b-d)r\big]\big[k(h^2 + k\rho\sigma^2)(4b^2 - d^2) - 2bh\gamma^2\theta^2\big]}{4b(d-b)\big[k(h^2 + k\rho\sigma^2)(4b^2 - d^2) - 2bh\gamma^2\theta^2\big] + 2(d-b)(2b+d)(3b-2d)\gamma^2 h^2 \theta^2}$$

$$+ \frac{\gamma^2 h^2 \theta^2 \big[b(2b+d)\varPhi + b^2 dc_m - b(2b^2 - d^2)c_e - r(b-d)(6b^2 - bd - 2d^2)\big]}{4b(d-b)\big[k(h^2 + k\rho\sigma^2)(4b^2 - d^2) - 2bh\gamma^2\theta^2\big] + 2(d-b)(2b+d)(3b-2d)\gamma^2 h^2 \theta^2}$$

$$\tag{13.1}$$

得证。

s^* 为政府促进微电网发展的最优单位补贴，即政府通过补贴 s^* 可有效地支持和

引导大电网公司与能源供应商对微电网项目投资和开发，保障微电网的发展质量。

将 s^* 代入去变量后的 β^* 表达式，得最优激励 β^* 为

$$
\beta^* = \frac{(2b+d)\Phi + bdc_m - (2b^2 - d^2)c_e}{k(h^2 + k\rho\sigma^2)(4b^2 - d^2) - 2bh\gamma^2\theta^2} + \frac{k\gamma h\theta(b-d)(2b+d)}{k(h^2 + k\rho\sigma^2)(4b^2 - d^2) - 2bh\gamma^2\theta^2}
$$

$$
\times \left\{ \frac{\left[2b\Phi - b(b-d)(c_m + c_e) - 2b(b-d)r\right]\left[k(h^2 + k\rho\sigma^2)(4b^2 - d^2) - 2bh\gamma^2\theta^2\right]}{4b(d-b)\left[k(h^2 + k\rho\sigma^2)(4b^2 - d^2) - 2bh\gamma^2\theta^2\right] + 2(d-b)(2b+d)(3b-2d)\gamma^2h^2\theta^2} \right.
$$

$$
\left. + \frac{\gamma^2h^2\theta^2\left[b(2b+d)\Phi + b^2dc_m - b(2b^2 - d^2)c_e - r(b-d)(6b^2 - bd - 2d^2)\right]}{4b(d-b)\left[k(h^2 + k\rho\sigma^2)(4b^2 - d^2) - 2bh\gamma^2\theta^2\right] + 2(d-b)(2b+d)(3b-2d)\gamma^2h^2\theta^2} \right\}
$$

$$\tag{13.2}$$

得证。

β^* 为能源供应商对设备供应商的最优激励，即能源供应商通过激励 β^* 可有效地激励设备供应商参与合作开发的积极性和努力程度，保障微电网合作开发的效率和质量。

由定理 13.1 可知，微电网合作开发的利益链中存在最优补贴和激励水平。同时，由最优补贴和激励水平的求解过程和表达式可看出，补贴和激励方案的制订应综合考虑相关因素的影响。具体来说，政府应综合考虑微电网的社会收益、市场需求，以及市场的竞争状况和技术水平等相关因素的影响来制订补贴方案以合理地支持和引导微电网的投资；能源供应商应综合考虑补贴、市场收益和技术水平等相关因素的影响来制订激励方案以有效地促进设备供应商的参与。

定理 13.2：均衡时大电网公司和能源供应商的最优定价 p_e^* 和 p_m^* 分别满足式（13.3）和式（13.4）。

证明：将 s^* 代入去变量后的 p_e^* 和 p_m^* 表达式，得最优的 p_e^* 和 p_m^* 为

$$
p_e^* = \frac{(2b+d)\Phi + 2b^2c_e + bdc_m}{4b^2 - d^2} + \frac{2b\gamma^2h^2\theta^2\left[\dfrac{1}{(2b-d)}\Phi + \dfrac{bd}{(4b^2 - d^2)}c_m - \dfrac{(2b^2 - d^2)}{(4b^2 - d^2)}c_e\right]}{k(h^2 + k\rho\sigma^2)(4b^2 - d^2) - 2bh\gamma^2\theta^2}
$$

$$
- \frac{b\left[k(h^2 + k\rho\sigma^2)(4b^2 - d^2) - 2bh\gamma^2\theta^2\right] + 2b^2 - d\gamma^2h^2\theta^2}{(2b-d)\left[k(h^2 + k\rho\sigma^2)(4b^2 - d^2) - 2bh\gamma^2\theta^2\right]}
$$

$$
\times \left\{ \frac{\left[2b\Phi - b(b-d)(c_m + c_e) - 2b(b-d)r\right]\left[k(h^2 + k\rho\sigma^2)(4b^2 - d^2) - 2bh\gamma^2\theta^2\right]}{4b(d-b)\left[k(h^2 + k\rho\sigma^2)(4b^2 - d^2) - 2bh\gamma^2\theta^2\right] + 2(d-b)(2b+d)(3b-2d)\gamma^2h^2\theta^2} \right.
$$

$$
\left. + \frac{\gamma^2h^2\theta^2\left[b(2b+d)\Phi + b^2dc_m - b(2b^2 - d^2)c_e - r(b-d)(6b^2 - bd - 2d^2)\right]}{4b(d-b)\left[k(h^2 + k\rho\sigma^2)(4b^2 - d^2) - 2bh\gamma^2\theta^2\right] + 2(d-b)(2b+d)(3b-2d)\gamma^2h^2\theta^2} \right\}
$$

$$\tag{13.3}$$

$$
\begin{aligned}
p_m^* ={} & \frac{(2b+d)\Phi + 2b^2 c_m + bdc_e}{4b^2 - d^2} + \frac{d\gamma^2 h^2 \theta^2 \left[\dfrac{1}{(2b-d)}\Phi + \dfrac{bd}{(4b^2 - d^2)} c_m - \dfrac{(2b^2 - d^2)}{(4b^2 - d^2)} c_e \right]}{k\left(h^2 + k\rho\sigma^2\right)\left(4b^2 - d^2\right) - 2bh\gamma^2 \theta^2} \\
& - \frac{b\left[k\left(h^2 + k\rho\sigma^2\right)\left(4b^2 - d^2\right) - 2bh\gamma^2 \theta^2 \right] + db - d\gamma^2 h^2 \theta^2}{(2b-d)\left[k\left(h^2 + k\rho\sigma^2\right)\left(4b^2 - d^2\right) - 2bh\gamma^2 \theta^2 \right]} \\
& \times \Biggl\{ \frac{\left[2b\Phi - b(b-d)(c_m + c_e) - 2b(b-d)r \right]\left[k\left(h^2 + k\rho\sigma^2\right)\left(4b^2 - d^2\right) - 2bh\gamma^2 \theta^2 \right]}{4b(d-b)\left[k\left(h^2 + k\rho\sigma^2\right)\left(4b^2 - d^2\right) - 2bh\gamma^2 \theta^2 \right] + 2(d-b)(2b+d)(3b-2d)\gamma^2 h^2 \theta^2} \\
& + \frac{\gamma^2 h^2 \theta^2 \left[b(2b+d)\Phi + b^2 dc_m - b\left(2b^2 - d^2\right)c_e - r(b-d)\left(6b^2 - bd - 2d^2\right) \right]}{4b(d-b)\left[k\left(h^2 + k\rho\sigma^2\right)\left(4b^2 - d^2\right) - 2bh\gamma^2 \theta^2 \right] + 2(d-b)(2b+d)(3b-2d)\gamma^2 h^2 \theta^2} \Biggr\}
\end{aligned}
$$

$$（13.4）$$

得证。

p_m^* 和 p_e^* 分别为大电网公司和能源供应商所建微电网的最优价格。由于大电网公司和能源供应商所建微电网的用户需求、技术方案及成本费用等具有明显的区别，因此二者在市场上竞争的价格也具有明显的区分。由定理 13.2 可知，大电网公司和能源供应商应该根据自身的优劣势针对性地瞄准目标市场，通过差异化的方式在微电网市场上进行竞争，以获取和自身相匹配的市场和收益。当市场处于均衡时，大电网公司和能源供应商分别按 p_m^* 和 p_e^* 的价格提供微电网产品，并按相匹配的微电网解决方案进行微电网的建设。

定理 13.3：随着微电网社会收益的增加，补贴增加；随着大电网公司的微电网建设成本的上升，补贴上升；随着能源供应商的微电网建设成本的下降，补贴下降。

证明：对 s^* 关于 r 求导可得

$$
\begin{aligned}
\frac{\partial s^*}{\partial r} &= \frac{\gamma^2 h^2 \theta^2 \left[r(d-b)6b^2 - bd - 2d^2 \right]}{4b(d-b)\left[k\left(h^2 + k\rho\sigma^2\right)\left(4b^2 - d^2\right) - 2bh\gamma^2 \theta^2 \right] + 2(d-b)(2b+d)(3b-2d)\gamma^2 h^2 \theta^2} \\
&= \frac{\gamma^2 h^2 \theta^2 (2b+d)(3b-2d)}{4b\left[k\left(h^2 + k\rho\sigma^2\right)\left(4b^2 - d^2\right) - 2bh\gamma^2 \theta^2 \right] + 2(2b+d)(3b-2d)\gamma^2 h^2 \theta^2} > 0
\end{aligned}
$$

得证。

$\dfrac{\partial s^*}{\partial r} > 0$ 表示微电网所带来的社会收益越大，政府应给予微电网的补贴就越高，即随着微电网项目建设所带来的环保价值、能源结构调整价值和满足用户多样化需求等社会收益的增加，政府应提供更多的补贴以鼓励微电网发展。

对 s^* 关于 c_m 求导可得

$$\frac{\partial s^*}{\partial c_m} = \frac{b(d-b)\left[k\left(h^2+k\rho\sigma^2\right)\left(4b^2-d^2\right)-2bh\gamma^2\theta^2\right]+b^2d\gamma^2h^2\theta^2}{4b(d-b)\left[k\left(h^2+k\rho\sigma^2\right)\left(4b^2-d^2\right)-2bh\gamma^2\theta^2\right]+2(d-b)(2b+d)(3b-2d)\gamma^2h^2\theta^2} > 0$$

得证。

由于大电网公司拥有丰富的资源和技术及较低的交易成本，大电网公司在建设微电网时所花费成本相对于能源供应商来说处于较低的水平。

$\dfrac{\partial s^*}{\partial c_m} > 0$ 表示大电网公司建设微电网的成本越高，政府给予微电网的补贴就越高，即当拥有丰富资源和技术的大电网公司在微电网建设中花费大量成本时，说明微电网项目的建设成本巨大，为鼓励微电网发展，政府需提供更多的补贴以平衡微电网建设的成本和收益。

对 s^* 关于 c_e 求导可得

$$\frac{\partial s^*}{\partial c_e} = \frac{b(d-b)\left[k\left(h^2+k\rho\sigma^2\right)\left(4b^2-d^2\right)-2bh\gamma^2\theta^2\right]+b\left(d^2-2b^2\right)\gamma^2h^2\theta^2}{4b(d-b)\left[k\left(h^2+k\rho\sigma^2\right)\left(4b^2-d^2\right)-2bh\gamma^2\theta^2\right]+2(d-b)(2b+d)(3b-2d)\gamma^2h^2\theta^2} > 0$$

得证。

$\dfrac{\partial s^*}{\partial c_e} > 0$ 表示能源供应商建设微电网的成本下降，政府给予微电网的补贴减少，即随着技术的进步及相关制度的发展，微电网在市场化运作下的建设成本逐渐降低，微电网项目能很好地平衡成本和收益问题，因此政府提供的相应补贴就减少。

由定理 13.3 可知，社会收益和建设成本正向影响单位补贴。因此，政府的最优补贴方案也应依据微电网所带来的社会收益和建设成本等相关因素进行合理的设计。只有考虑了这些因素影响的补贴方案，才可有效地平衡微电网建设、运营和实施的成本收益问题。同时，优化的补贴方案通过对微电网成本收益的平衡，可有效地支持和引导大电网公司和能源供应商对微电网的投资和开发，有利于促进微电网合理、健康发展。

定理 13.4：随着能源供应商获得补贴的增加，能源供应商分享给设备供应商的收益增加；随着设备供应商的技术水平和设备质量的提高，能源供应商分享给设备供应商的收益也增加。

证明：对 β^* 关于 s 求导可得

$$\frac{\partial \beta^*}{\partial s} = \frac{k\gamma h\theta(b-d)(2b+d)}{k\left(h^2+k\rho\sigma^2\right)\left(4b^2-d^2\right)-2bh\gamma^2\theta^2} > 0$$

得证。

$\dfrac{\partial \beta^*}{\partial s} > 0$ 表示随着政府补贴的增加，能源供应商会分享更多的收益给设备供应商，即能源供应商在政府补贴下能更好地平衡成本和收益，拥有更多的收益分享给参与开发的设备供应商。

由 $\dfrac{\partial U}{\partial t} = 0$，得 $t = \dfrac{h}{k}\beta$。将 t 代入 q 的表达式得 $q = \gamma t = \dfrac{\gamma h}{k}\beta$。整理 t 和 q 的表达式得

$$\beta = \frac{k}{h}t, \quad \beta = \frac{k}{\gamma h}q$$

对 β 关于 q 和 t 求导可得

$$\frac{\partial \beta^*}{\partial q} = \frac{k}{\gamma h} > 0, \quad \frac{\partial \beta^*}{\partial t} = \frac{k}{h} > 0$$

$\dfrac{\partial \beta^*}{\partial q} > 0$，$\dfrac{\partial \beta^*}{\partial t} > 0$ 表示设备供应商的技术水平越高，提供的设备质量越高，能源供应商需分配越多的收益给设备供应商以激励，即设备供应商可以通过提高自身的技术水平和设备质量获得更多的收益分享。

由定理 13.4 可知，政府补贴额度、设备供应商技术水平及设备质量正向影响激励水平。因此，能源供应商对设备供应商的最优激励水平应依据政府补贴额度、设备供应商技术水平及设备质量等相关因素进行设计。只有考虑了这些因素影响的激励方案才可有效地促进设备供应商参与到微电网开发中，提高设备供应商参与的积极性和努力程度。优化的激励方案对于设备供应商而言，可分享到更多的微电网建设收益，使设备供应商拥有充足的资金去进行生产经营活动和进行技术创新，有利于推动设备供应商的成长和发展。

定理 13.5：大电网公司和能源供应商所建的微电网的单位价格随着补贴的增加而降低；能源供应商所建的微电网的单位价格随着设备供应商所提供设备的质量和技术水平的提高而增加。

证明：分别对 p_e^*、p_m^* 关于 s 求导可得

$$\frac{\partial p_e^*}{\partial s} = -\frac{b\left[k\left(h^2 + k\rho\sigma^2\right)\left(4b^2 - d^2\right) - 2bh\gamma^2\theta^2\right] + 2b(b-d)\gamma^2h^2\theta^2}{(2b-d)\left[k\left(h^2 + k\rho\sigma^2\right)\left(4b^2 - d^2\right) - 2bh\gamma^2\theta^2\right]} < 0$$

$$\frac{\partial p_m^*}{\partial s} = -\frac{b\left[k\left(h^2 + k\rho\sigma^2\right)\left(4b^2 - d^2\right) - 2bh\gamma^2\theta^2\right] + d(b-d)\gamma^2h^2\theta^2}{(2b-d)\left[k\left(h^2 + k\rho\sigma^2\right)\left(4b^2 - d^2\right) - 2bh\gamma^2\theta^2\right]} < 0$$

得证。

$\dfrac{\partial p_e^*}{\partial s}<0$ ，$\dfrac{\partial p_m^*}{\partial s}<0$ 表示政府给予微电网财政补贴越高，微电网产品的价格就越低，即政府补贴增加，有利于平衡微电网的建设成本和收益，有利于降低电价。

由 $p_e^*=\dfrac{1}{2b}\left(dp_m+\varPhi+bc_e+\theta\dfrac{\gamma h}{k}\beta-bs\right)$ 及 $q=\gamma t=\dfrac{\gamma h}{k}\beta$ 得

$$p_e^*=\dfrac{1}{2b}\left(dp_m+\varPhi+bc_e+\theta q-bs\right)，\quad p_e^*=\dfrac{1}{2b}\left(dp_m+\varPhi+bc_e+\theta\gamma t-bs\right)$$

对上式关于 q 和 t 求导得

$$\dfrac{\partial p_e^*}{\partial q}=\dfrac{\theta}{2b}>0 ，\quad \dfrac{\partial p_e^*}{\partial t}=\dfrac{\theta\gamma}{2b}>0$$

得证。

$\dfrac{\partial p_e^*}{\partial q}>0$ ，$\dfrac{\partial p_e^*}{\partial t}>0$ 表示随着设备供应商技术水平和设备质量的提高，能源供应商的价格也提高，即能源供应商所建微电网技术和质量属性提升，有利于满足用户多样化的需求，有利于能源供应商同大电网公司进行竞争。

大电网公司和能源供应商在资源和技术方面的差异，导致二者的微电网客户群体的不同。大电网公司丰富的电网资源和技术使得其微电网客户主要是用电量大、工程量大的优质客户，能源供应商的微电网客户主要是用电量小、用电需求多样化、地理位置偏远的客户。由定理 13.5 可知，能源供应商的技术水平和资源水平的提升，提高了能源供应商的建设水平，能更好地满足用户需求的多样性，有利于能源供应商同大电网公司竞争并获得优质的客户。在微电网市场上，为了应对能源供应商的竞争及获得更多的市场和收益，大电网公司被迫进行变革和调整，如提高自身的服务质量和向市场化转变等，以使其能与能源供应商进行竞争。综上，技术水平和质量水平的变化，在导致微电网价格变化的同时还带来微电网市场竞争的变化，有利于促进微电网市场的发展。综上，技术水平和质量的提高、成本的降低，以及补贴的增加，均有利于降低价格，价格降低有利于刺激用户对微电网的使用，通过价格的降低促进用户对微电网的消费需求。

定理 13.6：微电网合作开发的激励优化机制符合个体理性和激励相容原则，是有效激励机制。

证明：机制设计理论认为，一个机制要想有效必须满足个体理性原则和激励相容原则。由计算的最优补贴、最优激励和最优价格可知，在本书所形成的微电网合作开发的激励机制下，不仅各参与方处于均衡，市场的竞争也处于均衡，此时个体收益和集体收益均处于最优，满足个体理性原则和激励相容原则。因此，本书所构建的微电网合作开发的激励优化机制符合个体理性原则和激励相容原则，是有效的激励机制。

13.2.3　算例分析

为了进一步分析相应机制，我们以中国微电网市场情况为基础来建立数值分析情景，运用数值分析进一步分析激励机制。设微电网市场有政府 g、大电网公司 m、能源供应商 e、设备供应商 es 和用户 5 个参与方。基于微电网行业的特点、相关假设和经济学理论，我们假设，微电网的社会收益为 $r=5$。微电网市场总体需求、价格弹性和替代弹性分别为 $\varPhi=10$，$b=4$，$d=2$。大电网公司 m、能源供应商 e 和设备供应商 es 3 家企业在市场上竞争和合作地建设微电网。大电网公司、能源供应商的单位建设成本分别为 $c_m=4$，$c_e=5$。设备供应商的质量属性系数 $\theta=0.6$。设备供应商的固定收益、技术系数、成本弹性系数、技术水平的产出系数、ε 的方差、不变的绝对风险规避量、效应边界分别为 $\alpha=0.15$，$\gamma=0.2$，$k=0.2$，$h=1$，$\sigma^2=0.2$，$\rho=0.5$，$\underline{U}_{es}=0.3$。为了分析相关因素的变化，我们假设设备供应商的技术水平 t 取值在[1，3]区间变化，同时 c_e/c_m 的比值在[1.25，0.75]区间变化。根据前文的公式和 Matlab，具体的数值计算结果见表 13.10。接下来我们分析不同的激励策略和相应的影响因素。

表 13.10　技术和成本对微电网项目开发参与方最优决策的影响

t	c_e/c_m	s^*	β^*	q	p_e^*	p_m^*	π_g	π_m	π_e	U_{es}'
1.000	1.250	4.998	0.474	0.200	9.377	6.631	3.779	101.975	63.800	0.225
1.100	1.225	4.902	0.482	0.220	9.393	6.786	7.811	100.999	64.398	0.323
1.200	1.200	4.806	0.489	0.240	9.408	6.940	12.090	100.024	64.992	0.415
1.300	1.175	4.711	0.496	0.260	9.424	7.095	16.632	99.048	65.582	0.503
1.400	1.150	4.615	0.504	0.280	9.439	7.250	21.420	98.072	66.168	0.585
1.500	1.125	4.519	0.511	0.300	9.455	7.404	26.460	97.097	66.750	0.663
1.600	1.100	4.424	0.519	0.320	9.470	7.559	31.752	96.121	67.328	0.735
1.700	1.075	4.328	0.526	0.340	9.486	7.714	37.296	95.146	67.902	0.803
1.800	1.050	4.232	0.533	0.360	9.501	7.868	43.092	94.170	68.472	0.865
1.900	1.025	4.137	0.541	0.380	9.517	8.023	49.140	93.194	69.038	0.923
2.000	1.000	4.041	0.548	0.400	9.532	8.177	55.440	92.219	69.600	0.975
2.100	0.975	3.945	0.556	0.420	9.548	8.332	61.992	91.243	70.158	1.023
2.200	0.950	3.850	0.563	0.440	9.563	8.487	68.796	90.268	70.712	1.065
2.300	0.925	3.754	0.570	0.460	9.578	8.641	75.852	89.292	71.262	1.103

续表

t	c_e/c_m	s^*	β^*	q	p_e^*	p_m^*	π_g	π_m	π_e	U_{es}'
2.400	0.900	3.658	0.578	0.480	9.594	8.796	83.160	88.316	71.808	1.135
2.500	0.875	3.563	0.585	0.500	9.609	8.951	90.720	87.341	72.350	1.163
2.600	0.850	3.467	0.593	0.520	9.625	9.105	98.532	86.365	72.888	1.185
2.700	0.825	3.372	0.600	0.540	9.640	9.260	106.596	85.389	73.422	1.203
2.800	0.800	3.276	0.607	0.560	9.656	9.415	114.912	84.414	73.952	1.215
2.900	0.775	3.180	0.615	0.580	9.671	9.569	123.480	83.438	74.478	1.223
3.000	0.750	3.085	0.622	0.600	9.687	9.724	126.000	82.463	75.000	1.225

* 表示均衡值

1. 投资需求的激励策略

为了分析政府对大电网公司和能源供应商的投资激励策略，我们根据前文的公式作图 13.2，并计算了 t、s^*、π_g、π_m、π_e，如表 13.10 所示。由图 13.2 可看出，随着微电网项目的社会收益增大，政府对微电网项目的补贴增加。从表 13.10 可看出，随着技术水平的提高和成本的降低，政府补贴降低。同时，可看出补贴在 3.08~5.00 角/千瓦时变化，略大于实际中采用的可再生能源发电补贴的标准 2.0~4.2 角/千瓦时这是合理的。因为不同于可再生能源发电在可再生能源富集地区建设，微电网充分利用分散资源和满足用户多样化用电需求的特点，使微电网的社会效益更高，因此需要更多的补贴是合理的。假定表 13.10 第一行数字是初始的均衡水平，可看出收益均呈递增状态，说明存在收益边界，只有当收益达到一定的水平时大电网公司和能源供应商才会投资建设微电网。同时，从表 13.10 可看出，随着技术水平的提升，政府的收益也增加，但补贴却是降低的。这是合理的，政府制定补贴的依据是社会收益和市场发展水平，当微电网投资商自身能实现收益，以及市场有效性提高时，政府减少相应的经济激励。综上，由于大电网公司和能源供应商对微电网的投资与否是基于微电网项目所带来的收益，当超过一定的收益边界才对微电网进行投资。在微电网初期，微电网项目的成本收益问题，使二者缺乏投资的积极性。政府通过制定对大电网公司和能源供应商的补贴激励，可有效地激励二者对微电网项目的开发投资。同时，政府在制定财政补贴政策时，补贴额度并不是越高越好，而是应对微电网的社会收益进行评估，依据微电网社会收益的高低，制定与其相合适的补贴政策。同时，政府制定补贴激励政策时，还应视微电网相关技术的发展而定，随着微电网技术的发展，微电网通过市场化的方式能很好地平衡自身的收益，也能促进微电网自身的市场化运作，市场化的方式有利于微电网的大规模发展。

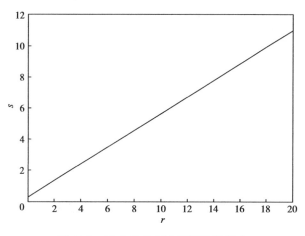

图 13.2 社会收益对政府补贴的影响

2. 合作开发的激励策略

为了分析能源供应商对设备供应商的合作激励策略，我们根据前文的公式作图 13.3 和图 13.4，并计算了 t、c_e/c_m、s^*、q、π_e、U'_{cs}，如表 13.10 所示。从表 13.10 可以看出，随着能源供应商收益的增加，合作激励增加。当技术水平和成本不变时，从图 13.3 可以看出，随着补贴的增加，能源供应商对设备供应商的激励增加。当技术水平和成本变化时，却得到与图 13.3 相反的结果。从表 13.10 可看出，随着技术水平的提高和成本的降低，补贴减少，但合作激励 β 却不降反升。这是合理的，因为技术水平的提高，提高了设备供应商对微电网项目质量的贡献，使微电网项目获得更多的市场和收益，有利于提高整体的收益，因此设备供应商也可分得更多的利润。当微电网收益增加时，政府降低补贴。同时，结合表 13.10 和图 13.4 可看出，技术水平和补贴对各方收益也具有类似的影响。据此可看出，设备供应商自身的技术水平和质量属性，相对于补贴来说，对合作激励有更大的影响作用。因此，为了获得更多的收益，设备供应商需重视自身技术水平和质量属性的提高。同时，可看出设备供应商参与微电网开发的条件也是其收益达到一定的边界，并且这一边界随着设备供应商自身 t、q 的提升而提高。这是合理的，设备供应商的技术水平和质量属性越高，其自身的成本就越大，需要较高收益来平衡自身的成本收益，这种情况下，设备供应商通常寻找能给自己带来较高收益的项目，以保障自身的收益。能源供应商为了激励设备供应商参与微电网项目开发，应视其技术水平和质量属性及成本而定，根据这些因素制定的合作激励才可有效激励设备供应商的参与。

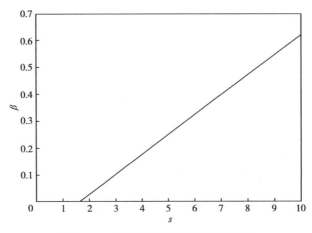

图 13.3　政府补贴对合作激励的影响

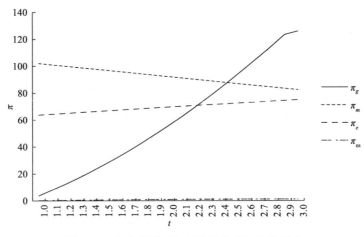

图 13.4　技术水平对各利益相关者收益的影响

3. 消费需求的激励策略

为了分析大电网公司和能源供应商的消费激励策略，我们根据前文的公式计算了 t、s^*、q、p_e^*、p_m^*、π_g、π_e、π_m，如表 13.10 所示，并作图 13.5~图 13.7。从表 13.10 和图 13.5、图 13.6 可以看出，随着 s 的减少，p_e、p_m 增加。随着 t 增加，q 也增加，p_e、p_m 也增加。这是合理的。随着 t、q 增加，微电网满足用户需求的差异化水平将增加，用户愿意支付更多的费用选择微电网以替换传统的用电方式。从表 13.10 可以看出，随着 t、q 增加，p_e 值从 9.377 变化到 9.687，p_m 值从 6.631 变化到 9.724，这也是合理的。现实生活中居民用电价格一般在 5.5~9.8 角/千瓦时，工业用电价格在 9.8~18 角/千瓦时，偏远地区用电价格一般在 18~32 角/千瓦时。可看出微电网适合差异化需求的居民用户、部分工业用电及偏远地区和海岛用电。这些地方对微电网的消费需求更强烈。从表 13.10 和图 13.7 可看出，随着技术水平的提高和质量的上升，能源供应商的成本逐渐低于大电网公司，最后能源供应商的价格低于大电网公司的价格。这说明合作能带来专业化的效率，可提升微电网的质量和收益。同时，从表 13.10 和图 13.4 可看出，随着技术水平和质量的提高，不光设备供应商的收益增加，政府、能源供应商的收益均增加，这是合理的。因为随着微电网技术水平和质量的提升，将更好地利用可再生资源和更好地满足用户的多样化需求，有利于社会整体收益的提升。微电网投资者可通过差异化的市场竞争和提供差异化的解决方案，技术水平和质量的提升，以及价格的降低等手段，刺激消费者的消费需求。同时，从表 13.10 和图 13.4 还可看出，大电网公司随着技术水平的提高，收益呈下降趋势，这是合理的。在技术水平和质量低时，微电网发展初期，大电网公司在微电网市场上拥有较多资源且话语权很大，因此它的利润会高于其他参与方。但随着技术水平和质量的提高，以及市场化的运作方式，能源供应商逐渐可与大电网公司进行竞争，使大电网公司的利润受到冲击。当技术和质量发展到一定水平时，能源供应商市场化运作带来的利润逐渐超过大电网公司。综上，可看出在一定技术水平和成本下，微电网价格对微电网的消费有重要影响，特别是微电网发展初期，在大电网公司只单纯供应电力的时代，微电网的低价使其可与大电网的电价进行一定程度的竞争。随着技术水平和质量的提高及社会的发展，人们对微电网或供能服务的需求越来越高，越来越具有差异化，单纯供应电力的方式越来越满足不了人们的需求。此时，价格竞争策略对微电网发展来说不重要，相对于供能价格来说，供能服务和质量更重要，用户也愿意支付更高的价格获得合适的供能服务和质量。因此，微电网供应商不仅应注重对用户的价格激励，还应提高自身技术，通过供能服务和质量激励用户的消费需求。

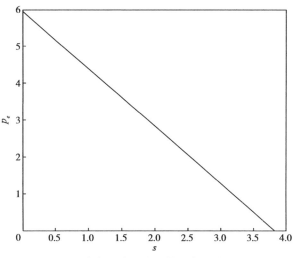

图 13.5　政府补贴对能源供应商价格的影响

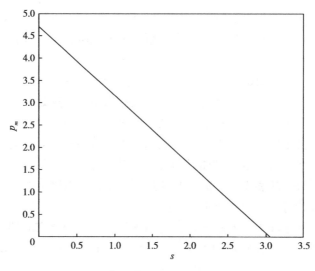

图 13.6　政府补贴对大电网公司价格的影响

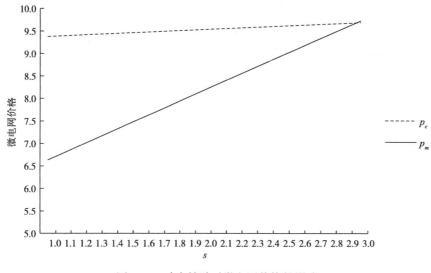

图 13.7　政府补贴对微电网价格的影响

13.3　微电网项目运营维护阶段的风险防范模式设计

　　微电网项目运营维护阶段一般涉及政府、大电网公司、能源供应商（发电商）、微电网投资商、运营商、用户等利益相关者，这些利益相关者之间不仅存在利益依赖也存在利益分歧。政府希望通过微电网项目提高可再生能源的利用，减少化石能源的使用和二氧化碳的排放，同时希望通过微电网项目促进电力市场改革和创新；大电网公司的目标是按照国家对电力部门改革的要求，参与微电网的建设，对微电网并网提供技术支持，实现用电的安全与稳定；发电商的目标是根据政府制定的环境政策及用户的需求调整发电出力，获取利润；考虑到项目建设的特殊性，采用投资商自营方式，下文将投资商和运营商统称为微电网运营商，它制定与大电网公司能量流动的调度策略，通过收取微电网用户电费获得利润；微电网用户的目标是使用稳定经济的电能。人和组织都具有行为复杂性，使得微电网各利益相关者相互制约，一方对某一目标的追求可能会损害另一方的利益。利益的分歧会对微电网的效益产生重大影响，甚至影响整个电网的稳定与发展。微电网利益相关者关系非常复杂，他们对微电网项目的控制权不同、影响力不同、退出成本也不同，这就导致合作很难达成。那么能否找到一个巧妙的机制，提高微电网多个利益相关者参与项目的可能性？如何让利益相关者达成共识，形成利益诉求妥协的一种模式？

13.3.1　问题描述与假设

首先假设一个电力市场。当前较为成熟的理论模型是美国 PJM[①]电力市场模型，它的总体定位是建立有效的竞售市场来平衡市场各成员（包含微电网）的利益。本章以此作为研究基础构建一个电力市场，结构如图 13.8 所示。在这个电力市场中，智能电网由一个区域 ISO 进行控制和调配，采用节点边际电价（locational marginal pricing，LMP）进行定价（发电商按所在节点边际电价收费，负荷按所在节点边际电价付费）。发电商向 ISO 提交线性供应函数，为了满足节点负载的需求，ISO 按照发电商的报价从高到低以节点边际电价采购电能。微电网在整个智能电网中得到充分的运用并且广泛分布在不同的节点上。微电网的运营容易受到太阳辐照度和风速等气候条件及用户需求的影响，它通过绿色能源发电、电池的充放电，以及和主电网进行能量交换来满足自身需求，从而实现收益最大化。微电网运营商在规划期内（如 24 小时）制定有效的运营策略，并且向电力市场提供分时竞价策略。这个运营策略包括微电网的绿色能源发电量、电池充放电策略、和 ISO 进行电能交易的数量（微电网作为价格接受者）。政府制定碳排放的成本与排放上限有利于环保，会推高化石燃料发电成本，还原化石燃料发电造成环境污染要付出代价的经济本质。

---

① PJM 前身是电力联营体，成立于 1927 年，由美国宾夕法尼亚州（Pennsylvania）、新泽西州（New Jersey）、马里兰州（Maryland）的三家电力公司组建成世界上第一个电力联营体，并用各州名称的一个字母组成 "PJM" 作为联营体的名称。

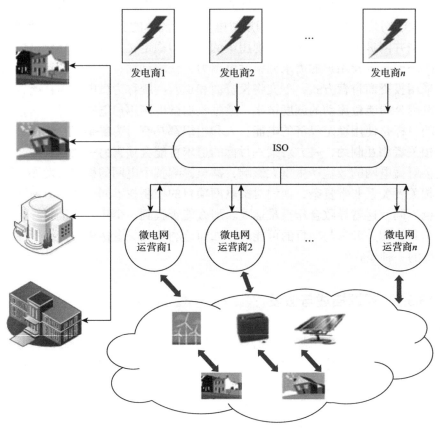

图 13.8　电力市场结构

13.3.2　基于风险防范的智慧能源项目双层规划模型设计

微电网项目运营维护阶段的合作风险，究其原因，主要是微电网项目运营和维护涉及众多利益相关者，其目标和利益诉求各不相同、相互制约，项目运营成功的关键是找到一种风险防范方法，协调各方利益。已经有研究者研究了发电和能源使用的节能减排的多方合作问题。例如，Feijoo 和 Das（2014）讨论了碳排放造成的社会成本。王素凤等（2016）基于技术进步、电力价格、燃料价格、碳价、补贴政策和投资项目的碳减排率等多重不确定因素，构建了发电商减排投资的实物期权模型，认为合作减排有利于发现碳减排率较高的项目，进而刺激发电商的投资行为。Battistelli 和 Conejo（2014）认为要提高碳减排量就会增加电力成本，损害用户利益，而减少电力消耗又会限制经济活动，并减少化石燃料发电厂的市场份额和发电利润。石莹等（2015）构建了经济动力学模型与能源成本最优控制的耦合模型，对比分析了有无碳排放目标的中国能源成本和能源技术发展的演化趋势。张国兴等（2018）在对京津冀地区 1981 年以来节能减排政策措施进行量化处理的基础上，建立了针对节能减排政策措施有效性的计量模型，分析了京津冀地区节能减排政策措施的演变状况，并探究了京津冀地区节能减排政策措施对其节能减排效果影响的差异性。张新华等（2017）研究了碳排放约束下电力上网机制，并得出发电商碳减排投资以后的上网电价对寡头发电商的投资行为有显著影响的结论。针对以上讨论的合作风险问题，本章提出一种微电网利益相关者合作运营的双层规划模型：上层规划以电力调度时社会成本最低为目标，获取最大社会福利；下层规划以微电网运营成本最低为目标，获取最大运营商利润。本书给出了求解算法并通过算例分析证明了模型的可行性和有效性。最后得出结论：在本书提出的上下级相互交叉作用的合作机制下，微电网内的绿色能源发电可以有效提高电力市场需求并降低用户电价，增加微电网运营商利润并减少碳排放，提高全社会福利。

双层规划模型可以研究比较复杂的、非平衡经济市场竞争问题，它可以比较准确地描述上下级之间交叉相互作用的问题，模型中不同层次的决策者控制着不同的决策变量，上层的决策情况能影响下层决策的选择和目标实现，下层也可以对上层的决策产生影响（韩强和刘正林，2013）。从某种程度上说，它们共同决策。模型一般形式如下：

上层问题：

$$\max_{x}\quad f(x,y)$$
$$\text{s.t.}\quad g(x,y) \leqslant 0$$
$$x \in X$$

其中，x 为上层决策变量；$f(x,y)$ 为上层的优化目标函数；$g(x,y)$ 为上层的约束条件；X 为上层决策变量的可行域。

下层问题：

$$\min_{y}\quad h(x,y)$$
$$\text{s.t.}\quad p(x,y) \leqslant 0$$
$$y \in Y(x)$$

其中，y 为下层决策变量；$h(x,y)$ 为下层的优化目标函数；$p(x,y)$ 为下层的约束条件；$Y(x)$ 为由上层决策变量 x 所确定的下层决策变量 y 的可行域。

假定电力市场的参与方可以没有限制地进行博弈，追求各自的利益。将电网最优调度获得最大化社会福利问题作为模型上层，将微电网运营商利润最大化作为模型下层。图 13.9 是微电网和智能电网之间的相互作用示意图。假定微电网可以在任何时间和主电网进行任何数量的电能交易，电网中微电网数量和规模的增长不会导致额外用电量的增加。

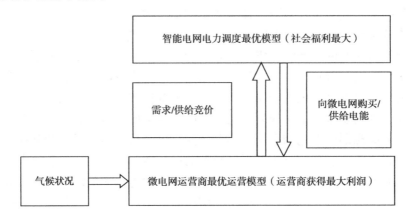

图 13.9　微电网和智能电网之间的相互作用示意图

模型的参数和决策变量如表 13.11 所示。

表 13.11　参数和决策变量

参数和决策变量	说明
$C_i(Q_i)$	发电商 i 的二次型的生产成本函数
Q_i	发电商 i 的发电出力
$D_j(Q_j)$	负载 j 消耗了 $-Q_j > 0$ 单位的电量获得的实际效用
$Q_i \gamma_i \pi$	燃料发电机的排放成本
γ_i	第 i 台燃料发电机的排放系数（每千瓦时排放的二氧化碳吨数）
π	碳排放的社会成本
M	微电网总数
$MC_m(Q_{mg}^g)$	电网向微电网购买电能的成本
$MD_m(Q_{gm}^t)$	微电网向电网输送电能的收益
Q_{mg}^g	ISO 从微电网实际购买的电能
Q_{gm}^t	微电网 t 时期从电网购买的电能
n	电网中的节点
l	电力传输线
φ_{nl}	节点 n 在传输线 l 的功率传输分布因子
C_l^{min}	传输线 l 通过电流的下限
C_l^{max}	传输线 l 通过电流的上限

续表

参数和决策变量	说明
Cap	碳排放的上限
Q_i^{up}	最大出力，指安装时的出厂容量
R_i^{lo}	最小出力，指发电机能够维持可靠运行的最小状态
$\hat{Q}_{mg}^t$	t 时期微电网可以卖出的最大电能，也表示 t 时期微电网 m 向 ISO 售电的投标数量
MCO_i^t	t 时期微电网第 i 个发电单元每发电 1 千瓦时的运营和维护成本
Gm	第 m 个微电网中发电单元数量
Q_{im}^t	第 m 个微电网的第 i 个发电单元 t 时期的发电量
SC_i^t	第 i 个发电单元 t 时期运行产生的单位成本
A_{im}^t	第 m 个微电网第 i 个发电单元的工作状态，1 表示工作，0 表示不工作
$p_m^t\left(Q_{gm}^t - \hat{Q}_{mg}^t\right)$	微电网和 ISO 进行能源交易的成本
p_m^t	通过 OPF（optimal power flow, OPF）模型计算出的微电网 m 在 t 时期的节点边际电价
S_m	微电网 m 电池每存储 1 千瓦时的成本
Q_{sm}^t	t 时期末微电网 m 存储的电能
β_m^{out}	微电网 m 电池的放电损失率
$Q_{bm}^{t,\text{out}}$	t 时期微电网 m 电池释放的电能
Q_{lm}^t	t 时期微电网 m 中 l 负载的电能需求
$Q_{bm}^{t,\text{in}}$	t 时期微电网 m 向其电池输入的电能
β_m^{in}	电池充电损耗率
$Q_{im}^{t,\text{max}}$	微电网 m 第 i 个发电单元的最大出力
$Q_{im}^{t,\text{min}}$	微电网 m 第 i 个发电单元的最小出力
Q_{sm}^{max}	微电网 m 电池最大存储容量
A_{dm}^t	微电网 m 电池的放电状态，1 表示放电，0 表示不放电
A_{mg}^t	微电网 m 向 ISO 的售电状态，1 表示售电，0 表示不售电

具体模型如下。

1. 上层优化模型

直流最优潮流（direct current optimal power flow, DCOPF）方法因关系简明且无收敛问题，在电力规划和运营中得到了广泛应用。Jimeno 等（2013）、Feijoo 和 Das（2014）、Battistelli 和 Conejo（2014）使用 DCOPF 方法研究了发电商的电力

调度，在此基础上，加入碳排放和排放的社会成本约束可得到上层模型：

$$\underset{Q}{\text{Min}} \sum_i C_i(Q_i) + \sum_j D_j(Q_j) + \sum_i Q_i \gamma_i \pi + \sum_m \left[\text{MC}_m(Q_{mg}^g) - \text{MD}_m(Q_{gm}^t) \right]$$

（13.5）

目标函数（13.5）表示电力运营时获取最小的总社会成本，此时获得的社会福利最大，它是化石燃料发电机成本、排放成本、采购微电网电能成本之和，再减去节点负载的收益和微电网作为负载的收益。电力运营的社会总成本会随着碳排放的增加而增加。其中，由 Hu 等（2007）的研究可知，$C_i(Q_i) = \alpha_i Q_i + \beta_i Q_i^2$ 表示发电商 i 的二次型生产成本函数，Q_i 表示发电商 i 的发电出力，α_i 和 β_i 为生产成本函数系数，非负。假设每个发电商向 ISO 提交一个线性供应函数，即 $P_i = \alpha_i' + \beta_i' Q_i$，Feijoo和 Das（2014）、Hu 等（2007）、Quashie 等（2018b）证明，为了达到最优，α_i' 应等于真实的成本系数 α_i，β_i' 应等于 β_i，即 $P_i = \alpha_i + \beta_i Q_i$，$\alpha_i$ 和 β_i 分别表示发电商供应函数的截距和斜率。$-D_j(Q_j) = -d_j Q_j - b_j Q_j^2 = d_j(-Q_j) - b_j(-Q_j)^2$ 表示负载 j 消耗了 $-Q_j \geqslant 0$ 单位的电量获得的实际效用，为了便于计算，将负载的效用当作负成本（Battistelli and Conejo，2014）。$Q_i \gamma_i \pi$ 表示燃料发电机的排放成本，γ_i 表示第 i 台燃料发电机的排放系数（每千瓦时排放的二氧化碳吨数），π 表示碳排放的社会成本（social cost of carbon，SCC），即碳排放的惩罚。线性函数 $\text{MC}_m(Q_{mg}^g)$ 表示电网向微电网购买电能的成本，$\text{MD}_m(Q_{gm}^t)$ 表示微电网向电网输送电能的收益，Q_{mg}^g 表示 ISO 从微电网实际购买的电能，Q_{gm}^t 表示微电网 t 时期从电网购买的电能。

约束如下。

1）电网线路传输容量约束

$$-C_l^{\min} \leqslant \sum_n Q_n \varphi_{nl} \leqslant C_l^{\max}, \ \forall l \left(\varepsilon_l^-, \varepsilon_l^+ \right)$$

（13.6）

其中，n 表示电网中的节点；l 表示电力传输线；φ_{nl} 表示节点 n 在传输线 l 的功率传输分布因子（power transmission distributed factors，PTDF），即节点对之间的传输功率变化时引起的支路潮流变化量；$C_l^{\min}$、$C_l^{\max}$ 分别表示传输线 l 通过电流的下限和上限。

2）电力平衡约束

$$\sum_i Q_i + \sum_j Q_j + \sum_m \left(Q_{mg}^g - Q_{gm}^t \right) = 0, \ (\mu)$$

（13.7）

电网中功率要达到平衡，即总需求等于总产出。Q_{mg}^g 表示 ISO 的采购决策，即向微电网实际采购的电能；Q_{gm}^t 表示电网 t 时期出售给微电网的电能。

3）电网的碳排放上限约束

$$\sum_i \gamma_i Q_i \leqslant \text{Cap}, \ (\lambda)$$

（13.8）

其中，Cap 表示碳排放上限（单位：吨）。

4）发电商的出力约束

$$Q_i - R_i^{\text{lo}} \geqslant 0, \ \forall i(\tau_i) \tag{13.9}$$

$$Q_i^{\text{up}} - R_i \geqslant 0, \ \forall i(v_i) \tag{13.10}$$

其中，最大出力 Q_i^{up} 指安装时的出厂容量；最小出力 R_i^{lo} 指发电机能够维持可靠运行的最小状态。

5）ISO 采购微电网电能的约束

$$0 \leqslant Q_{mg}^g \leqslant \hat{Q}_{mg}^t, \ \forall m(vm) \tag{13.11}$$

其中，$\hat{Q}_{mg}^t$ 表示 t 时期微电网可以卖出的最大电能。ISO 从微电网购买的电量由 $\hat{Q}_{mg}^t$ 限定。大电网公司在采购微电网的电能时，要考虑微电网内部的电力供应和功率平衡。

6）非负约束

$$Q_i \geqslant 0, \ \forall i(\pi_i) \tag{13.12}$$

$$-Q_j \geqslant 0, \ \forall i(k_i) \tag{13.13}$$

以上约束右边括号表示对偶变量（二元变量或者影子价格）。

2. 下层优化模型

假定微电网和 ISO 进行电能交易时只能作为价格接受者，并以一定数量的电能投标，那么下层微电网就会根据上层 ISO 的决策选择关闭或开启一定的机组，在保证微电网内电力供应的同时寻求最小运营成本，获得最大利润，下层模型也可称为能源管理系统（energy management system，EMS），模型如下：

$$\underset{Q}{\text{Min}} \sum_t \sum_{m \in M} \sum_{i \in G_m} \text{MCO}_i^t \times Q_{im}^t + \text{SC}_i^t A_{im}^t + p_m^t \left(Q_{gm}^t - \hat{Q}_{mg}^t \right) + S_m \times Q_{sm}^t \tag{13.14}$$

其中，MCO_i^t 表示 t 时期微电网第 i 个发电单元每发电 1 千瓦时的运营和维护成本；M 表示电网中的微电网总数；G_m 表示第 m 个微电网中发电单元数量；Q_{im}^t 表示第 m 个微电网中第 i 个发电单元 t 时期的发电量；SC_i^t 表示第 i 个发电单元 t 时期运行产生的单位成本；A_{im}^t 表示第 m 个微电网中第 i 个发电单元的工作状态，如果发电单元工作，$A_{im}^t = 1$，不工作则 $A_{im}^t = 0$；$p_m^t \left(Q_{gm}^t - \hat{Q}_{mg}^t \right)$ 表示微电网和 ISO 进行能源交易的成本；p_m^t 表示通过 DCOPF 模型计算出的微电网 m 在 t 时期的节点边际电价；Q_{gm}^t 表示 t 时期 ISO 销售给微电网 m 的电能；$\hat{Q}_{mg}^t$ 表示 t 时期微电网 m 向 ISO 售电的投标数量；S_m 表示微电网 m 电池每存储 1 千瓦时的成本；Q_{sm}^t 表示微电网 m t 时期末存储的电能。目标函数（13.14）表示微电网总成本最小，总成本是发电单元运维成本、发电单元运行产生的固定成本、微电网与 ISO 进行电能交易的成本，以及微电网电池存储成本的线性函数（Bahramara et al.，2016；Grover-Silva et al.，2018）。

约束如下。

1）微电网电力平衡约束

$$\sum_{i \in G_m} Q_{im}^t + Q_{gm}^t + \beta_m^{\text{out}} Q_{bm}^{t,\text{out}} = \sum_{l \in m} Q_{lm}^t + Q_{bm}^{t,\text{in}} + \hat{Q}_{mg}, \ \forall m \in M, t \qquad （13.15）$$

其中，β_m^{out} 表示微电网 m 电池放电损失率；$Q_{bm}^{t,\text{out}}$ 表示微电网 m t 时期电池输出的电能；Q_{lm}^t 表示 t 时期微电网 m 中家庭 l 用电负荷；$Q_{bm}^{t,\text{in}}$ 表示微电网 m t 时期向其电池输入的电能。每一期的电能总输入等于总输出，即每一期发电单元生产的电能加上从电网公司购买的电能加上储能电池释放的电能，等于微电网自身的电力需求加上向储能电池输入的电能加上销售给大电网公司的电能报价数量。

2）电池最大输出约束

$$Q_{bm}^{t,\text{out}} \leqslant \beta_m Q_{sm}^{t-1}, \ \forall m \in M, t \qquad （13.16）$$

$Q_{bm}^{t,\text{out}}$ 由微电网 m 电池储能衰减率 β_m 和上一期（$t-1$ 期）电池所存储的电能决定。电能从电池中释放出来既可以满足自身需求，也可以销售给 ISO。

3）微电网在每期末的存储约束

$$Q_{sm}^t = \beta_m Q_{sm}^{t-1} - Q_{bm}^{t,\text{out}} + \beta_m^{\text{in}} Q_{bm}^{t,\text{in}}, \ \forall m \in M, t \qquad （13.17）$$

其中，β_m^{in} 表示微电网 m 电池充电损耗率，即电池充电时损耗的百分比，它受环境温度、电池使用寿命、放电强度等因素影响，取值 10%~20%。本期末电池存储的电能 Q_{sm}^t 等于上一期末（$t-1$ 期）存储的电能 Q_{sm}^{t-1} 乘以电池储能衰减率 β_m，减去本期向其电池输出的电能，再加本期向其电池输入的电能 $\beta_m^{\text{in}} Q_{bm}^{t,\text{in}}$。

4）微电网发电单元最大出力和最小出力约束

$$A_{im}^t Q_{im}^{t,\text{min}} \leqslant Q_{im}^t \leqslant Q_{im}^{t,\text{max}} A_{im}^t, \ \forall i \in G_m, \quad m \in M, t \qquad （13.18）$$

其中，$Q_{im}^{t,\text{max}}$ 表示微电网 m 第 i 个发电单元的最大发电量；$Q_{im}^{t,\text{min}}$ 表示微电网 m 第 i 个发电单元的最小发电量。本书微电网的发电单元只采用光伏和风力发电，因此发电量主要受气候影响。

理论上，风力发电的功率为

$$P_{\text{WT}} = \begin{cases} 0, & v < v_{ci} \text{ or } v \geqslant v_{co} \\ k_1 v + k_2, & v_{ci} \leqslant v \leqslant v_N \\ P_N, & v_N \leqslant v \leqslant v_{ci} \end{cases}$$

$$k_1 = \frac{P_N}{v_N - v_{ci}}, \ k_2 = -k_1 \cdot v_{ci}$$

其中，v 为目标高度处的风速；v_{ci} 为切入风速；v_{co} 为切出风速；v_N 为额定风速；P_N 为风机额定输出功率。光伏发电的功率取决于光伏电池效率，环境温度和太阳光照强度会影响光伏电池效率，在此不做详细介绍。

5）微电网向 ISO 投标数量约束

$$\hat{Q}_{mg}^t \leqslant \sum_i Q_{im}^t + \beta_m Q_{sm}^{t-1}, \ \forall m \in M, t \tag{13.19}$$

本期微电网向 ISO 的投标数量不能超过本期微电网生产的电能加上一期储能电池中剩余的电能。微电网运营商可以在电价较低时存储电能，电价较高时出售电能。

6）微电网电池存储约束

$$Q_{sm}^t \leqslant Q_{sm}^{\max}, \ \forall m \in M, t \tag{13.20}$$

其中，$Q_{sm}^{\max}$ 表示微电网 m 电池最大存储容量。假定微电网同一期只存在充电和放电两种情况，模型计算时采用一个小时的步长，因此忽略存储容量的衰减。

7）电池充电和放电及电能约束

$$Q_{bm}^{t,\mathrm{out}} \leqslant \beta_m Q_{sm}^{\max} A_{dm}^t, \ \forall m \in M, t \tag{13.21}$$

$$Q_{bm}^{t,\mathrm{in}} \leqslant \beta_m Q_{sm}^{\max} A_{cm}^t, \ \forall m \in M, t \tag{13.22}$$

$$A_{dm}^t + A_{cm}^t \leqslant 1, \ \forall m \in M, t \tag{13.23}$$

其中，A_{dm}^t 表示微电网 m 电池的放电状态，如果放电，$A_{dm}^t = 1$，如果不放电，$A_{dm}^t = 0$；A_{cm}^t 表示微电网 m 电池的充电状态，如果充电，$A_{cm}^t = 1$，如果不充电，$A_{cm}^t = 0$。假定微电网在同一时期不充电就放电。

8）微电网向 ISO 购买电能和销售电能的约束

$$\hat{Q}_{mg}^t \leqslant \left(Q_{sm}^{\max} + \sum_{i \in m} Q_{im}^{t,\max} \right) A_{mg}^t, \ \forall m \in M, t \tag{13.24}$$

$$Q_{gm}^t \leqslant \left(Q_{sm}^{\max} + \sum_{i \in m} Q_{lm}^h \right) A_{gm}^t, \ \forall m \in M, t \tag{13.25}$$

$$A_{gm}^t + A_{mg}^t \leqslant 1, \ \forall m \in M, t \tag{13.26}$$

其中，A_{mg}^t 表示微电网 m 向 ISO 售电的状态，如果售电，$A_{mg}^t = 1$，如果不售电，$A_{mg}^t = 0$；A_{gm}^t 表示微电网 m 向 ISO 购电的状态，如果购电，$A_{gm}^t = 1$，如果不购电，$A_{gm}^t = 0$。约束中 M 决定了微电网从 ISO 购买电能和销售电能数量的逻辑限制。Feijoo 和 Das（2014）给出了如何求 M。

归纳上述思路，微电网运营的双层规划模型为

$$\begin{cases} \min_{X,Y} Z_{\mathrm{DC}}(X,Y), \\[2mm] X = \left(Q_{mg}^{g}, Q_{gm}^{t}\right), \ Y = \left(Q_{im}^{t}, A_{im}^{t}, Q_{gm}^{t}, \hat{Q}_{mg}^{t}, Q_{sm}^{t}\right) \\[2mm] \text{s.t.} \quad -C_{l}^{\min} \leqslant \sum_{n} Q_{n}\varphi_{nl} \leqslant C_{l}^{\max}, \ \forall l\left(\varepsilon_{l}^{-}, \varepsilon_{l}^{+}\right) \\[2mm] \qquad \sum_{i} Q_{i} + \sum_{j} Q_{j} + \sum_{m} \left(Q_{mg}^{g} - Q_{gm}^{t}\right) = 0, \ (\mu) \\[2mm] \qquad \sum_{i} \gamma_{i} Q_{i} \leqslant \mathrm{Cap}, \quad (\lambda) \\[2mm] \qquad Q_{i} - R_{i}^{\mathrm{lo}} \geqslant 0, \quad \forall i\left(\tau_{i}\right) \\[2mm] \qquad Q_{i}^{\mathrm{up}} - R_{i} \geqslant 0, \quad \forall i\left(\nu_{i}\right) \\[2mm] \qquad 0 \leqslant Q_{mg}^{g} \leqslant \hat{Q}_{mg}^{t}, \quad \forall m\left(\nu m\right) \\[2mm] \qquad Q_{i} \geqslant 0, \quad \forall i\left(\pi_{i}\right) \\[2mm] \qquad -Q_{j} \geqslant 0, \quad \forall i\left(k_{i}\right) \\[2mm] Y \in \arg\min_{Y} \begin{cases} Z_{\mathrm{PC}}(X,Y): \sum_{i \in G_{m}} Q_{im}^{t} + Q_{gm}^{t} + \beta_{m}^{\mathrm{out}} Q_{bm}^{t,\mathrm{out}} = \sum_{l \in m} Q_{lm}^{t} + Q_{bm}^{t,\mathrm{in}} + \hat{Q}_{mg}^{t}, \ \forall m \in M, t \\[2mm] \quad Q_{bm}^{t,\mathrm{out}} \leqslant \beta_{m} Q_{sm}^{t-1}, \ \forall m \in M, t \\[2mm] \quad Q_{sm}^{t} = \beta_{m} Q_{sm}^{t-1} - Q_{bm}^{t,\mathrm{out}} + \beta_{m}^{\mathrm{in}} Q_{bm}^{t,\mathrm{in}}, \ \forall m \in M, t \\[2mm] \quad A_{im}^{h} Q_{im}^{t,\min} \leqslant Q_{im}^{t} \leqslant Q_{im}^{t,\max} A_{im}^{t}, \ \forall i \in G_{m}, \ m \in M, t \\[2mm] \quad \hat{Q}_{mg}^{t} \leqslant \sum_{i} Q_{im}^{t} + \beta_{m} Q_{sm}^{t-1}, \ \forall m \in M, t \\[2mm] \quad Q_{sm}^{t} \leqslant Q_{sm}^{\max}, \ \forall m \in M, t \\[2mm] \quad Q_{bm}^{t,\mathrm{out}} \leqslant \beta_{m} Q_{sm}^{\max} A_{dm}^{t}, \ \forall m \in M, t \\[2mm] \quad Q_{bm}^{t,\mathrm{in}} \leqslant \beta_{m} Q_{sm}^{\max} A_{cm}^{t}, \ \forall m \in M, t \\[2mm] \quad A_{dm}^{t} + A_{cm}^{t} \leqslant 1, \ \forall m \in M, t \\[2mm] \quad \hat{Q}_{mg}^{t} \leqslant \left(Q_{sm}^{\max} + \sum_{i \in m} Q_{im}^{t,\max}\right) A_{mg}^{t}, \ \forall m \in M, t \\[2mm] \quad Q_{gm}^{t} \leqslant \left(Q_{sm}^{\max} + \sum_{i \in m} Q_{lm}^{h}\right) A_{gm}^{t}, \ \forall m \in M, t \\[2mm] \quad A_{gm}^{t} + A_{mg}^{t} \leqslant 1, \ \forall m \in M, t \end{cases} \end{cases}$$

$$(13.27)$$

13.3.3　模型求解与分析

1. 求解方法

参考胡小平等（2008）的解法，利用下层优化问题的 KKT 条件[①]代替下层优化问题，从而把双层规划问题转化为单层优化问题。对给定的 X，下层优化的 KKT 条件：

$$\frac{\partial Z_{PC}}{\partial Y} + \lambda_e' \frac{\partial g_e}{\partial Y} + \lambda_i' \frac{\partial g_i}{\partial Y} = 0$$

$$g_e = 0$$

$$\lambda' i g_i = 0, \ \lambda_i \geqslant 0 \tag{13.28}$$

其中，λ_e、λ_i 分别为拉格朗日乘子的列向量，其长度为下层中等式约束个数与不等式约束个数。当 Z_{PC}、g_e、g_i 都是 Y 的凸函数时，KKT 条件是约束优化问题取最优的充分必要条件，即式（13.28）存在唯一解。当存在关于 Y 的非凸函数时，KKT 条件仅是约束优化问题取最优的必要条件而不是充分条件，此时由式（13.28）表示的 KKT 条件可能求得多个 Y 值。此时，为了求得问题的全局最优解，可以由多个起始点并行求解式（13.28）表示的 KKT 条件，得到多个 Y 值，然后取使 $Z_{PC}(X,Y)$ 最小的 Y 值，即

$$Y = \arg' \min_{Y_i} Z_{PC}(X,Y), \ i = 1,2,\cdots,n \tag{13.29}$$

其中，Y_i 为从第 i 个起点出发，KKT 条件式的解；n 为不同的起点个数，当下层为关于 Y 的凸优化时，取 $n = 1$。把式（13.29）简记为

$$Y = f_k(X) \tag{13.30}$$

则双层规划等价于下式的单层优化：

$$\min_X Z_{DC}(X, f_k(X))$$

$$\text{s.t.} \quad G_e(X, f_k(X)) = 0 \tag{13.31}$$

$$G_i(X, f_k(X)) \leqslant 0$$

对式（13.31）利用并行基因算法求解得到最优解 X^*，令 $Y^* = f_k(X^*)$，则 (X^*, Y^*) 为双层规划问题的近似全局最优解，当下层为关于 Y 的凸优化时，(X^*, Y^*) 为双层规划问题的全局最优解。对式（13.31）使用并行基因算法求解，需要对 X 进行编码与解码，而约束条件可以通过增强型拉格朗日乘子解决。

---

① KKT（Karush-Kuhn-Tucker）条件是非线性规划（nonlinear programming）最佳解的必要条件。KKT 条件将 Lagrange 乘数法（Lagrange multipliers）所处理涉及等式的约束优化问题推广至不等式。

2. 算例

假定某地区配备一个简单的智能电网，由 25 个节点组成，其中有 12 个微电网节点、2 个传统发电单元节点。为了简化模型，假设这 12 个微电网只装备了太阳能发电单元和风能发电单元，配备存储电池和相关的充放电策略。系统结构图如图 13.10 所示。

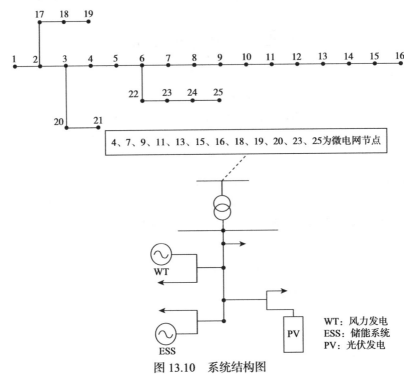

图 13.10　系统结构图

气候条件参考了风资源和光资源较好的中国某地区 2016 年某日的气象数据。太阳辐射量、风速、环境温度时序图如图 13.11 所示。

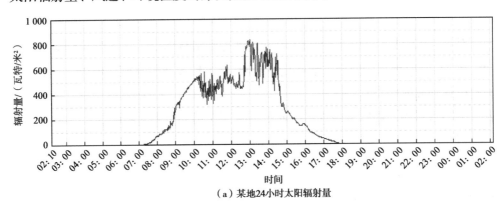

（a）某地24小时太阳辐射量

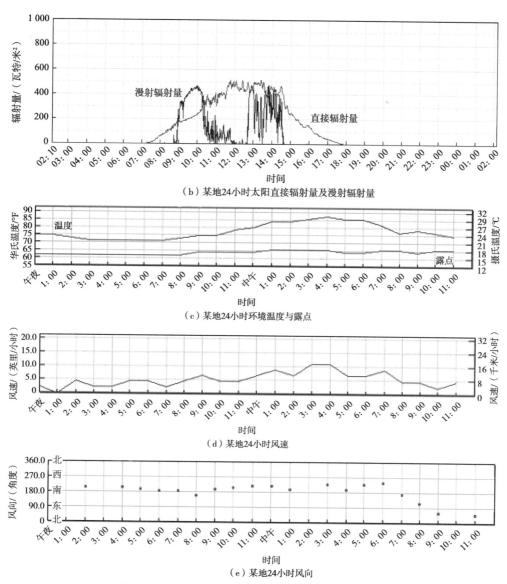

（b）某地24小时太阳直接辐射量及漫射辐射量

（c）某地24小时环境温度与露点

（d）某地24小时风速

（e）某地24小时风向

图 13.11　某地太阳辐射量、风速、环境温度时序图

　　常规发电机发电成本计算方法前文已经阐述（Hu et al.，2007；Feijoo and Das，2014）。可再生能源发电成本采用平准化度电成本（levelized cost of energy，LCOE），国际通用的度量方法包含可再生能源发电的建设成本、运维成本、生命周期发电量及融资成本，但一般不包括并网和传输成本。目前，可再生能源发电成本高于传统化石能源发电成本，可以对可再生能源发电进行补贴来提高其竞争力。调研资料和多篇参考文献（U.S. Energy Information Administration，2012a，2012b，

2012c；马翠萍等，2014）中计算的可再生能源发电成本的结果不尽相同，用三角分布（最小值，众数，最大值）来表示调研资料和文献的统计结果，风力发电平准化成本为（0.51，0.57，0.61）元/千瓦时，太阳能发电平准化成本为（0.8，0.98，1.2）元/千瓦时。微电网储能设备的运行成本参考了国际可再生能源机构给出的结果。微电网作为负载的电力需求参考了文献 Colmenar-Santos 等（2012）。

　　碳排放上限（emission cap，CAP）和排放成本（emission cost，SCC）的值参考了相关文献（Feijoo and Das，2014；张国兴等，2017，2018），见表 13.12 列出的四种排放方案。

表 13.12　排放方案

成本与上限	排放方案 1	排放方案 2	排放方案 3	排放方案 4
SCC（元/吨二氧化碳）	140	140	290	290
CAP（吨二氧化碳）	200	350	200	350

　　将上文中的算例作为样本，为了便于计算，假定微电网只作为负载（不考虑发电和存储容量），在一定的 CAP 和 SCC 的限制下，每一期的节点边际电价通过前文介绍的 DCOPF 模型进行优化获得。图 13.12 给出了分时节点边际电价与可再生能源发电成本的比较。

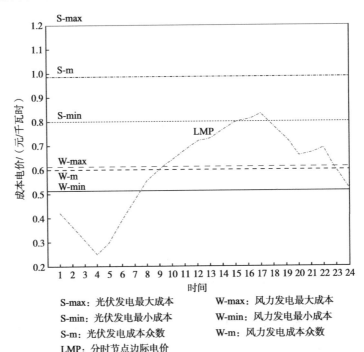

图 13.12　样本中太阳能和风能发电的平准化成本与分时节点边际电价

3. 优化结果

根据分时节点边际电价、电能需求及观测到的太阳辐照度和风速数据，运用模型就可以优化微电网每一期生产、存储的电能及和 ISO 的能量流动。模型对 ISO 的调度与微电网的运营进行了 24 小时（24 期）的规划，根据需要也可以进行其他时间长度的规划。运用 Matlab 软件可以很快地求出模型的解。

图 13.13 是算例中 12 个微电网（每个微电网有 50 个用户）累计的 24 小时运营的优化结果。从图 13.12 中可以看出，清晨时分，太阳辐照度和风速最低，微电网绿色能源发电量最低，但可以看出节点边际电价也最低，因此微电网向 ISO 购买电能满足自身的需求并对微电网储能设备进行充电；下午时分，太阳辐照度和风速达到最大，绿色能源发电量也达到当天最高水平，此时，微电网绿色能源发电除了满足自身需求，还可以将多余的电能出售给 ISO 满足智能电网的需求。从图 13.13 中可以看出，微电网发电量最大时，微电网从 ISO 购电量最小，向 ISO 售电量最大。向 ISO 出售绿色电能将有助于减少化石燃料发电量，智能电网整体电能供给的增加也降低了电力系统边际价格（system marginal price，SMP）（实际支付给发电厂商的系统边际电价），电价的降低也带来智能电网整体需求增加。下文将重点分析微电网绿色能源发电带来电能供给的增加给电力 SMP 带来的实际影响，并加入 CAP 和 SCC 两个因素进行分析。

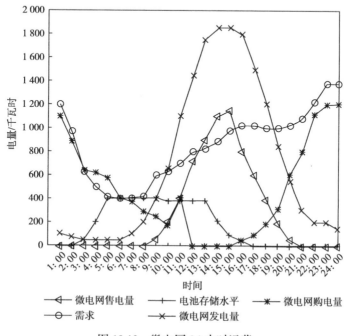

图 13.13　微电网 24 小时运营

4. CAP 与 SCC 的敏感性分析

1）合作机制下 CAP 和 SCC 对 SMP 的影响分析

图 13.14 是峰时（10：00~18：00）在四种排放方案下，微电网规模（微电网用户数量）的增长对微电网电价（SMP）造成的降幅。这个降幅是利益相关者合作机制下，微电网仅作为负载（既没有发电，也没有储能）时和微电网作为电源向 ISO 供电时的电价差。

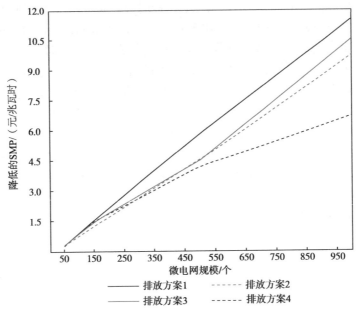

图 13.14　不同规模的微电网和排放方案在高峰时期引起的 SMP 下降量

当微电网规模较小时，四种方案差别不大，微电网电价（SMP）减少的幅度也不大，这是因为由微电网输入主网中的绿色能源较少。随着微电网规模的增加，排放方案 1 下可获得最大的降幅，当微电网的规模达到 1 000 个用户时，排放方案 1 可以对 SMP 带来 11.5 元/兆瓦时（2.53%）的降幅。更严格的碳排放政策（更低的 CAP 和更高的 SCC），如排放方案 3，可能会影响到化石能源发电，从而让绿色能源发电在市场中占有更大的比重。这是因为更严格的碳排放政策增加了化石能源发电成本（低排放上限，惩罚更高），由发电商向 ISO 提交的线性供给函数 $P_i = \alpha_i' + \beta_i' Q_i$ 可知，成本增加，供给线上升，整体需求减少，电价增加，产生新均衡点。更严格的排放政策不会增加绿色能源发电成本，它的成本相对化石能源来说更低了，市场规律使得绿色能源发电占有的市场比例上升。从图 13.14 中可以看到，排放方案 3 虽然是最严格的碳排放政策，但是给 SMP 带来的降幅不如排放方案 1，原因是化石燃料发电供给线的上升带来的新均衡点价格更高、需求更低，虽然绿色能源发电的供给可以抵消一些市场供给的下降，但是电力市场总体电能供给相对于原来的均衡点仍不足。总的来说，碳排放政策等环境政策的实施，会增加化石能源发电成本，导致电力市场价格上升，但同时，微电网的绿色能源发电由于不受 SCC 和 CAP 的影响，它的绿色发电供给会抵消一部分排放政策导致的价格上升。

2）各利益方合作机制下 CAP 和 SCC 对电力市场需求的影响分析

从图 13.15 可以看出，有了微电网的绿色发电机和存储设备后，四种排放方案下，电力需求都增加，这个电力需求指的是负载节点的需求，而不是微电网自身的用电需求。因此，在碳排放环境约束和市场供需共同引导消费的情况下，微电网绿色能源发电有利于获得更低的电价，并在高峰时期增加电力市场的电力需求。有些文献指出，微电网可以在高峰时段削峰填谷，减少电力拥堵，这也和我们的研究相符合。但是，高 SCC 相对于低 SCC 会增加更多的化石能源发电成本，使得整个电力市场的供给不足，电价上升，从而导致高 SCC 时微电网绿色能源发电的电力需求增量不如低 SCC 时多。从图 13.15 中可见，排放方案 1 的电力需求增量要高于排放方案 3，排放方案 2 的电力需求增量要高于排放方案 4。更高的 CAP 会允许更多的化石燃料发电，相应地电力市场对微电网绿色发电需求变小，绿色发电导致电力市场电价下降的量就少。从图 13.15 中可以看出，排放方案 1 和排放方案 2 比较接近，CAP 的增加没有明显地改变需求增量曲线，而 SCC 的变化使得排放方案 1 和排放方案 3 的差距比较明显，因此 SCC 对需求的影响要大于 CAP 对需求的影响。

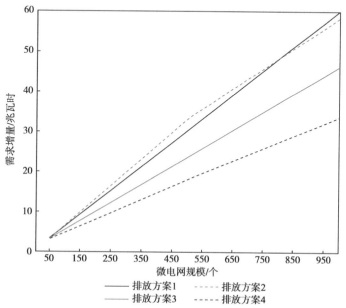

图 13.15　高峰时期微电网绿色能源发电引起 SMP 下降从而引发的总需求增长图

　　为了简化研究，图 13.16 没有考虑碳 CAP 的影响。如图 13.16 所示，原有的电力市场均衡点在 Q 点，受到 SCC 的作用，发电成本增加，电价增加，需求减少，均衡点由原来的 Q 点向左上方移动到新的位置。当 $SCC_1 = 140$（元/吨二氧化碳）时，均衡点 $Q \to Q_1$；当 $SCC_2 = 290$（元/吨二氧化碳）时，均衡点 $Q \to Q_2$。微电网绿色能源发电加入电力市场后带来成本和化石能源发电接近的电能供给（上文提到，在考虑奖励和惩罚后，绿色能源发电成本和化石燃料发电成本就接近了），供给增加有助于均衡点向原来位置移动（$Q_1, Q_2 \to Q$）。从图 13.16 可以看出：$SCC_1 \leqslant SCC_2$，供给线 SCC_1 比供给线 SCC_2 位置低，SCC_2 造成供给线下降的程度要小于 SCC_1 造成供给线下降的程度，即 $\Delta SMP_2 \leqslant \Delta SMP_1$。因此，$SCC_2$ 下绿色能源发电引起的需求增长要小于 SCC_1，即 $\Delta Q_2 \leqslant \Delta Q$，这也进一步解释了高 SCC 时微电网绿色能源发电的电力需求增量不如低 SCC 时多的结论。

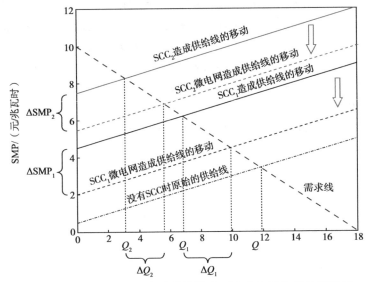

图 13.16　SCC 和微电网绿色能源发电对电力市场均衡点的影响

　　因此，碳排放和环境保护政策应该循序渐进，不能一刀切，在微电网利益相关者没有达成合作的情况下，仅制定严格的减排标准，会减少电力用户的需求，影响经济的发展。

　　3）CAP、SCC、微电网对碳排放和绿色能源普及率在各利益相关者合作机制下的影响分析

　　表 13.13 是不同规模的微电网在四种排放方案下获得的减排量，这个减排量是微电网不发电和微电网发电时 24 小时所有发电商碳排放量的差。减排效果也反映了微电网绿色能源发电水平。表 13.12 四种排放方案的 CAP 和 SCC 的值各不相同，因此不同方案下电力需求、电力调度、电价和排放的均衡解也不相同。显然，小

型规模的微电网（50 户）对碳排放没有产生显著的影响，这是因为其绿色能源发电能力有限，较大规模的微电网对减排的影响比较显著。

表 13.13　减排量　单位：吨二氧化碳/24 小时

微电网规模/户	排放方案 1	排放方案 2	排放方案 3	排放方案 4
50	0.08	0.49	2.27	4.85
150	0.47	2.88	20.16	34.57
500	1.71	10.02	65.48	121.43
1 000	3.37	20.45	143.8	230.42

更高的 SCC（排放方案 3 和排放方案 4）会产生更高的减排量，因为它会增加化石燃料发电成本，从而将发电商的供给函数向上移动，新的均衡点下电价增加，需求减少，发电商生产的电能减少，减排量上升（图 13.16 中也有反映）。排放方案 4 导致的需求增长率最低（对应于微电网发电引起的 SMP 降低量最少），但它的减排量最高，这是因为微电网绿色能源发电供应在负载电力需求的上升中占了更高的比例。虽然排放方案 3 和排放方案 4 具有相同的 SCC，但是排放方案 4 相对于排放方案 3 具有更高的排放限制，因此排放方案 4 相对于排放方案 3 来说需求增长的幅度较小。

从前文可以得出结论，微电网绿色能源发电有助于降低电力价格和增加电力市场需求。微电网绿色能源发电增加了电力需求，使得供给线向下移动，如果移动的位置接近原来的供给线，则减排效果不显著。如 SCC_1（排放方案 1 和排放方案 2）向原始 SCC 移动，均衡点 Q_1 向 Q 移动，电力需求又达到实施 SCC 之前的水平，减排量减少。这个结论从表 13.13 中也得到了印证，排放方案 1 和排放方案 2 的减排量小于排放方案 3 和排放方案 4。

表 13.14 是不同规模微电网在不同排放方案下的绿色能源普及率（微电网绿色能源发电在总的电力消费量中所占比重）。随着社区微电网规模的增大，绿色能源普及率增加。1 000 户规模的微电网在排放方案 3 时达到最大普及率 28.01%。绿色能源普及率也可以通过提高 SCC 来增加（排放方案 3、排放方案 4）。从表 13.14 中还可以看出，对于相同的 SCC，随着 CAP 的增加，绿色能源普及率会降低（排放方案 4 和排放方案 3 比较）。

表 13.14　绿色能源普及率

微电网规模/户	排放方案 1	排放方案 2	排放方案 3	排放方案 4
50	0.32%	0.21%	0.62%	0.56%
150	2.59%	1.81%	5.19%	4.49%
500	8.51%	5.69%	15.49%	14.28%
1 000	15.31%	10.47%	28.01%	25.02%

13.4 微电网利益相关者合作风险的治理模式

微电网项目开发的合作风险是指在微电网项目开发过程中，微电网项目开发的资产专用性和交易专用性高、合作机会主义、信息不对称等引发的合作者之间的利益冲突导致的合作风险。由于风险具有客观性、损失性、不确定性、普遍性、社会性、可变性、可预测性，风险发生时轻则降低微电网项目的效率、效益，重则导致微电网项目开发的失败。对于微电网项目开发的合作风险，可以通过定性与定量的方法建立相应的防范和控制机制，以预防、规避、降低和控制风险发生的损失。

微电网投资的高资产专用性和高关系专用性使得私人投资者面临高度的不确定性及拨款风险。高合约完整性为私人投资者的非合约投资提供了保护机制，并且从用户足够的剩余控制权中补偿了事后机会主义行为风险。客户和私人投资者是没有绩效激励的零和博弈，即增加服务投资就会减少私人投资者的剩余收入。用户和供应商之间的零和博弈是各方不信任的内在因素。双方都承认隐瞒私人信息可能会带来更大的回报，因此，存在更大的信息不对称。根据传统联盟治理机制的分类，可将微电网利益相关者合作风险的治理分为正式治理和非正式治理。

13.4.1 合作风险的正式治理

Amaldoss 和 Staelin（2010）、Hopp 和 Lukas（2014）将正式治理机制定义为，"非个人的交流、对经济因素的依赖、对正式合同契约的起草及执行"，事前规定双方必须投入的资产、双方允许的行为，通过具体的计划、指标、期望绩效、争端解决方案规定联盟中每个伙伴的角色及应承担的责任。因此，正式治理是以合作参与人之间的正式合约、股权约束为依据来实现治理目标的。在微电网项目合作开发的风险防范机制中，正式治理是实现风险防范目标的制度基础和主要手段。其中，正式合约既包括立项、投资建设、运营（能源消费）等各阶段参与人之间正式订立的合同、相关章程等文件，也包括国家、行业的相关法律法规；股权约束则指参与人之间参股或向微电网项目入股形成的参与人之间的股权制衡，需要依照相关法律或公司章程的规定来行使权利和取得权利。一般来说，微电网项目合作开发中的正式治理为风险防范提供了制度基础和风险防范的预防、处置方法的基本指导，是实施风险防范的基本遵循。例如，正式治理存在缺陷，如合约漏洞多、显著有失公平、对可能的风险缺乏制度约束，或缺乏必要的股权约束，都可能使正式治理失效，给微电网项目合作开发带来很大风险。

此外，为了对冲外部需求导致风险的随机性，很多企业会在交易时通过签订一揽子合约锁定交易价格，实现风险转移。这类合约通常对交易标的约定一个相较于目前市场价较低的价格，作为合约的交易底价。在合约约定的未来某一时期内，当交易标的市场价低于合约约定价格时，依照合约约定价格交易；当交易标的市场价高于合约约定价格时，则"随行就市"，依照市场价格交易。从表面上看，该类合约双方的权利、义务并不匹配，合约的一方相当于获得了一个无成本的"权利方卖出期权"，不但实现了风险的转移，还有机会锁定高额利润；而另一方仅仅承担了风险，并没有明显的经济收益，就公平的角度而言，看似不尽合理，但合约在某些方面具有重要的特殊意义。微电网技术作为未来能源链的关键技术，微电网作为智能电网的重要领域，其产业发展具有重要的战略导向作用，因而在微电网产业启动和发展初期，向其提供一定程度的保护性合约，就成为选项之一。

从交易成本经济学的理论可以获知，微电网项目开发的信息是复杂和不完全的，双边合约也不完整。建立一个有效的监督系统或一个充分的合约安排，将所有潜在的突发事件全部考虑进来，由此约束和规范服务提供商的行为几乎是不可能的（Koo et al.，2013）。一些研究表明，应该通过共同所有权，如纵向一体化来减少代理人的数量，减少各方机会主义行为的诱因，并降低交易成本（Williamson，1979）。通过长期合同、基于绩效的合同设计、利润和风险共享及鼓励某些行动和结果的激励结构等机制，可进一步加强服务提供商和客户之间的利益一致性，因此当地社区和私营服务提供商的目标是可以统一的。事前搜索（如招标）和事后监督可以减少信息不对称，但会带来大量的交易成本。

长期合约是协调利益相关者的有效治理模式，可以促进各方实现各自的承诺，尤其适用高专用性和低交易频率的资产，产出容易观察到而付出的努力难以观察到的情况。这种治理模式鼓励公共和私营部门之间进行长期的经济和信息交流，通过长期规划获得稳定的收入，减少基础设施项目固有的复杂性和不确定性。长期合约包含了经济交流时正式的、指定的条件和条款，这种合约行为必须是防止危害的有意识合作，它可以促进缔约方之间持续信任的关系。但是，当长期合约无法拥有"可行的远见"时，合约是不完整的。合约不完整是指合约不能在各种可能的状态下提供一套有效的义务，这意味着会从非合约投资及事后机会主义行为中产生大量的风险。基于长期合约的系统不会需要所有的远期能力，发现所有可能的危害，并在事先合约协议中加入风险减轻机制。

13.4.2　合作风险的关系治理

非正式治理又被称为关系治理。关系治理机制被认为是"以个人或社会为基础的开放式的交流、双方更多的交流、信任与合作等"（Mellewigt et al.，2007），建立在"经常性的上下级交流，建立合作团队、更频繁的管理层联系、分享决策制定及联合问题解决小组"上（Costinot et al.，2014）。在微电网项目合作开发中，关系治理主要体现为参与项目开发合作的各方人员之间的直接沟通，从而为双方或多方消除误解或合作障碍，建立更有效且顺畅的资源共享、信息交通、知识互鉴的合作关系。一般来说，关系治理是以正式治理为基础的，但比正式治理更灵活、更便捷、更深入且成本更低的治理关系；因此，在风险防范方面，关系治理能够深入正式治理难以覆盖的细节，并通过建立参与者之间的"共情"关系，成为正式治理的重要补充，在推动合作伙伴之间知识共享方面也发挥了正式治理难以实现的作用。因此，可以把关系治理在微电网项目合作开发的风险防范方面的作用归纳为：一是由于微电网项目由装备、能源、建设、通信和控制等多个行业企业合作开发，关系治理可以在具有显著行业差异的合作伙伴之间减小知识差距，建立有效沟通和协同行动的关系；二是由于不同合作伙伴间资金周转情况、商业模式不同，关系治理可以在正式治理难以细化的协同行动中实现有效协同；三是发挥关系治理的主要优势，建立合作伙伴的具体人员之间的友好关系、深入沟通渠道，解决正式治理难以深入的合作细节问题。

虽然微电网利益相关者的合作可以资源互补，提高项目开发效率，但是根据"不完全合约理论"，任何貌似完美的合作都存在合作伙伴背叛的潜在风险，微电网的投资回报高度依赖于向用户生产、分配和销售电力，需要投入专用的人力和实物资本才可以盈利。高度的资产专用性和交易专用性使得微电网利益相关者很容易相互"套牢"，形成"双边垄断"的关系，特别容易形成事前投资风险及事后利益分配风险。另外，微电网利益相关者所掌握的项目信息是复杂和不完全的，双边合约也是不完整的，建立一个有效的监督系统或一个充分的合约，将所有潜在的突发事件和风险考虑进来，并规范微电网利益相关者的行为几乎不可能实现。

13.5　本 章 小 结

借助前文提到的电网项目合作风险的基础性理论和合作风险的发生机制，本章针对微电网项目开发的各阶段建立了合作风险的防范模式。本章为建立微电网合作开发的经济激励、政策激励和发展模式提供了依据。

　　微电网项目规划立项阶段,针对微电网项目的投资风险承担性,采用 Shapley 值法做出初步利益分配,然后引入风险系数来对初步收益分配方案进行修正,对风险系数修正后的分配方案做相应的调整。微电网项目开发建设阶段,需要政府的监管机构和决策者运用适当的经济激励措施(如微电网并网费用、监管电价、电力中断成本等)和促进政策去防范合作风险。微电网项目运营维护阶段,为了防范微电网运营商的道德风险和投机问题,以及微电网运营商与用户的委托代理问题,需要监管者制定适当的环境保护政策,防范微电网运营维护的风险。

　　本章研究发现:在规划立项阶段,矛盾的根源是微电网合作收益的分配问题,应该运用博弈论,从边际贡献、风险承担、投资额三方面出发得到微电网项目投资收益分配方案;在开发建设阶段,微电网项目开发建设的利益传导主要涉及政府、大电网公司、能源供应商、设备供应商和用户五个参与方。微电网项目的开发收益在这五个参与方之间不断地流动和传导。微电网项目开发的成本收益问题,使各参与方对微电网的投资需求和消费需求不足。为了推动微电网发展,微电网项目开发建设阶段需要相应的机制以激励各方积极、高效地参与微电网项目开发;在微电网运营维护阶段,应将社会福利和电网最优调度作为上层领导问题,微电网最优运营作为下层跟随问题,迫使微电网运营商在国家节能减排政策的规范下,促进可再生能源的利用,赚取合理的利润。

第14章 政策创新分析

为解决微电网项目面临的管理挑战，推动其在我国资源禀赋较好的地区进行开发、建设以实现产业快速发展壮大，促进电力行业高质量发展转型，我们结合前文的研究，对当前阻碍微电网发展的影响因素进行分析，并提出规范市场环境、产业补贴扶植、合作及其治理、价值补偿等创新政策建议。

14.1 政策目标分析

14.1.1 增强微电网利益相关者合作动力

微电网在技术构成上与大电网有较大差异，其系统内存在储能系统和用户，拥有适配的各类可再生能源发电设施，而大电网公司并没有与其规模匹配的大型电厂。此外，微电网在控制和协调系统内的电能交易与传输时，充分考虑了系统用户的需求，而大电网的统一调度则不涉及用户的参与。微电网技术形态的复杂性使其利益相关者数量众多，而大电网具有比较统一的利益格局和地位。当前，微电网在产业发展初期，技术成熟度缺乏、投资成本高、资源协同有限、利益相关者利益冲突、合作存在地位不平等成为限制微电网潜在利益相关者投资意愿的重要原因，降低了利益相关者合作动力。本书调研发现，微电网"自发自用，余电上网"是新能源发电与传统能源发电友好互动的方式，"自发自用"利用当地可再生能源发电，并就近为各类用户提供电能，延缓电网配电资产升级改造，降低电网投资成本，同时有利于当地用户的能源成本节约和环境保护；"余电上网"能够有效减少微电网弃风弃光的问题，并且提高微电网的收益，提供大电网断开的电能连接，成为大电网的终端补充。但是，微电网也对大电网的电压、频率带来一定冲击，并且数量众多、地点分散的微电网更是提高了大电网接入的复杂性，因此许多微电网项目在设计之初并未得到大电网的支持，无法建立与大电网的合作，导致项目流产。其他的潜在投资者（如设备供应商、能源供应商）观察到这一事实，以及投资回收的不确定性、资产专用性问题也导致缺乏合作开发的动力。

微电网项目开发建设合作动力不足往往是缺乏正式治理机制来约束和惩罚可预见性的问题与投机行为。在微电网项目开发建设中，掌握核心技术、资源及渠道的企业常常在合作联盟中处于领导地位，拥有更高的市场地位，其他参与联盟的拥有辅助技术、资源等的企业则为成员企业，它们之间的合作形成盟主-成员型战略联盟。由于联盟内部信息不对称，联盟伙伴自己决定是否及如何显示偏好和私人信息，往往会出现联盟伙伴为了追求效用最大化利用信息不对称的机会主义倾向问题，如设备供应商提供仅符合项目运营参数的设备，并未适时对设备提供运营优化改进以适应环境变化等，这不但损害了联盟伙伴的利益，还可能导致联盟的合作失败。因此，在合作过程中，微电网中的盟主企业与成员企业通过契约协议、股权合作等方式建立联盟，一方面约定联盟内各企业的权利和义务，各司其职，为实现联盟共同目标做出努力；另一方面，为了降低联盟合作的不稳定性，或者提高合作项目或活动目标实现的成功率，签订针对惩治背叛行为、损害共同利益行为的合同，提高以牺牲共同利益为代价而获得私利的企业的预期惩罚成本，以此约束联盟企业的经营活动。例如，合作中专用性资产投资常常会对企业进行"套牢"，若联盟伙伴因逐利考虑发生生产、营销等活动的关键信息虚报、利用联盟内部知识学习机会获取合作伙伴私有知识并用于与竞争对手合作等损害联盟利益的行为，可能导致联盟失败或解散，此时专用性资产投资企业的退出和资产转移处置困难，将遭受巨大损失。通过不可撤回性投资契约、信息虚报罚款等方式来增加机会主义行为的成本，进而加强稳固合作关系的长期性。

14.1.2 防范化解微电网利益相关者合作风险

在战略联盟中，由于有限理性、信息的不完全性及交易事项的不确定性，企业签订的契约合同或协议往往存在缺口和遗漏条款，即签订了不完全或不完备合约。不完全合约将增加合作中企业为了自身利润做出不利于总体目标实现的行为和活动，导致微电网利益相关者的多方合作中存在着合作风险。微电网与大电网的合作中，双方都需要投入一定的资源，大电网需要投入输配电线路网络等固定资产，微电网需要投入自身的设备系统，包括微电源、储能装置、控制装置、辅助装置等固定资产。这些资产具有高度专用性，很容易受到机会主义行为的威胁，如微电网可以在大电网建成输配电网络后，降低原先的承诺，以变相地威胁"撤出"实施"敲竹杠"行为，在损害大电网收益的前提下提升自身收益；大电网也可在微电网设备系统建成开始运行后，改变原先的交易条件，提高通道费/过网费，由于微电网设备系统的高度专用性，转移或变卖的处置成本和损失过大，微电网可能被迫接受大电网改变后的苛刻条件。这些风险大大削弱了微电网利益相关者的合作与协调关系，降低了微电网项目成功运营的效率。

通常，利用正式治理的方式，包括合同、契约、协议等强化微电网利益相关者之间的合作关系和防范预期的各类问题，但是，始终无法设计和制定包含方方面面的完美合同，只能在完成计划的过程中不断改进和完善合同中关于风险分担与利益分配的条款，努力实现合作的公平性，但这基于良好的合作关系与沟通反馈机制。因此，通过关系治理，如建立有效沟通机制、层级信息交互机制、信任关系及声誉等柔性灵活的方式提高微电网利益相关者在联盟中的信用度及在同行业中的声誉，将使存在潜在机会主义行为的主体会评价和计算采取机会主义行为的收益和损失。考虑到这种信任与声誉损失是长期的、不可逆的，将促使其选择为实现共同目标采取努力的行动。此外，在微电网项目中，以盟主为主导的联合合作更强调以领导企业为核心的合作治理方式，难以避免对小企业利益诉求的满足。这种忽视或牺牲其他利益相关者对某一目标做出的物质、人力等方面贡献的行为将使其他利益相关者无法获得合理利益，降低其参与的积极性和努力，导致经营活动或者运营项目处于一种脆弱的状态。因此，强化弱势利益相关者的保护机制，将经营活动或项目涉及的所有利益相关者的利益主张考虑进来的利益相关者协同，更容易实现不同经营阶段各利益相关者的利益动态平衡，减少合作的潜在风险。

14.1.3　规范统一微电网外部性补偿制度

根据产业组织理论，幼稚产业指某一产业处于发展初期，基础和竞争力薄弱，但经过适度保护能够发展成为具有潜在优势的产业。我国微电网及新能源发电产业正处于产业培育和发展的关键时期，其产业特征要求一定时期内的经济补贴、税收减免、关键技术及装备的进口关税优惠等财政扶植，优惠贷款倾斜、专业化发展基金等金融扶植，以及技术引进降税、加大科研经费及人员投入等技术扶植的手段来促进其快速发展壮大。通过前期国家能源局、国家发改委等相关部门及各级政府对微电网项目立项、开发、建设等方面的支持，微电网产业已经初现雏形，具备广阔的发展前景。随着微电网各类发电、控制、储能技术等不断创新，微电网项目的开发成本逐年下降，发电效率稳步提高，因此，各类微电网项目的上网电价逐年下降，甚至取消。微电网产业具有较强的外部性，该产业的边际收益低于社会的边际收益，初期的各类补贴可以填补边际收益缺口，促进产业快速发展。但是，从长期来看，补贴会造成巨大的政府财政压力，以及企业骗取补贴与缺乏产品和管理创新动力，往往会逐步下降直至取消,逼迫产业市场化发展。因此,微电网具有环境外部性,其发展可以助推清洁能源利用并减少二氧化碳排放、提高空气质量,利用当地局部区域建设微电网,减少土地占用损失。通过市场化手段和方法将其外部性内部化是促进微电网良性发展的重要方式,如利用绿证市场、碳排放权交易等,这既对外部性进行了弥补和补偿,改变了该类产业收益和利润函数,直接增加了微电网项目的收益,也对社会收益进行了再分配,惩罚了对环境破坏的生产经营活动,是一种公平的市场配置。因此,建立规范、统一的市场化补偿制度,实现微电网外部性内部化,将促进微电网产业的健康发展。

14.2　具体政策建议

14.2.1　产业支持政策

1. 与增量配网结合,促成微电网产业链纵深融合

加强电力规划统筹,将增量配网与微电网开发相结合,从而起到电力体制改革双促进的作用。面向市场放开增量配网是新一轮电力体制改革的一项重要工作,增量配网项目也涉及多方利益相关者,其利益相关者的类型和利益诉求大多与微电网类似,两者结合起来推进是有基础条件的。2014 年以来,国家发改委和多个地方发改委批准了多项增量配网项目参与到微电网的试点项目中,也多次批准了多个清洁能源电源项目以微电网试点项目为契机参与到所在地区的增量配网项目中。

本书对全国多个微电网试点项目进行调研发现,大多数微电网试点项目推进较为困难,推进困难的原因很多。微电网开发建设重要的阻碍因素是开发条件受限,但那些与所在区域的增量配网项目可结合的微电网试点项目,在开发条件方面显然要优于没有与增量配网项目相结合的项目。

新建园区或新区的规划既要立足当前,着眼长远,远近结合,又要充分考虑资源和环境的承载能力,合理确定产业项目的用能需求。新建园区或新区的电力设施建设是增量投入,优先规划或选择微电网方案实施将有利于微电网项目开发,促成微电网产业纵深融合。

2. 与电动汽车充换电站关联合作,加速产业发展

由于我国 75%~80%的电能来自燃煤发电,通过传统电网对电动汽车充电,所

产生的碳排放量并不比传统燃油汽车更低，并且也难以降低对传统化石燃料的依赖。将电动汽车接入可再生能源微电网，充电时其作为负载，反过来，电动汽车在电池有足够电量的情况下，可以对微电网负载进行供电，将促进可再生能源利用和绿色电力使用。此外，使用电动汽车作为微电网的移动储能设备，不仅减少了微电网中静态储能设备的投资和微电网系统的全年运行费用，而且提高了系统供电、供热的可靠性，使车主在使用电动汽车的同时得到一定的补偿。相对于电动汽车无序充电，通过电价动态调整促进其有序充电，使电动汽车作为主动负荷起到削峰填谷的作用，提高换电站运营商利润及资源利用率，使微电网运行更加经济。

电动汽车充换电站与微电网的关联能够促进可再生能源利用，提高微电网和用户的经济性，但其中的合作机制、商业模式、计价策略等有待探究。政府应通过政策引导，如税收或补贴，鼓励和支持电动汽车充换电站投资商使用清洁的可再生能源微电网的电能，促进清洁能源的就地消纳。同时，政府应支持相关龙头企业制定行业标准，在电能质量、蓄电池接入、与公共电网的经济调度等方面达成共识，促进多方合作与共赢。通过与电动汽车充换电站的合作协调，可促进微电网产业在用户端实现能源消纳和补充的双向友好互动，加速产业发展。

3. 搭建微电网项目多方合作平台，打通行业边界

为了促成微电网发展，应搭建微电网多方合作平台，构建畅通的信息交流渠道，促进各方资源和信息共享。政府搭建平台既有利于各方有效识别合作者，也为合作协议的签订与执行提供了信用保障，同时为政府制定相应的合作运营标准和规范提供了基础支撑。典型的合作平台形式是，微电网项目投资者通过平台招投标方式或者拍卖等方式寻找合作伙伴，利用股权投资的方式吸纳合作者共同参与建设微电网，建立自行协商的价格体系，构建冷、热、电多种能源市场交易机制。平台将充分发挥各方在资源、技术与营销等方面的优势，打通行业边界，形成有效的微电网项目合作风险分担与利益共享模式。

4. 加强微电网项目低碳技术研发

能源革命的实现归根结底要靠科技创新。国际上绿色能源的发展是由科技创新引领的，我国现阶段可再生能源发展中，在部分领域或关键环节没有核心自主知识产权是关键问题之一。因此，国家推动持续科技创新的环境建设是非常重要和迫切的：促进清洁能源技术创新，提高能源利用效率；加大能源领域科研投入，提高能源研发投入比重，并形成有效的创新激励机制；组织先进能源技术的研发、推广和应用；加强能源技术自主研发，提高自主创新能力。

提高可再生能源的发电功率，如风功率、光伏发电功率，加强对预测精度和

预测时间的控制，以提高电网对风能、太阳能等波动性能源的可控性，保证电网系统的稳定运行。加快可再生能源发电核心技术和关键材料的研发和产业化，不断提高发电效率，降低可再生能源发电成本。国家能源局提出，2020 年风力发电实现平价上网，不再给予补贴。我国的风电发展优先采用集中式的发展方式，随着风电装机容量逐年提高，风电设备利用小时逐年增加，风电项目建设成本逐年降低，实施先平价上网是有技术条件的，同时，风电接下来将会采用分散式的发展方式继续增大能源占比，分散式的发展也为微电网建设提供了电源保障和技术条件。

14.2.2　投融资支持政策

多方合作治理规范微电网产业发展的政策建议如下。

1. 引导采用市场化方式获取微电网资源开发权

传统电网的所有权归属于国家，而微电网的所有权则可以是国家、私人或混合所有。然而，不论微电网的所有权归属如何，其开发权都应交由市场运作。这意味着需要尊重投资者的合法产权，确保他们的合法权益。同时，国家应加强行业监管和规范，促使投资、开发和运营行为合规，从而有效保护各方利益相关者的利益。市场化运作方式不仅能促进微电网资源的高效利用和项目建设，还能平衡政府监管与项目绩效之间的关系，推动微电网的健康发展。

对于国有产权的微电网项目，政府设立专门机构或平台公司掌握微电网资源的所有权，采用招拍挂的方式吸引社会资本参与微电网资源的开发。工业园区下属的平台公司可以将本区域的微电网资源开发权打包再进行招拍挂，优质开发企业根据市场规则获得微电网资源开发权。

2. 设计多方参与的微电网项目投融资治理机制

微电网发展初期及其技术系统特点，使其开发时面临巨大的成本和风险；微电网的应用环境特点，使其在发展中面临许多阻力和限制；微电网的市场化特点，使其可通过市场化途径解决其对资金、技术、关系的需求。市场对微电网项目的需求，源于其为用户提供的微电网供能质量，微电网项目的市场增长水平取决于其对用户需求的创新性解决水平和创新性建设水平，微电网的建设对利益链上资金和技术等的需求通常无法由单个的主承建者完成和协调。因此，通过多方参与的合作既能解决单个主体建设微电网项目面临的高额投资成本，也能分散微电网项目的各类风险。

在微电网合作建设中，不同利益相关者扮演着不同的角色，拥有核心资源（如大电网拥有大量的电网资产和用户资源，政府平台公司拥有一定的行政资源，能源供应商具备良好的能源开发服务人力及经验资源等）的利益主体往往在合作中担任领导者角色，即主承建者，其他利益相关者扮演跟随者角色，形成盟主-成员型战略联盟。主承建者可通过与其他各方进行合作与协同的方式来实施，主承建者作为领导者，其他方作为跟随者，通过股权合作的方式参与合作建设，将满足微电网建设对关系协调、资金和技术等的需求。建立促进微电网发展的股权融资治理机制，通过研究估值方法、融资额度、创新水平、技术水平等因素对项目股权融资等的影响，设计各方最优的利润分配方案和最优融资额度，以及是否选择引入设备供应商等利益相关者。为了防止融资不当和对微电网项目股权的过度稀释，需控制主承建人自身的市场增长水平。特别是面对设备供应商的参与时，接受或拒绝设备供应商参与，更应视市场增长水平和质量增长水平而定。同时，研究还发现，合适的股权融资机制，还应考虑股权投资企业性质的影响。最后，主承建者应当考虑承担更高比例的风险，甚至在股权比例之外的风险，因为其具备比跟随者有更大撤回投资和接受失败的风险承担能力，利用这类承诺吸引跟随者做出更大努力，实现共同目标。

3. 鼓励社会资本以联合体形式参与微电网项目竞标

微电网项目的开发运营过程需要多方合作参与才能发挥各方的价值作用，才有利于微电网项目的顺利开发，才能保障微电网项目的经济可行性和技术可行性，因此，微电网资源开发权的竞标不能仅仅只由一方独立完成。

由于微电网项目的开发多方参与比重较为均衡，参与程度均较深，若有一家独大承揽微电网项目的开发权，往往会出现项目资源层层转让、迟迟得不到开发的现象，进而导致社会福利的流失。因此，提倡和鼓励多方合作伙伴以联合体形式参与微电网项目竞标。

4. 设立微电网技术研发及应用的专项基金

引导并鼓励资本向微电网技术研发及应用方向流动，鼓励针对能源新技术采用天使投资的方式投资微电网的专有技术，或由微电网供应商设立专项项目公司吸引投资。专项基金的专款专用特征将吸引能源类企业扎根应用研究，有利于加快微电网技术研发及研发成果转化的效率，扩大微电网产业向社会各方的渗透面。

14.2.3　市场化补偿政策

以下是关于实现微电网项目正外部性价值补偿的政策建议。

1. 促进微电网项目参与电力市场碳交易、绿证交易

微电网项目的外部性特征，使其边际收益小于社会边际收益，可能会抑制微电网项目投资。利用市场化交易机制实现微电网价值补偿，是微电网产业发展到一定阶段的必然趋势。本书通过建立三阶段动态博弈模型，在区分可再生能源利用技术创新独立投资和联合投资两种策略的基础上，研究了可再生能源配额制和绿证制度下，可再生能源配额和绿证交易价格对可再生能源利用技术创新水平、电量和利润的影响。研究发现，可再生能源配额制会给电力企业带来利润损失，但会加快绿证市场的形成；可再生能源配额存在最优边界，使得电力企业存在均衡的可再生能源利用技术创新水平、电量和利润；绿证交易价格的增加使得电力企业增加利润，绿证交易价格对电力企业电量的影响需考虑可再生能源技术利用水平的调节作用，绿证交易价格对可再生能源技术利用水平具有一定的正向影响。因此，推进绿证市场化交易机制建立能有效弥补微电网价值补偿带来的电力企业利润损失，特别是可再生能源电力企业。

2. 建立微电网与大电网合作的价值补偿体系

微电网产业链的各利益相关者均对微电网的价值补偿产生或大或小的影响。但在现有的电力体制背景下，大电网公司在微电网建设核准、项目运营、并网及调度、获得上网电价补贴等方面均有重要影响，没有大电网公司的支持，微电网项目开发将难以开展，微电网项目价值补偿将无从谈起。但大电网公司如果不能从支持微电网的建设中获得补偿，也不会有动力投入资源支持微电网建设。

本书研究发现，从经济收益角度来看，大电网公司与微电网有着一定程度的合作动机，微电网和大电网公司选择初始合作策略可能性越大，越容易实现双方合作价值补偿，且大电网公司是否同意并网、及时支付上网电价补贴等在促成微电网获得经济价值补偿中起关键作用。与售电收益、沟通成本和政府补贴三个参数的初始值相比，降低沟通成本、增加售电收益、增加政府补贴，更容易实现微电网经济价值补偿。

14.2.4　风险防范政策

1. 建立微电网储能备用容量管理机制

微电网投资者关注如何降低投资成本和获取合理的投资回报，而大电网公司关注电能质量、可靠性及电网末端电力接入频率的波动性。微电网提供的电能服务会侵蚀大电网公司的利益，同时电力接入将会对大电网的频率产生不利影响，

这在一定程度上将阻碍微电网与大电网之间的电力互动。因此，需要考虑备用容量管理，确保拥有足够的资源来维持所有微电网用户的电力供应，当发生电力故障时，备用容量为关键负荷提供电力供应可极大地提高电力供应的可靠性，并减少关键设备、基础设施等无法工作导致的经济损失。

同时，利用微电网备用容量可对用户侧进行激励，提高需求侧管理。电力用户根据电力价格、电力政策的动态改变而暂时改变其固有的习惯用电模式，达到减少或推移某时段的用电负荷而响应电力供应，从而保证电网系统的稳定性，可以更为有效地实现可再生能源的最大化利用。微电网优化配置中考虑价格型需求响应能够改善负荷特性，提高可再生能源的配置容量，减少储能和燃料发电机的使用，从而提高微电网的经济性。

2. 建立健全委托代理人制度

微电网运营维护阶段，为了防范微电网运营商的道德风险和投机问题及微电网运营商与用户的委托代理问题，需要监管者制定适当的环境保护政策，防范微电网运营维护的风险。

微电网运营维护阶段，运营商为了节约成本，会关停成本比较高的分布式可再生能源发电机组，直接从大电网购电供给用户，这就达不到节能减排的目的，给政府的利益带来损失；另外，微电网项目委托人（用户）和代理人（运营商）之间存在信息不对称和激励不相容，用户需要具备一定的专业知识才能够监督微电网的运营。在经济诱惑下，运营商会降低服务质量来获得所需的回报，潜在的利益分歧和合作风险会导致微电网运营和服务效率低下。将社会福利最大作为上层领导问题，微电网运营成本最小作为下层问题进行数学规划可以找到运营阶段的合作风险防范方法。

通过本书的算例分析发现：政府与微电网合作，鼓励微电网可再生能源的使用可以降低电力市场的电价，提高社会福利；政府制定碳排放成本和排放上限可以推高化石燃料发电成本，提高微电网可再生能源的利用水平，带来社会福利；碳排放和环境保护政策应该循序渐进，不能一刀切，在没有排除微电网项目运营的合作风险时，仅制定严格的减排标准，会减少电力用户的需求，影响经济的发展。

14.2.5　其他相关政策

自 2017 年以来，国家标准化管理委员会、住房和城乡建设部、国家市场监督管理总局相继发布了多项关于微电网建设运营的国家标准，随着国家"十三五"和"十四五"规划的连续推进，发布标准的速度明显加快，如微电网接入电力系统技术规定（GB/T 33589—2017）、微电网接入配电网测试规范（GB/T 34129—2017）、微电网接入配电网系统调试与验收规范（GB/T 51250—2017）、微电网工程设计标准（GB/T 51341—2018）、微电网并网调度运行规范（T/CEC 182—2018）等。

　　显然，对于微电网整个产业而言，现有关于微电网的国家标准还远远不够，不仅仅是微电网系统，还有与微电网配套的设备和材料标准也亟待完善和建立，如储能设备制造及试验标准、并网接入设备制造及试验标准等。因此，伴随着各地微电网示范项目的落地实施，尽快完善微电网建设标准和运营技术规范，并建立起产业链技术标准体系是近几年需要完成的主要工作之一。

14.3　本 章 小 结

　　本章对促进微电网项目开发建设的政策目标进行分析研究，发现政策目标包括增强微电网利益相关者合作动力、防范化解微电网利益相关者合作风险及规范统一微电网外部性补偿制度。在此研究基础上，结合本书的研究成果，提出多项促进和推动我国微电网开发和建设的政策建议，以解决微电网产业发展面临的经济管理挑战。在产业支持政策方面，通过构建创新平台提供合作桥梁，以及加强与关联产业协同发展，促进产业链纵深融合，如与增量配网结合、协调电动汽车充换电站能源高效交换及搭建微电网项目多方合作平台等；在投融资支持政策方面，提出微电网各利益相关者合作的项目资源开发、多方参与的投融资治理机制、项目竞标及设立专项基金等策略以提高项目融资水平及能力；在市场化补偿政策方面，从产业发展和正外部性内部化的价值补偿角度提出针对产业初期发展面临的高成本、低技术水平、正外部性无法补偿等缺乏竞争力的市场化补偿方案和手段，如与大电网合作及碳交易和绿证交易手段；在风险防范政策方面，利用备用容量管理机制和建立健全委托代理人制度来降低能源供给质量不稳定性、运营商机会主义行为的负面影响及提高需求侧管理和增进社会福祉；从完善相关微电网建设运营标准和制度等其他相关政策方面规范微电网项目开发与促进技术扩散。

　　政策目标分析包括增强微电网利益相关者合作动力、防范化解微电网利益相关者合作风险及规范统一微电网外部性补偿制度。微电网项目开发建设中往往存在主导企业和多个从属企业（跟随者企业）合作，然而，不同企业的资源、收益回报、市场地位差异显著，可能造成一定程度缺乏公平的交易方式，同时，投资回收的不确定性、资产专用性问题的叠加，造成微电网利益相关者缺乏合作动力，因此，利用强有力的手段营造公平合作的环境和氛围，增强投资意愿是利益相关者合作的基础。微电网利益相关者的多方合作中，由于不完全合约将增加合作中企业为了自身利润做出不利于总体目标实现的行为和活动，如运营商降低能源质量及微电网投入设备系统，包括微电源、储能设备等具有高度专用性的资产，将导致合作风险发生。因此，通过建立完善的委托代理人制度、备用容量管理机制等方式约束利益相关者的行为，以及通过各利益相关者参与项目的建设及治理，多方约定风险分担、价值共享的原则和方案，以实现共同目标。产业发展初期，面临高额投资成本、在位企业阻挠等问题，利用补贴的方式加速产业渗透。当新兴产业具备很高的外部性价值时，为促进产业健康成长，利用规范的市场化机制补偿其正外部性，使其收益等于创造的社会收益，提高产业中企业投资的积极性。

具体政策如下。

（1）产业支持政策：①与增量配网结合，促成微电网产业链纵深融合；②与电动汽车充换电站关联合作，加速产业发展；③搭建微电网项目多方合作平台，打通行业边界。通过建立微电网与新增电网或存量改造电网结合，以及与电动汽车充换电站的联合，降低微电网产业的输电网络投资，提高可再生能源削峰填谷水平及利用水平。同时，数字化平台促进信息和知识流动与共享，加速全产业链的融合与发展。

（2）投融资支持政策：①引导采用市场化方式获取微电网资源开发权；②设计多方参与的微电网项目投融资治理机制；③鼓励社会资本以联合体形式参与微电网项目竞标；④设立微电网技术研发及应用的专项基金。包含多方参与的微电网项目资源转让、投融资合作及竞标等策略，利用利益相关者协同、联盟合作机制对项目开发建设涉及的利益相关者多方的合作治理。

（3）市场化补偿政策：①促进微电网项目参与电力市场碳排放权交易、绿证交易；②建立微电网与大电网合作的价值补偿体系。通过利用现有输电网络为微电网提供消纳渠道和弥补供给缺口。

（4）风险防范政策：①建立微电网储能备用容量管理机制；②建立健全委托代理人制度。通过上述风险防范策略降低能源供给质量不稳定性、运营商机会主义行为的负面影响及提高需求侧管理和增进社会福祉。

（5）其他相关政策：建立完善相关微电网建设运营标准和制度等，促进微电网产业健康有序发展。

第15章 研究结果和展望

随着电力技术的进步和人工智能的发展，传统的集中供电方式已经出现明显的弊端，它们无法及时满足非均衡增长的电力需求和越来越严格的环保要求。微电网技术的出现从一个侧面缓解了这些问题，它的分布式可再生能源发电可以减少化石燃料的使用，保护环境；优先解决用户侧用电，不占用输电走廊，减少了线损并实现了可再生能源发电的就地消纳；配备的储能系统又可以作为用户侧配电网的备用容量，提高了电网可靠性。目前，微电网项目在全球快速增加，微电网技术和工程都取得了长足的进步。本书基于利益相关者视角，研究微电网合作开发模式与风险，得出以下结论。

15.1 本书的主要结论

15.1.1 关于微电网项目利益相关分类及相互关系

微电网项目规划立项、开发建设、运营维护各阶段存在的大量利益相关者可归为关键利益相关者、一般利益相关者、次要利益相关者三类，项目业主、投资商、政府、大电网公司、用户、移动储能站、电动汽车商、能源供应商是其中的核心利益相关者。

微电网项目整个开发运营过程分为三个阶段，每个阶段都涉及大量、彼此不同的利益相关者。每个利益相关者有各自的利益诉求，若要一一满足，微电网项目合作的达成将极为困难，甚至有"夭折"的风险，因而只能首先寻求在对合作有较为关键影响的利益相关者之间达成共识，求取合作的"最大公约数"。本书参考利益相关者理论，以利益相关者对微电网项目开发运营的影响力为标准对微电网项目三个阶段的利益相关者进行划分，将之归为关键利益相关者、次要利益相关者和一般利益相关者三类。微电网项目三个阶段的关键利益相关者有项目业主、投资商、政府、大电网公司、用户、移动储能站、电动汽车商、能源供应商。利益相关者的归类及关键利益相关者的提炼，为推动和达成合作打下了基础。

15.1.2　关于微电网项目利益相关者之间的博弈

1. 微电网与大电网公司的博弈

（1）关键利益相关者——微电网与大电网公司之间存在着一系列合作达成条件、风险收益权衡及互动机制等独特合作机制。

微电网与传统大电网公司在合作的同时还存在隐性的竞争，双方地位、话语权并不对等，构成一对不平等竞合联盟。双方都需要对联盟投入各种资源和合作努力，本书结合交易成本、资源基础等理论，系统性探究双方对于投入资源和努力的权衡，以及针对对方行为的应对策略。研究发现，只有当大电网公司从合作中获得的收益高于微电网，并且需要高于一定的比率时，合作才可以达成；合作一方在合作中所投入的资源量，不仅与自身的资源利用效率有关，也与对方的资源利用效率相关；合作双方的努力投入均与投入资源的利用效率相关；合作双方的努力投入与资源投入的比率均保持一定值，该值受到努力效率、资源利用效率、资源重要程度的影响，换言之，努力投入与资源投入之间存在一定的替代关系；合作双方的资源投入之比保持一定值，该值与资源利用效率、资源重要程度及边际收益相关；合作双方的努力投入之比保持一定值，该值与边际收益相关。这表明，在微电网与大电网公司的合作中，双方在投入资源和合作努力时，不仅仅考虑所获取的收益，同时会考虑合作带给自己的风险，并且会根据对方的行为和状态，对自己的投入做出调整，是"合作效应"的具体体现。

（2）在用户需求不确定与微电网发电不确定的双重不确定性情况下，微电网与大电网公司间存在独特的收益分配，并可经由共享与协调机制实现帕累托改进。

微电网主要面对工业与商业用户，其用电需求受到经济周期、产业周期、生产经济周期的叠加影响，这些叠加经常不同步，导致用户的用电需求具有一定的随机性。并且，出于某些战略性目的的考虑，"保底收购，随行就市"交易合约有其存在的必要。本书结合交易成本理论，系统性地探究合作双方不同决策方式影响发电量、售电价格、期望收益及收益分配。研究发现，分布式决策下微电网的最优发电量严格小于集成式决策下的均衡发电量，但发电量的最优销售价格高于集成式决策的均衡售电电价，即在双方的合作中存在"双边际效应"，且其显著性与用户需求的价格弹性系数正相关；大电网公司与微电网之间地位的不对等性，导致大电网公司可以通过主导地位从中获取绝大部分的期望收益；简单地实施"保底收购，随行就市"价格形式无法有效防止大电网公司的机会主义行为；采用收益共享契约与纳什协商模型相结合的协调机制，可以使双方成员的期望收益与绩效水平均实现帕累托改进。

2. 政府的独特角色

（1）政府提供的补偿性支持在微电网产业启动及发展初期具有重要作用。

在微电网产业发展初期，产业规模较小，产业链完善程度较之成熟的传统行业尚显不足，因而规模效应、协同效应相对较弱，导致无论是发电成本，还是售电价格均高于传统发电、售电价格。并且，当前的制度和市场环境，使得微电网具备的环保优势、供电灵活安全性、用户效用增加、社会福利增进等综合经济效益难以获得显性价值实现。因而，为启动和扶持代表智能电网未来发展方向的微电网，实现向市场机制发挥决定作用前的过渡，政府有必要在特定阶段出台各项支持措施。研究分析表明，在微电网产业启动和发展初期存在着近似"市场失灵"的现象。在当前的制度、市场环境及产业发展阶段下，仅仅依靠市场的自发调节，核心利益相关者并没有动力参与微电网建设。只有当政府提供各项支持，对关键的合作参与方进行价值补偿时，大电网公司、微电网、用户方有动力参与微电网的开发运营，微电网才能快速健康发展。

（2）微电网发展初期，政府补贴能平衡微电网的成本和收益，同时有了政府的助力也能促使各利益相关者更好地支持微电网建设，是推动微电网产业发展的有力工具。

本书构建了基于产业效率的微电网产业链补贴模型，涉及的参与方有政府、设备供应商、投资商、运营商和用户，政府补贴给不同的微电网参与方将影响各参与方的价值补偿，也会影响微电网的产业效率。具体而言，补贴给设备供应商和投资商时，微电网产业链渠道价格指标较低；补贴给运营商和用户时，微电网产业链渠道价格指标较高。由此可见，政府可在微电网发展初期或微电网市场低迷时，通过对微电网设备供应商和投资商进行补贴，以推动微电网的投资和发展。当微电网发展到趋向市场饱和时，政府可通过补贴给微电网运营商和用户，提高微电网的运营质量和刺激用户对微电网的需求，进一步促进微电网发展。同时，研究还发现补贴是有最优边界的，当微电网技术水平发展到一定程度时，各参与方的收益可平衡自身的成本和风险，此时可随着技术水平的提高逐渐降低对微电网的补贴。

3. 微电网利益相关者的利益分配

利益链及其各阶段的利益相关者对微电网的开发具有重要影响，为了保障微电网的顺利开发和发展，需要基于微电网利益相关者及利益链设计相应的机制以平衡各方的利益，促进各方的合作开发。

　　微电网项目的开发过程，也是利益分享过程，利益在微电网项目的利益链及其各阶段利益相关者之间不断流动和传导。由于微电网的技术系统特点不同于其他电网项目，其技术系统特点和结构及其运用环境使其涉及众多利益相关者。同时，微电网作为电力体制改革和能源结构调整下新兴的电网项目，其运用环境和产生背景，使其不像其他电网项目那样只要进行项目投资和开发就能顺利发展，微电网的开发和发展受到众多利益相关者的管制和限制。微电网在开发过程中，如果没有处理好这些利益相关者的利益，将严重影响微电网发展。因此，需要设计相应的机制，在平衡各方利益的基础上，促进各方的合作与协同，以促进微电网项目的开发和保障微电网项目的发展。通过对微电网项目的核心利益链和关键利益相关方的梳理和分析，我们发现微电网项目开发的立项阶段、投资阶段、建设阶段和运行阶段是项目开发的关键阶段，并发现政府、大电网公司、项目业主、能源供应商、设备供应商和用户是项目开发利益链上的关键利益相关者。在具体分析各阶段利益相关者的利益诉求和合作协同基础之上，为微电网项目开发设计了项目资源转让合作机制、产权共享机制、收益共享机制、价值补偿机制以平衡这些利益相关者的收益，促进各方的合作开发。

15.1.3　关于微电网项目的价值补偿与实现措施

1. 微电网项目价值补偿问题

　　（1）微电网项目的合作开发是一个价值增值过程，其合作开发过程也涉及多个利益相关者。微电网产业链的各利益相关者均对微电网项目价值补偿产生或大或小的影响。

　　从产业链的角度来看，微电网项目为产业链各利益相关者，如大电网公司、政府、设备供应商、运营商、用户带来不同程度的价值，因此各利益相关者也会不同程度地影响微电网项目的价值补偿。此外，微电网建设对整个社会来说具有环境、经济及社会价值，这些价值具有正外部性特征，但微电网的正外部性特征未能在市场交易中得以体现，导致微电网的价值没有得到合理的补偿，进而导致微电网投资需求和消费需求不足，不利于微电网产业的健康发展。

　　在现有的电力体制背景下，大电网公司在微电网建设核准、项目运营、并网及调度、获得上网电价补贴等方面均有重要影响，没有了大电网公司的支持，微电网项目开发将难以开展，微电网项目价值补偿将无从谈起。但大电网公司如果不能从支持微电网的建设中获得补偿，也不会有动力投入资源支持微电网建设。因此，本书第 7 章从经济收益角度分析了大电网公司对微电网价值补偿的影响。研究结果表明：大电网公司与微电网有着一定程度的合作动机，微电网和大电网公司选择初始合作策略可能性越大，越容易实现双方合作价值补偿，且大电网公司是否同意并网、及时支付上网电价补贴等在促成微电网获得经济价值补偿中起关键作用。与售电收益、沟通成本和政府补贴三个参数的初始值相比，降低沟通成本，增加售电收益，增加政府补贴，更容易实现微电网经济价值补偿。

（2）市场化交易机制是微电网价值补偿的有效途径，也是微电网产业发展到一定阶段的必然趋势。

本书通过建立三阶段动态博弈模型，在区别可再生能源利用技术创新独立投资和联合投资两种策略的基础上，研究了可再生能源配额制和绿证制度下，可再生能源配额和绿证交易价格对可再生能源利用技术创新水平、电量和利润的影响。研究结果表明：可再生能源配额制会给电力企业带来利润损失，但可再生能源配额制又会促使绿证市场的形成；可再生能源配额存在最优边界，使得电力企业存在均衡的可再生能源利用技术创新水平、电量和利润；绿证交易价格的增加使得电力企业增加利润，绿证交易价格对电力企业电量的影响要考虑可再生能源技术利用水平的调节作用，绿证交易价格对可再生能源技术利用水平具有一定的正向影响。

2. 微电网项目资源转让的拍卖机制

项目资源转让合作时对项目转让的要求和主承建者的要求，对微电网的投资和建设具有重要影响，为了保障微电网的建设质量及微电网对可再生能源的利用，需要设计反映微电网电源质量、储能质量和碳排放的项目资源转让拍卖机制。

从能源需求方面来讲，电力作为基础能源，需要保障电力系统的安全性和可靠性，微电网的可持续发展，需要微电网系统提供安全、可靠的电力能源。同时，从环境保护方面来讲，微电网出现的一个重要因素是其低碳环保特征，这也是微电网得以发展的重要特征。为了使微电网的主承建者重视微电网的这些特点和因素，在对微电网项目资源转让时，需要将这些因素纳入项目资源拍卖的要求中，以制度化的形式，确保微电网的投资和建设。微电网系统中，特别是微电网中的电源质量（包含电源设备质量和电源系统配置质量）、储能质量（包含储能设备质量和储能配置质量）、碳排放（微电网系统的碳排放水平），这些因素对微电网就地消纳当地可再生能源和利用当地特色技术，形成具有地方特色的微电网系统具有重要影响，同时也是微电网质量和可再生能源利益的重要反映，需要纳入微电网项目资源转让的拍卖要求中，以构建具有微电网技术系统特点的微电网项目资源转让拍卖机制。因此，为了保障微电网的建设质量和对可再生能源的利用，需要设计反映微电网技术特点的项目资源转让拍卖机制。项目资源转让部分通过构建反映微电网特点的拍卖模型，构建了以电源质量、储能质量、碳排放和价格为主要属性的多属性拍卖模型。通过模型，计算了拍卖的最优竞标价格，并发现可再生能源利用率和能源综合利用率对项目资源转让拍卖有重要影响，为了提高拍卖质量，拍卖方可制定合适的可再生能源利用率和能源综合利用率以控制项目资源转让的质量。同时，拍卖的前期成本和参与拍卖的能源供应商数量均对项目资源转让拍卖产生重要影响。在设计拍卖机制时，应制订合适的方案以控制前期成本和参与的能源供应商数量，以控制项目资源转让拍卖的质量。

3. 微电网发展的股权融资治理机制

微电网主承建者在投资建设微电网时面临众多成本和风险，微电网项目开发对资金、技术和关系资源等具有很强的需求，在项目开发股权融资合作时，为了保障微电网项目的顺利开发和建设，需要股权投资商、设备供应商等利益相关者的参与和形成促进微电网发展的股权融资治理机制。

微电网发展初期及其技术系统特点，使其开发时面临巨大的成本和风险；微电网的应用环境特点，使其在发展中面临很多阻力和限制；微电网的市场化特点，使其可通过市场化途径解决对资金、技术、关系的需求。市场对微电网项目的需求，源于其为用户提供的微电网供能质量，微电网项目的市场增长水平取决于其对用户需求的创新性解决水平和创新性建设水平，微电网具体的项目建设需要相应的设备和技术支撑，通常单个的主承建者很难协调好微电网建设对这些利益链上资金和技术等的需求。主承建者可通过与其他各方进行合作与协同的方式来实施，承建者作为领导者，其他方作为跟随者参与进来。对相对重要的利益相关者，通过股权合作的方式使其加入进来，以满足微电网建设对关系协调的需求、对资金和技术的需求。因此，为了保障微电网项目开发的顺利进行和发展，需要建立起反映促进微电网发展的股权融资治理机制。股权融资部分构建了微电网项目开发的股权融资模型，并计算了股权融资下各方最优的收益分配和最优融资额。通过模型的计算和分析发现，在进行股权融资时，估值方法、融资额等对项目的收益分配和股权稀释有重要影响，需要构建反映微电网项目特点的估值方法，以及根据流动资金需求进行融资额设定。同时，股权融资部分还提出创新水平和技术水平对微电网的市场增长水平和质量增长水平，进而对微电网股权融资的估值和融资额具有重要影响。为了防止融资不当和对微电网项目股权的稀释，需要控制自身的市场增长水平和质量增长水平。特别是面对设备供应商的参与时，接受或拒绝设备供应商参与，更应视市场增长水平和质量增长水平而定。同时，研究还发现，合适的股权融资机制，还应考虑股权投资企业性质的影响。由于微电网项目开发的特殊性和现行外部环境的特殊性，我们发现具有政府和电网性质的企业更有助于推动微电网项目的发展。

4. 微电网利益传导的多阶段激励机制

在进行微电网项目开发时，由于投资、参与和消费需求不足，为了促进微电网利益链上各利益相关者的参与及微电网项目的投资和消费，需要从补贴激励、合作激励和价格激励等角度构建合适的利益传导的多阶段激励机制以促进微电网项目合作开发。

微电网发展初期，面临巨大的成本和收益问题。同时，尽管微电网开发符合电力体制改革和能源结构调整的要求，但各种原因使得微电网发展缓慢。这些因素导致各方对微电网的投资、消费需求不足，缺乏参与的积极性。微电网的开发是一个系统工程。从微电网的利益链上看，微电网作为一个利用可再生能源和提高可靠电力的新事物，其发展在政府层面需要政府的相应支持，以激励各方对微电网的投资；在建设层面上，微电网项目的投资者需要分配合适的利益给参与微电网建设的其他参与方，使其享受到微电网建设的红利；在消费层面上，微电网项目的投资者需要提供合适的电力资源及合适的价格，以满足用户需求及促进用户对微电网的消费和使用。微电网项目开发的利益在整个开发的利益链中不断流动和传导。为了实现微电网各方的投资需求、消费需求，需要建立有效的激励机制，使各方参与微电网项目开发的收益符合帕累托最优改进，以促进微电网项目的顺利发展。本书还构建了多层次激励模型，并计算了最优的补贴激励、合作激励和价格激励。同时提出，政府的补贴激励应视微电网的社会收益而定，随着社会收益的增加而增加；合作激励应随着政府补贴增加而增加，随着技术进步和质量的提高而增加；价格激励应随着政府补贴注入，以及技术进步和质量提高，实现更有利于微电网发展的多方均衡价格。政府、大电网公司、能源供应商可根据这些因素制定合适的补贴激励、合作激励和价格激励，以激励各方参与微电网项目开发及促进微电网的投资需求和消费需求。

15.1.4　关于微电网项目利益相关者合作风险

1. 微电网利益相关者合作存在风险

虽然微电网利益相关者的合作可以资源互补，提高项目开发效率，但是根据"不完全合约理论"，合作存在合作伙伴背叛的风险。

根据威廉姆斯的交易成本理论,微电网的投资回报高度依赖于向用户生产、分配和销售电力,需要投入专用的人力和实物资本才可以盈利。高度的资产专用性和交易专用性使得微电网利益相关者很容易相互"套牢",形成"双边垄断"的关系,特别容易形成事前投资风险及事后利益分配风险。另外,微电网利益相关者所掌握的项目信息是复杂和不完全的,双边合约也是不完整的,建立一个有效的监督系统或一个充分的合约,将所有潜在的突发事件和风险考虑进来,并规范微电网利益相关者的行为几乎不可能实现。因此,从微电网项目一开始的规划立项阶段到最后的运营维护阶段,合作风险都贯穿其中。从经济管理的角度来看,合作风险是指多方合作所带来的固有的"合作风险"。根据合作战略和交易成本经济学中"不完全合约理论",任何貌似完美的合作都存在合作伙伴背叛的潜在风险。微电网规划立项阶段,微电网投资商可能会采取骗取项目经费的事前机会主义和钻合同空子的事后机会主义行为,大电网公司可能存在对电力市场垄断及让非微电网用户"搭便车"行为,大电网公司也可能联合微电网对用户"敲竹杠",造成项目开发的合作风险;微电网开发建设阶段,可能出现大电网公司针对微电网"上网""敲竹杠"行为,以及微电网投资商建设施工偷工减料的道德风险行为,从而导致合作风险的产生;微电网运营维护阶段,微电网运营商可能不顾大局,妨碍国家的节能减排政策,伤害用户用电稳定性和可靠性,产生委托代理的合作风险问题。微电网合作风险的分析为风险防范提供了理论依据。

2. 微电网利益相关者合作风险防范

微电网规划立项阶段,针对微电网项目的投资风险承担性,应采用 Shapley 值法做出初步利益分配,然后引入风险系数和投资额系数来对初步收益分配方案进行修正,对风险系数修正后的分配方案做相应的调整,体现了从边际贡献、风险承担、投资额三方面出发得到的微电网项目投资收益分配方案。微电网开发建设阶段,需要政府的监管机构和决策者运用适当的经济激励措施(如微电网并网费用、监管电价、电力中断成本等)和促进政策去防范合作开发风险。微电网运营维护阶段,为了防范微电网运营商的道德风险和投机问题,以及微电网运营商与用户的委托代理问题,需要监管者制定适当的环境保护政策,防范微电网运营维护的风险。

可以用图 15.1 对主要结论进行归纳。

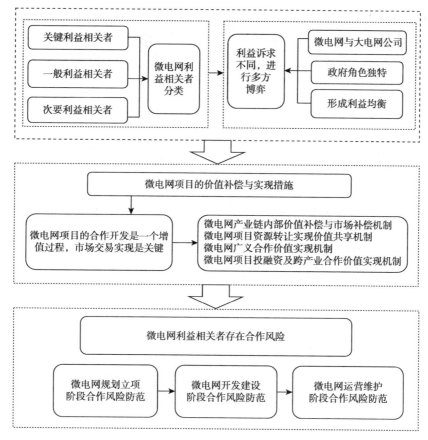

图 15.1　本书研究逻辑与内容

15.2　主要特色和创新

15.2.1　本书的研究特色

1. 多学科结合，且在研究内容选择上具有特色

我国微电网整体发展相对落后，但其示范工程、试点项目及相应的研究与技术发展很快，可见我国微电网整体落后的发展水平并非技术上的原因所致，而主要是经济管理体制上的问题。但怎样推动微电网发展不是一个独立的经济管理问题，而是一个社会管理问题，也是与电气工程等技术学科相联系的管理科学问题。

因此，本书研究团队集中了相关的经济管理专家、电气工程专家和微电网实际工作部门的精干力量，从利益相关者分析入手研究了微电网建设发展问题。这样，研究队伍和内容设计通过多学科结合的模式，满足了本书研究的要求；微电网利益相关者之间形成的合作模式和风险防范机制的研究结果对贯彻中央关于能源体制革命的精神有利，从而形成了本书的特色之一。

2. 着眼于利益相关者合作的特色

微电网项目开发是一个系统工程，其不同阶段涉及不同的利益相关者与多方之间的合作，因此微电网的多方合作及其相互之间的利益分配与平衡，关系到微电网项目建设与微电网整体的发展。因此，本书研究了微电网的广义利益相关者问题，着眼于广义的合作机制，主要建立了基于利益相关者分析的合作开发模式，构建了微电网开发中的多方合作治理机制，形成了价值补偿与社会责任承担的"双向利益机制"、合作风险的发生及防范机制。

3. 涵盖微电网项目开发全过程的研究特色

中央和习近平总书记关于能源领域的革命包括生产革命、消费革命、技术革命与体制革命四个方面，本书深入微电网建设实际，主要关注能源的体制革命，研究了微电网合作开发模式与风险防范。

本书研究建立了重要的机制与研究成果：对微电网利益相关者进行了分类并厘清了他们之间的相互关系；对微电网利益相关者之间的博弈关系进行了建模与仿真；设计了微电网项目的价值补偿机制与金融工具；揭示了微电网合作风险的来源并建立了防范机制。这些研究成果解决了微电网合作开发中的一些重要问题，如通过合作红利克服成本-效益压力，构造我国微电网合作开发的典型模式，建立价值补偿与社会责任承担的"双向利益机制"，等等，可以推进微电网在我国的健康、快速发展，为微电网发展和能源体制革命提供理论上的参考与依据。因此，在研究成果上，作为推动微电网发展的重要问题研究，也是本书的特色之一。

15.2.2　本书的主要创新和贡献

当前国内外对微电网经济管理问题的研究尚处于萌芽状态，本书研究团队在国内微电网产业部门与高校研究机构相结合的工作中走在前列，因此对相关经济管理问题体验至深，本书探索的主要问题归纳如下。

1. 归纳出较为典型的合作开发模式，为以后的研究奠定了基础

目前我国对微电网的研究主要集中于工程技术领域，其合作开发模式的研究

尚显薄弱，在研究深度，尤其是具体的关键参与者的讨论上尚有欠缺。本书研究根据我国微电网开发需求及特殊的环境条件，构造了微电网合作开发得以顺利达成和推进的合作情境，论证了核心利益相关者在合作中的作用及意愿，从而建立政府、微电网项目业主（投资商）、大电网公司、用户合作参与微电网开发建设的典型模式，提出了相应政策建议和应对措施，推动我国微电网快速、顺利、健康发展。这一创新点不仅研究内容属于创新，而且理论上运用了较为新颖的思路，在研究结果上也有较大新意；既带来关于微电网特定问题的新知识，也不同于常规分析思路，为以后的研究奠定了基础。显然，这是一个具有较大意义的创新。

2. 微电网项目价值及其实现方式的创新

尽管与本书类似的一些项目资源价值评估和补偿机制研究已见诸文献报道，并有一些取得较好绩效的补偿机制投入了实际运作，但我国鼓励低碳环保和涉及微电网其他价值补偿的类似机制和法规环境并不完善，也并未形成广泛的社会影响。究其原因，还是相关的机制设计不完善，对我国现存的制约因素和其他替代效应估计不足。因此，本书研究团队花了较大的精力进行扎实研究和调研，挖掘了微电网项目的潜在价值，明确了利益相关者对微电网价值补偿的影响，研究了政府补偿对微电网产业效率及微电网系统内部利益相关者价值补偿的影响，研究了我国可再生能源配额制与绿证制度对微电网项目资源价值补偿的影响。在此基础上设计了微电网项目价值的实现方式，如以微电网项目拍卖机制为基础的资源转让合作机制、股权融资合作机制等，以此形成的可操作性强、公平高效、能持续发挥作用的微电网项目价值实现机制是一个显著的创新研究。

3. 研究设计微电网项目治理机制的创新价值

在参照公共工程建设及相关理论、本书研究团队对国内现有数十个微电网项目调研的基础上，提出了微电网项目治理机制，其中包括：①主要利益相关者合约关系作为项目开发前提的利益合作机制；②微电网社会责任治理机制设计与微电网项目价值补偿共同构成我国微电网发展的良好社会条件和经济机制；③基于强调预防性思想，把风险控制在萌芽期的"多方合作风险防范"治理机制。以上成果构建了我国微电网项目治理的基本思路。本书研究团队提出的微电网项目治理机制具有针对性强、解决现实矛盾的一定作用。

4. 建立微电网利益相关者的身份识别、分类标准、角色定位及其利益诉求是一大创新

微电网作为新兴产业，发展时间较短，起步较早的美国、欧洲、日本等地也仅有十余年时间。然而，微电网相比传统大电网具有非常不同的运营环境和项目

建设目标，其开发建设运营过程涉及众多利益相关者并且包含传统电力系统外的利益相关者，目前学术界尚缺乏对此问题的系统性研究。本书针对这一薄弱现状，运用利益相关者理论，通过剖析微电网规划立项、开发建设、运营维护三个阶段的利益相关者，依照若干维度对众多利益相关者进行划分，将其归为关键、一般、次要三类；使用角色分析，明确各利益相关者的主要利益诉求及职责，奠定微电网合作开发中核心利益相关者的合作基础。这具有较大的理论创新意义。

15.3　研　究　展　望

本书研究采用了管理学、经济学、电气工程学多学科相结合的手段，以利益相关者理论、制度经济学、资源基础理论为基础，建立了微电网合作开发模式、项目价值实现方式、治理机制及合作风险防范机制。后续研究可以从以下几个方面展开。

15.3.1　微电网提高可再生能源利用的研究

清洁能源利用是国家能源革命战略的重要内容之一，其中也包含了可再生能源的开发利用。可再生能源是指除常规化石能源和大中型水力发电、核裂变发电之外的生物质能、太阳能、风能、小水电、地热能及海洋能等一次能源。2016年，国家发改委发布了《可再生能源发展"十三五"规划》，要求在能源消费结构方面"2020、2030 年非化石能源占一次能源消费比重分别达到 15%、20%"；2017 年初，李克强总理也在政府工作报告中指出"优化能源结构，为清洁能源发展腾空间"[①]。

如果选择微电网作为可再生能源利用的技术平台将具有重要价值。第一，微电网可以实现分布式发电的就地消纳，借助微电网系统内负荷消费电能，摆脱了一般分布式发电的电能消纳问题，实现对一次能源的清洁、可再生和循环高效利用。第二，微电网的能量管理系统能实现网内负荷平衡，平抑峰谷电价和负荷波动，提高能效，为微电网区域内的负荷实现供热、制冷、电能多能互补，是发展清洁能源、实现能源消费方式改革的重要手段。第三，微电网可以利用大电网和一般分布式发电难以充分利用的相对分散的可再生能源资源，如可把大型电源不

---

① 李克强. 政府工作报告—— 2017 年 3 月 5 日在第十二届全国人民代表大会第五次会议上. http://politics.people. com.cn/n1/2017/0317/c1024-29150205.html，2017-03-17.

便利用甚至利用不了的，宏观上分散、微观上有一定聚集度的可再生能源利用起来，还可将一般分布式发电难以上网消纳的小规模一次能源资源加以利用。第四，微电网使可再生能源发电接入电网机会更多；其储能、智能装置和控制系统可以克服可再生能源发电上网对大电网带来的冲击和供电不稳定性，且本身具备与大电网的交易接口，因此可增加可再生能源的上网机会，从而可提高对可再生能源的利用率。

借助微电网可以提高我国可再生能源的利用水平，包括提高利用率和能效。该领域的理论研究并不多见，进一步的研究可以从微电网提高可再生能源利用的问题入手，特别是微电网利用可再生能源的管理机制和经济机制创新及政策设计问题。

15.3.2　综合智慧能源系统的技术创新管理问题

随着微电网技术和产业深入发展，特别是电力能源系统的科技革命、人工智能科技的深度介入，发电侧、电网侧和用户侧的资源将日益融合，并走向综合智慧能源系统。综合智慧能源系统既可以在全电网的宏观层面实现，助推能源互联网的建设；又可以在分布式发电或用户侧的微观层面实现，成为今后配电网的主流形式甚至替代形式。无论宏观或微观层面，综合智慧能源的发展都将包含一系列重构产业关系的重大技术创新，并由此将电力系统带入全新发展阶段，也就导致管理机制的彻底重塑。

因此，沿着技术创新导致产业关系变革，进而重塑管理机制的思路，开展综合智慧能源技术创新管理研究，是未来管理学者必须面对的问题。

15.3.3　智慧能源微电网项目利益相关者构成变化的后续研究

微电网建设的创新水平和建设质量，对微电网的需求具有重要影响。微电网可以看作一种产品，用户对其需求主要基于其能满足用户需求的程度、满足用电质量和价格等。随着社会的发展，用户对供能质量的要求越来越高，需要微电网系统注重质量方面的建设。本书研究展开时，微电网产业兴起的时间并不长，其在国内的发展时间更短。但随着产业的持续发展，微电网项目的数量会越来越多，有效样本数量也会相应增加，这也为后续采用实证研究的方法进行分析提供了空间。

考虑到今后电力行业的发展，与微电网相关的产业也会不断发展和带来技术进步，从近年国内与其相关的技术专利申请便可见一斑。未来的研究可以从技术进步后微电网利益相关者的变化入手，分析新技术下利益相关者的构成、利益诉求的变化、其关系会呈现怎样的变化。技术变化会带来合作模式的变化，未来研究也可以从合作模式的进一步优化展开。

15.3.4 微电网广泛利用相关新问题的后续研究

随着人们对能源需求的增加，环境问题成为能源开发利用的重要阻碍，能源的有效利用和节能环保成为人们关注的重点，力求能源利用最大化，同时减少排放，建立友好环境，成为能源研究的一大目标。人们的能源需求具有多样性，而不同能源的转换存在着交集，因此建立能源互联成为可能。随着科学技术的发展，智慧能源的建设也提上日程。智慧能源是解决区域内能源供应问题的发展趋势，根据区域内能源需求，建立能源供应系统是智慧能源的基础。智慧能源的广泛利用可以提高能源利用率，实现节能减排、保护环境，应对气候变化。

结合本书研究的基础，未来的研究可以从智慧能源、能源互联网等能源系统发展过程中微电网产生的新问题出发进行展开，进一步研究促进微电网科学系统的发展。

参 考 文 献

白峪豪. 2012. 含分布式电源的微电网经济调度模型研究[D]. 浙江大学硕士学位论文.

蔡长昆. 2016. 制度环境、制度绩效与公共服务市场化: 一个分析框架[J]. 管理世界,（4）: 52-69.

曹波. 2009. 微电网——大电网的重要补充[J]. 机电信息,（30）: 56-59.

陈宏辉. 2003. 企业的利益相关者理论与实证研究[D]. 浙江大学博士学位论文.

陈健. 2013. 基于集成理论的新能源建设项目群管理方法及应用研究[D]. 华北电力大学博士学位论文.

陈鹏, 周晖. 2011. 微电网电力市场交易模型研究[J]. 电力需求侧管理, 13（4）: 23-29.

陈翙. 2012. 基于社会责任的电网建设效益后评价研究[D]. 长沙理工大学硕士学位论文.

陈颖, 沈沉, 梅生伟, 等. 2006. 基于 Jacobian-Free Newton-GMRES（m）方法的电力系统分布式暂态仿真算法[J]. 电力系统自动化,（10）: 12-16.

陈永淑, 周雏维, 杜雄. 2009. 微电网控制研究综述[J]. 中国电力, 42（7）: 31-35.

陈忠路. 2018. A 电力项目融资模式比较分析[D]. 西南交通大学硕士学位论文.

丁荣贵, 孙涛. 2008. 政府投资产学研合作项目治理方式研究框架[J]. 中国软科学,（9）: 101-111.

丁秀海. 2006. 浅谈项目业主对建设项目投资的控制[J]. 工程管理, 13（6）: 92-95.

董军, 徐晓琳, 张翠霞. 2012. 微电网建管分离投资经营模式研究[J]. 水电能源科学, 30（4）: 188-190, 105.

董小泊, 矫立强, 谭磊. 2013. 微电网综合经济效益评价[J]. 科技风,（19）: 217-218.

范婷婷. 2010. 公司环境责任语境下的环境税——以法经济学为视角[J]. 河南司法警官职业学院学报,（4）: 82-87.

范永茂, 殷玉敏. 2016. 跨界环境问题的合作治理模式选择——理论讨论和三个案例[J]. 公共管理学报,（2）: 63-75.

方德斌, 王先甲, 吴敬芳. 2013. 考虑碳排放的发电侧多属性采购第二价格拍卖[J]. 系统工程理论与实践, 33（8）: 1984-1992.

方勇, 张少华, 李渝曾. 2003. 一种激励相容的电力市场可中断负荷管理合同模型[J]. 电力系统自动化, 17（11）: 23-26.

付秋芳，忻莉燕，马士华. 2016. 惩罚机制下供应链企业碳减排投入的演化博弈[J]. 管理科学学报，19（4）：56-70.

傅春燕，贺昌政. 2009. 工程项目合作模式及应用研究[J]. 科技管理研究，18（5）：523-527.

高赵霞. 2010. 环境成本管理的发展趋势与碳税开征的必然性[J]. 今日南国（中旬刊），（12）：39-44.

郭佳欢. 2010. 微网经济运行优化的研究[D]. 华北电力大学（北京）硕士学位论文.

郭力，许东，王成山. 2009. 冷电联供分布式供能系统能量优化管理[J]. 电力系统自动化，（19）：96-100.

郭荣中，申海建. 2017. 基于生态足迹的澧水流域生态补偿研究[J]. 水土保持研究，24（2）：353-358.

国家发展改革委. 2016. 可再生能源发展"十三五"规划[EB/OL]. https://www.ndrc.gov.cn/fggz/fzzlgh/gjjzxgh/201706/W020191104624285140648.pdf.

国家能源局. 2015-07-13. 国家能源局关于推进新能源微电网示范项目建设的指导意见[EB/OL]. http://zfxxgk.nea.gov.cn/auto87/201507/t20150722_1949.htm.

国家能源局. 2016-03-31. 关于在能源领域积极推广政府和社会资本合作模式的通知[EB/OL]. http://zfxxgk.nea.gov.cn/auto81/201604/t20160413_2232.htm?keywords=.

韩强，刘正林. 2013. 基于总量控制的工业领域能源分配双层规划模型[J]. 中国管理科学，21（2）：168-174.

郝斌，Guerin A M. 2011. 组织模块化对组织价值创新的影响：基于产品特性调节效应的实证研究[J]. 南开管理评论，（2）：126-134.

何鹤鸣，张京祥. 2017. 产权交易的政策干预：城市存量用地再开发的新制度经济学解析[J]. 经济地理，37（2）：8.

贺鹏，艾欣，徐虹. 2013. 微电网经济运行研究综述[J]. 电工文摘，（1）：2-6.

洪科. 2010. 中国电力产业融资机制研究[D]. 湖南大学博士学位论文.

侯玉玲. 2007. 电网融资租赁建设模式的出租人决策研究[D]. 华北电力大学硕士学位论文.

胡小平，赵梅，何建敏. 2008. PGAs求解双层规划及其在分销系统优化设计中的应用[J]. 系统工程，26（6）：16-21.

胡振琪，程琳琳，宋蕾. 2006. 我国矿产资源开发生态补偿机制的构想[J]. 环境保护，（19）：49-53.

黄文焘，邰能灵，唐跃中. 2013. 交流微电网系统并网保护分析[J]. 电力系统自动化，37（6）：7.

江伟，郭金，黄文杰. 2003. 对我国电网建设融资方式的思考[J]. 电力建设，24（17）：40-42.

孔令英. 2013. 国际海洋油气资源合作开发模式及风险因素分析[D]. 中国海洋大学硕士学位论文.

勒庞 G，谷珊，赵婷婷. 2018. 乌合之众：大众心理研究[J]. 人民法治，（19）：103.

李晨迪，陈渊睿，曾君，等. 2016. 基于非合作博弈的微电网能量管理系统优化算法[J]. 电网技术，40（2）：387-395.

李凤梅，柳卸林，高雨辰，等. 2017. 产业政策对我国光伏企业创新与经济绩效的影响[J]. 科学学与科学技术管理，38（11）：47-60.

李富生. 2013. 微电网关键技术实践及实验[J]. 电力系统保护与控制，15（2）：73-79.

李国平，张云. 2005. 矿产资源的价值补偿模式及国际经验[J]. 资源科学，（5）：56-59.

李军峰，龙勇，杨秀苔. 2010. 质量管理在制造技术与企业绩效中的中介效应检验——基于 Bootstrap 法的结构方程分析[J]. 科研管理，31（2）：74-85.

李俊丽，盖凯程. 2007. 内生性市场经济视角下的经济增长方式转变[J]. 经济问题，（2）：72-75.

李莉华，李宾皑. 2011. 微电网技术的研究与应用前景[J]. 电力与能源，8（2）：124-127.

李敏，吴明锋. 2011. 微电网在我国电网的应用前景[J]. 山西电力，17（5）：19-23.

李世福. 2007. 世界价格理论研究成果综述[J]. 太原师范学院学报（社会科学版），（1）：11-15.

李向阳. 2007. 组建我国电力产业投资基金问题的研究[J]. 中国市场，25（40）：37-43.

李笑帆，张思青. 2012. 基于风-光-水互补的云南微电网建设可行性探讨[J]. 能源研究与信息，9（4）：211-215.

李志学，崔瑜，张侃. 2017. 西北地区风电产业正向环境效应价值测算研究[J]. 干旱区资源与环境，31（5）：100-106.

梁琳，李勇. 2015. 产业间集聚、外部性和金融服务业集聚[J]. 经济问题探索，（5）：54-59.

廖成林，仇明全，龙勇. 2008. 企业合作关系、敏捷供应链和企业绩效间关系实证研究[J]. 系统工程理论与实践，（6）：115-128.

林绿，吴亚男，董战峰，等. 2017. 德国和美国能源转型政策创新及对我国的启示[J]. 环境保护，45（19）：64-70.

林武星. 2012. 智能电网建设项目融资模式研究[D]. 山东大学硕士学位论文.

林晓琼. 2008. 国家电网公司企业社会责任研究[D]. 长沙理工大学硕士学位论文.

刘柏私，谢开贵，周家启. 2005. 配电网重构的动态规划算法[J]. 中国电机工程学报，25（9）：29-34.

刘层层，李南，楚永杰. 2017. 可再生能源价格政策在寡头竞争市场中的比较[J]. 运筹与管理，26（7）：64-73.

刘超. 2019. 微电网项目开发的合作风险及防范研究[D]. 重庆大学博士学位论文.

刘芳. 2012. 项目利益相关方动态治理关系研究[D]. 山东大学博士学位论文.

刘皓明，李栅栅，陆丹，等. 2014. 微电网并网运行的市场运营机制设计[J]. 电力建设，35（11）：13-18.

刘衡，王龙伟，李垣. 2010. 战略联盟控制方式有效性研究——基于任务、关系和环境特征的框架分析[J]. 科学学与科学技术管理，（1）：27-33.

刘会政，宗喆. 2017. 全球价值链下中国光伏产业升级研究[J]. 生态经济，33（5）：52-56，112.

刘吉成，何丹丹，龙腾. 2017. 适应能源互联网需求的风力发电数据集成研究[J]. 电网技术，41（3）：978-984.

刘瑞佳，杨建君. 2018. 控制类型、企业间竞合及知识创造关系研究[J]. 科技进步与对策，（17）：83-90.

刘树林，王明喜. 2009. 多属性采购拍卖理论与应用评述[J]. 中国管理科学，17（1）：183-192.

刘小平，丁明，张颖媛. 2011. 微网系统的动态经济调度[J]. 中国电机工程报，（31）：77-84.

刘学，王兴猛，江岚，等. 2008. 信任、关系、控制与研发联盟绩效——基于中国制药产业的研究[J]. 南开管理评论，11（3）：44-50.

刘一欣，郭力，王成山. 2017. 多微电网参与下的配电侧电力市场竞价博弈方法[J]. 电网技术，（8）：2469-2476.

龙勇，付建伟. 2011. 资源依赖性、关系风险与联盟绩效的关系——基于非对称竞争性战略联盟的实证研究[J]. 科研管理，32（9）：91-99.

龙勇，姜寿成. 2012. 基于知识创造和知识溢出的R&D联盟的动态模型[J]. 管理工程学报，26（1）：35-42.

龙勇，李薇. 2007. 竞争性双寡头的联盟绩效研究[J]. 中国管理科学，15（5）：119-125.

龙勇，李忠云，张宗益. 2006. 技能型战略联盟基于信任的知识获取和合作效应实证研究[J]. 研究与发展管理，18（5）：36-43.

龙勇，刘誉豪. 2013. 风险投资的非资本增值服务与高新技术企业技术能力关系的实证研究[J]. 科技进步与对策，30（3）：63-67.

龙勇，穆胜. 2013. 模块化生产网络治理模式选择动因及演化趋势研究[J]. 南开经济研究，24（5）：130-151.

龙勇，石佑君，赖晓曦，等. 2011. 基于契约设计的联盟合作效应的实证研究[J]. 工业工程，14（5）：8-13.

龙勇，汪谷腾，孟卫东，等. 2014. 微电网与大电网的竞合关系及其对社会福利效应的影响[J]. 重庆大学学报（自然科学版），37（7）：147-152.

龙勇，王兰. 2011. 基于RBT视角的联盟类型、企业能力和技术创新关系研究[J]. 预测，31（6）：28-34.

龙勇，郑景丽. 2013. 联盟过程管理视角的联盟能力与联盟治理关系研究[J]. 管理世界，（1）：182-184.

鲁燕，于素秋. 2008. 日本职业教育的"企业模式"与我国"非大学教育"的对比研究[J]. 人口学刊，（6）：43-48.

鲁宗相，王彩霞，闵勇. 2007. 微电网研究综述[J]. 电力系统自动化，31（19）：100-106.

罗剑锋. 2013. 产业链变革的动态视角下通信运营商合作伙伴选择与合作机制研究[D]. 中南大学博士学位论文.

罗逾兰，张阳，唐震. 2016. 关系治理、组织间信任与产学联盟知识共享[J]. 江海学刊，（3）：88-93.

马本江，徐笔武，徐晨. 2013. 带保修期的寿命型产品多属性招标采购机制设计——以大型医疗设备为例[J]. 中国管理科学，21（4）：112-120.

马翠萍，史丹，丛晓男. 2014. 太阳能光伏发电成本及平价上网问题研究[J]. 当代经济科学，36（2）：85-94.

马君，李哲. 2009. 关于我国环境税设计的几点思考[J]. 中外企业家，（18）：23-26.

马英斌. 2011. 基于委托代理理论的政府投资项目业主行为规范机制研究[D]. 中南大学硕士学位论文.

马志峰. 2009. 水电开发业主对承包商的激励管理[J]. 西北水电, 16（6）: 89-93.

孟卫东, 代建生, 熊维勤, 等. 2013. 基于纳什谈判的供应商-销售商联合促销线性合约设计[J]. 系统工程理论与实践, 33（4）: 870-877.

牛铭, 黄伟, 郭佳欢. 2010. 微网并网时的经济运行研究[J]. 电网技术, 4（11）: 38-42.

欧阳森, 黄瑞艺, 袁金晶, 等. 2013. 节能减排新形势下电网企业的社会责任研究[J]. 华南理工大学学报（社会科学版）, 15（1）: 26-31.

潘成蓉. 2019. 基于项目资源价值的微电网补偿机制研究[D]. 重庆大学博士学位论文.

彭华岗, 钟宏武, 张蒽, 等. 2013. 企业社会责任基础教材[M]. 北京: 经济管理出版社.

蒲勇健. 2010. 基于公平偏好理论的激励机制研究[J]. 预测, 11（7）: 6-11.

钱丽萍, 刘益. 2010. 基于聚类分析的战略联盟控制机制研究[J]. 科技进步与对策, 27（12）: 18-23.

秦岭. 2016. 微电网项目投资评价研究[D]. 重庆大学硕士学位论文.

任磊, 谢开贵, 胡博, 等. 2013. 计及储能与控制策略的微电网可靠性评估[J]. 电力系统保护与控制, 27（15）: 21-30.

石莹, 朱永彬, 王铮. 2015. 成本最优与减排约束下中国能源结构演化路径[J]. 管理科学学报, 18（10）: 26-37.

宋之杰, 孙其龙. 2012. 减排视角下企业的最优研发与补贴[J]. 科研管理, 33（10）: 80-89.

苏海峰, 闫宇华. 2014-08-01. 大电网能放大新能源微电网环境福利[N]. 中国日报, （005）.

孙立新, 李梦真. 2018. 高校继续教育利益相关者分类实证研究[J]. 教育发展研究, 38（9）: 9.

孙裔德. 2011. 国内小油田开发模式研究[D]. 东北石油大学硕士学位论文.

唐国华, 朱小静. 2011. 农地征用补偿的公平价格问题探讨——基于马克思地租地价理论[J]. 经济研究导刊, （15）: 45-48.

唐璜. 2015. 电力体制改革背景下微电网的发展模式研究[J]. 电气时代, （4）: 75-77.

腾帅. 2007. 电网建设项目投融资现状和模式探讨[J]. 华东电力, 16（7）: 35-38.

田智鑫. 2016. 基于利益相关者视角的微电网社会责任实现研究[D]. 重庆大学硕士学位论文.

汪谷腾. 2016. 基于利益相关者分析的微电网合作协调机制研究[D]. 重庆大学博士学位论文.

汪於. 2018. 基于利益链激励传导的微电网项目合作开发机制研究[D]. 重庆大学博士学位论文.

王成山, 洪博文, 郭力. 2013. 不同场景下的光蓄微电网调度策略[J]. 电网技术, 37(7): 1775-1782.

王成山, 王守相. 2008. 分布式发电供能系统若干问题研究[J]. 电力系统自动化, 32（20）: 1-4.

王成山, 武震, 李鹏. 2014. 微电网关键技术研究[J]. 电工文摘, （2）: 59-68.

王辉, 汪应宏, 卞正富, 等. 2011. 采煤塌陷区生态环境动态补偿机理与规划实践[J]. 中国土地科学, （8）: 80-85.

王坤, 何军, 陈运帷. 2018. 长江经济带上下游生态补偿方案设计[J]. 环境保护, 46（5）: 59-63.

王兰, 龙勇. 2012. 以企业能力为中介的联盟类型与技术创新方式关系实证研究[J]. 管理学报,

9（9）：1284-1292.

王萌. 2010. 试析资源税与环境税的关系[J]. 财会月刊，（36）：79-84.

王素凤，杨善林，彭张林. 2016. 面向多重不确定性的发电商碳减排投资研究[J]. 管理科学学报，19（2）：31-41.

魏海亮，张祖建. 2015. 反恐视野下新型警用电磁阻车器的研发构想[J]. 云南警官学院学报，（6）：38-42.

吴玲，贺红梅. 2005. 基于企业生命周期的利益相关者管理战略[J]. 经济论坛，（18）：56-57，66.

吴明峰. 2004. 我国经济的可持续发展与环境保护[J]. 发展研究，21（9）：64-66.

吴婷. 2008. 项目融资——BOT 模式[J]. 产业与科技论坛，2（8）：31-35.

吴晓波，高忠仕，胡伊苹. 2009. 组织学习与组织转移效用的实证研究[J]. 科学学研究，27（1）：101-110.

吴争，倪俊. 2003. 地区电力市场需求分析[J] 江苏电机工程，22（1）：35-37.

伍勇旭，杨光. 2016. 关于我国可再生能源发展的政策思考[J]. 中国能源，38（9）：23-25.

夏立明，尹贻林，何红锋. 2003. 论我国政府投资项目管理主体[J]. 天津工业大学学报，5（6）：19-23.

谢传胜，田禾欣. 2006. 把项目融资 BOT 引入电网建设[J]. 中国电力，39（12）：83-85.

谢地，邵波. 2005. 论我国自然资源价格形成机制的重构[J]. 学习与探索，（6）：30-32.

谢恩，苏中锋，李垣. 2009. 基于联盟风险的战略联盟控制方式选择[J]. 管理工程学报，（3）：1-5.

谢开贵，李万年. 2011. 配电网可靠性非同调分析[J]. 电力系统及其自动化学报，23（3）：18-23.

谢开贵，刘柏私，赵渊，等. 2005. 配电网开关优化配置的动态规划算法[J]. 中国电机工程学报，25（11）：29-34.

谢开贵，余娟，胡博，等. 2013. 含风电智能电网可靠性评估模型及算法研究[Z]. 重庆大学.

谢林. 2011. 环境税模式的国际比较以及对我国的借鉴[J]. 中国集体经济，（3）：22-26.

谢郁馥. 2009. 电力产业创新融资方式探讨[J]. 财经界（学术版），23（12）：87-89.

辛德强，党兴华. 2017. 创新联盟双元独占的治理研究[J]. 科学学与科学技术管理，（6）：121-132.

熊小伏，恭秀芬，王燕祥. 2013. 输电网可靠性评估中基于气象因素的处理方法[J]. 电力系统保护与控制，11（7）：34-39.

熊小伏，欧阳金鑫. 2012. 电网短路时双馈感应发电机转子电流的分析与计算[J]. 中国电机工程学报，28（4）：77-82.

徐二明，王智慧. 2000. 我国上市公司治理结构与战略绩效的相关性研究[J]. 南开管理评论，（4）：4-14.

徐亮，龙勇，张宗益，等. 2009a. 信任对联盟治理模式的影响：基于中国四联的案例分析[J]. 管理评论，13（7）：121-128.

徐亮，张宗益，龙勇. 2008. 合作竞争与技术创新：合作是中介变量吗？[J]. 科学学研究，26（5）：1105-1113.

徐亮，张宗益，龙勇，等. 2009b. 竞合战略与技术创新绩效的实证研究[J]. 科研管理，3（1）：

87-96.

杨海军, 张博岚, 牛晨晨. 2019. 演化博弈视角下联盟企业知识转移研究[J]. 重庆科技学院学报（社会科学版）,（5）: 40-44.

杨梅, 杜欣慧. 2013. 基于前推回推的微电网潮流[J]. 辽宁工程技术大学学报（自然科学版）, 9（2）: 182-186.

杨佩佩, 艾欣, 崔明勇. 2009. 基于粒子群优化算法的含多种供能系统的微网经济运行分析[J]. 电网技术, 27（20）: 38-42.

杨仁宽. 2017. 电动汽车参与条件下微电网移动储能供应链协调模型研究[D]. 重庆大学硕士学位论文.

杨思留. 2010. 我国环境税的制度设计及战略实施[J]. 开发研究,（6）: 154-157.

杨新法, 苏剑, 吕志鹏, 等. 2014. 微电网技术综述[J]. 中国电机工程学报, 34（1）: 57-70.

杨艳红. 2011. WTO 争端解决机制的不完全契约理论及启示[J]. 中南财经政法大学学报,（3）: 84-87.

杨志安, 邱国庆. 2018. 政府预算利益相关者分类界定、行为选择及约束路径[J]. 财经论丛,（11）: 31-39.

于波涛, 于渤. 2010. 环境要素内生化的工业运行 CRE 效率研究[J]. 哈尔滨工程大学学报,（11）: 104-109.

于静. 2015. 关于微电网项目利益相关者收益分配的研究[D]. 重庆大学硕士学位论文.

余佳, 游达明. 2018. 产业融合视角下企业间竞合策略[J]. 系统工程, 36（9）: 154-158.

余晓钟, 张焕杰. 2008. 政府工程项目业主、承包商和监理方的合谋博弈分析[J]. 经济问题探索, 21（11）: 86-92.

虞苍璧, 杨敏英. 2010. 从利益相关者的角度分析我国智能电网发展模式[J]. 中国能源, 32（5）: 20-23, 11.

禹雪中, 冯时. 2011. 中国流域生态补偿标准核算方法分析[J]. 中国人口·资源与环境, 21（9）: 14-19.

郁建兴, 王茵. 2017. 光伏产业财政补贴政策的作用机制——基于两家光伏企业的案例研究[J]. 经济社会体制比较,（4）: 127-138.

袁广达. 2014. 我国工业行业生态环境成本补偿标准设计——基于环境损害成本的计量方法与会计处理[J]. 会计研究,（8）: 88-95, 97.

曾靖珂, 李垣. 2018. 基于战略联盟的开放式创新的研究综述[J]. 科技管理研究,（4）: 1-6.

曾君, 徐冬冬, 郭华芳, 等. 2016. 面向可再生能源的微电网电能质量特点分析与综合评价方法研究[J]. 电力系统保护与控制, 44（19）: 10-16.

曾鸣, 马少寅, 刘洋, 等. 2012. 基于需求侧响应的区域微电网投资成本效益分析[J]. 水能资源科学, 30（7）: 190-193, 213.

曾鸣, 詹晓辉, 贾晓希, 等. 2013. 智能微电网技术效益分析与评估模型及应用[J]. 水能资源科学，31（5）：173-175.

张国兴，叶亚琼，管欣，等. 2018. 京津冀节能减排政策措施的差异与协同研究[J]. 管理科学学报，21（5）：111-126.

张国兴，张振华，管欣，等. 2017. 我国节能减排政策的措施与目标协同有效吗？——基于1052条节能减排政策的研究[J]. 管理科学学报，20（3）：161-181.

张健. 2006. 电力企业融资方式分析及路径选择[J]. 经济问题，13（9）：22-29.

张鲲鹏. 2015. 微电网关键利益相关方的合作博弈分析[D]. 重庆大学硕士学位论文.

张文珺，Klaus M，蔡玉梅. 2018. 德国生态补偿的评估方法和措施[J]. 中国土地，（7）：49-51.

张新华，卢灿华，陈志伟. 2017. 碳调度模式下火力发电商的碳减排投资策略分析[J]. 中国管理科学，25（11）：179-188.

张亚连. 2008. 基于价值链分析的环境成本计量模型[J]. 统计与决策，（3）：57-60.

张扬，刘刚，高志军，等. 含有统一接口的微电网系统可靠性建模研究[J]. 电源学报，13（4）：30-36.

张有兵，任帅杰，杨晓东，等. 2017. 考虑价格型需求响应的独立型微电网优化配置[J]. 电力自动化设备，37（7）：55-62.

张玉强，张影. 2017. 生态补偿机制研究——基于利益相关者理论[J]. 浙江海洋学院学报（人文科学版），34（2）：1-6.

张宗益，李忠云，龙勇. 2007. 竞争性技能联盟中企业讨价还价能力实证研究[J]. 系统工程学报，22（2）：148-155.

赵宏林，陈东辉. 2008. 城市化与生态环境之关联耦合性分析——以上海市青浦区为例[J]. 中国人口·资源与环境，（6）：36-41.

赵骅，龙勇，刘贤凯. 2007. 技能型合作中企业讨价还价能力的影响因素[J]. 重庆大学学报（自然科学版），30（3）：150-154.

赵卉卉，张永波，王明旭. 2014. 中国流域生态补偿标准核算方法进展研究[J]. 环境科学与管理，39（1）：151-154.

赵金利，宿洪智，李鹏，等. 2016. 基于灵敏度分析的微电网互动运行成本计算方法[J]. 电力自动化设备，36（6）：208-214.

赵亮. 2007. 电力资产证券化在我国的应用研究[D]. 首都经济贸易大学硕士学位论文.

赵阳，刘益，张磊楠. 2009. 战略联盟控制机制、知识共享及合作绩效关系研究[J]. 科学管理研究，27（6）：51-54，81.

周江华，刘一凡，李纪珍. 2019. 部门间竞合关系对企业创新绩效的影响[J]. 科学学研究，（4）：721-728.

周杰. 2019. 联盟能力影响战略联盟知识转移的机理研究[J]. 西南政法大学学报，（4）：130-142.

周晓燕，刘天琪，李兴源，等. 2013. 含多种分布式电源的微电网经济调度研究[J]. 电工电能新技术，32（1）：5-9.

Achermann T，Garner K，Gardiner A. 1999. Embedded wind generation in weak grids-economic optimization and power quality simulation[J]. Renewable Energy, 18 (2): 205-221.

Ackoff R L. 1974. The social responsibility of operational research[J]. Journal of the Operational Research Society, 25 (3): 361-371.

Adam K, Ehud K. 2013. Cooperation in strategic games revisited[J]. Quarterly Journal of Economics, 128 (2): 917-966.

Africa A, Peter S R. 2010. The role of fairness in alliance formation[J]. Strategic Management Journal, 31 (10): 1054-1087.

Afzal S, Karl M. 2009. Investment and upgrade in distributed generation under uncertainty[J]. Energy Economics, 31 (1): 25-37.

Ahmad F, Alam M S. 2017. Economic and ecological aspects for microgrids deployment in India[J]. Sustainable Cities and Society, 37 (2): 407-419.

Alibhai Z, Gruver W A, Kotak D B, et al. 2004. Distributed coordination of micro-grids using bilateral contracts[J]. IEEE International Conference on Systems, 2: 1990-1995.

Amaldoss W, Staelin R. 2010. Cross-function and same-function alliances: how does alliance structure affect the behavior of partnering firms?[J]. Management Science, 56 (2): 302-317.

Amjady N, Keynia F, Zareipour H. 2010. Short-term load forecast of microgrids by a new bilevel prediction strategy[J]. IEEE Transactions on Smart Grid, 3 (3): 286-294.

Atalay Y, Kalfagianni A, Pattberg P. 2017. Renewable energy support mechanisms in the Gulf Cooperation Council States: analyzing the feasibility of feed-in tariffs and auction mechanisms[J]. Renewable & Sustainable Energy Reviews, 72: 723-733.

Bae S H, Yoo C S, Sarkis J. 2010. Outsourcing with quality competition: insights from a three stage game theoretic model[J]. International Journal of Production Research, 48 (2): 327-342.

Bahmani-Firouzi B, Azizipanah-Abarghooee R. 2014. Optimal sizing of battery energy storage for micro-grid operation management using a new improved bat algorithm[J]. International Journal of Electrical Power & Energy Systems, 56 (3): 42-54.

Bahramara S, Moghaddam M P, Haghifam M R. 2016. A bi-level optimization model for operation of distribution networks with micro-grids[J]. International Journal of Electrical Power & Energy Systems, 82: 169-178.

Barbose G, Wiser R, Heeter J, et al. 2016. A retrospective analysis of benefits and impacts of U.S. renewable portfolio standards[J]. Energy Policy, 96 (12): 645-660.

Barney J B. 1999. How a firm's capabilities affect boundary decisions [J]. MIT Sloan Management Review, 40 (3): 137-145.

Battistelli C, Conejo A J. 2014. Optimal management of the automatic generation control service in smart user grids including electric vehicles and distributed resources[J]. Electric Power Systems Research, 111: 22-31.

Becerra M, Lunnan R, Huemer L. 2008. Trustworthiness, risk, and the transfer of tacit and explicit knowledge between alliance partners[J]. Journal of Management Studies, 45 (4): 691-713.

Beersma B, Hollenbeck R, Conlon D E, et al. 2009. Cutthroat cooperation: the effects of team role decisions on adaption to alternative reward structures[J]. Organizational Behavior and Human Resources Processes, 108 (1): 131-142.

Bernal-Agustín J L, Dufo-López R. 2009. Simulation and optimization of stand-alone hybrid renewable energy systems[J]. Renewable and Sustainable Energy Reviews, 13 (8): 2111-2118.

Blasques L C M, Pinho J T. 2012. Metering systems and demand-side management models applied to hybrid renewable energy systems in micro-grid configuration[J]. Energy Policy, 45 (1): 721-729.

Boait P, Gammon R, Advani V, et al. 2017. ESCoBox: a set of tools for mini-grid sustainability in the developing world[J]. Sustainability, 9: 738.

Bouncken R B. 2004. Motives and returns in innovation alliances. An empirical study[J]. Science Research Management, 25 (S1): 152-157.

Bouncken R B, Pesch R, Gudergan S P. 2015. Strategic embeddedness of modularity in alliances: innovation and performance implications[J]. Journal of Business Research, 68 (7): 1388-1394.

Butler L, Neuhoff K. 2008. Comparison of feed in tariff, quota and auction mechanisms to support wind power development[J]. Renewable Energy, 33: 1854-1867.

Capaldo A, Petruzzelli A M. 2011. In search of alliance-level relational capabilities: balancing innovation value creation and appropriability in R&D alliances[J]. Scandinavian Journal of Management, 27 (3): 273-286.

Carroll A B. 1991. The pyramid of corporate social responsibility: toward the moral management of organizational stakeholders[J]. Business Horizons, 34 (4): 39-48.

Chang J, Peng Y, Feng X J. 2013. Small wind-solar hybrid power generation system based on multi-agent[C]//Proceedings of 2013 International Conference on Future Energy Materials Research (FEMR 2013). School of Mechanical and Electrical Engineering of Shenzhen Polytechnic; Shenzhen Polytechnic Industrial Center: 593-599.

Charkham J P. 1992. Corporate governance: lessons from abroad[J]. European Business Journal, 4 (2): 8.

Cheikbossian G. 2012. The collective action problem: within-group cooperation and between-group competition in a repeated rent-seeking game[J]. Games and Economic Behavior, 74 (1): 68-82.

Chen S X, Gooi H B. 2012. Sizing of energy storage system for microgrid[J]. IEEE Transactions on Smart Grid, 3 (1): 142-151.

Chen W, Yin H. 2017. Optimal subsidy in promoting distributed renewable energy generation based on policy benefit[J]. Clean Technologies and Environmental Policy, 19: 225-233.

Chen W D, Song H. 2017. Optimal subsidies for distributed photovoltaic generation: maximizing net policy benefits[J]. Mitigation and Adaptation Strategies for Global Change，22（3）：503-518.

Chen W D，Zeng Y，Xu C Q. 2019. Energy storage subsidy estimation for microgrid：a real option game-theoretic approach[J]. Applied Energy，239（4）：373-382.

Chen Y H，Lu S Y，Chang Y R，et al. 2013. Economic analysis and optimal energy management models for microgrid systems：a case study in Taiwan[J]. Applied Energy，103：145-154.

Clarkson M B E. 1995. A stakeholder framework for analyzing and evaluating corporate social performance[J]. Academy of Management Review，20（1）：92-117.

Clarkson P M，Simunic D A. 1994. The association between audit quality retained ownership，and firm-specific risk in U.S. vs. Canadian IPO markets[J]. Journal of Accounting & Economics，17（2）：207-228.

Clauss T. 2012. The influence of the type of relationship on the generation of innovations in buyer-supplier collaborations[J]. Creativity and Innovation Management，21（4）：388-411.

Cleland D I. 1999. Project Management Strategic Design and Implementation[M]. Singapore：McGraw-Hill.

Colmenar-Santos A，Campíñez-Romero，Pérez-Molina，et al. 2012. Profitability analysis of grid-connected photovoltaic facilities for household electricity self-sufficiency[J]. Energy Policy，51（4）：749-764.

Conti S，Nicolosi R，Rizzo S A. 2010. Optimal dispatching of distributed generators in an MV autonomous microgrid to minimize operating costs and emissions[C]. IEEE International Symposium on Industrial Electronics（ISIE），Bari.

Corrado A，Ricardo C，Santos J E. 2018. The macroeconomic impact of renewable electricity power generation projects[J]. Renewable Energy，131（2）：1047-1059.

Costinot A，Lorenzoni G，Werning I. 2014. A theory of capital controls as dynamic terms-of-trade manipulation[J]. Journal of Political Economy，122（2）：77-128.

Couture T，Cory K，Kreycik C，et al. 2010. A policymaker's guide to feed-in tariff policy design[R]. Technical Report NREL/TP-6A2-44849，National Renewable Energy Laboratory.

Das T K. 1996. Risk types and inter-firm alliance structures[J]. Journal of Management Studies，33：827-844.

Das T K，Teng B S. 1998. Resource and risk management in the strategic alliance making process[J]. Journal of Management，24：21-42.

Das T K，Teng B S. 2000. A resource-based theory of strategic alliances[J]. Journal of Management，26（1）：31-61.

D'Aspremont C，Jacquemin A. 1988. Cooperative and noncooperative R&D in duopoly with spillovers[J]. American Economic Review，78（5）：1133-1137.

Demirbag M，David W. 2006. Resources and equity ownership in IJVs in Turkey[J]. Thunderbird

International Business Review, 48（1）: 55-76.

Diestre L, Rajagopalan N. 2012. Are all sharks' dangerous? New biotechnology ventures and partner selection in R&D alliances[J]. Strategic Management Journal, 33（10）: 1115-1134.

Diffney S, Gerald J F, Lyons S, et al. 2009. Investment in electricity infrastructure in a small isolated market: the case of Ireland[J]. Social Science Electronic Publishing, 25（3）: 469-487.

Dimeas A L, Hatziargyriou N D. 2005. Operation of a multiagent system for microgrid control[J]. IEEE Transactions on Power Systems, 20（3）: 1447-1455.

Djajic S, Michael M S. 2014. Controlling illegal immigration: on the scope for cooperation with a transit country[J]. Review of International Economics, 22（4）: 808-824.

Donaldson T, Preston L E. 1995. The stakeholder theory of the corporation: concepts, evidence, and implications[J]. Academy of Management Review, 20（1）: 65-91.

Driesen J, Katiraei F. 2008. Design for distributed energyresources[J]. IEEE Power and Energy Magazine, 6（3）: 30-40.

Dunne D D, Gopalakrishnan S, Scillitoe J L. 2009. An empirical study of the impact of firm resources on alliance governance structures[J]. Journal of Engineering and Technology Management, 26（3）: 181-195.

Dussauge P, Garrette B, MitchellW. 2004. Asymmetric performance: the market share impact of scale and link alliances in the global auto industry[J]. Strategic Management Journal, 25（7）: 701-711.

Eberhard A, Berger T K. 2016. Renewable energy auctions in South Africa outshine feed-in tariffs[J]. Energy Science & Engineering, 4（3）: 190-193.

Emshoff J R. 1980. Managerial Breakthroughs: Action Techniques for Strategic Change[M]. New York: AMACOM.

Ernst H, Lichtenthaler U, Vogt C. 2011. The impact of accumulating and reactivating technological experience on R&D alliance performance[J]. Journal of Management Studies, 48（6）: 1194-1216.

Etzkowitz H, Zhou C. 2017. Hélice Tríplice: inovação e empreendedorismo universidade-indústria-governo[J]. Estudos Avançados, 31（90）: 23-48.

European Commission. 2014-01-22. A policy framework for climate and energy in the period from 2020 to 2030[EB/OL]. http://eur-lex.europa.eu/legal-content/EN/TXT/?uri=CELEX:52014DC0015.

Faisal M, Hannan M A, Ker P J, et al. 2018. Review of energy storage system technologies in microgrid applications: issues and challenges[J]. IEEE Access, 6: 35143-35164.

Feijoo F, Das T K. 2014. Design of pareto optimal CO_2 cap-and-trade policies for deregulated electricity networks[J]. Applied Energy, 119: 371-383.

Ferruzzi G, Cervone G, Monache L D, et al. 2016. Optimal bidding in a day-ahead energy market for micro grid under uncertainty in renewable energy production[J]. Energy, 106: 194-202.

Fink M, Kessler A. 2010. Cooperation, trust and performance—empirical results from three countries[J]. British Journal of Management, 21 (2): 469-483.

Francesca C, Ines C, Vihang E. 2013. Do implicit barriers matter for globalization? [J]. Review of Financial Studies, 26 (7): 1694-1739.

Frederick W C, Post J E, Davis K. 2002. Business and Society: Corporate Strategy, Public Policy, Ethics[M]. New York: McGraw-Hill.

Freeman R E. 1984. Strategic Management: A Stakeholder Approach[M]. Boston: Pitman.

Freeman R E. 1994. The politics of stakeholder theory: some future directions[J]. Business Ethics Quarterly, 4 (4): 409-421.

Freeman R E, Emshoff J. 1981. Stakeholder management: a case study of the U.S. brewers and the container issue[C]//Schultz R. Applications of Management Science(Vol. 1). Greenwich: JAI Press.

Freeman R E, Reed D L. 1983. Stockholders and stakeholders: a new perspective on corporate governance[J]. California Management Review, 25 (3): 88-106.

Fu L J, Yang Q, Wang G X, et al. 2016. Fault diagnosis of power electronic device based on wavelet and neural network[C]. Control & Decision Conference IEEE.

Gephart M, Klessmann C, Wigand F. 2017. Renewable energy auctions-when are they (cost-) effective? [J]. Energy & Environment, 28: 145-165.

Ghareeb A T, Mohamed A A, Mohammed O A. 2013. DC microgrids and distribution systems: an overview[C]. Power & Energy Society General Meeting IEEE.

Grover-Silva E, Heleno M, Mashayekh S, et al. 2018. A stochastic optimal power flow for scheduling flexible resources in microgrids operation[J]. Applied Energy, 229: 201-208.

Guo L, Liu W J, Cai J J, et al. 2013. A two-stage optimal planning and design method for combined cooling, heat and power micro grid system[J]. Energy Conversion and Management, 74: 433-445.

Guo S, Zhao H, Zhao H. 2017. The most economical mode of power supply for remote and less developed areas in China: power grid extension or micro-grid? [J]. Sustainability, 9: 910.

Haeussler C, Patzelt H, Zahra S A. 2012. Strategic alliances and product development in high technology new firms: the moderating effect of technological capabilities[J]. Journal of Business Venturing, 27 (2): 217-233.

Haimanti B, Subhasish D. 2014. Partnership formation: the role of social status[J]. Management Science, 60 (7): 1757-1771.

Hamel G. 1991. Competition for competence and interpartner learning within international strategic alliances[J]. Strategic Management Journal, 12: 83-103.

Han X, Zhang H, Yu X, et al. 2016. Economic evaluation of grid-connected micro-grid system with photovoltaic and energy storage under different investment and financing models[J]. Appied Energy, 184 (12): 103-118.

Haney A B, Pollitt M G. 2013. New models of public ownership in energy[J]. International Review of Applied Economics, 27（2）: 174-192.

Hawkey D, Webb J, Winskel M. 2013. Organisation and governance of urban energy systems: district heating and cooling in the UK[J]. Journal of Cleaner Production, 50（6）: 22-31.

Hazelton J, Bruce A, MacGill I. 2014. A review of thepotential benefits and risks of photovoltaic hybrid mini-grid systems[J]. Renewable Energy, 67: 222-229.

Hernandez-Aramburo C A, Green T C, Mugniot N. 2005. Fuel consumption minimization of a microgrid[J]. IEEE Transactions on Industry Applications, 41（3）: 673-681.

Hirsch A, Parag Y, Guerrero J. 2018. Microgrids: a review of technologies, key drivers, and outstanding issues[J]. Renewable & Sustainable Energy Reviews, 90: 402-411.

Hoetker G, Mellewigt T. 2009. Choice and performance of governance mechanisms: matching alliance governance to asset type[J]. Strategic Management Journal, 30（10）: 1025-1044.

Hopp C, Lukas C. 2014. A signaling perspective on partner selection in venture capital syndicates, entrepreneurship theory and practice[J]. Entrepreneurship Theory and Practice, 38（3）: 635-670.

Hu X, Moura S J, Murgovski N, et al. 2016a. Integrated optimization of battery sizing, charging, and power management in plug-in hybrid electric vehicles[J]. IEEE Transactions on Control Systems Technology, 24（3）: 1036-1043.

Hu X, Ralph D, Hu X, et al. 2007. Using EPECs to model bilevel games in restructured electricity markets with locational prices[J]. Cambridge Working Papers in Economics, 55（5）: 809-827.

Hu X, Zou Y, Yang Y. 2016b. Greener plug-in hybrid electric vehicles incorporating renewable energy and rapid system optimization[J]. Energy, 111: 971-980.

HytowitzR B, Hedman K W. 2015. Managing solar uncertainty in microgrid systems with stochastic unit commitment[J]. Electric Power Systems Research, 119: 111-118.

Jain P K, McInish T H, Jain A, et al. 2013. Worldwide reach of short selling regulations[J]. Journal of Financial Economics, 109（8）: 177-197.

Javadian S A M, Haghifam M R, Barazamdeh P. 2008. An adaptive over current protection scheme for MV distribution networks including DG[C]. 2008 IEEE International Symposium on Industrial Electronics, Cambridge.

Jiang B N, Fei Y S. 2011. Dynamic residential demand response and distributed generation management in smart microgrid with hierarchial agents[J]. Energy Procedia, 12: 76-90.

Jimeno J, Anduaga J, Oyarzabal J, et al. 2013. Architecture of a microgrid energy management system[J]. International Transactions on Electrical Energy Systems, 21（2）: 1142-1158.

John S L, Owen L A, Ernest E S, et al. 2008. Forms Manual to Accompany Cases and Materials on Oil and Gas Law[M]. St.Paul: West Publishing Company.

Kamankesh H, Agelidis V G, Kavousi-Fard A. 2016. Optimal scheduling of renewable micro-grids considering plug-in hybrid electric vehicle charging demand[J]. Energy, 100（4）: 285-297.

Kamel R M. 2014. Three fault ride through controllers for wind systems running in isolated micro-grid and effects of fault type on their performance: a review and comparative study[J]. Renewable & Sustainable Energy Reviews, 37（9）: 698-714.

Kamel R M. 2016. New inverter control for balancing standalone micro-grid phase voltages: a review on MG power quality improvement[J]. Renewable & Sustainable Energy Reviews, 63（9）: 520-532.

Kamel R M, Alsaffar M A, Habib M K. 2016. Novel and simple scheme for micro-grid protection by connecting its loads neutral points: a review on micro-grid protection techniques[J]. Renewable & Sustainable Energy Reviews, 58（3）: 931-942.

Kamien M I, Zang I. 2000. Meet me halfway: research joint ventures and absorptive capacity[J]. International Journal of Industrial Organization, 18（7）: 995-1012.

Karimi E, Kazerani M. 2017. Impact of demand response management on improving social welfare of remote communities through integrating renewable energy resources[C]//2017 IEEE 30th Canadian Conference on Electrical and Computer Engineering（CCECE）. IEEE.

Katiraei F, Iravani M R. 2006. Power management strategies for a microgrid with multiple distributed generation units[J]. IEEE Transactions on Power Systems, 21（4）: 1821-1831.

Katiraei F, Iravani M R, Hatziargyriou N, et al. 2008. Microgrids management[J]. IEEE Power and Energy Magazine,（3）: 54-65.

Kettunen M, Brink P T. 2012. Nature, green economy and sustainable development: the outcomes of UN Rio+20 Conference on Sustainable Development[J]. Nature Conservation, 2: 1-6.

Kevin H S, Song J S, Paul H Z. 2009. Coordination mechanisms in decentralized serial invetory systems with batch ordering[J]. Management Science, 55（4）: 685-695.

Kim H, Bae J, BaeS K, et al. 2017. Comparative analysis between the government micro-grid plan and computer simulation results based on real data: the practical case for a South Korean Island[J]. Sustainability, 9: 197.

Koo J, Yoon G S, Hwang I, et al. 2013. A pitfall of private participation in infrastructure: a case of power service in developing countries[J]. American Review of Public Administration, 43（6）: 674-689.

Kreiss J, Ehrhart K M, Haufe M C. 2016. Appropriate design of auctions for renewable energy support-prequalifications and penalties[J]. Energy Policy, 101: 512-520.

Kroposki B, Basso T, DeBlasio R. 2008. Microgrid standards and technologies[C]//IEEE Power and Energy Society General Meeting—Conversion and Delivery of Electrical Energy in the 21st Century, Pittsburgh.

Kylili A, Fokaides P A. 2015. Competitive auction mechanisms for the promotion renewable energy technologies: the case of the 50MW photovoltaics projects in Cyprus[J]. Renewable & Sustainable Energy Reviews, 42: 226-233.

Lasseter R H. 2001. Dynamic models for micro-turbines and fuel cells[C]//2001 Power Engineering Society Summer Meeting, Vancouver.

Lasseter R H, Akhil A, Marnay C, et al. 2002. The CERTS microgrid concept, white paper on integration of distributed energy resources[R]. Consortium for Electric Reliability Technology Solutions.

Lasseter R H, Eto J H, Schenkman B, et al. 2011. CERTS microgrid laboratory test bed[J]. IEEE Transactions on Power Delivery, 26（1）: 325-332.

Lavie D. 2007. Alliance portfolios and firm performance: a study of value creation and appropriation in the U.S. software industry[J]. Strategic Management Journal, 28（2）: 1187-1212.

Li Y, Nejabatkhah F. 2014. Overview of control, integration and energy management of microgrids[J]. Journal of Modern Power Systems and Clean Energy,（3）: 212-222.

Liang S Y, Zhu J. 2017. Dynamic economic dispatch of microgrid with biomass power generation[C]// 2017 6th International Conference on Energy and Environmental Protection, Zhuhai.

Lidula N W A, Rajapakse A D. 2011. Microgrids research: a review of experimental microgrids and test systems[J]. Renewable and Sustainable Energy Reviews, 15: 186-202.

Lin Z, Yang H, Demirkan I. 2007. The performance consequences of ambidexterity in strategic alliance formations: empirical investigation and computational theorizing[J]. Management Science, 53（10）: 1645-1658.

Logenthiran T, Dipti S, Ashwin M K. 2011. Multi-agent system for energy resource scheduling of integrated microgrids in a distributed system[J]. Electric Power Systems Research, 81（1）: 138-148.

Lorenzoni G, Lipparini A. 1999. The leveraging of interfirm relationships as a distinctive organizational capability: a longitudinal study[J]. Strategic Management Journal, 20（4）: 317-338.

Lundberg H, Andresen E. 2012. Cooperation among companies, universities and local government in a Swedish Context[J]. Industrial Marketing Management, 41（3）: 429-437.

Luo Y. 2005. Toward coopetition within a multinational enterprise: a perspective from foreign subsidiaries[J]. Journal of World Business, 40（1）: 71-90.

Luo Y. 2007. A coopetition perspective of global competition[J]. Journal of World Business, 42（2）: 129-144.

Madhok A, Tallman S. 1998. Resources, transactions and rents: managing value through interfirm collaborative relationships[J]. Organization Science, 9（3）: 326-339.

Maity I, Rao S. 2010. Simulation and pricing mechanism analysis of a solar-powered electrical microgrid[J]. IEEE Systems Journal, 4（3）: 275-284.

Mariani M M. 2007. Coopetition as an emergent strategy[J]. International Studies of Management and Organization, 37（2）: 97-126.

Marufu A M C, Kayem A V D M, Wolthusen S D. 2017. Circumventing cheating on power auctioning in resource constrained micro-grids[C]//IEEE, International Conference on High Performance Computing and Communications; IEEE, International Conference on Smart City; IEEE, International Conference on Data Science and Systems.

Mastropietro P, Batlle C, Barroso L A, et al. 2014. Electricity auctions in South America: towards convergence of system adequacy and RES-E support[J]. Renewable & Sustainable Energy Reviews, 40（C）: 375-385.

Mayr D, Schmidt J, Schmid E. 2014. The potentials of a reverse auction in allocating subsidies for cost-effective roof-top photovoltaic system deployment[J]. Energy Policy, 69（6）: 555-565.

Mellewigt T, Madhok A, Weibel A. 2007. Trust and formal contracts in interorganizational relationships-substitutes and complements[J]. Managerial and Decision Economics, 28（8）: 833-847.

Meuleman M, Lockett A, Manigart S, et al. 2010. Partner selection decisions in interfirm collaborations: the paradox of relational embeddedness[J]. Journal of Management Studies, 47（6）: 995-1019.

Mitchell R K, Agle B R, Wood D J. 1997. Toward a theory of stakeholder identification and salience: defining the principle of who and what rreally counts[J]. The Academy of Management Review, 22（4）: 853-886.

Mohamed F A, Koivo H N. 2012. Online management genetic algorithms of microgrid for residential application[J]. Enegry Conversion and Managment, 64: 562-568.

Mohammadi M, Hosseinian S H, Gharehpetian G B. 2012. Optimization of hybrid solar energy sources/wind turbine systems integrated to utility grids as microgrid（MG）under pool/bilateral/hybrid electricity market using PSO[J]. Enegry Policy, 86（1）: 112-125.

Motevasel M, Seifi A R, Niknam T, et al. 2011. Multi-objective operation management of a renewable MG（micro-grid）with back-up micro-turbine/fuel cell/battery hybrid power source[J]. Energy, 36（11）: 6490-6507.

Moyano-Fuentes J, Sacristán-Díaz M, Martínez-Jurado P J. 2012. Cooperation in the supply chain and lean production adoption: evidence from the Spanish automotive industry[J]. Internationa Journal of Operations & Production Management, 32（9）: 1075-1096.

Neap H S, Aysal S. 2004. Owner's factor in value-based project management in construction[J]. Journal of Business Ethics, 50（1）: 97-103.

Ness H. 2009. Governance, negotiations, and alliance dynamics: explaining the evolution of relational practice[J]. Journal of Management Studics, 46（3）: 451-480.

Normann H T, Wallace B. 2012. The impact of the termination rule on cooperation in a prisoner's dilemma experiment[J]. International Journal of Game Theory, 41: 707-718.

Obara S, Morizane Y, Morel J. 2013. Economic efficiency of a renewable energy independent microgrid with energy storage by a sodium-sulfur battery or organic chemical hydride[J]. International Journal of Hydrogen Energy, 38 (21): 8888-8902.

Oxley J, Wada T. 2009. Alliance structure and the scope of knowledge transfer: evidence from US-Japan agreements[J]. Management Science, 55 (4): 635-649.

Padula G, Dagnino G B. 2007. Untangling the rise of coopetition: the intrusion of competition in a cooperative game structure[J]. International Studies of Management and Organization, 37 (1): 32-53.

Pak L F, Dinavahi V. 2009. Real-time simulation of a wind energy system based on the doubly-fed induction generator[J]. IEEE Transactions on Power Systems, 24 (3): 1301-1309.

Paliwal P, Patidar N P, Nema R K. 2014. Determination of reliability constrained optimal resource mix foran autonomous hybrid power system using particle swarm optimization[J]. Renewable Energy, 63: 194-204.

Pan C, Long Y. 2015. Evolutionary game analysis of cooperation between microgrid and conventional grid[J]. Mathematical Problems in Engineering, (6): 1-10.

Peng H T, Liu Y. 2018. How government subsidies promote the growth of entrepreneurial companies in clean energy industry: an empirical study in China[J]. Journal of Cleaner Production, 188(7): 508-520.

Pereira E J D S, Pinho J T, Galhardo M A B, et al. 2014. Methodology of risk analysis by Monte Carlo method applied to power generation with renewable energy[J]. Renewable Energy, 69 (9): 347-355.

Perkmann M, Tartari V, McKelvey M, et al. 2013. Academic engagement and commercialisation: a review of the literature on university-industry relations[J]. Research Policy, 42 (2): 423-442.

Phillips R. 2003. Stakeholder theory and organizational ethics[J]. Personnel Psychology, 57 (4): 1068-1071.

Piagi P, Lasseter R H. 2006. Autonomous control of microgrids[C]//2006 IEEE Power Engineering Society General Meeting, Montreal.

Pinzr O, Kathleen M E. 2009. Origin of alliances portfolios: entrepreneurs, network strategies, and firm performances[J]. The Academy of Management Journal, 52 (2): 246-279.

Productivity Commission. 2014. Public infrastructure, draft inquiry report[R]. Australian Government.

Pudjianto D, Strbac G, Oberbeeke F V, et al. 2006. Investigation of regulatory, commercial, economic and environmental issues in microggrids[J]. International Journal of Distributed Energy Resources, (3): 245-259.

Quashie M, Bouffard F, Marnay C, et al. 2018a. On bilevel planning of advanced microgrids[J]. Electrical Power and Energy Systems, 96: 422-431.

Quashie M, Marnay C, Bouffard F, et al. 2018b. Optimal planning of microgrid power and operating reserve capacity[J]. Applied Energy, 210: 1229-1236.

Rajshree A, Rachel C, Joseph T M. 2010. The role of incentives and communication in strategic alliances: an experimental investigation[J]. Strategic Management Journal, 31 (4): 413-437.

Ramchandran N, Pai R, Parihar A K S. 2016. Feasibility assessment of anchor-business-community model for off-grid rural electrification in India[J]. Renewable Energy, 97 (11): 197-209.

Ren H, Gao W. 2010. A MILP model for integrated plan and evaluation of distributed energy systems[J]. Applied Energy, 87 (3): 1001-1014.

Richard J A. 2009. Reputation for cooperation: contingent benefits in alliance activity[J]. Strategic Management Journal, 30 (4): 371-385.

Richter A, Ennen E. 2010. The whole is more than the sum of its parts-or is it? A review of the empirical literature on complementarities in organizations[J]. Journal of Management, 36 (1): 207-233.

Ritzenhofen I, Birge J R, Spinler S. 2016. The structural impact of renewable portfolio standards and feed-in tariffs on electricity markets[J]. European Journal of Operational Research, 255 (1): 224-242.

Romankiewicz J, Marnay C, Nan Z, et al. 2014. Lessons from international experience for China's microgrid demonstration program[J]. Enegry Policy, 67: 198-208.

Rouhani O M, Niemeier D, Gao H O, et al. 2016. Cost-benefit analysis of various California renewable portfolio standard targets: is a 33% RPS optimal?[J]. Renewable and Sustainable Energy Reviews, 62 (12): 1122-1132.

Roy J P. 2012. IJV partner trustworthy behaviour: the role of host country governance and partner selection criteria[J]. Journal of Management Studies, 49 (2): 223-355.

Ruscoe G U. 1984. Stakeholders of the organizational mind[J]. Behavioral Science, 29 (3): 217-218.

Schepker D J, Oh W Y, Martynov A, et al. 2014. The many futures of contracts: moving beyond structure and safeguarding to coordination and adaptation[J]. Laura Journal of Management, 40 (1): 193-225.

Schmitz P W. 2013. Incomplete contracts and optimal ownership of public goods[J]. Economics Letters, 118 (1): 94-96.

Schmoltzi C, Wallenburg C M. 2012. Operational governance in horizontal cooperations of logistics service providers: performance effects and the moderating role of cooperation complexity[J]. Journal of Supply Chain Management, 48 (2): 53-74.

Sechilariu M, Wang B C, Locment F. 2014. Supervision control for optimal energy cost management in DC microgrid：design and simulation[J]. Internatioana Journal of Electrical Power & Enegry Systems，58（2）：140-149.

Shi W S，Prescott J E. 2011. Sequence patterns of firms' acquisition and alliance behavior and their performance implications[J]. Journal of Management Studies，48：1044-1070.

Siddiqui A S，Maribu K. 2009. Investment and upgrade in distributed generation under uncertainty[J]. Energy Economics，31：25-37.

Silva S C，Frank B，Sousa C M P. 2012. Empirical test of the trust-performance link in an international alliances context[J]. International Business Review，21（2）：293-306.

Silvente J，Kopanos G M，Pistikopoulos E N，et al. 2015. A rolling horizon optimization framework for the simultaneous energy supply and demand planning in microgrids[J]. Applied Energy，155：485-501.

Sreekumar R B，Krishnan V. 2009. Effort，revenue，and cost sharing mechanisms for collaborative new product development[J]. Management Science，55（7）：1152-1169.

Srinivasan S. 2009. Subsidy policy and the enlargement of choice[J]. Renewable & Sustainable Energy Reviews，13（9）：2728-2733.

Sun P，Nie P Y. 2015. A comparative study of feed-in tariff and renewable portfolio standard policy in renewable energy industry[J]. Renewable Energy，74（2）：255-262.

Taha A F，Hachem N A，Panchal J H. 2014. A quasi-feed-in-tariff policy formulation in micro-grids：a bi-level multi-period approach[J]. Energy Policy，71（8）：63-75.

Takeishi A. 2002. Knowledge partitioning in the interfirm division of labor：the case of automotive product development[J]. Organization Science，13（3）：321-338.

Tamás M M，Shrestha S O B，Zhou H. 2010. Feed-in tariff and tradable green certificate in oligopoly[J]. Energy Policy，38（8）：4040-4047.

Tiwana A. 2008a. Does interfirm modularity complement ignorance? A field study of software outsourcing alliances[J]. Strategic Management Journal，29（11）：1241-1252.

Tiwana A. 2008b. Does technological modularity substitute for control? A Study of alliance performance in software outsourcing[J]. Strategic Management Journal，29（7）：769-780.

Tiwana A. 2012. Knowledge partioning in outsourced imformantion systems development[R]. Iowa State University，Working Paper.

Ton D T，Smith M A. 2012. The U.S. department of energy's microgrid initiative[J]. The Electricity Journal，25（8）：84-94.

Tsikalakis A G，Hatziargyriou N D. 2008. Centralized control for optimizing microgrids operation[J]. IEEE Transactions on Energy Conversion，23（1）：241-247.

Tullberg J. 2013. Stakeholder theory：some revisionist suggestions[J]. The Journal of Socio-Economics，42（2）：127-135.

U.S. Energy Information Administration. 2005. 2005 Residential energy consumption survey[R].

U.S. Energy Information Administration. 2012a. U.S. natural gas electric power price[R].

U.S. Energy Information Administration. 2012b. U.S. average cost of coal delivered for electricity generation[R].

U.S. Energy Information Administration. 2012c. U.S. price of natural gas delivered to residential customers[R].

U.S. Energy Information Administration. 2016. Wind and solar data and projections from the U.S. Energy Information Administration: past performance and ongoing enhancements[EB/OL]. https://www.eia.gov/outlooks/aeo/supplement/renewable/pdf/projections.pdf.

Ustun T S, Ozansoy C R, Zayegh A. 2011. Recent developments in microgrids and example cases around the world—a review[J]. Renewable & Sustainable Energy Reviews, 15 (8): 4030-4041.

Vahlne J E, Ivarsson I. 2014. The globalization of Swedish MNEs: empirical evidence and theoretical explanations[J]. Journal of International Business Studies, 45 (3): 227-247.

Valer L R, Manito A R A, Ribeiro T B S, et al. 2017. Issues in PV systems applied to rural electrification in Brazil[J]. Renewable & Sustainable Energy Reviews, 78 (10): 1033-1043.

Vanhaverbeke W P M, Gilsing V A, Beerkens B E, et al. 2009. The role of alliance network redundancy in the creation of core and non-core technologies[J]. Journal of Management Studies, 46 (2): 215-244.

Vikas A, David H. 2009. Modes of cooperative R&D commercialization by start-ups[J]. Strategic Management Journal, 30 (8): 835-864.

Vinayagam A, Aziz A, Swarna K S V, et al. 2015. Power quality impacts in a typical microgrid[C]. International Conference on Sustainable Energy and Environmental Engineering (SEEE 2015).

Voss A, Madlener R. 2017. Auction schemes, bidding strategies and the cost-optimal level of promoting renewable electricity in Germany[J]. Energy Journal, 38 (1): 229-264.

Wang C S, Yu H, Li P, et al. 2013. Krylov subspace based model reduction method for transient simulation of active distribution grid[C]. 2013 IEEE PES General Meeting, Vancouver.

Wassmer U. 2010. Alliance portfolios: a review and research agenda[J]. Journal of Management, 36(1): 141-171.

Williamson O E. 1979. Transaction-cost economics: the governance of contractual relations[J]. The Journal of Law and Economics, 22 (2): 233-261.

Wirl F, Oraseh W. 1998. Analysis of United States' utility conservation programs[J]. Review of Industrial Organization, (13): 467-486.

Wu J. 2012. Technological collaboration in product innovation: the role of market competition and sectoral technological intensity[J]. Research Policy, (41): 489-496.

Xie G, Wang S, Lai K K. 2011a. Quality improvement in competing supply chains[J]. International

Journal of Production Economics, 134 (1): 262-270.

Xie K, Billinton R. 2011. Determination of the optimum capacity and type of wind turbine generators in a power system considering reliability and cost[J]. IEEE Transactions on Energy Conversion, 26 (1): 227-234.

Xie K, Cao K, Wang P. 2011b. Optimal placement of switching devices in power distribution networks using the switch-position-exchange technique[J]. International Review of Electrical Engineering, 6 (3): 1349-1355.

Xu X K, Guan C M, Jin J Y. 2018. Valuing the carbon assets of distributed photovoltaic generation in China[J]. Energy Policy, 121 (10): 374-382.

Yang J, Wang J J, Yong C W Y, et al. 2008. Relational stability and alliance performance in supply chain[J]. Omega-International Journal of Management Science, 36 (4): 600-608.

Yin X A, Liu Y, Yang Z F, et al. 2018. Eco-compensation standards for sustaining high flow events below hydropower plants[J]. Journal of Cleaner Production, 182: 1-7.

Zeng Z, Yang H, Zhao R X, et al. 2013. Topologies and control strategies of multi-functional grid-connected inverters for power quality enhancement: a comprehensive review[J]. Renewable and Sustainable Energy Reviews, 24: 223-270.

Zhang D, Samsatli N J, Hawkes A D, et al. 2013. Fair electricity transfer price and unit capacity selection for microgrids[J]. Energy Economics, 36: 581-593.

Zhang Z, Jia M, Wan D F. 2012. When does a partner's reputation impact cooperation effects in partnerships?[J]. Asia Pacific Journal of Management, 29 (3): 547-571.

Zuo Y, Zhao X G, Zhang Y Z, et al. 2019. From feed-in tariff to renewable portfolio standards: an evolutionary game theory perspective[J]. Journal of Cleaner Production, 213: 1274-1289.